AF543566

LEGENDS

STAR WARS™

116. Klonkriege: Licht und Schatten

Panini Comics

Star Wars Comic-Kollektion 116

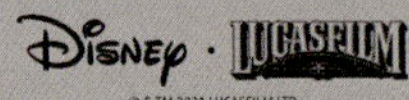

Impressum: *STAR WARS* Comic-Kollektion 116 – Klonkriege: Licht und Schatten wird von der Panini Verlags GmbH herausgegeben, Schloßstraße 76, 70176 Stuttgart.
Geschäftsleitung: Hermann Paul; Head of Editorial: Jo Löffler (v.i.S.d.P.); Redaktion: Benjamin Feuer, Gunther Nickel; Übersetzung: Michael Nagula;
Head of Marketing: Holger Wiest; Marketing: Jette Götz (E-Mail: marketing@panini.de); Lettering & Grafik: Rowan Rüster, Brightstar Studio, Ludwigsburg;
Produktion: Sanja Ancic; Druck: Mohn Media, Gütersloh.

Anzeigen: BLAUFEUER VERLAGSVERTRETUNGEN GmbH, info@blaufeuer.de
Es gilt die Anzeigenpreisliste Nr. 18 vom 1.10.2020.
Vertriebsservice: stella distribution, Hamburg, Fax: 040/808053050
Presse & PR: Steffen Volkmer
Panini-Nachbestell-Service: Bezugsmöglichkeiten für ältere Ausgaben unter www.paninicomics.de

Star Wars Comic-Kollektion Abonnenten-Service: PrimaNeo GmbH & Co. KG, Postfach 10 40 40, D-20027 Hamburg, Tel.: 040/23670-3749, Fax: 040/23670-190,
E-Mail: STWCK@primaneo.de

Hinweise zu unseren Datenschutzrichtlinien finden Sie im Internet unter: https://www.paninishop.de/datenschutz

www.starwars.com

HDESWC116

ISBN 978-3-7416-2131-4

Findet uns im Netz:
www.paninicomics.de
www.starwars-comic-kollektion.de

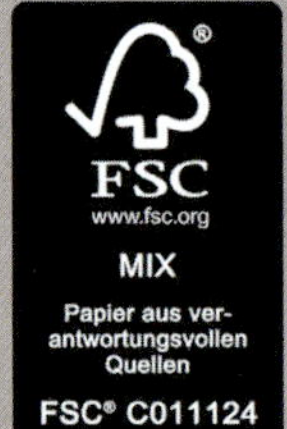

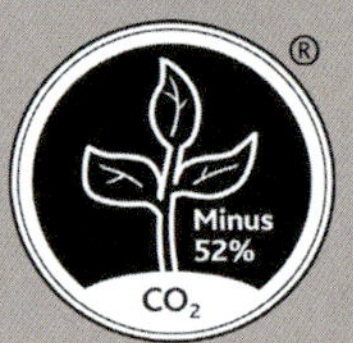

Beim Druck dieses Produkts wurde durch
den innovativen Einsatz der Kraft-Wärme-Kopplung
im Vergleich zum herkömmlichen
Energieeinsatz bis zu 52% weniger CO_2 emittiert.

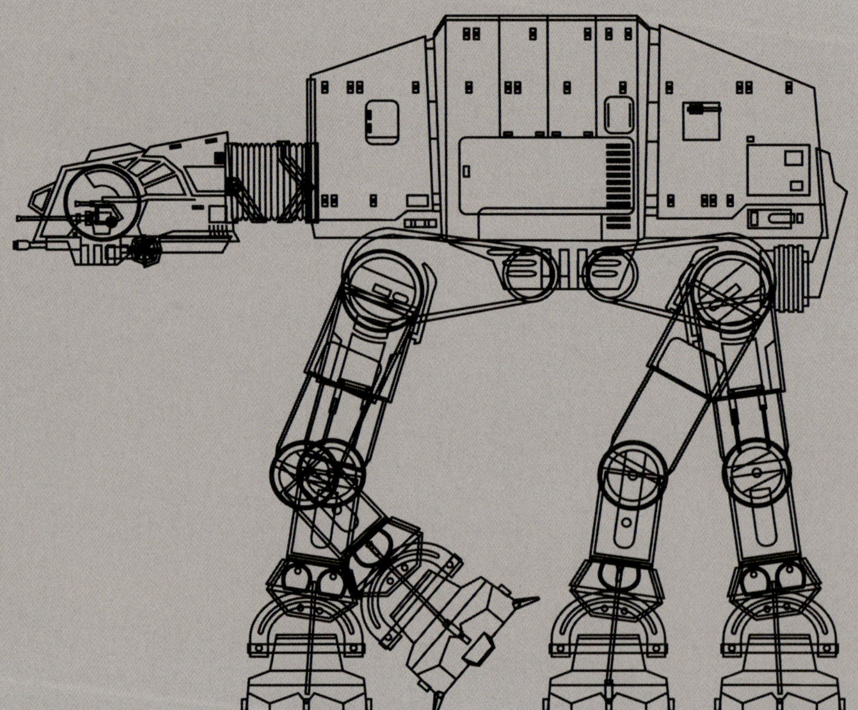

INHALT

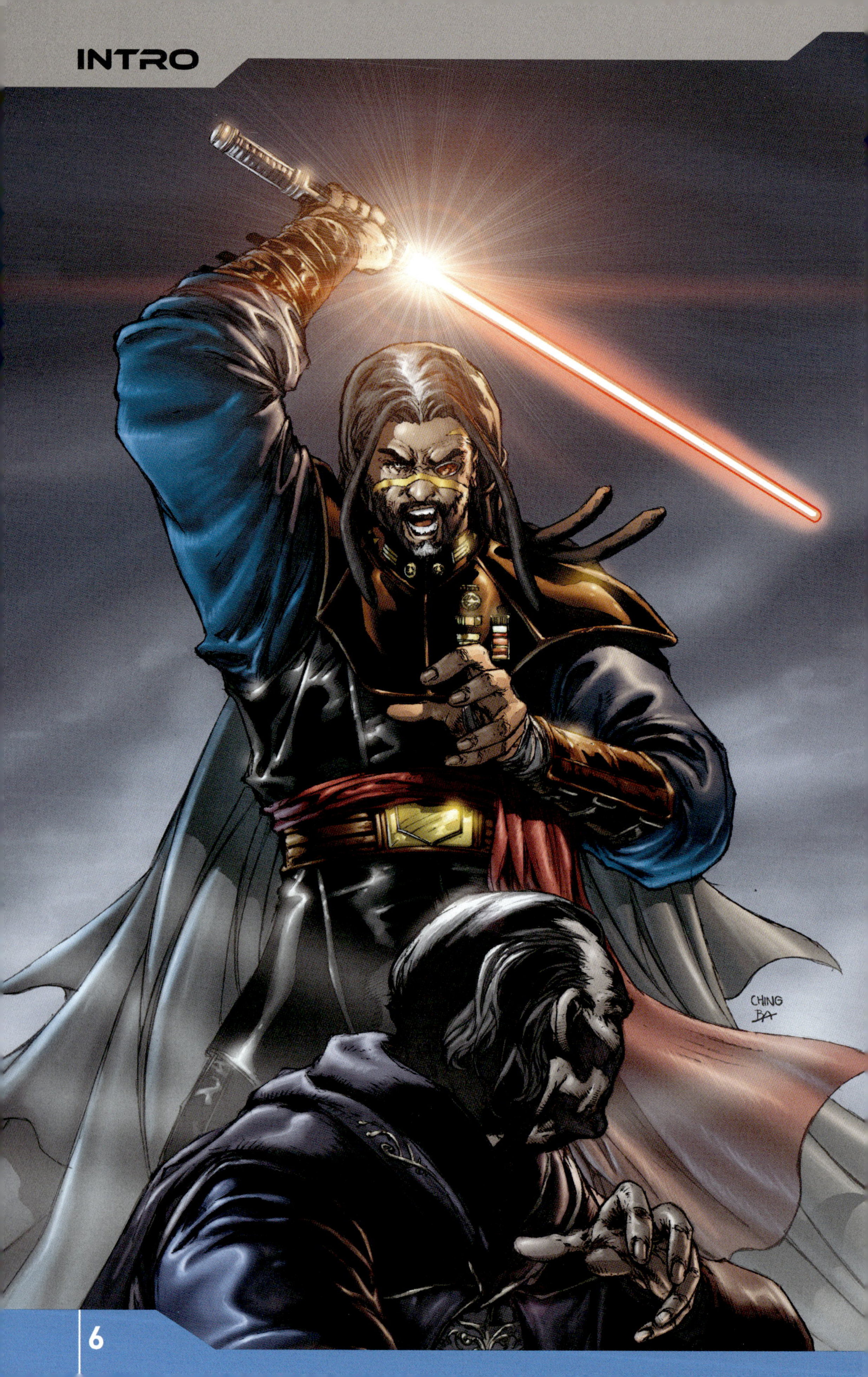
CHING
BA

DIE GESCHICHTE

Zwischen der Konföderation unabhängiger Systeme und der Galaktischen Republik entbrennt 22 vor Yavin mit der Schlacht von Geonosis ein drei Jahre währender Konflikt von galaktischen Ausmaßen, der als die Klonkriege in die Geschichte eingehen soll. Wohl kaum eine Ära fasziniert *Star Wars*-Fans wie diese, nicht zuletzt, da sie in den Filmen ausgiebig behandelt wird. Hinter der Konföderation stecken im Verborgenen die Sith, Darth Sidious, der der Öffentlichkeit als Kanzler Palpatine bekannt ist, und dessen Schüler Count Dooku. Im Jahr 22 vor der Schlacht von Yavin entdeckt Obi-Wan Kenobi auf Kamino eine gigantische Klonarmee, die bereits seit zehn Jahren angeblich im Auftrag der Jedi gebaut wurde. Die Soldaten wurden nach dem Ebenbild des gefürchteten Kopfgeldjägers Jango Fett geschaffen. Zunächst scheint die Klonarmee ein Segen für die Republik zu sein, wird sie doch dringend benötigt, um die Droiden der Separatisten in ihre Schranken zu weisen. Angeführt werden jene Klontruppen von Jedi, was ihnen jedoch zum Verhängnis werden soll. Im Rahmen der Order 66 strecken die Klone ihre Kommandanten im Auftrag der Sith hinterrücks nieder und löschen sie beinahe für immer aus. Dieses verheerende Attentat markiert das Ende der Klonkriege und bahnte den Sith den Weg, ihr Imperium zu errichten.

Der vorliegende Band erzählt nun die Geschehnisse rund um verschiedene Jedi und den abtrünnigen Count Dooku, der dem Orden den Rücken gekehrt und sich den Sith verschrieben hat. All diese auf den ersten Blick bunt zusammengewürfelten Geschichten haben eines gemeinsam: Sie spielen im Jahr 22 vor der Schlacht von Yavin, nach der Schlacht von Geonosis, mitten in den verheerenden Klonkriegen. Hier erleben wir Quinlan Vos, der einmal mehr gefährlich nahe an den Grenzen zur dunklen Seite wandelt. Er ermittelt verdeckt im Auftrag des Hohen Rats und soll Separatisten ausspionieren. Jedoch bleibt im Dunkeln, ob der Jedi seine Rolle schlicht außergewöhnlich gut spielt oder tatsächlich die Seiten gewechselt hat. Die Togruta-Jedi-Meisterin Shaak Ti befindet sich unterdessen mitten in der tobenden Schlacht auf Brentaal IV, wo sie abgeschnitten von ihrer Einheit versuchen muss, ihre Mission zu erfüllen. Aayla Secura ermittelt hingegen verdeckt in einer Separatisten-Enklave – bis ihre Tarnung auffliegt und sie es mit der gefürchteten Attentäterin Aurra Sing zu tun bekommt. Und in einem Perspektivwechsel werden die finsteren Pläne Count Dookus näher beleuchtet, dessen Vertrauen Quinlan Vos gewinnen soll. Doch was der Jedi-Meister im Rahmen seiner Mission herausfindet, stellt ihn vor eine schwierige Entscheidung, die ihn weit mehr als nur seine Tarnung kosten könnte.

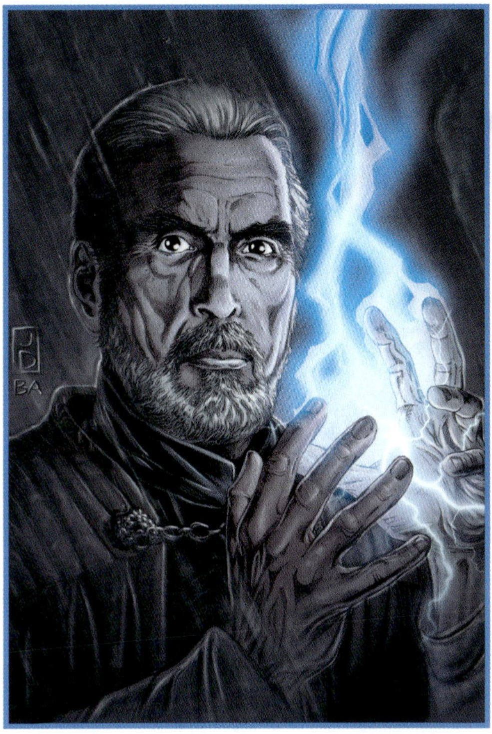

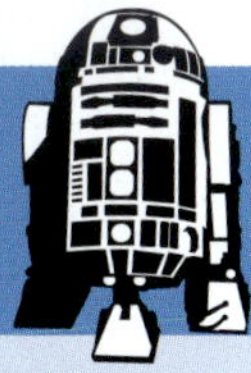

R2-D2S SPEICHERKARTE

Die Comicreihe *Star Wars: Jedi* wurde von Dark Horse Comics in den USA in den Jahren 2003 und 2004 veröffentlicht. Es handelt sich dabei um fünf Einzelhefte, die jeweils eine zentrale Figur des *Star Wars*-Universums zu Zeiten der Klonkriege näher beleuchten. In diesem Band sind die Geschichten um Aayla Secura, Shaak Ti und Count Dooku enthalten. Der Comic zu Yoda ist in Comic-Kollektion 95 zu lesen, Mace Windus Abenteuer befindet sich in Kollektion 29. Mit den Geschichten in diesem Band ist nun die gesamte Reihe in der Comic-Kollektion enthalten.

STAR WARS

Die dunkle Bedrohung | *Angriff der Klonkrieger* | *Die Rache der Sith* | *Eine neue Hoffnung* | *Das Imperium schlägt zurück* | *Die Rückkehr der Jedi-Ritter*

Schlacht von Yavin
(Zerstörung des Todessterns)

WENIGE MONATE NACH *ANGRIFF DER KLONKRIEGER*
Der Aufstieg des Imperiums

Nach der vermeintlich endgültigen Niederlage der Sith beginnt für die Republik eine Phase des Niedergangs. Der Senat ist korrupt und dem ehrgeizigen Senator Palpatine gelingt es, sich zunächst zum Obersten Kanzler wählen zu lassen und sich später selbst zum Imperator zu ernennen. Das Galaktische Imperium ist geboren. In dieser Epoche tragen sich die Ereignisse der Prequel-Trilogie zu.

KLONKRIEGE: LICHT UND SCHATTEN

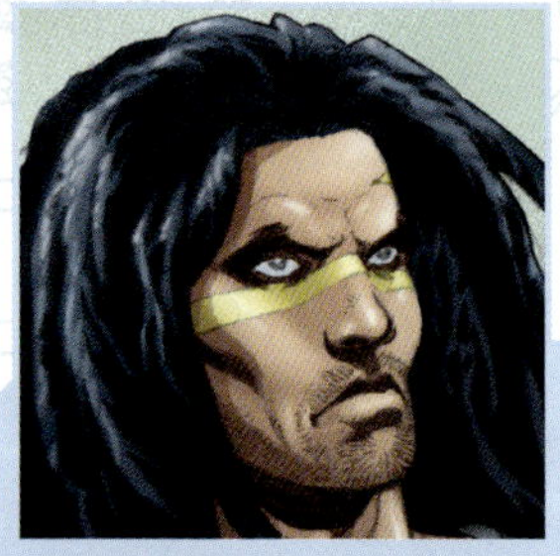

QUINLAN VOS
Als Kiffar verfügt der Jedi-Meister über psychometrische Fähigkeiten. Er kann die jüngere Geschichte von Gegenständen bei Berührung auslesen und dadurch so manches herausfinden, das anderen verborgen bleibt.

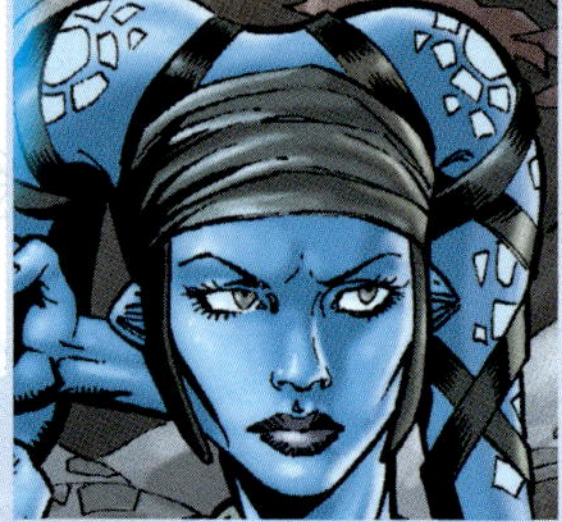

AAYLA SECURA
Die Twi`lek war einst Quinlan Vos` Padawan. Bei ihren verdeckten Ermittlungen bekommt sie es nun mit der Attentäterin Aurra Sing zu tun, die nur zu gerne Aaylas Waffe ihrer Lichtschwertsammlung hinzufügen würde.

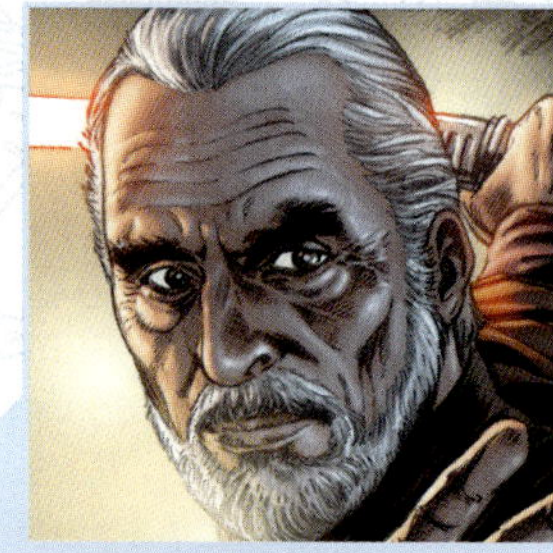

COUNT DOOKU
Als Count Dooku hetzt er die Separatisten gegen die Republik auf. In Wahrheit ist er jedoch der Sith-Lord Darth Tyranus, Darth Sidious` Schüler. Die Konföderation ist für ihn nur Mittel zum Zweck, die Galaxis zu unterjochen.

Mit der ersten offenen kriegerischen Auseinandersetzung auf dem Planeten Geonosis entbrennen 22 Jahre vor der Schlacht von Yavin die Klonkriege zwischen der Republik und der Konföderation unabhängiger Systeme. Auf verschiedene Weisen versuchen die Jedi der Republik einen Vorteil zu verschaffen. Die meisten von ihnen führen als Kommandanten Klontruppeneinheiten ins Gefecht, andere wiederum werden als Spione eingesetzt. Ob unmittelbar an der Front oder weit hinter feindlichen Linien, sie alle sind größten Gefahren ausgesetzt – vor allem, da ihr Gegner Count Dooku heißt.

STORYS **JOHN OSTRANDER**
ZEICHNUNGEN **JAN DUURSEMA**
TUSCHE **DAN PARSONS**
FARBEN **JOE WAYNE** **BRAD ANDERSON**
ÜBERSETZUNG **MICHAEL NAGULA**

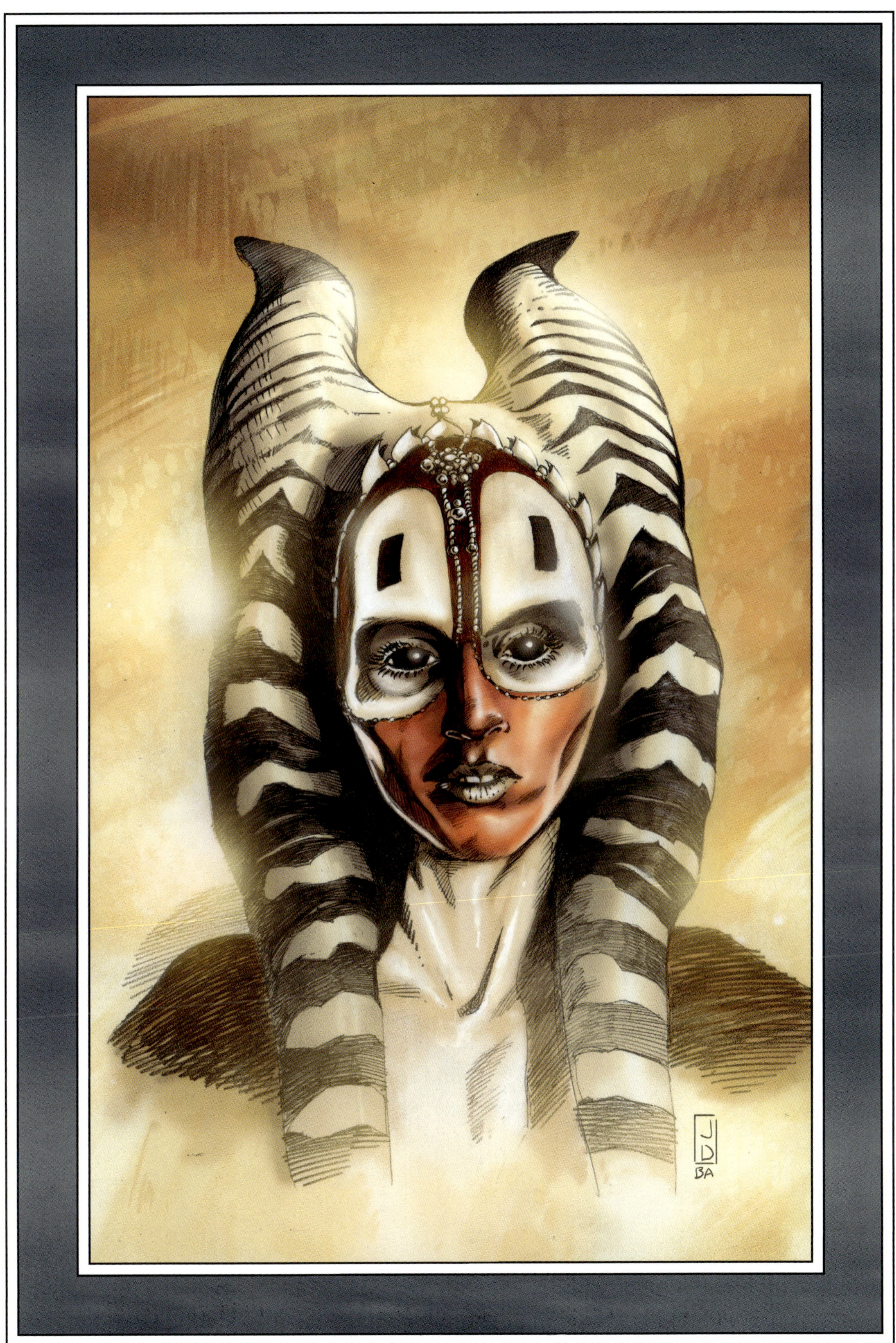

Shaak Ti

Fünf Monate nach der Schlacht von Geonosis ...

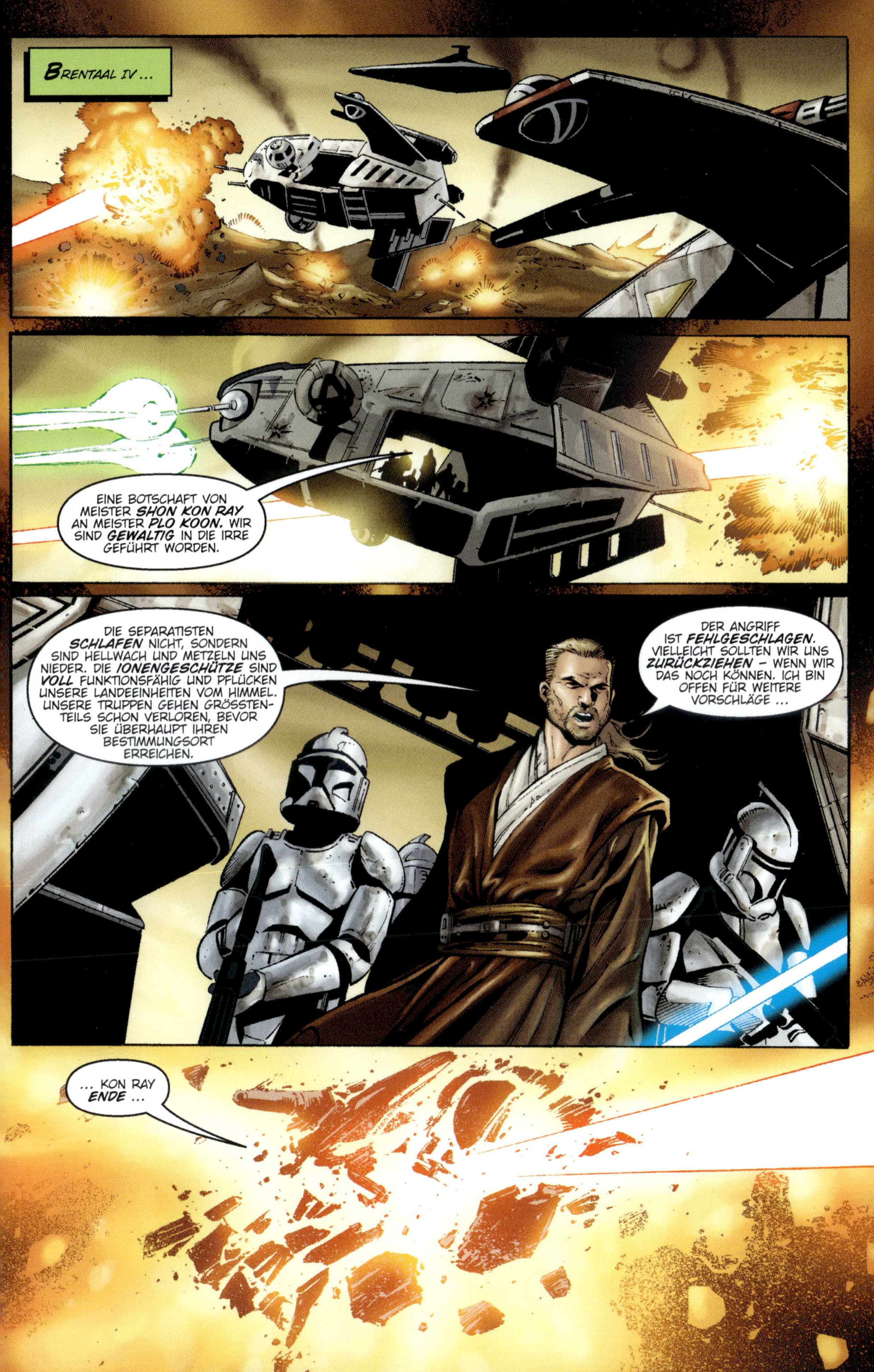
BRENTAAL IV ...
EINE BOTSCHAFT VON MEISTER SHON KON RAY AN MEISTER PLO KOON. WIR SIND GEWALTIG IN DIE IRRE GEFÜHRT WORDEN.
DIE SEPARATISTEN SCHLAFEN NICHT, SONDERN SIND HELLWACH UND METZELN UNS NIEDER. DIE IONENGESCHÜTZE SIND VOLL FUNKTIONSFÄHIG UND PFLÜCKEN UNSERE LANDEEINHEITEN VOM HIMMEL. UNSERE TRUPPEN GEHEN GRÖSSTENTEILS SCHON VERLOREN, BEVOR SIE ÜBERHAUPT IHREN BESTIMMUNGSORT ERREICHEN.
DER ANGRIFF IST FEHLGESCHLAGEN. VIELLEICHT SOLLTEN WIR UNS ZURÜCKZIEHEN – WENN WIR DAS NOCH KÖNNEN. ICH BIN OFFEN FÜR WEITERE VORSCHLÄGE ...
... KON RAY ENDE ...

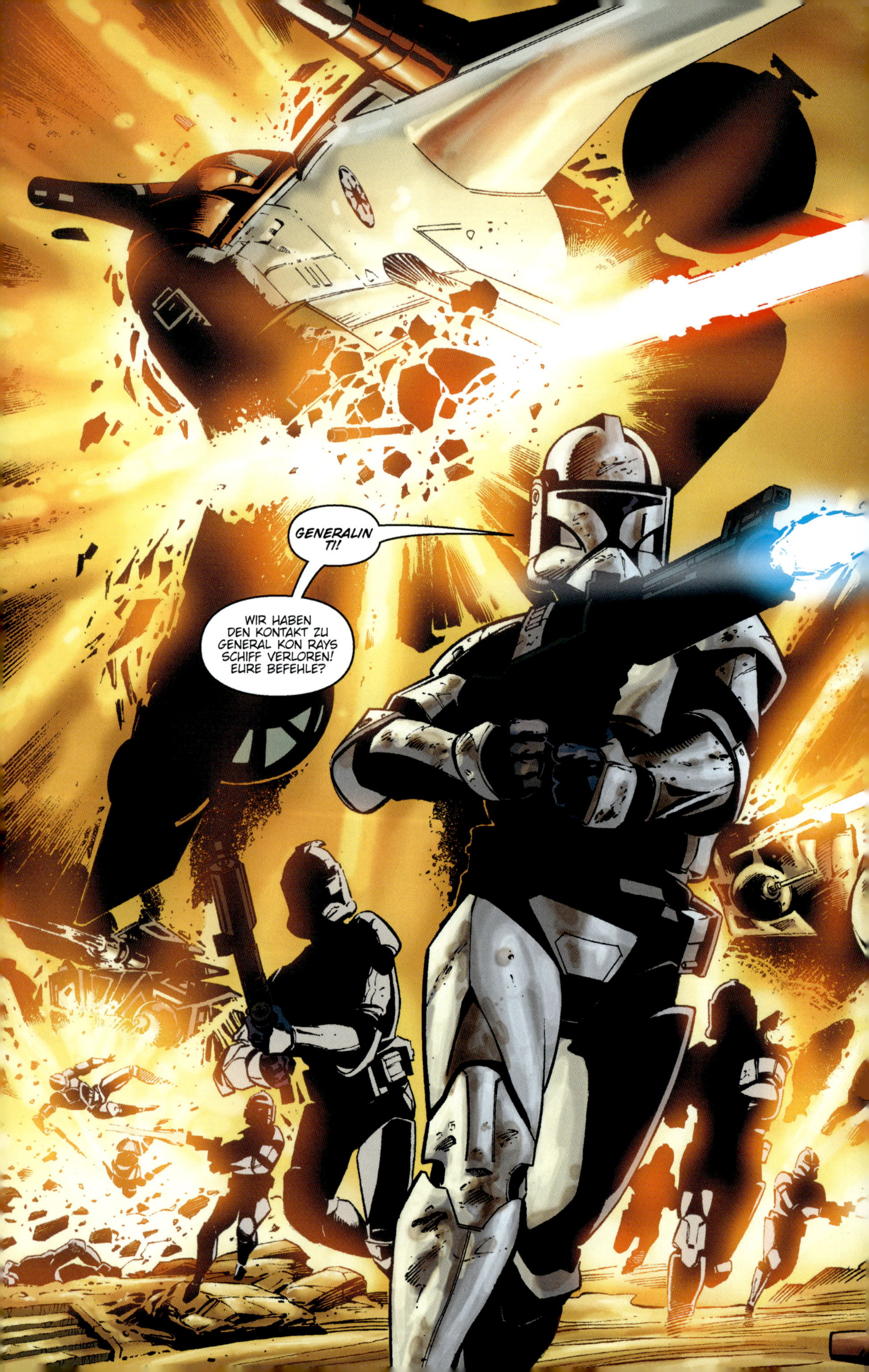
GENERALIN TI!
WIR HABEN DEN KONTAKT ZU GENERAL KON RAYS SCHIFF VERLOREN! EURE BEFEHLE?

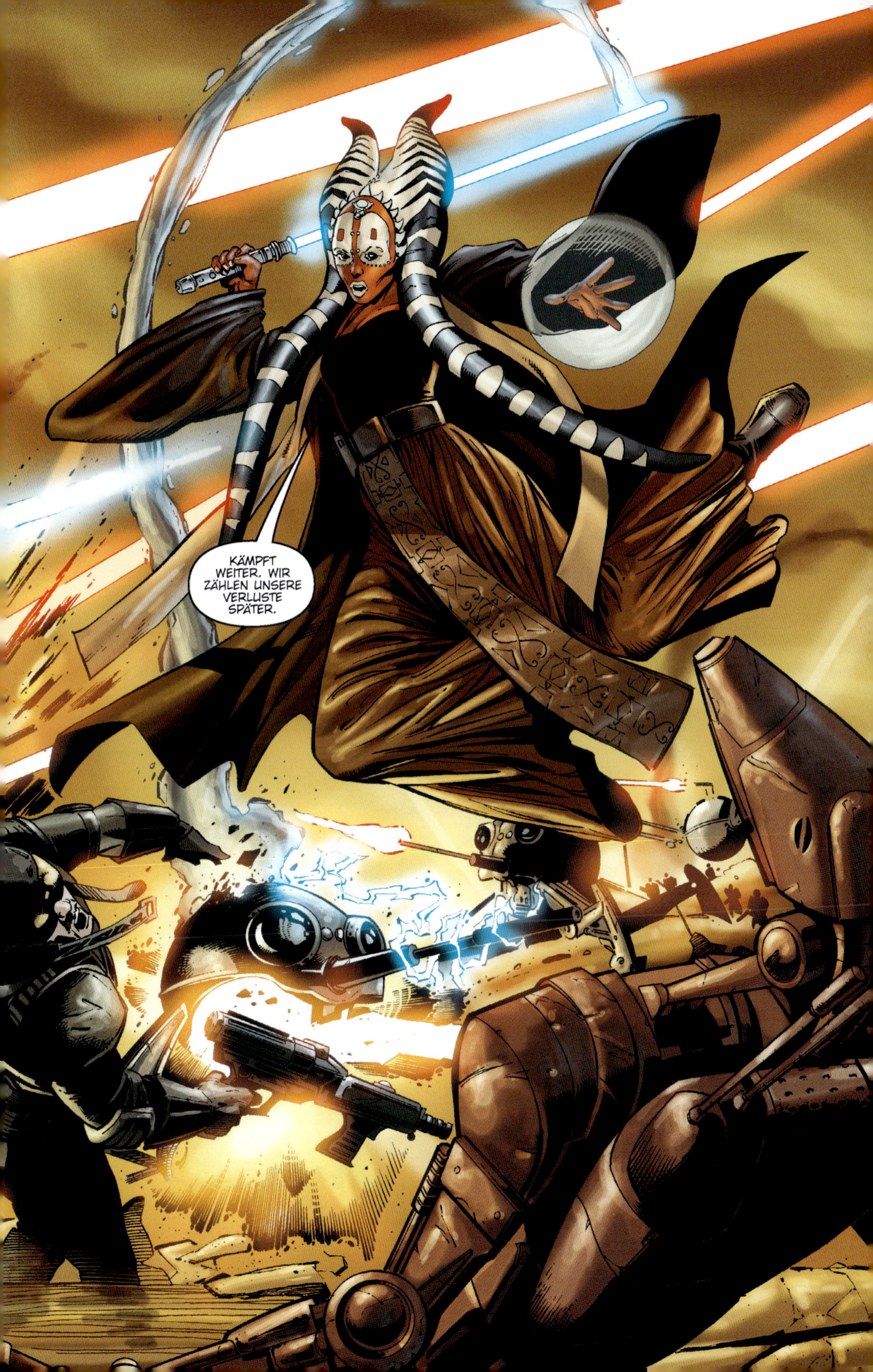
KÄMPFT WEITER. WIR ZÄHLEN UNSERE VERLUSTE SPÄTER.

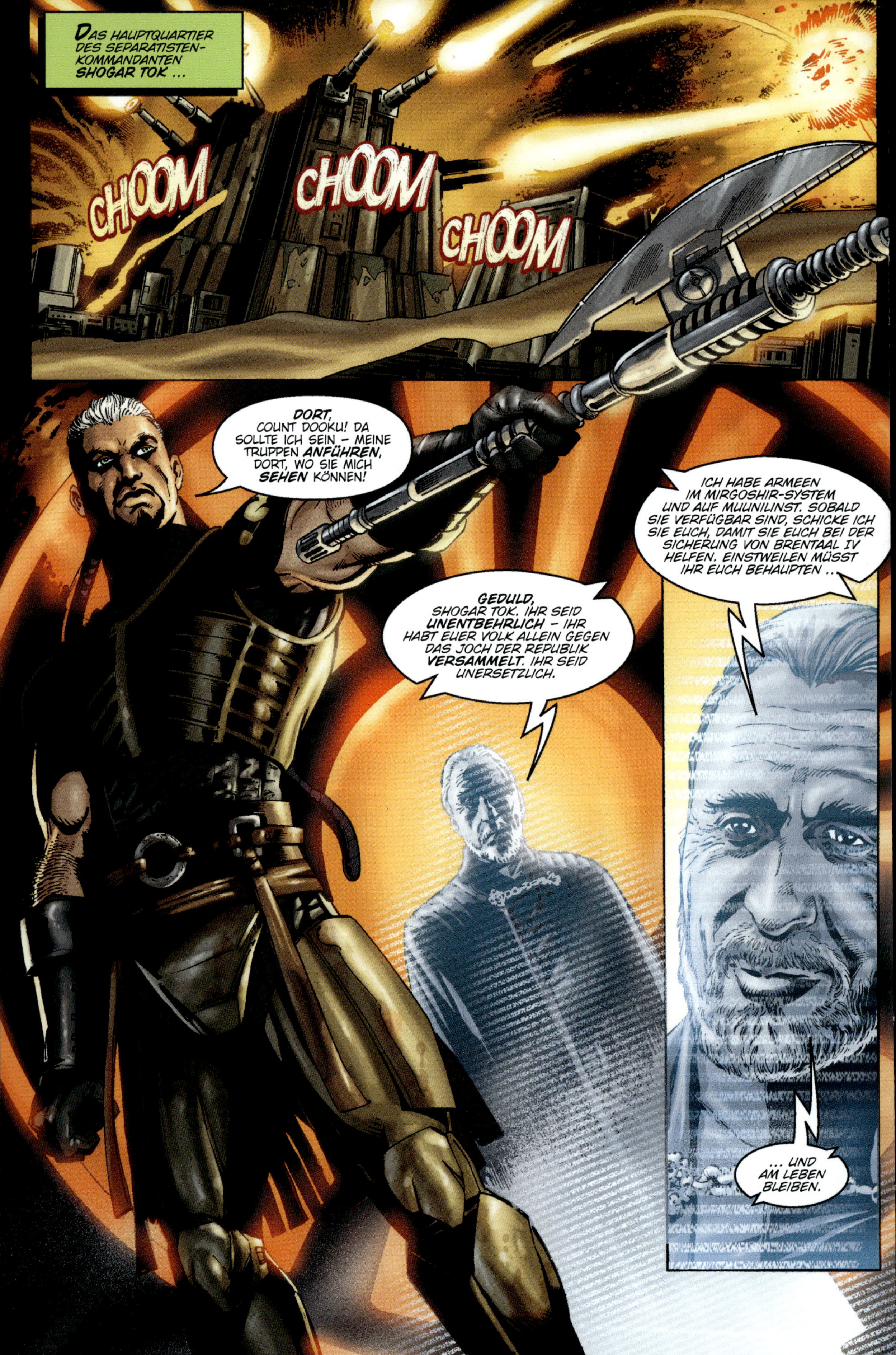
DAS HAUPTQUARTIER DES SEPARATISTEN-KOMMANDANTEN SHOGAR TOK ...
CHOOM
CHOOM
CHOOM
DORT, COUNT DOOKU! DA SOLLTE ICH SEIN – MEINE TRUPPEN ANFÜHREN, DORT, WO SIE MICH SEHEN KÖNNEN!
GEDULD, SHOGAR TOK. IHR SEID UNENTBEHRLICH – IHR HABT EUER VOLK ALLEIN GEGEN DAS JOCH DER REPUBLIK VERSAMMELT. IHR SEID UNERSETZLICH.
ICH HABE ARMEEN IM MIRGOSHIR-SYSTEM UND AUF MUUNILINST. SOBALD SIE VERFÜGBAR SIND, SCHICKE ICH SIE EUCH, DAMIT SIE EUCH BEI DER SICHERUNG VON BRENTAAL IV HELFEN. EINSTWEILEN MÜSST IHR EUCH BEHAUPTEN ...
... UND AM LEBEN BLEIBEN.

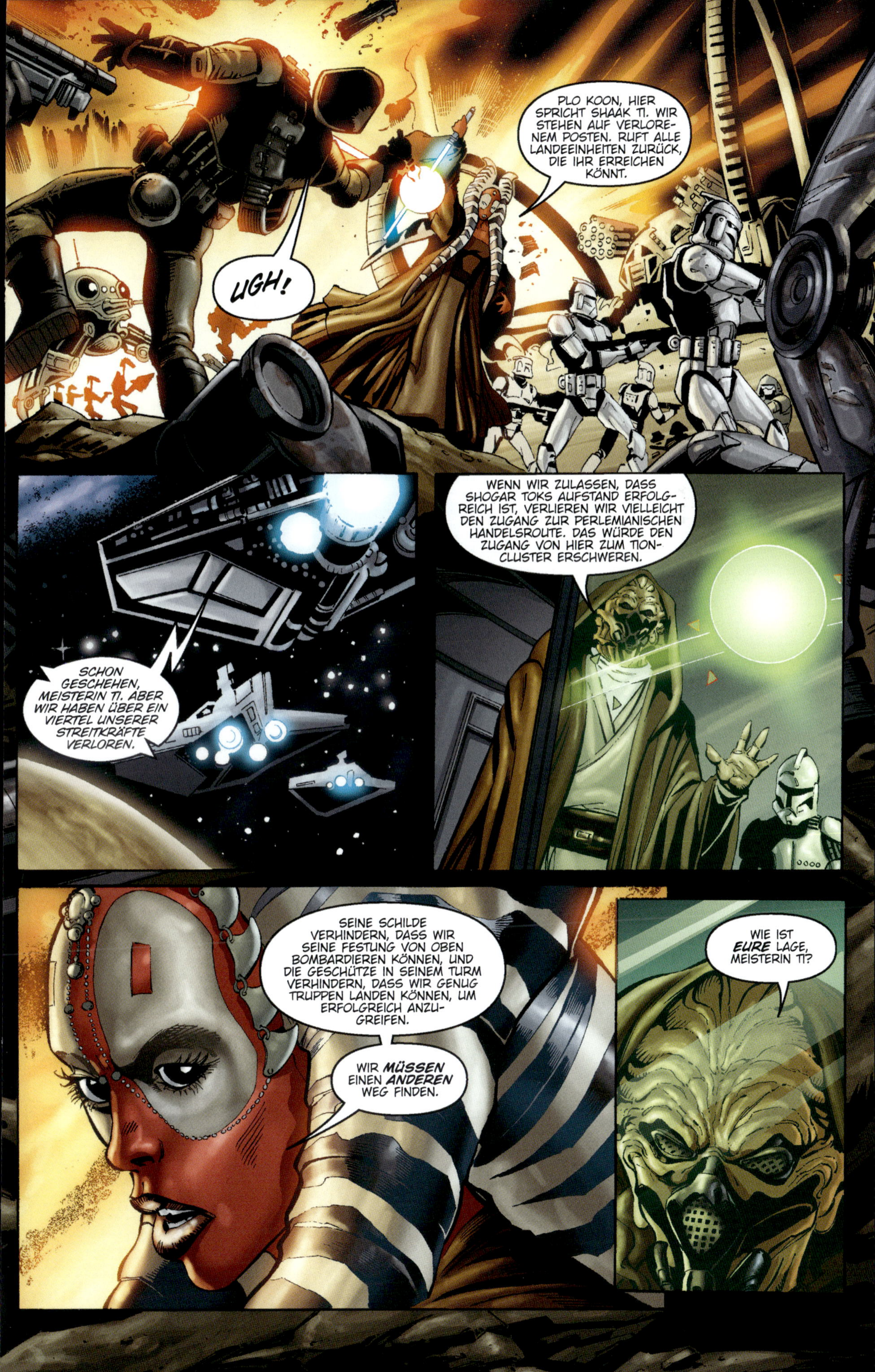
PLO KOON, HIER SPRICHT SHAAK TI. WIR STEHEN AUF VERLORENEM POSTEN. RUFT ALLE LANDEEINHEITEN ZURÜCK, DIE IHR ERREICHEN KÖNNT.
UGH!
SCHON GESCHEHEN, MEISTERIN TI. ABER WIR HABEN ÜBER EIN VIERTEL UNSERER STREITKRÄFTE VERLOREN.
WENN WIR ZULASSEN, DASS SHOGAR TOKS AUFSTAND ERFOLGREICH IST, VERLIEREN WIR VIELLEICHT DEN ZUGANG ZUR PERLEMIANISCHEN HANDELSROUTE. DAS WÜRDE DEN ZUGANG VON HIER ZUM TION-CLUSTER ERSCHWEREN.
WIE IST EURE LAGE, MEISTERIN TI?
SEINE SCHILDE VERHINDERN, DASS WIR SEINE FESTUNG VON OBEN BOMBARDIEREN KÖNNEN, UND DIE GESCHÜTZE IN SEINEM TURM VERHINDERN, DASS WIR GENUG TRUPPEN LANDEN KÖNNEN, UM ERFOLGREICH ANZUGREIFEN.
WIR MÜSSEN EINEN ANDEREN WEG FINDEN.

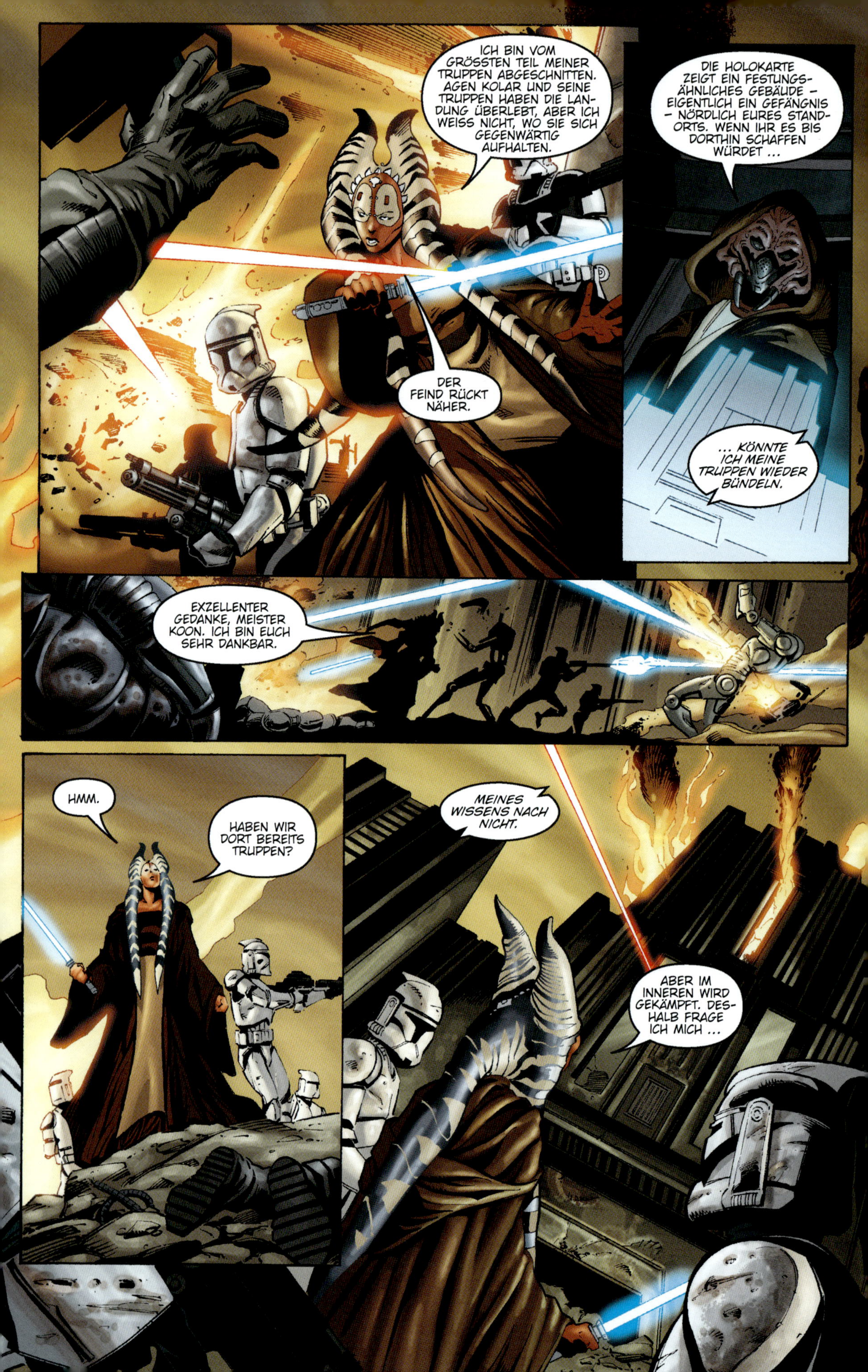
ICH BIN VOM GRÖSSTEN TEIL MEINER TRUPPEN ABGESCHNITTEN. AGEN KOLAR UND SEINE TRUPPEN HABEN DIE LANDUNG ÜBERLEBT, ABER ICH WEISS NICHT, WO SIE SICH GEGENWÄRTIG AUFHALTEN.
DER FEIND RÜCKT NÄHER.
DIE HOLOKARTE ZEIGT EIN FESTUNGSÄHNLICHES GEBÄUDE – EIGENTLICH EIN GEFÄNGNIS – NÖRDLICH EURES STANDORTS. WENN IHR ES BIS DORTHIN SCHAFFEN WÜRDET …
… KÖNNTE ICH MEINE TRUPPEN WIEDER BÜNDELN.
EXZELLENTER GEDANKE, MEISTER KOON. ICH BIN EUCH SEHR DANKBAR.
HMM.
HABEN WIR DORT BEREITS TRUPPEN?
MEINES WISSENS NACH NICHT.
ABER IM INNEREN WIRD GEKÄMPFT. DESHALB FRAGE ICH MICH …

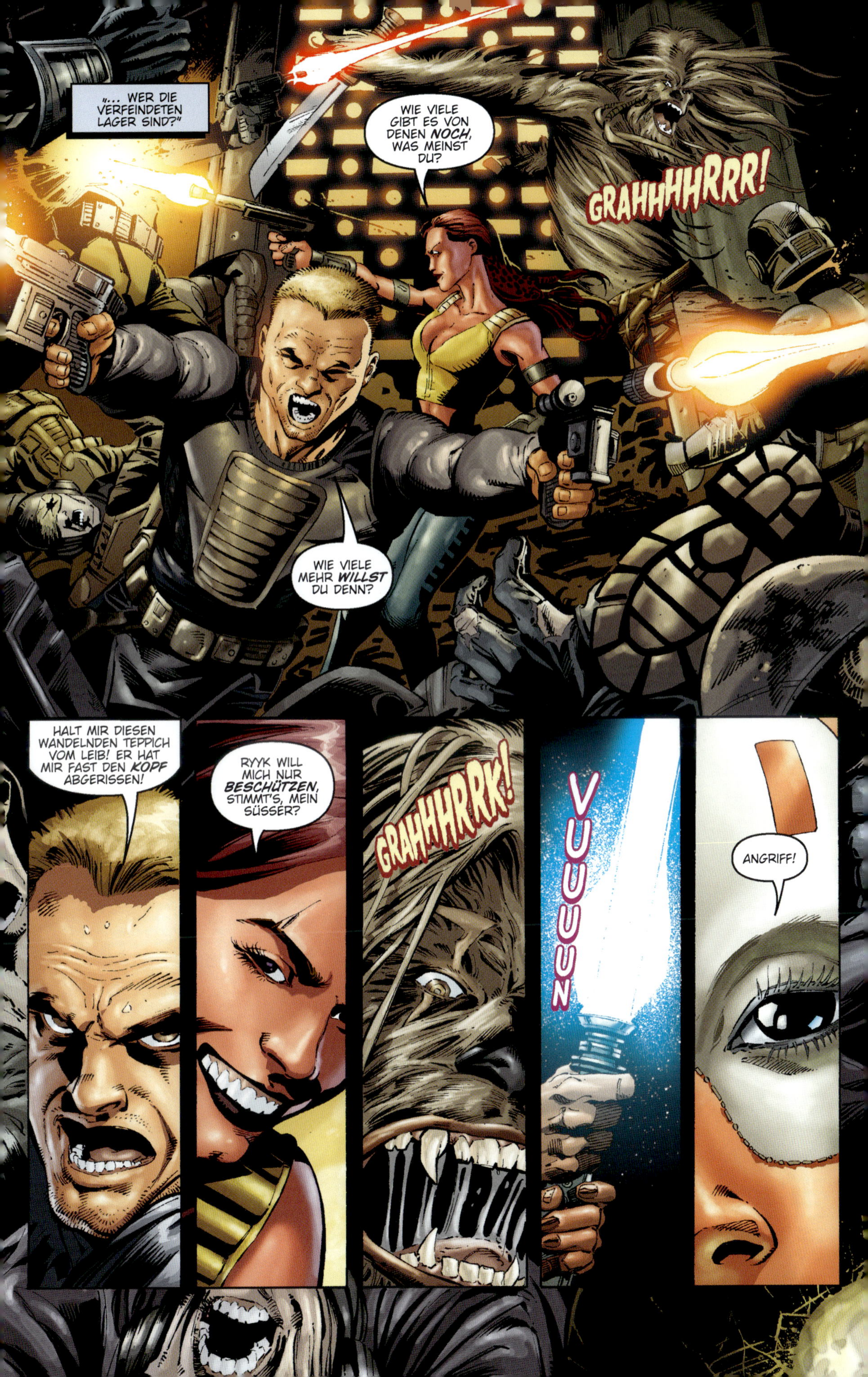
"... WER DIE VERFEINDETEN LAGER SIND?"
WIE VIELE GIBT ES VON DENEN NOCH, WAS MEINST DU?
GRAHHHHRRR!
WIE VIELE MEHR WILLST DU DENN?
HALT MIR DIESEN WANDELNDEN TEPPICH VOM LEIB! ER HAT MIR FAST DEN KOPF ABGERISSEN!
RYYK WILL MICH NUR BESCHÜTZEN, STIMMT'S, MEIN SÜSSER?
GRAHHHRRRK!
VUUUUUN
ANGRIFF!

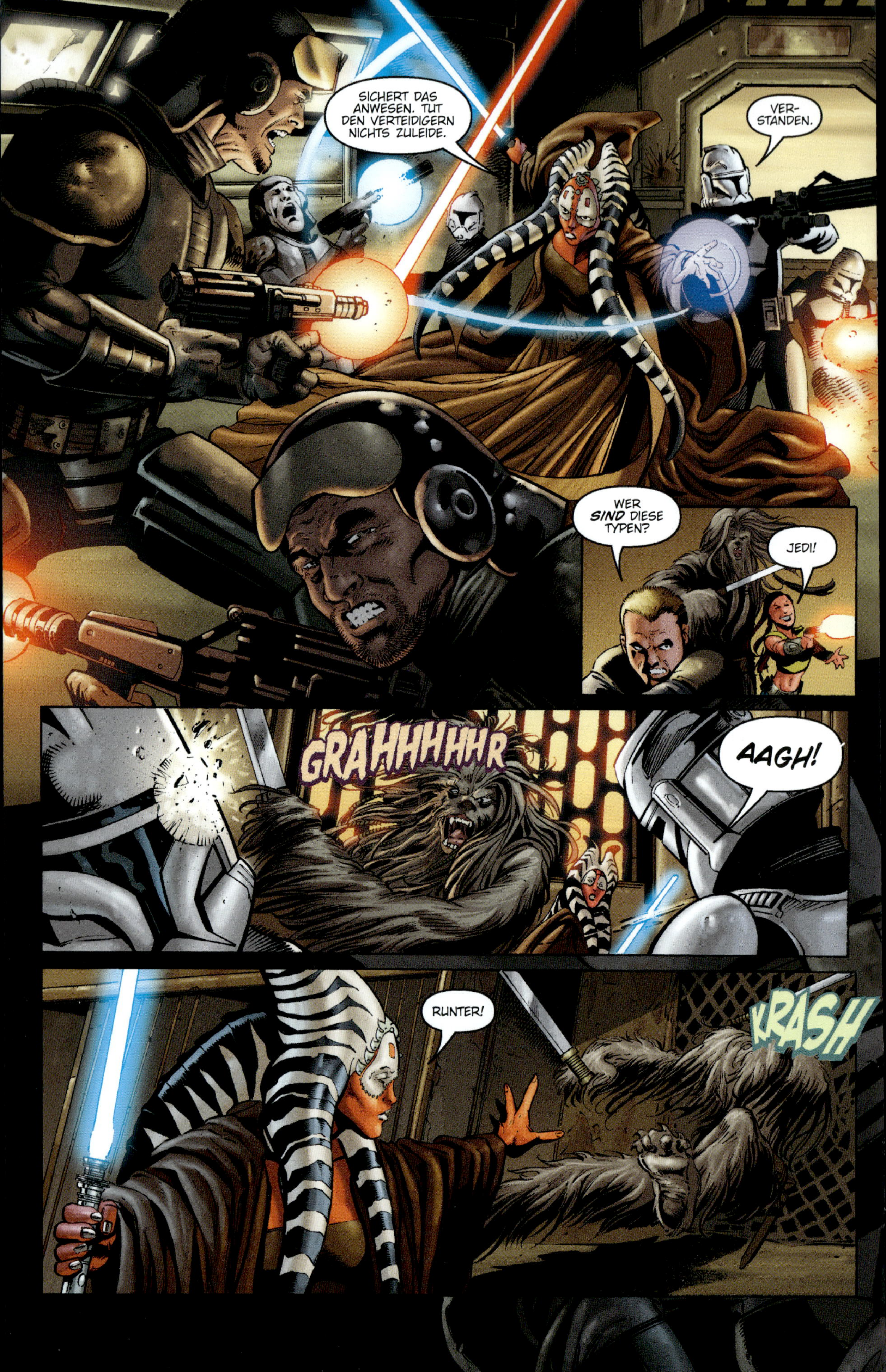

SICHERT DAS ANWESEN. TUT DEN VERTEIDIGERN NICHTS ZULEIDE.
VER-STANDEN.
WER SIND DIESE TYPEN?
JEDI!
GRAHHHHHR
AAGH!
RUNTER!
KRASH

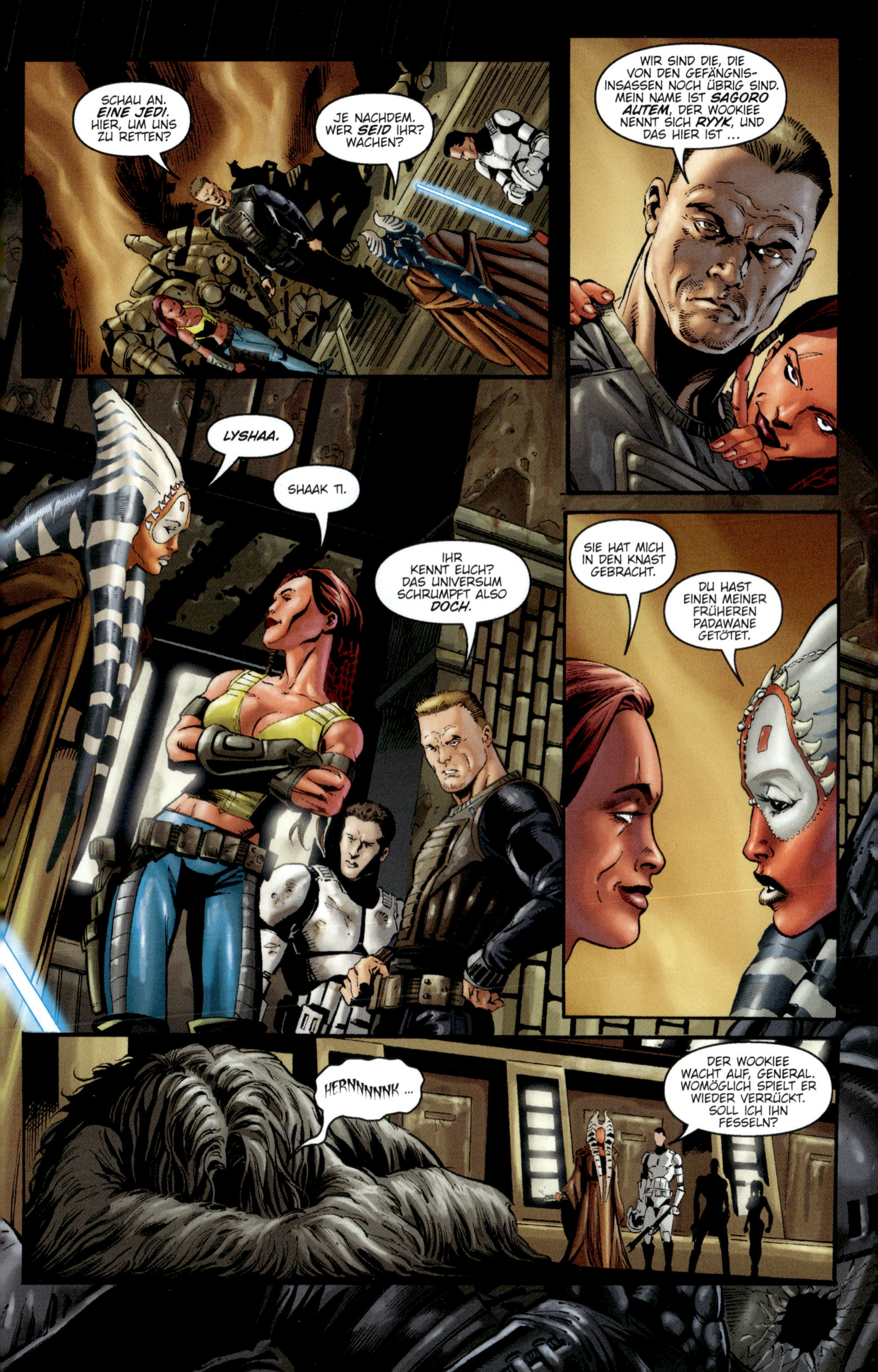
SCHAU AN. EINE JEDI. HIER, UM UNS ZU RETTEN?
JE NACHDEM. WER SEID IHR? WACHEN?
WIR SIND DIE, DIE VON DEN GEFÄNGNIS-INSASSEN NOCH ÜBRIG SIND. MEIN NAME IST SAGORO AUTEM, DER WOOKIEE NENNT SICH RYYK, UND DAS HIER IST …
LYSHAA.
SHAAK TI.
IHR KENNT EUCH? DAS UNIVERSUM SCHRUMPFT ALSO DOCH.
SIE HAT MICH IN DEN KNAST GEBRACHT.
DU HAST EINEN MEINER FRÜHEREN PADAWANE GETÖTET.
HERNNNNNK …
DER WOOKIEE WACHT AUF, GENERAL. WOMÖGLICH SPIELT ER WIEDER VERRÜCKT. SOLL ICH IHN FESSELN?

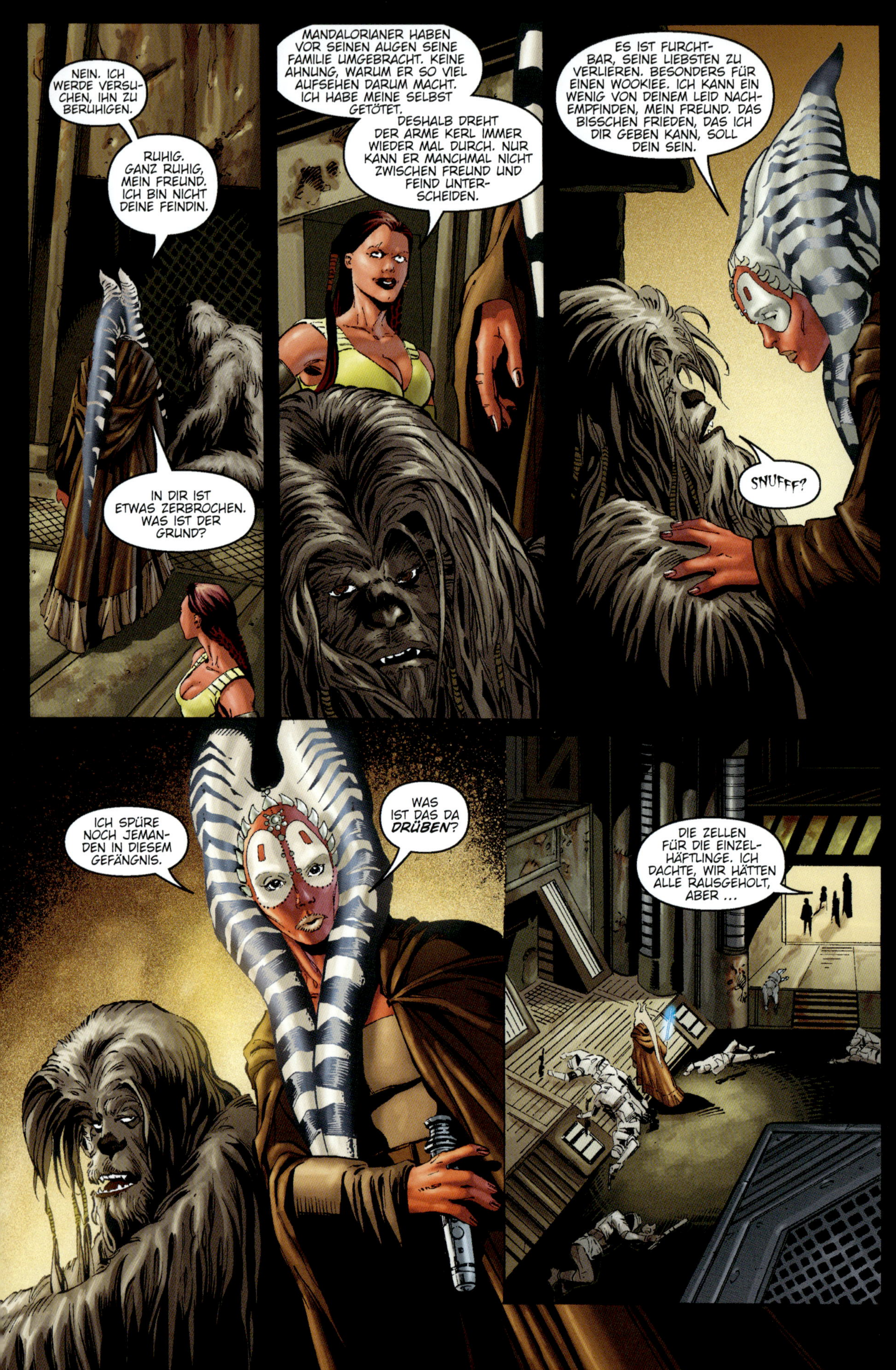
NEIN. ICH WERDE VERSUCHEN, IHN ZU BERUHIGEN.
RUHIG. GANZ RUHIG, MEIN FREUND. ICH BIN NICHT DEINE FEINDIN.
IN DIR IST ETWAS ZERBROCHEN. WAS IST DER GRUND?
MANDALORIANER HABEN VOR SEINEN AUGEN SEINE FAMILIE UMGEBRACHT. KEINE AHNUNG, WARUM ER SO VIEL AUFSEHEN DARUM MACHT. ICH HABE MEINE SELBST GETÖTET.
DESHALB DREHT DER ARME KERL IMMER WIEDER MAL DURCH. NUR KANN ER MANCHMAL NICHT ZWISCHEN FREUND UND FEIND UNTERSCHEIDEN.
ES IST FURCHTBAR, SEINE LIEBSTEN ZU VERLIEREN. BESONDERS FÜR EINEN WOOKIEE. ICH KANN EIN WENIG VON DEINEM LEID NACHEMPFINDEN, MEIN FREUND. DAS BISSCHEN FRIEDEN, DAS ICH DIR GEBEN KANN, SOLL DEIN SEIN.
SNUFFF?
ICH SPÜRE NOCH JEMANDEN IN DIESEM GEFÄNGNIS.
WAS IST DAS DA *DRÜBEN*?
DIE ZELLEN FÜR DIE EINZELHÄFTLINGE. ICH DACHTE, WIR HÄTTEN ALLE RAUSGEHOLT, ABER ...

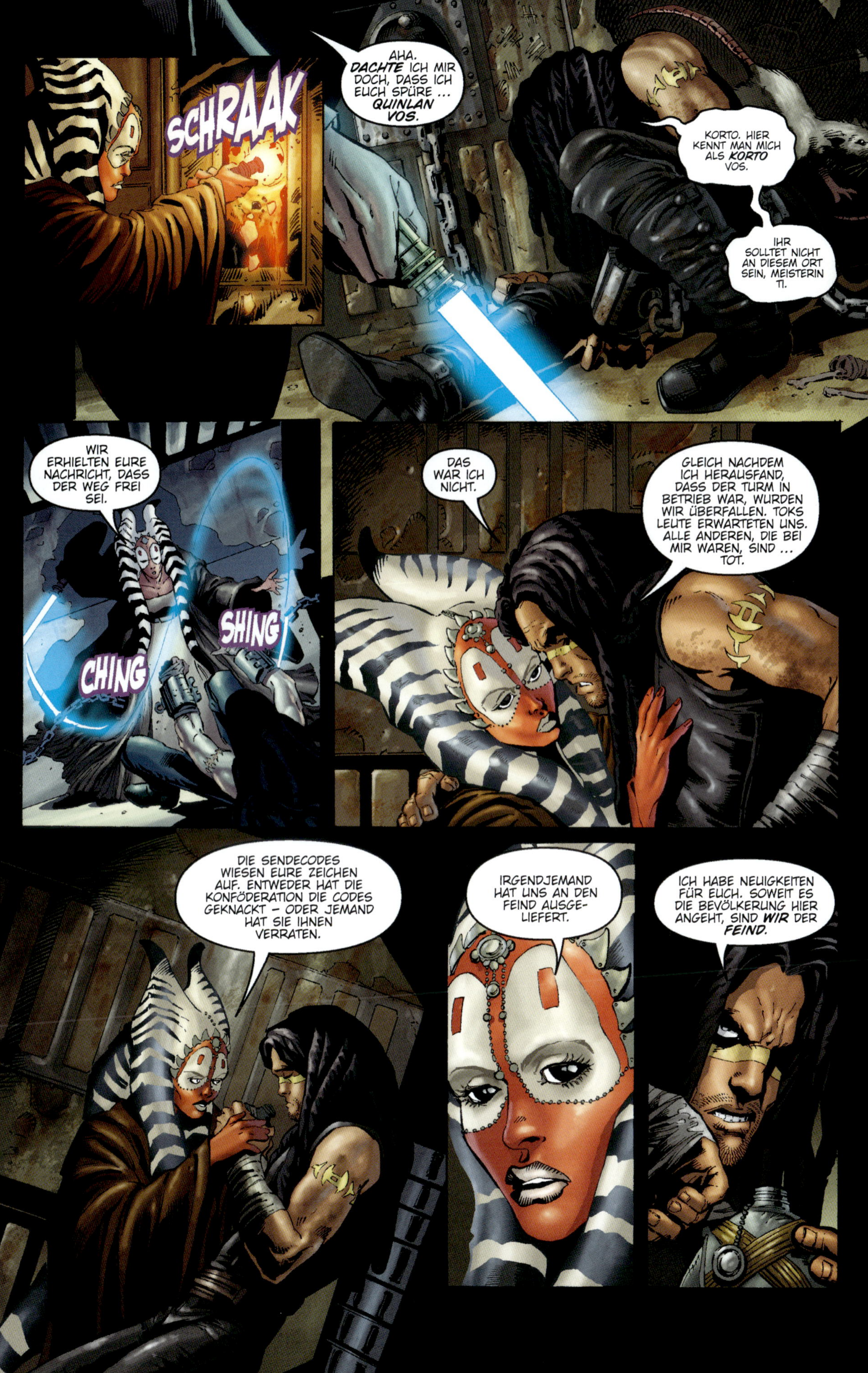
SCHRAAK
AHA. DACHTE ICH MIR DOCH, DASS ICH EUCH SPÜRE ... QUINLAN VOS.
KORTO. HIER KENNT MAN MICH ALS KORTO VOS.
IHR SOLLTET NICHT AN DIESEM ORT SEIN, MEISTERIN TI.
WIR ERHIELTEN EURE NACHRICHT, DASS DER WEG FREI SEI.
SHING
CHING
DAS WAR ICH NICHT.
GLEICH NACHDEM ICH HERAUSFAND, DASS DER TURM IN BETRIEB WAR, WURDEN WIR ÜBERFALLEN. TOKS LEUTE ERWARTETEN UNS. ALLE ANDEREN, DIE BEI MIR WAREN, SIND ... TOT.
DIE SENDECODES WIESEN EURE ZEICHEN AUF. ENTWEDER HAT DIE KONFÖDERATION DIE CODES GEKNACKT – ODER JEMAND HAT SIE IHNEN VERRATEN.
IRGENDJEMAND HAT UNS AN DEN FEIND AUSGE-LIEFERT.
ICH HABE NEUIGKEITEN FÜR EUCH. SOWEIT ES DIE BEVÖLKERUNG HIER ANGEHT, SIND WIR DER FEIND.

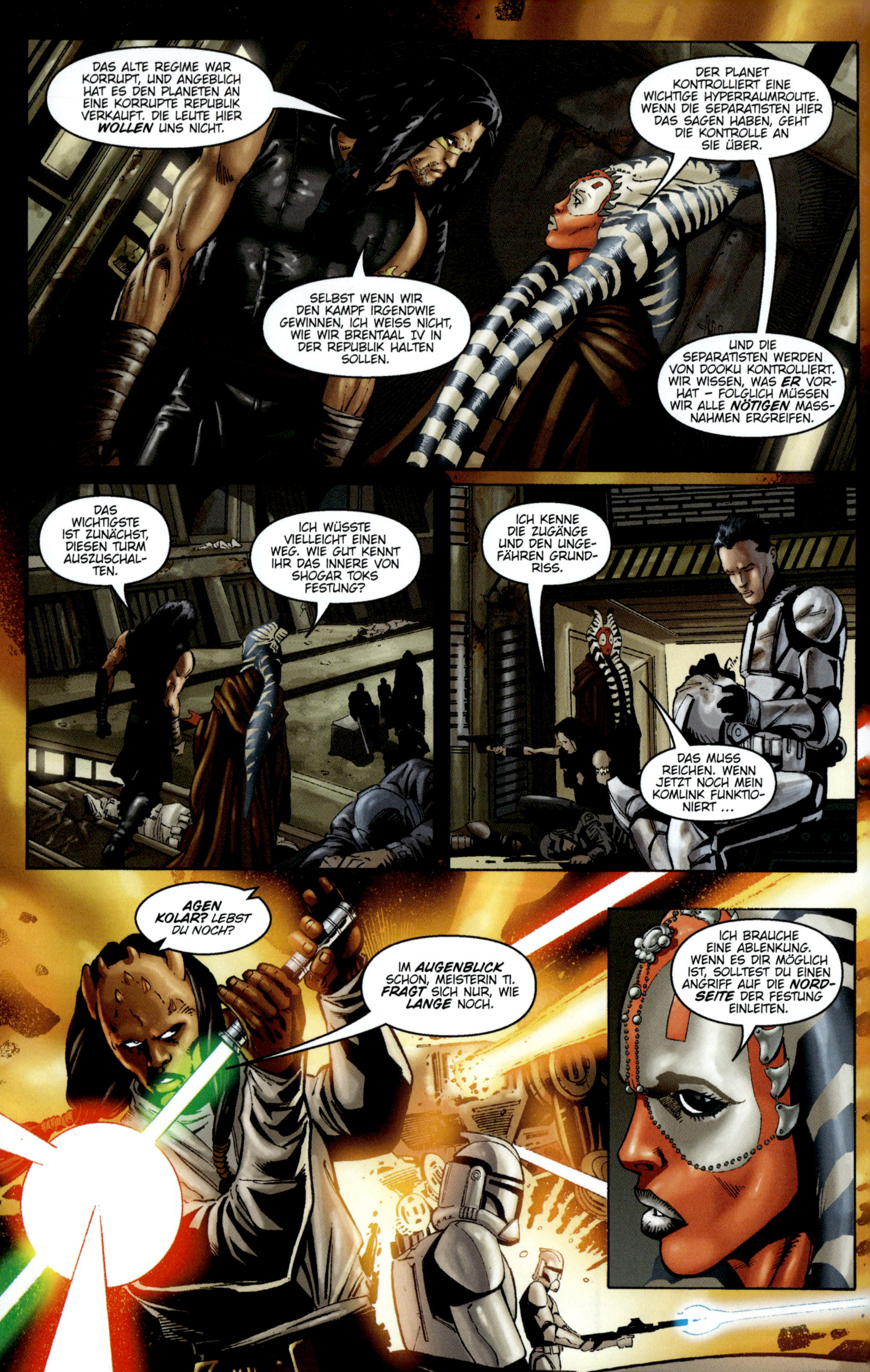
DAS ALTE REGIME WAR KORRUPT, UND ANGEBLICH HAT ES DEN PLANETEN AN EINE KORRUPTE REPUBLIK VERKAUFT. DIE LEUTE HIER WOLLEN UNS NICHT.
DER PLANET KONTROLLIERT EINE WICHTIGE HYPERRAUMROUTE. WENN DIE SEPARATISTEN HIER DAS SAGEN HABEN, GEHT DIE KONTROLLE AN SIE ÜBER.
SELBST WENN WIR DEN KAMPF IRGENDWIE GEWINNEN, ICH WEISS NICHT, WIE WIR BRENTAAL IV IN DER REPUBLIK HALTEN SOLLEN.
UND DIE SEPARATISTEN WERDEN VON DOOKU KONTROLLIERT. WIR WISSEN, WAS ER VORHAT – FOLGLICH MÜSSEN WIR ALLE NÖTIGEN MASSNAHMEN ERGREIFEN.
DAS WICHTIGSTE IST ZUNÄCHST, DIESEN TURM AUSZUSCHALTEN.
ICH WÜSSTE VIELLEICHT EINEN WEG. WIE GUT KENNT IHR DAS INNERE VON SHOGAR TOKS FESTUNG?
ICH KENNE DIE ZUGÄNGE UND DEN UNGEFÄHREN GRUNDRISS.
DAS MUSS REICHEN. WENN JETZT NOCH MEIN KOMLINK FUNKTIONIERT ...
AGEN KOLAR? LEBST DU NOCH?
IM AUGENBLICK SCHON, MEISTERIN TI. FRAGT SICH NUR, WIE LANGE NOCH.
ICH BRAUCHE EINE ABLENKUNG. WENN ES DIR MÖGLICH IST, SOLLTEST DU EINEN ANGRIFF AUF DIE NORDSEITE DER FESTUNG EINLEITEN.

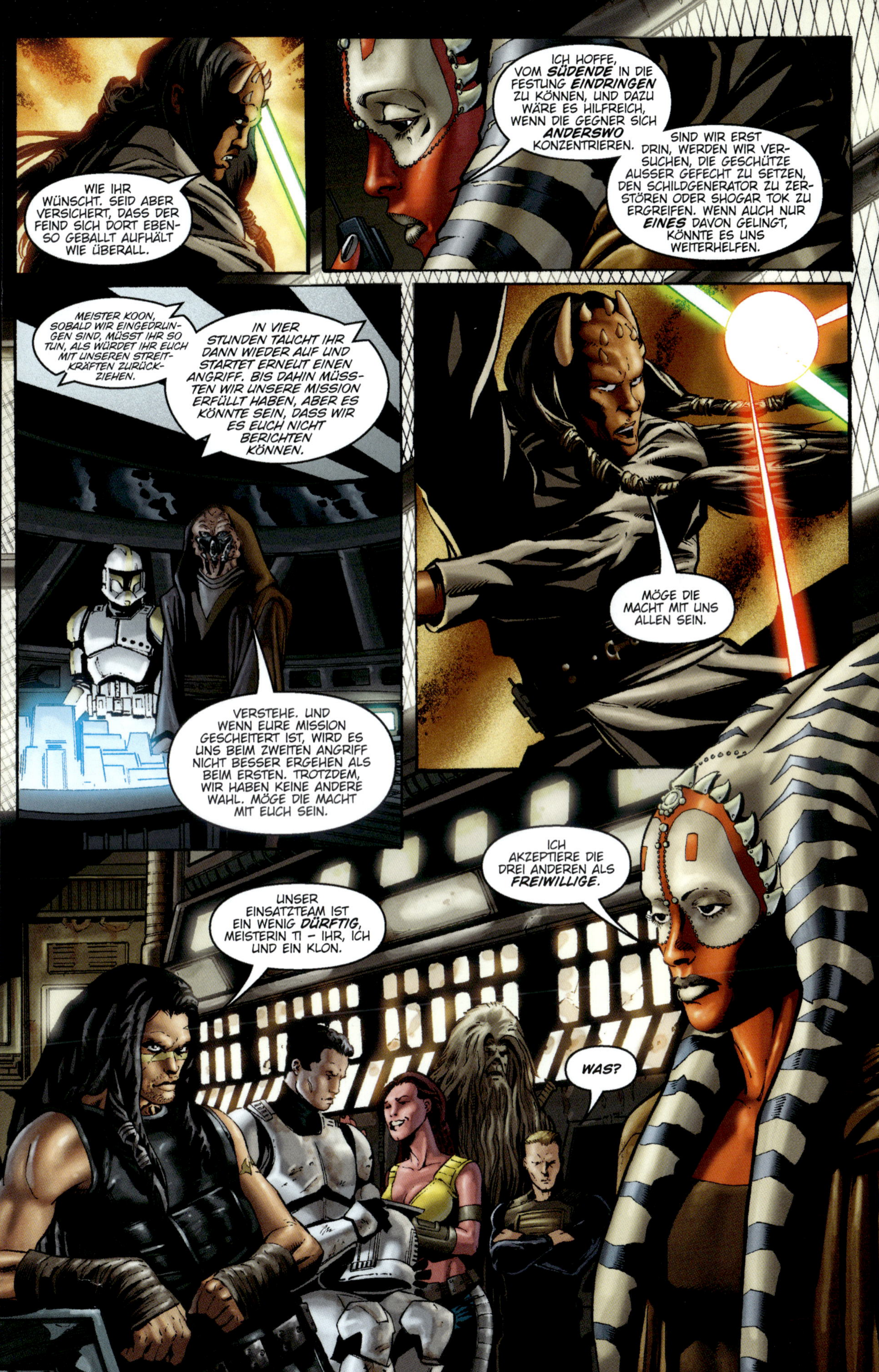
WIE IHR WÜNSCHT. SEID ABER VERSICHERT, DASS DER FEIND SICH DORT EBENSO GEBALLT AUFHÄLT WIE ÜBERALL.
ICH HOFFE, VOM SÜDENDE IN DIE FESTUNG EINDRINGEN ZU KÖNNEN, UND DAZU WÄRE ES HILFREICH, WENN DIE GEGNER SICH ANDERSWO KONZENTRIEREN.
SIND WIR ERST DRIN, WERDEN WIR VERSUCHEN, DIE GESCHÜTZE AUSSER GEFECHT ZU SETZEN, DEN SCHILDGENERATOR ZU ZERSTÖREN ODER SHOGAR TOK ZU ERGREIFEN. WENN AUCH NUR EINES DAVON GELINGT, KÖNNTE ES UNS WEITERHELFEN.
MEISTER KOON, SOBALD WIR EINGEDRUNGEN SIND, MÜSST IHR SO TUN, ALS WÜRDET IHR EUCH MIT UNSEREN STREITKRÄFTEN ZURÜCKZIEHEN.
IN VIER STUNDEN TAUCHT IHR DANN WIEDER AUF UND STARTET ERNEUT EINEN ANGRIFF. BIS DAHIN MÜSSTEN WIR UNSERE MISSION ERFÜLLT HABEN, ABER ES KÖNNTE SEIN, DASS WIR ES EUCH NICHT BERICHTEN KÖNNEN.
VERSTEHE. UND WENN EURE MISSION GESCHEITERT IST, WIRD ES UNS BEIM ZWEITEN ANGRIFF NICHT BESSER ERGEHEN ALS BEIM ERSTEN. TROTZDEM, WIR HABEN KEINE ANDERE WAHL. MÖGE DIE MACHT MIT EUCH SEIN.
MÖGE DIE MACHT MIT UNS ALLEN SEIN.
UNSER EINSATZTEAM IST EIN WENIG DÜRFTIG, MEISTERIN TI – IHR, ICH UND EIN KLON.
ICH AKZEPTIERE DIE DREI ANDEREN ALS FREIWILLIGE.
WAS?

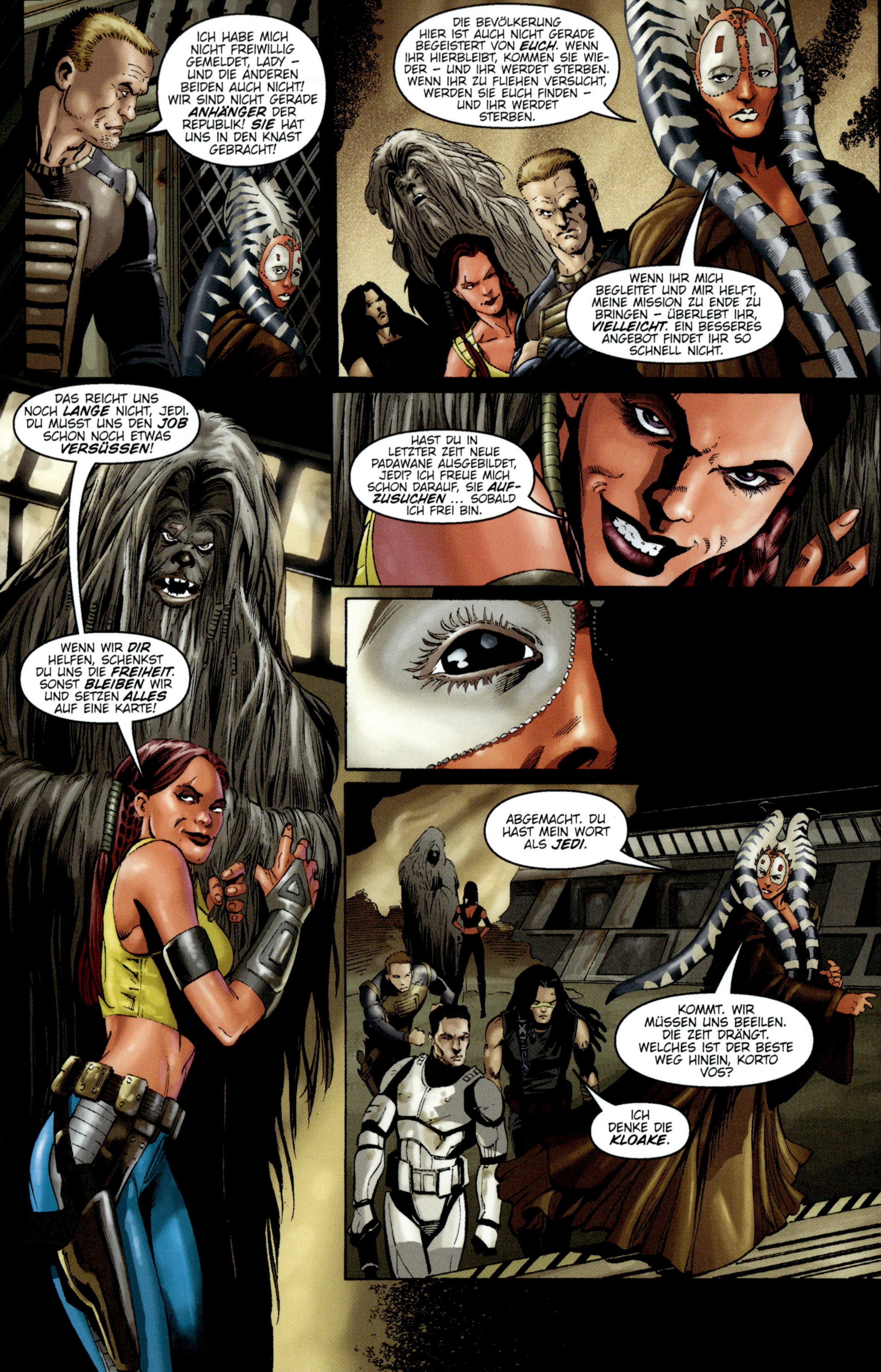
ICH HABE MICH NICHT FREIWILLIG GEMELDET, LADY – UND DIE ANDEREN BEIDEN AUCH NICHT! WIR SIND NICHT GERADE ANHÄNGER DER REPUBLIK! SIE HAT UNS IN DEN KNAST GEBRACHT!
DIE BEVÖLKERUNG HIER IST AUCH NICHT GERADE BEGEISTERT VON EUCH. WENN IHR HIERBLEIBT, KOMMEN SIE WIEDER – UND IHR WERDET STERBEN. WENN IHR ZU FLIEHEN VERSUCHT, WERDEN SIE EUCH FINDEN – UND IHR WERDET STERBEN.
WENN IHR MICH BEGLEITET UND MIR HELFT, MEINE MISSION ZU ENDE ZU BRINGEN – ÜBERLEBT IHR, VIELLEICHT. EIN BESSERES ANGEBOT FINDET IHR SO SCHNELL NICHT.
DAS REICHT UNS NOCH LANGE NICHT, JEDI. DU MUSST UNS DEN JOB SCHON NOCH ETWAS VERSÜSSEN!
HAST DU IN LETZTER ZEIT NEUE PADAWANE AUSGEBILDET, JEDI? ICH FREUE MICH SCHON DARAUF, SIE AUFZUSUCHEN ... SOBALD ICH FREI BIN.
WENN WIR DIR HELFEN, SCHENKST DU UNS DIE FREIHEIT. SONST BLEIBEN WIR UND SETZEN ALLES AUF EINE KARTE!
ABGEMACHT. DU HAST MEIN WORT ALS JEDI.
KOMMT. WIR MÜSSEN UNS BEEILEN. DIE ZEIT DRÄNGT. WELCHES IST DER BESTE WEG HINEIN, KORTO VOS?
ICH DENKE DIE KLOAKE.

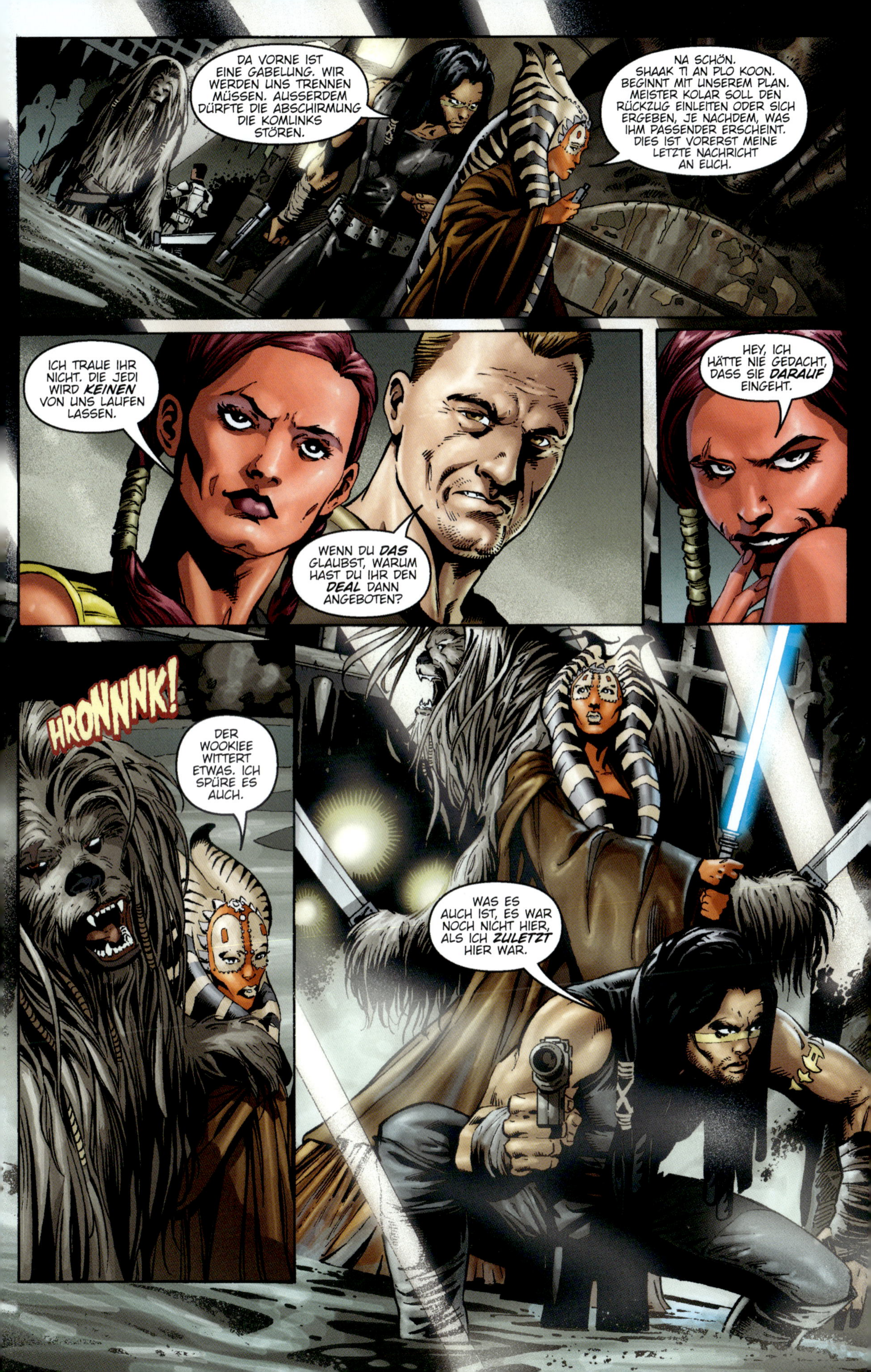
DA VORNE IST EINE GABELUNG. WIR WERDEN UNS TRENNEN MÜSSEN. AUSSERDEM DÜRFTE DIE ABSCHIRMUNG DIE KOMLINKS STÖREN.
NA SCHÖN. SHAAK TI AN PLO KOON. BEGINNT MIT UNSEREM PLAN. MEISTER KOLAR SOLL DEN RÜCKZUG EINLEITEN ODER SICH ERGEBEN, JE NACHDEM, WAS IHM PASSENDER ERSCHEINT. DIES IST VORERST MEINE LETZTE NACHRICHT AN EUCH.
ICH TRAUE IHR NICHT. DIE JEDI WIRD KEINEN VON UNS LAUFEN LASSEN.
WENN DU DAS GLAUBST, WARUM HAST DU IHR DEN DEAL DANN ANGEBOTEN?
HEY, ICH HÄTTE NIE GEDACHT, DASS SIE DARAUF EINGEHT.
HRONNNK!
DER WOOKIEE WITTERT ETWAS. ICH SPÜRE ES AUCH.
WAS ES AUCH IST, ES WAR NOCH NICHT HIER, ALS ICH ZULETZT HIER WAR.

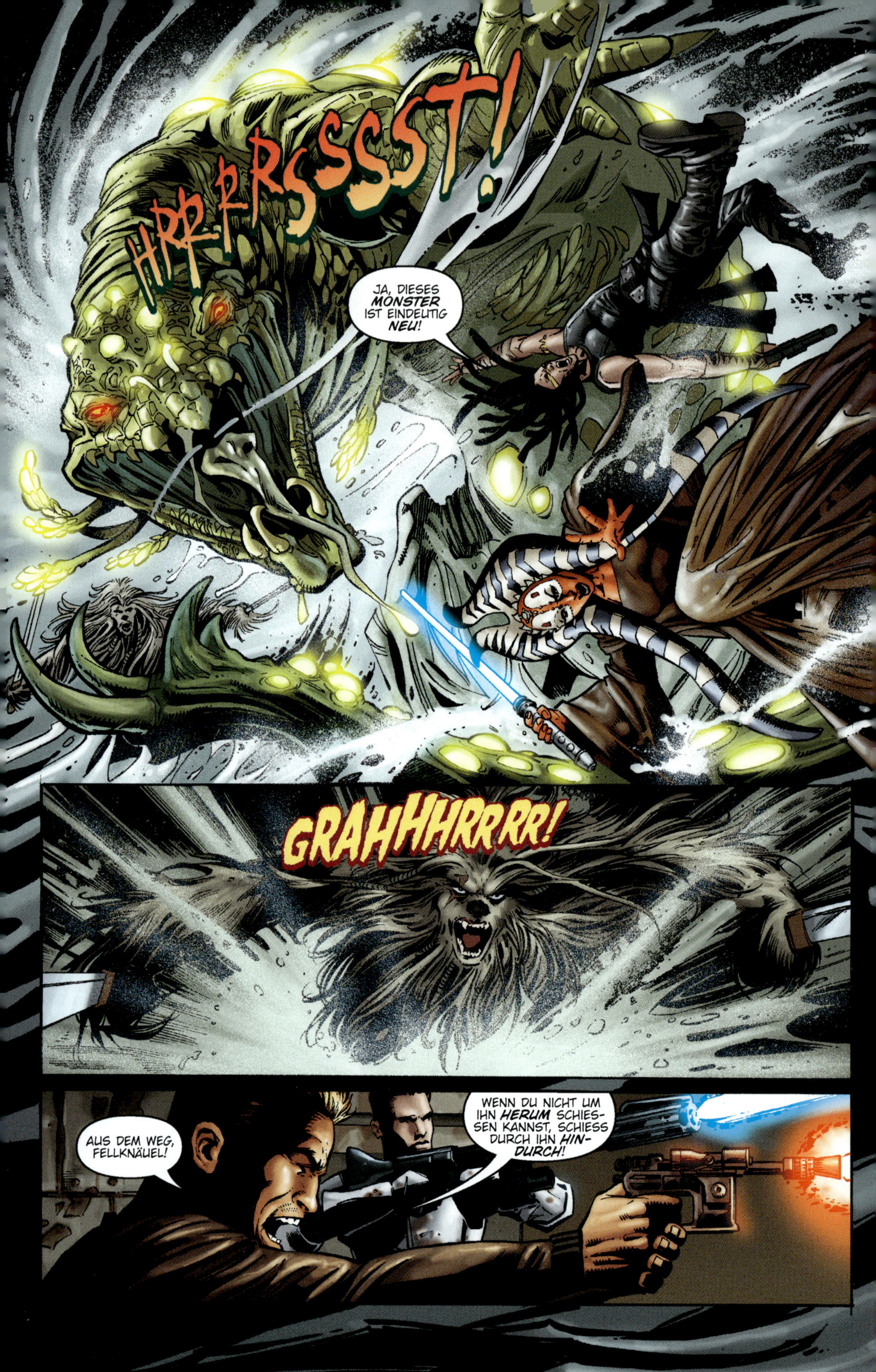
HRRRRSSSST!
JA, DIESES MONSTER IST EINDEUTIG NEU!
GRAHHHRRRR!
AUS DEM WEG, FELLKNÄUEL!
WENN DU NICHT UM IHN HERUM SCHIESSEN KANNST, SCHIESS DURCH IHN HINDURCH!

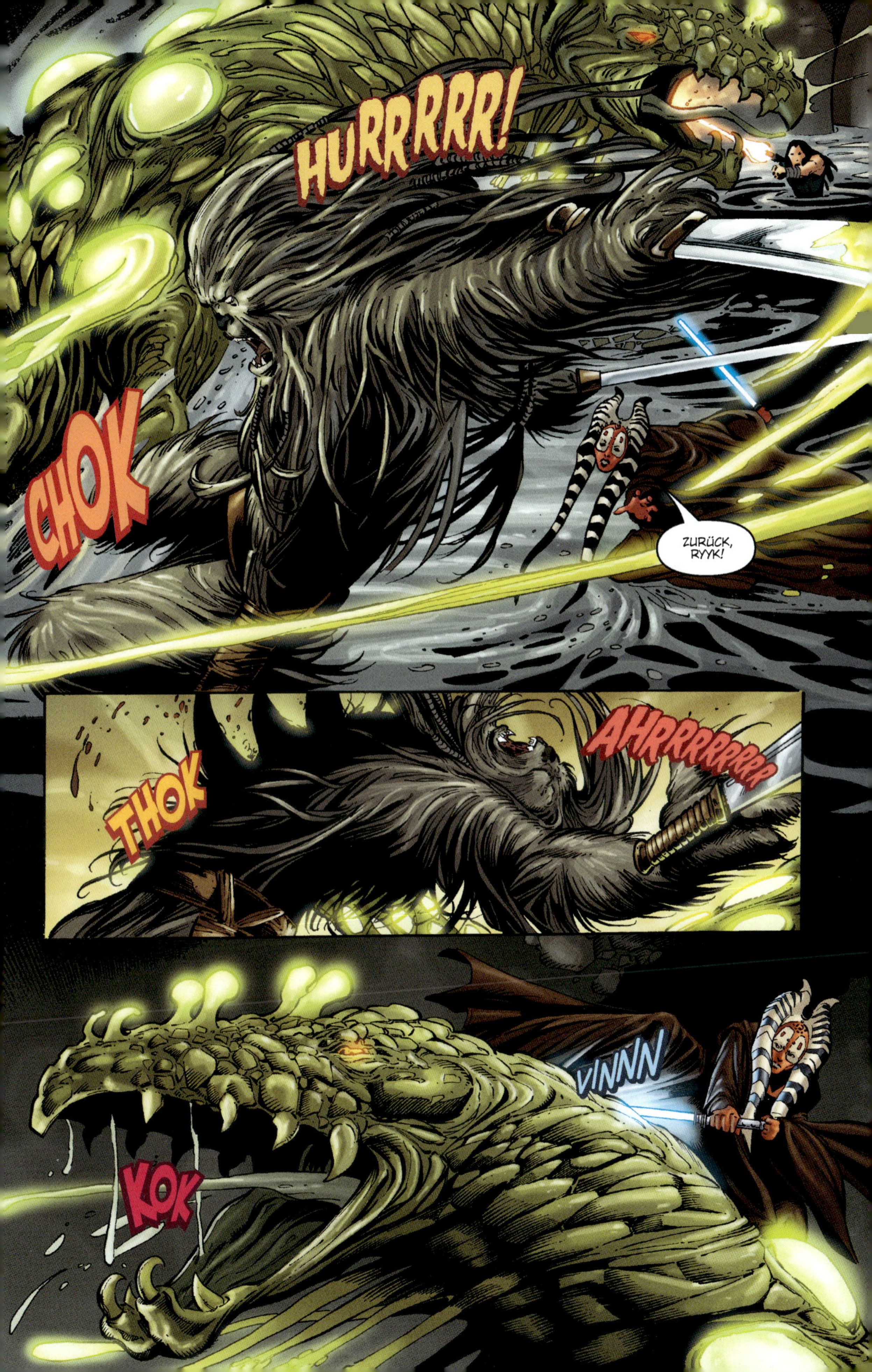
HURRRRR!
CHOK
ZURÜCK, RYYK!
THOK
AHRRRRRRRR
VINNN
KOK

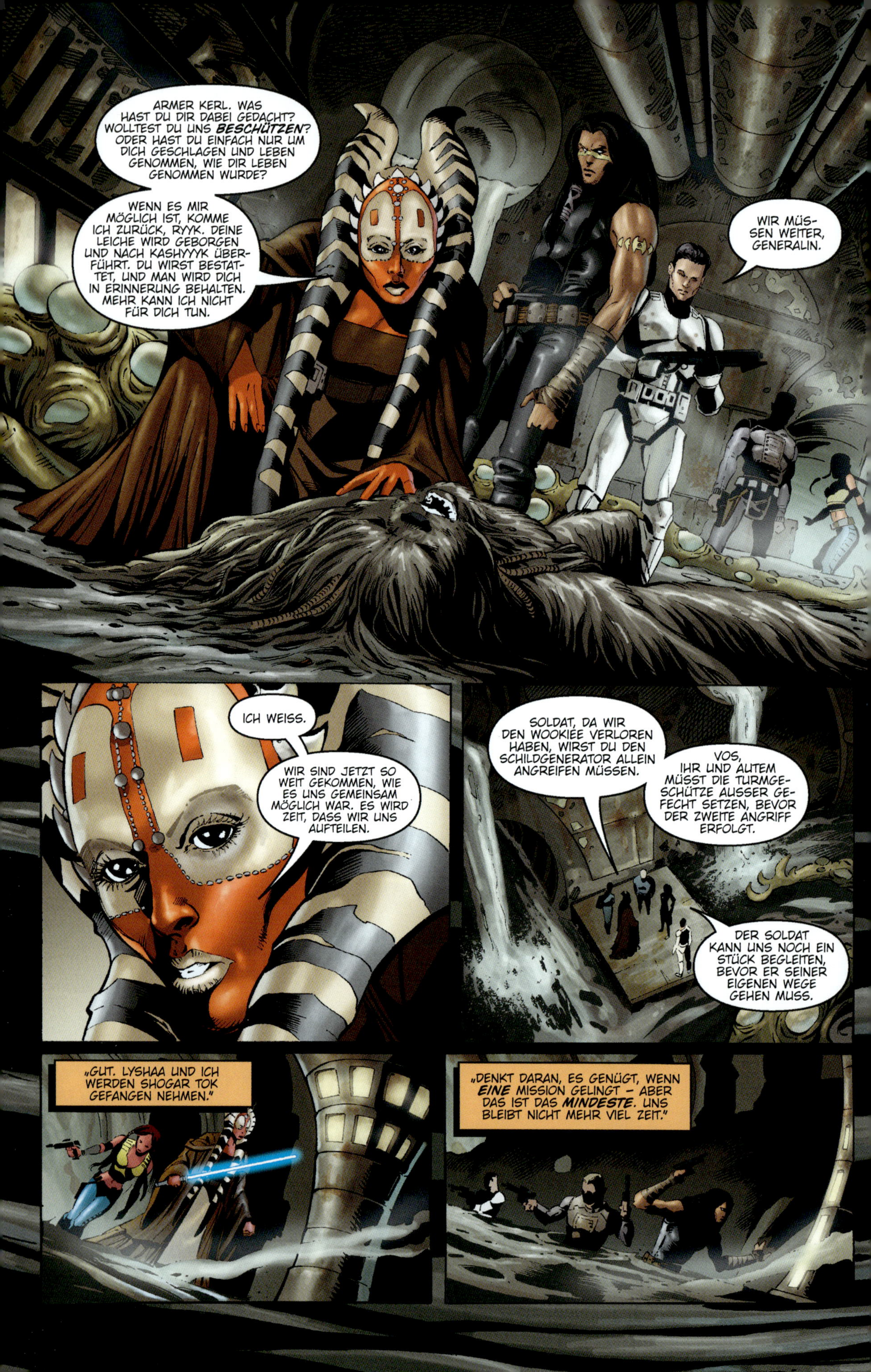

ARMER KERL. WAS HAST DU DIR DABEI GEDACHT? WOLLTEST DU UNS *BESCHÜTZEN*? ODER HAST DU EINFACH NUR UM DICH GESCHLAGEN UND LEBEN GENOMMEN, WIE DIR LEBEN GENOMMEN WURDE?
WENN ES MIR MÖGLICH IST, KOMME ICH ZURÜCK, RYYK. DEINE LEICHE WIRD GEBORGEN UND NACH KASHYYYK ÜBERFÜHRT. DU WIRST BESTATTET, UND MAN WIRD DICH IN ERINNERUNG BEHALTEN. MEHR KANN ICH NICHT FÜR DICH TUN.
WIR MÜSSEN WEITER, GENERALIN.
ICH WEISS.
WIR SIND JETZT SO WEIT GEKOMMEN, WIE ES UNS GEMEINSAM MÖGLICH WAR. ES WIRD ZEIT, DASS WIR UNS AUFTEILEN.
SOLDAT, DA WIR DEN WOOKIEE VERLOREN HABEN, WIRST DU DEN SCHILDGENERATOR ALLEIN ANGREIFEN MÜSSEN.
VOS, IHR UND AUTEM MÜSST DIE TURMGESCHÜTZE AUSSER GEFECHT SETZEN, BEVOR DER ZWEITE ANGRIFF ERFOLGT.
DER SOLDAT KANN UNS NOCH EIN STÜCK BEGLEITEN, BEVOR ER SEINER EIGENEN WEGE GEHEN MUSS.
„GUT. LYSHAA UND ICH WERDEN SHOGAR TOK GEFANGEN NEHMEN."
„DENKT DARAN, ES GENÜGT, WENN *EINE* MISSION GELINGT – ABER DAS IST DAS *MINDESTE*. UNS BLEIBT NICHT MEHR VIEL ZEIT."

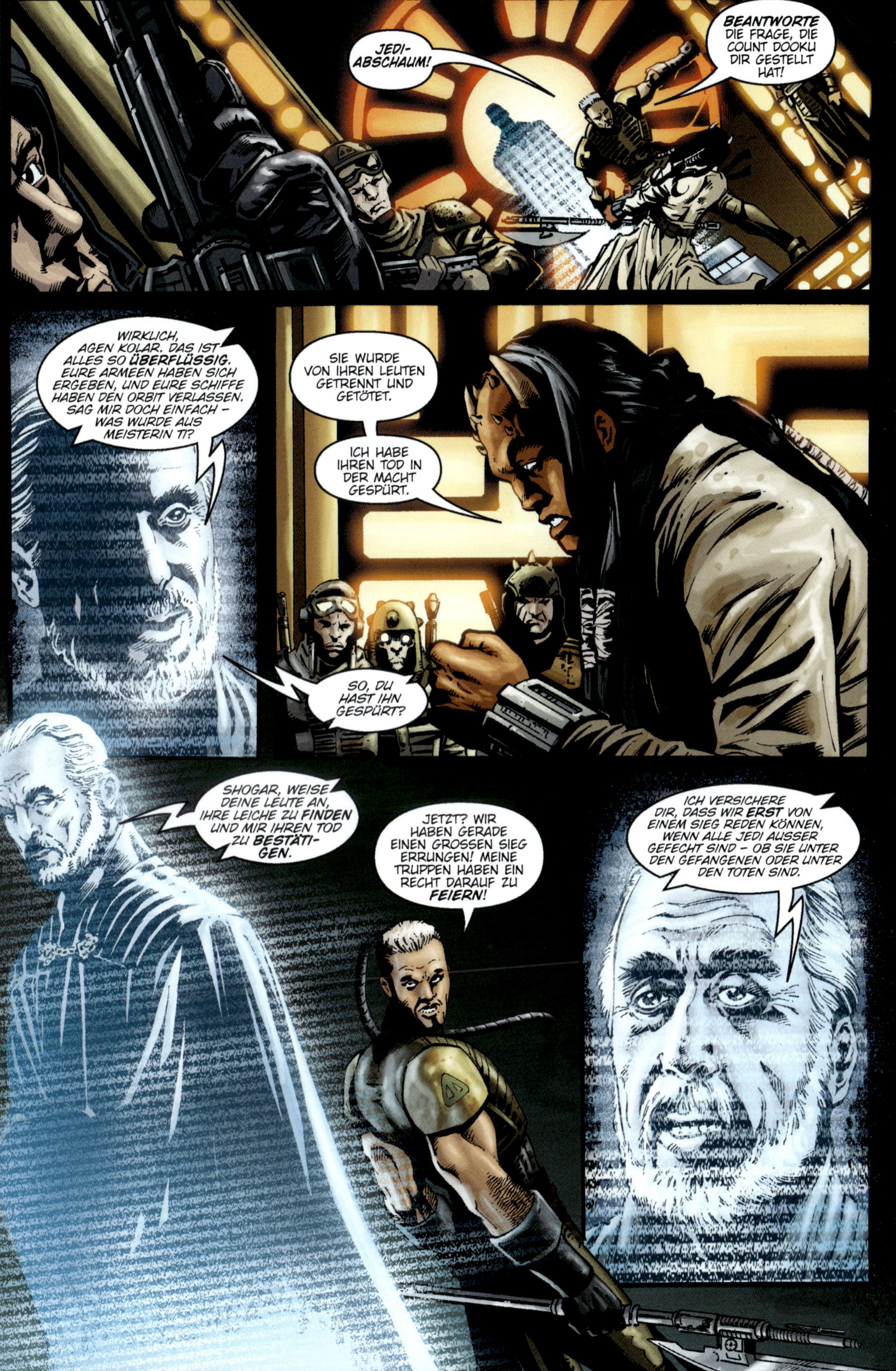
JEDI-ABSCHAUM!
BEANTWORTE DIE FRAGE, DIE COUNT DOOKU DIR GESTELLT HAT!
WIRKLICH, AGEN KOLAR. DAS IST ALLES SO ÜBERFLÜSSIG. EURE ARMEEN HABEN SICH ERGEBEN, UND EURE SCHIFFE HABEN DEN ORBIT VERLASSEN. SAG MIR DOCH EINFACH – WAS WURDE AUS MEISTERIN TI?
SIE WURDE VON IHREN LEUTEN GETRENNT UND GETÖTET.
ICH HABE IHREN TOD IN DER MACHT GESPÜRT.
SO, DU HAST IHN GESPÜRT?
SHOGAR, WEISE DEINE LEUTE AN, IHRE LEICHE ZU FINDEN UND MIR IHREN TOD ZU BESTÄTIGEN.
JETZT? WIR HABEN GERADE EINEN GROSSEN SIEG ERRUNGEN! MEINE TRUPPEN HABEN EIN RECHT DARAUF ZU FEIERN!
ICH VERSICHERE DIR, DASS WIR ERST VON EINEM SIEG REDEN KÖNNEN, WENN ALLE JEDI AUSSER GEFECHT SIND – OB SIE UNTER DEN GEFANGENEN ODER UNTER DEN TOTEN SIND.

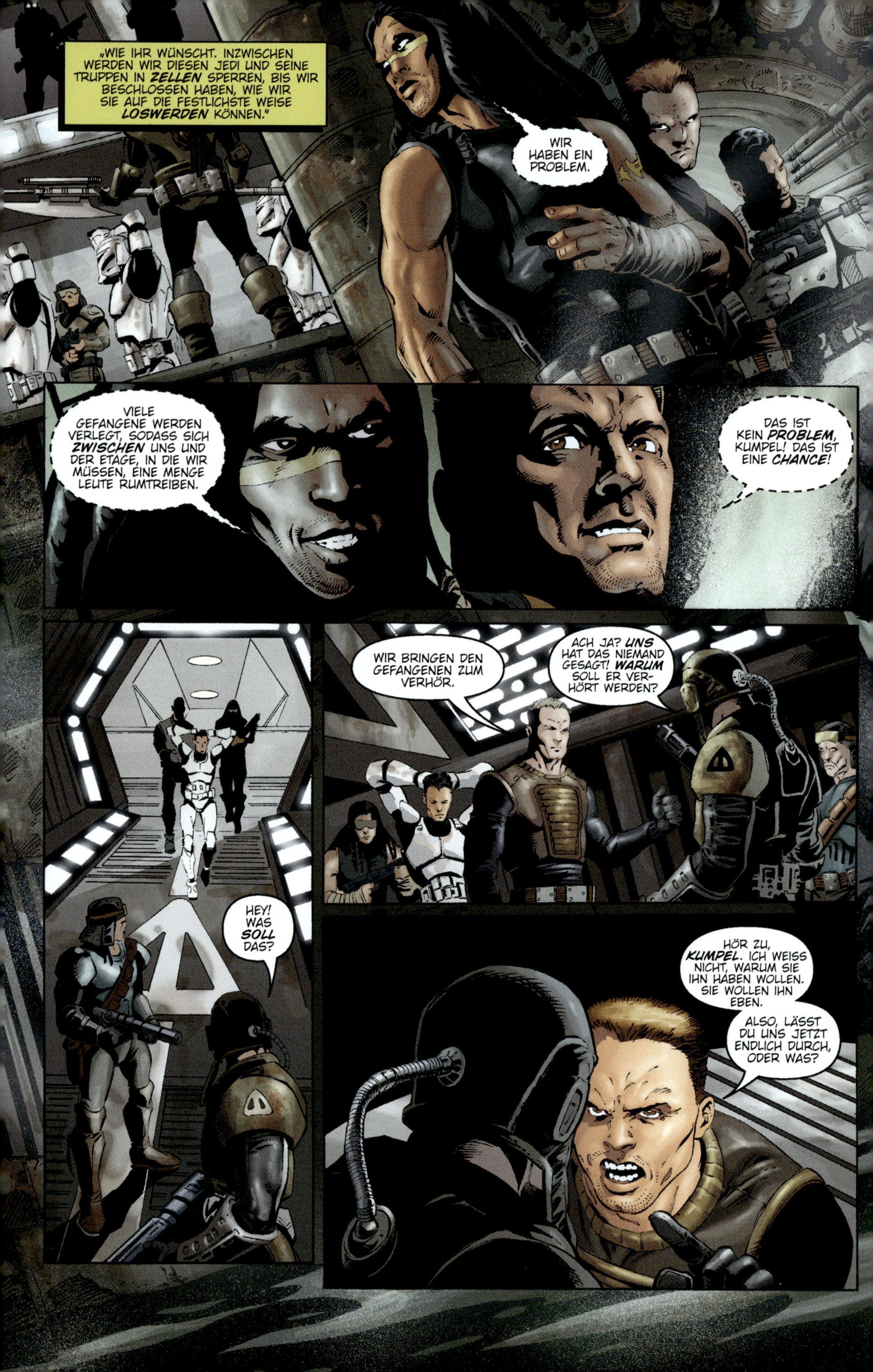
„WIE IHR WÜNSCHT. INZWISCHEN WERDEN WIR DIESEN JEDI UND SEINE TRUPPEN IN ZELLEN SPERREN, BIS WIR BESCHLOSSEN HABEN, WIE WIR SIE AUF DIE FESTLICHSTE WEISE LOSWERDEN KÖNNEN."
WIR HABEN EIN PROBLEM.
VIELE GEFANGENE WERDEN VERLEGT, SODASS SICH ZWISCHEN UNS UND DER ETAGE, IN DIE WIR MÜSSEN, EINE MENGE LEUTE RUMTREIBEN.
DAS IST KEIN PROBLEM, KUMPEL! DAS IST EINE CHANCE!
HEY! WAS SOLL DAS?
WIR BRINGEN DEN GEFANGENEN ZUM VERHÖR.
ACH JA? UNS HAT DAS NIEMAND GESAGT! WARUM SOLL ER VERHÖRT WERDEN?
HÖR ZU, KUMPEL. ICH WEISS NICHT, WARUM SIE IHN HABEN WOLLEN. SIE WOLLEN IHN EBEN.
ALSO, LÄSST DU UNS JETZT ENDLICH DURCH, ODER WAS?

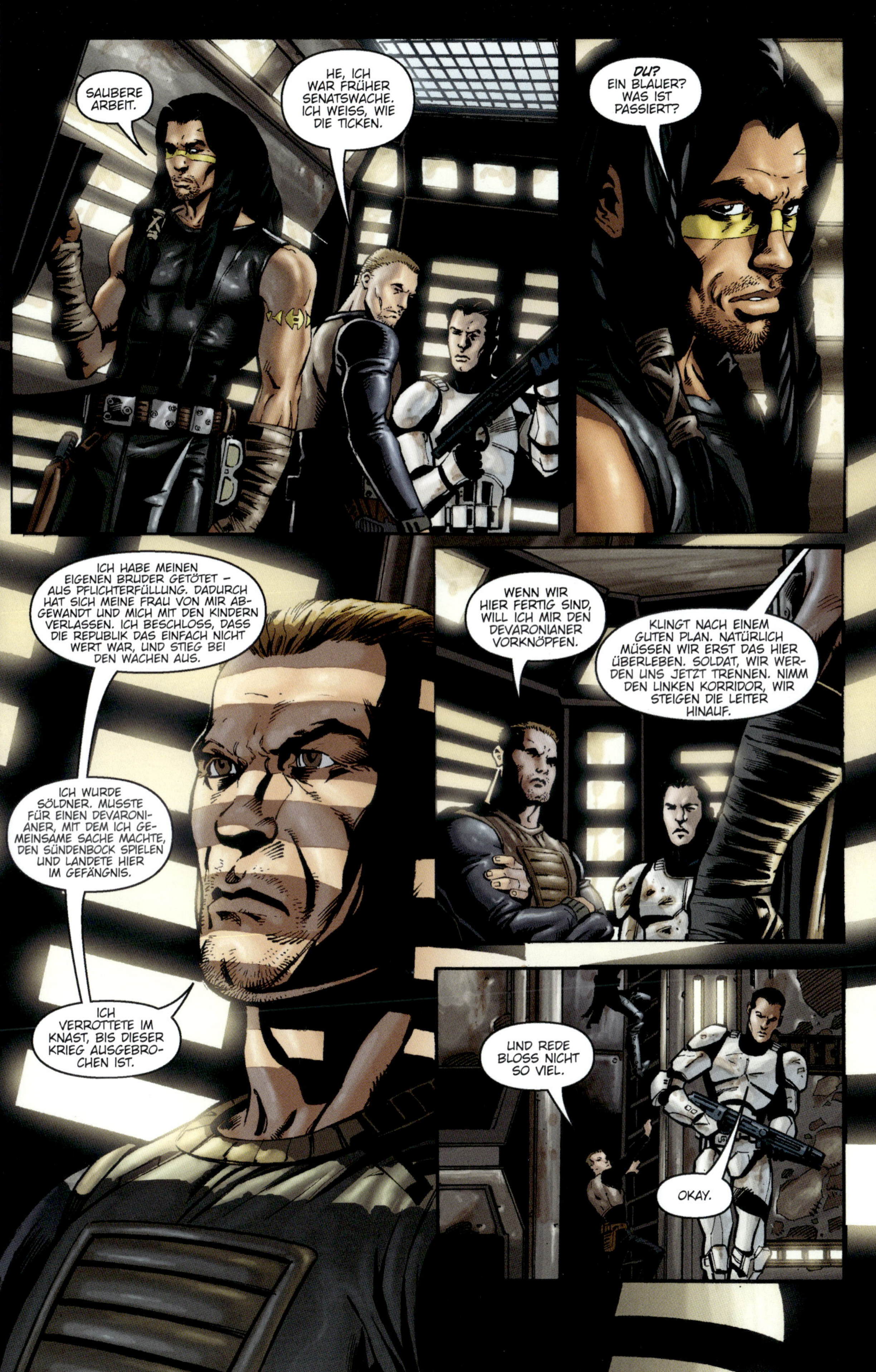

SAUBERE ARBEIT.
HE, ICH WAR FRÜHER SENATSWACHE. ICH WEISS, WIE DIE TICKEN.
DU? EIN BLAUER? WAS IST PASSIERT?
ICH HABE MEINEN EIGENEN BRUDER GETÖTET – AUS PFLICHTERFÜLLUNG. DADURCH HAT SICH MEINE FRAU VON MIR ABGEWANDT UND MICH MIT DEN KINDERN VERLASSEN. ICH BESCHLOSS, DASS DIE REPUBLIK DAS EINFACH NICHT WERT WAR, UND STIEG BEI DEN WACHEN AUS.
ICH WURDE SÖLDNER. MUSSTE FÜR EINEN DEVARONIANER, MIT DEM ICH GEMEINSAME SACHE MACHTE, DEN SÜNDENBOCK SPIELEN UND LANDETE HIER IM GEFÄNGNIS.
ICH VERROTTETE IM KNAST, BIS DIESER KRIEG AUSGEBROCHEN IST.
WENN WIR HIER FERTIG SIND, WILL ICH MIR DEN DEVARONIANER VORKNÖPFEN.
KLINGT NACH EINEM GUTEN PLAN. NATÜRLICH MÜSSEN WIR ERST DAS HIER ÜBERLEBEN. SOLDAT, WIR WERDEN UNS JETZT TRENNEN. NIMM DEN LINKEN KORRIDOR, WIR STEIGEN DIE LEITER HINAUF.
UND REDE BLOSS NICHT SO VIEL.
OKAY.

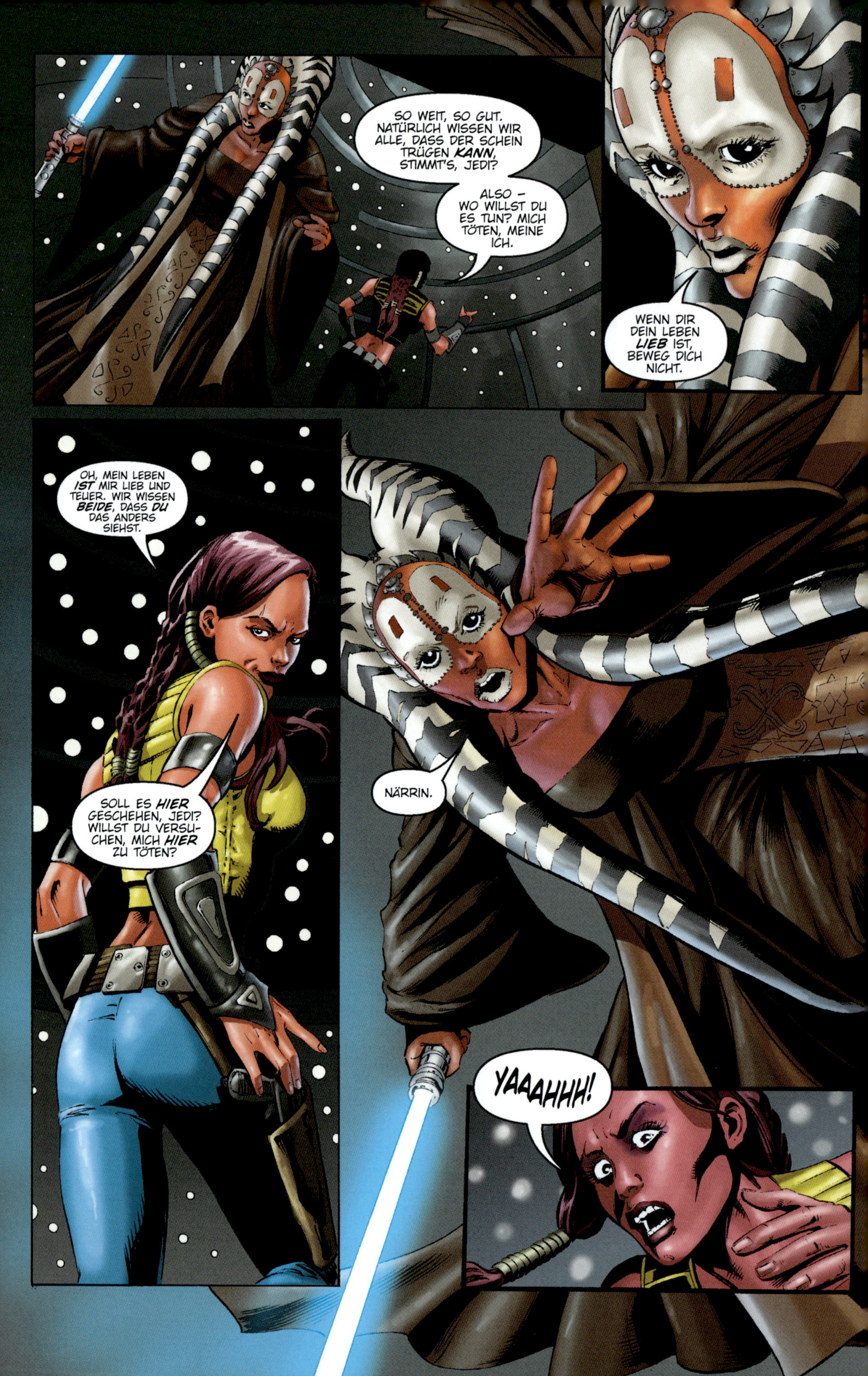
SO WEIT, SO GUT. NATÜRLICH WISSEN WIR ALLE, DASS DER SCHEIN TRÜGEN KANN, STIMMT'S, JEDI?
ALSO – WO WILLST DU ES TUN? MICH TÖTEN, MEINE ICH.
WENN DIR DEIN LEBEN LIEB IST, BEWEG DICH NICHT.
OH, MEIN LEBEN IST MIR LIEB UND TEUER. WIR WISSEN BEIDE, DASS DU DAS ANDERS SIEHST.
SOLL ES HIER GESCHEHEN, JEDI? WILLST DU VERSUCHEN, MICH HIER ZU TÖTEN?
NÄRRIN.
YAAAHHH!

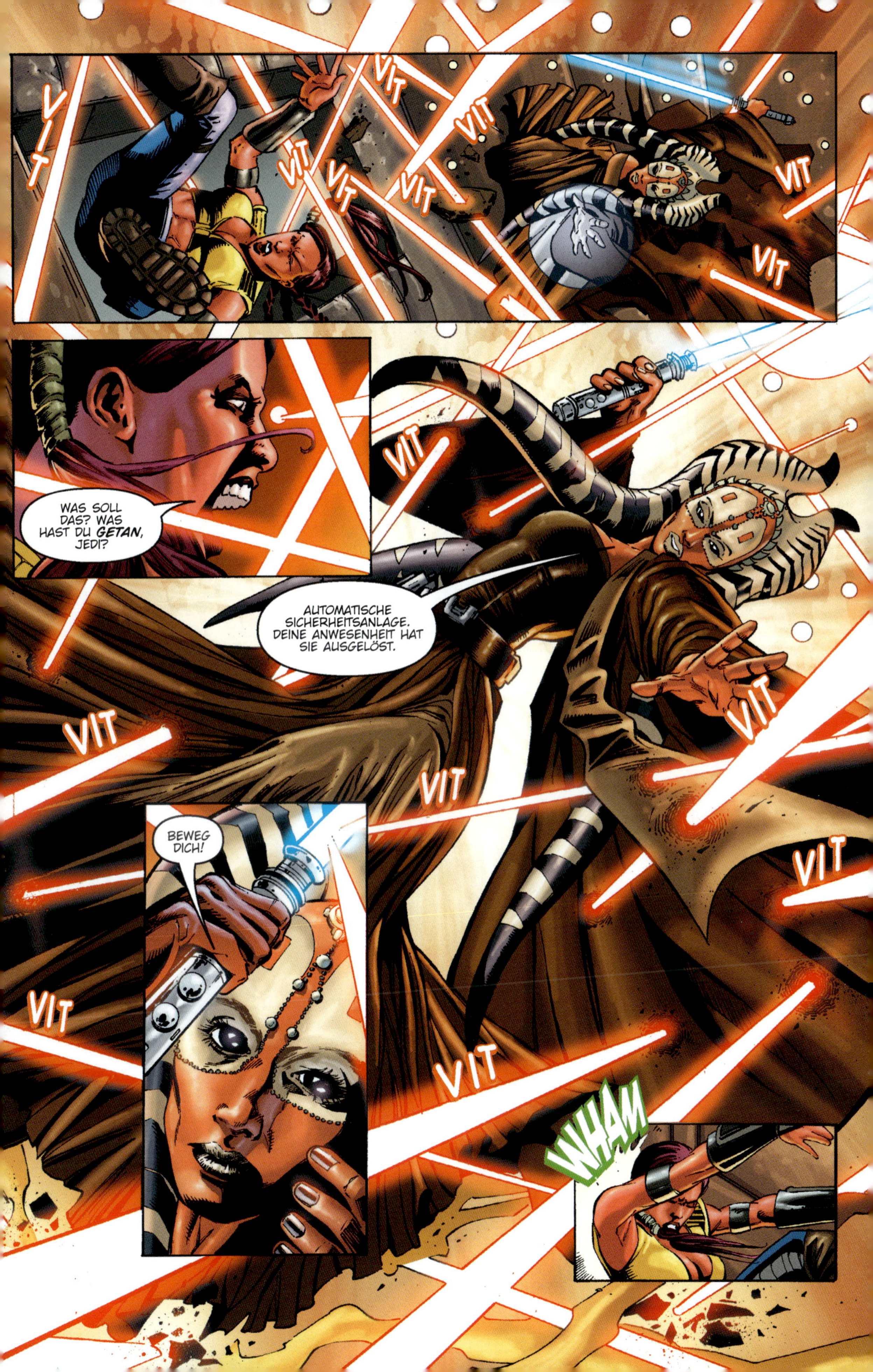

VIT
VIT
VIT
VIT
VIT
VIT
VIT
VIT
WAS SOLL DAS? WAS HAST DU *GETAN*, JEDI?
VIT
AUTOMATISCHE SICHERHEITSANLAGE. DEINE ANWESENHEIT HAT SIE AUSGELÖST.
VIT
VIT
VIT
BEWEG DICH!
VIT
VIT
VIT
WHAM

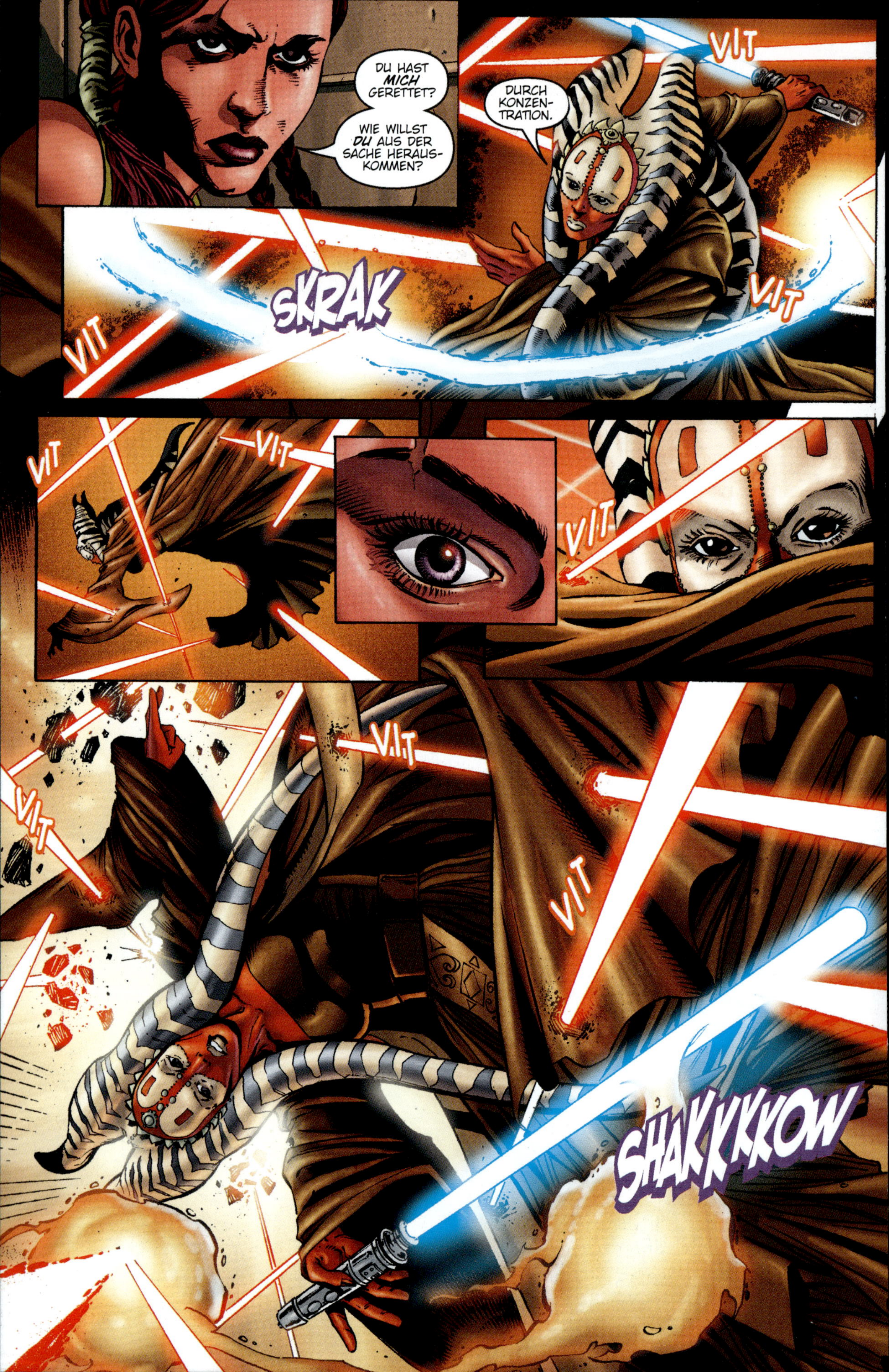

DU HAST MICH GERETTET?
WIE WILLST DU AUS DER SACHE HERAUSKOMMEN?
DURCH KONZENTRATION.
VIT
SKRAK
VIT
VIT
VIT
VIT
VIT
VIT
VIT
VIT
SHAKKKOW

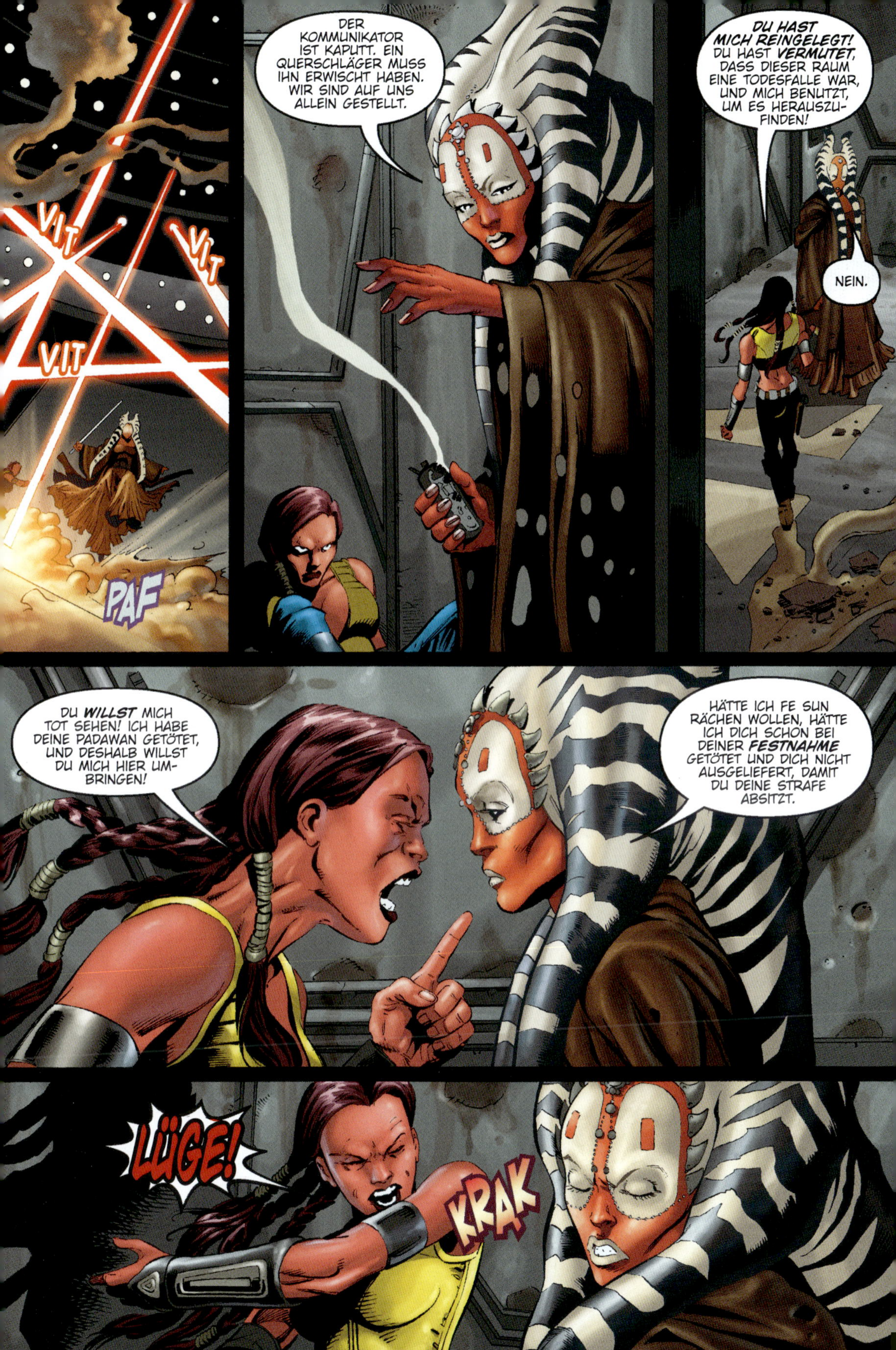
VIT
VIT
VIT
PAF
DER KOMMUNIKATOR IST KAPUTT. EIN QUERSCHLÄGER MUSS IHN ERWISCHT HABEN. WIR SIND AUF UNS ALLEIN GESTELLT.
DU HAST MICH REINGELEGT! DU HAST VERMUTET, DASS DIESER RAUM EINE TODESFALLE WAR, UND MICH BENUTZT, UM ES HERAUSZUFINDEN!
NEIN.
DU WILLST MICH TOT SEHEN! ICH HABE DEINE PADAWAN GETÖTET, UND DESHALB WILLST DU MICH HIER UMBRINGEN!
HÄTTE ICH FE SUN RÄCHEN WOLLEN, HÄTTE ICH DICH SCHON BEI DEINER FESTNAHME GETÖTET UND DICH NICHT AUSGELIEFERT, DAMIT DU DEINE STRAFE ABSITZT.
LÜGE!
KRAK

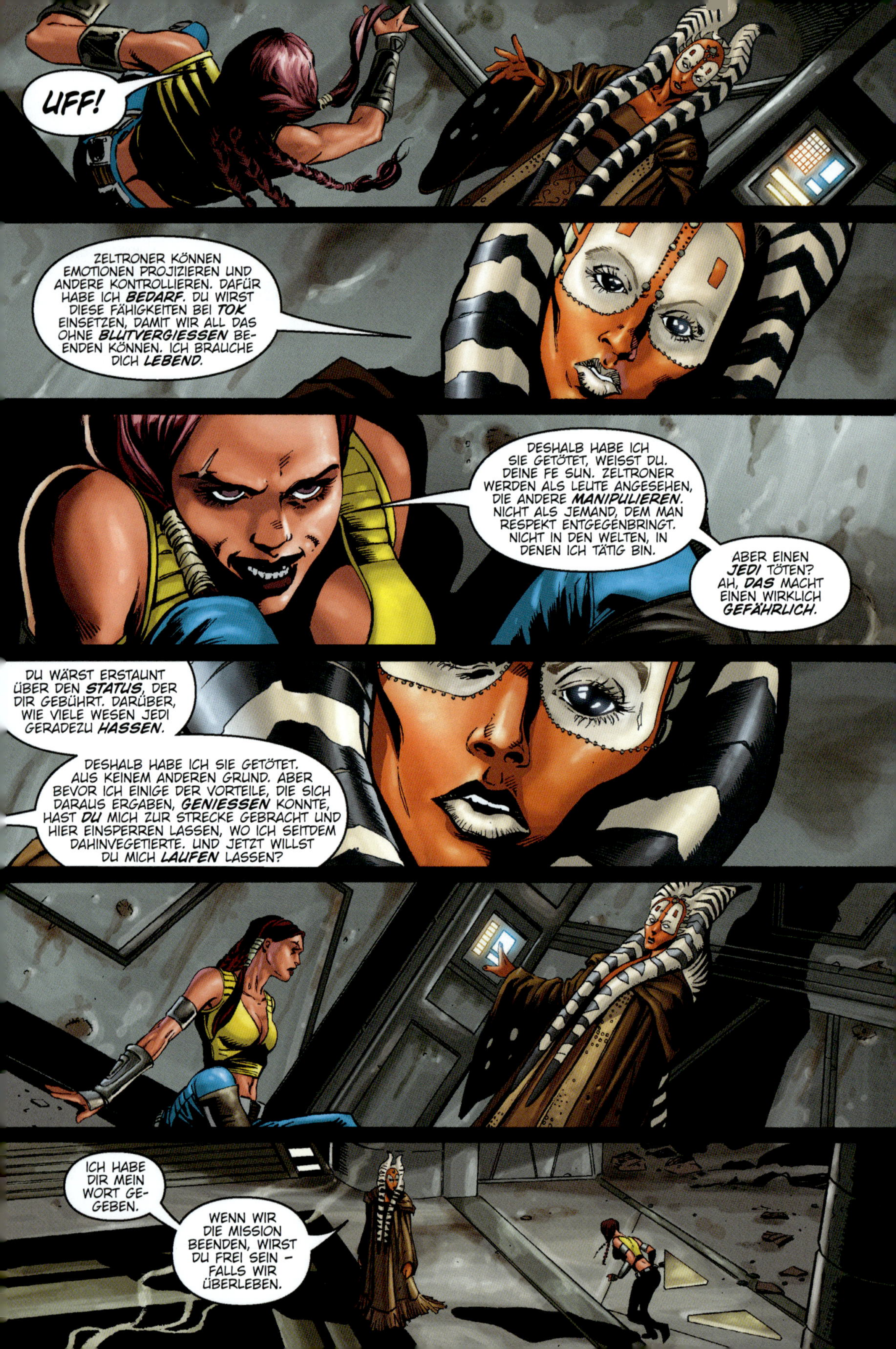
UFF!
ZELTRONER KÖNNEN EMOTIONEN PROJIZIEREN UND ANDERE KONTROLLIEREN. DAFÜR HABE ICH BEDARF. DU WIRST DIESE FÄHIGKEITEN BEI TOK EINSETZEN, DAMIT WIR ALL DAS OHNE BLUTVERGIESSEN BEENDEN KÖNNEN. ICH BRAUCHE DICH LEBEND.
DESHALB HABE ICH SIE GETÖTET, WEISST DU. DEINE FE SUN. ZELTRONER WERDEN ALS LEUTE ANGESEHEN, DIE ANDERE MANIPULIEREN. NICHT ALS JEMAND, DEM MAN RESPEKT ENTGEGENBRINGT. NICHT IN DEN WELTEN, IN DENEN ICH TÄTIG BIN.
ABER EINEN JEDI TÖTEN? AH, DAS MACHT EINEN WIRKLICH GEFÄHRLICH.
DU WÄRST ERSTAUNT ÜBER DEN STATUS, DER DIR GEBÜHRT. DARÜBER, WIE VIELE WESEN JEDI GERADEZU HASSEN.
DESHALB HABE ICH SIE GETÖTET. AUS KEINEM ANDEREN GRUND. ABER BEVOR ICH EINIGE DER VORTEILE, DIE SICH DARAUS ERGABEN, GENIESSEN KONNTE, HAST DU MICH ZUR STRECKE GEBRACHT UND HIER EINSPERREN LASSEN, WO ICH SEITDEM DAHINVEGETIERTE. UND JETZT WILLST DU MICH LAUFEN LASSEN?
ICH HABE DIR MEIN WORT GEGEBEN.
WENN WIR DIE MISSION BEENDEN, WIRST DU FREI SEIN – FALLS WIR ÜBERLEBEN.

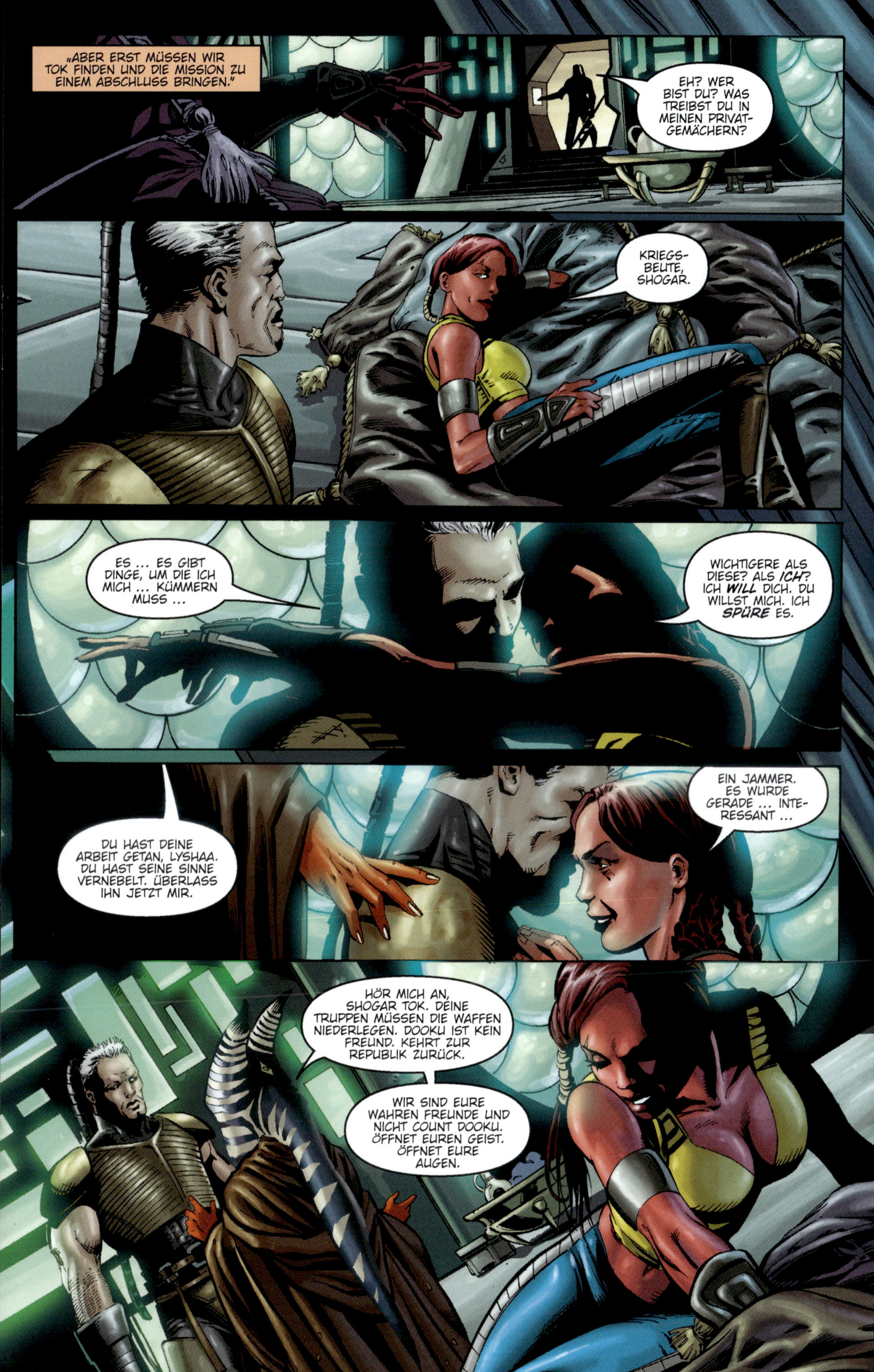
„ABER ERST MÜSSEN WIR TOK FINDEN UND DIE MISSION ZU EINEM ABSCHLUSS BRINGEN."
EH? WER BIST DU? WAS TREIBST DU IN MEINEN PRIVAT-GEMÄCHERN?
KRIEGS-BEUTE, SHOGAR.
ES ... ES GIBT DINGE, UM DIE ICH MICH ... KÜMMERN MUSS ...
WICHTIGERE ALS DIESE? ALS *ICH*? ICH *WILL* DICH. DU WILLST MICH. ICH *SPÜRE* ES.
DU HAST DEINE ARBEIT GETAN, LYSHAA. DU HAST SEINE SINNE VERNEBELT. ÜBERLASS IHN JETZT MIR.
EIN JAMMER. ES WURDE GERADE ... INTE-RESSANT ...
HÖR MICH AN, SHOGAR TOK. DEINE TRUPPEN MÜSSEN DIE WAFFEN NIEDERLEGEN. DOOKU IST KEIN FREUND. KEHRT ZUR REPUBLIK ZURÜCK.
WIR SIND EURE WAHREN FREUNDE UND NICHT COUNT DOOKU. ÖFFNET EUREN GEIST. ÖFFNET EURE AUGEN.

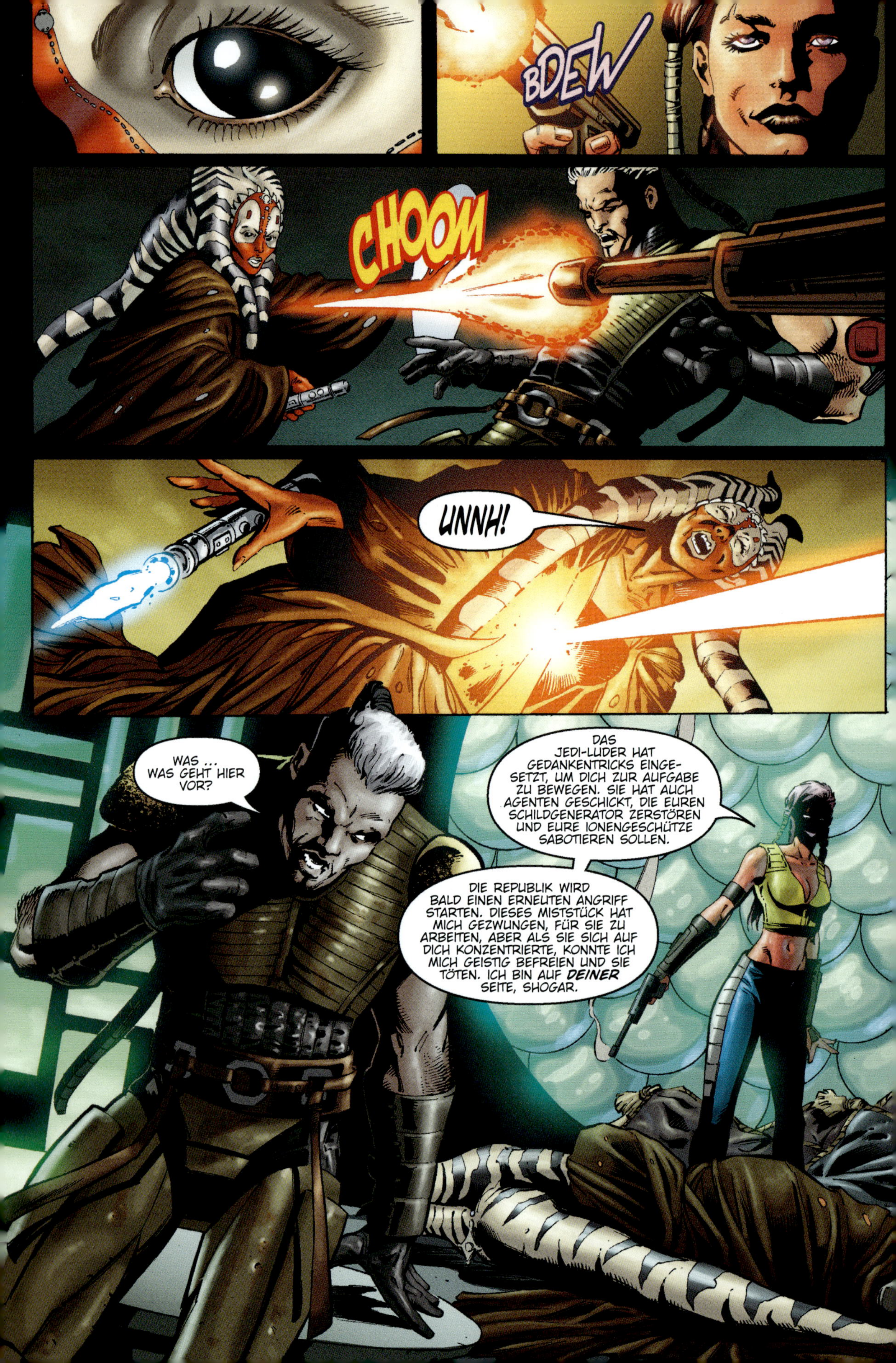
BDEW
CHOOM
UNNH!
WAS ... WAS GEHT HIER VOR?
DAS JEDI-LUDER HAT GEDANKENTRICKS EINGESETZT, UM DICH ZUR AUFGABE ZU BEWEGEN. SIE HAT AUCH AGENTEN GESCHICKT, DIE EUREN SCHILDGENERATOR ZERSTÖREN UND EURE IONENGESCHÜTZE SABOTIEREN SOLLEN.
DIE REPUBLIK WIRD BALD EINEN ERNEUTEN ANGRIFF STARTEN. DIESES MISTSTÜCK HAT MICH GEZWUNGEN, FÜR SIE ZU ARBEITEN, ABER ALS SIE SICH AUF DICH KONZENTRIERTE, KONNTE ICH MICH GEISTIG BEFREIEN UND SIE TÖTEN. ICH BIN AUF **DEINER** SEITE, SHOGAR.

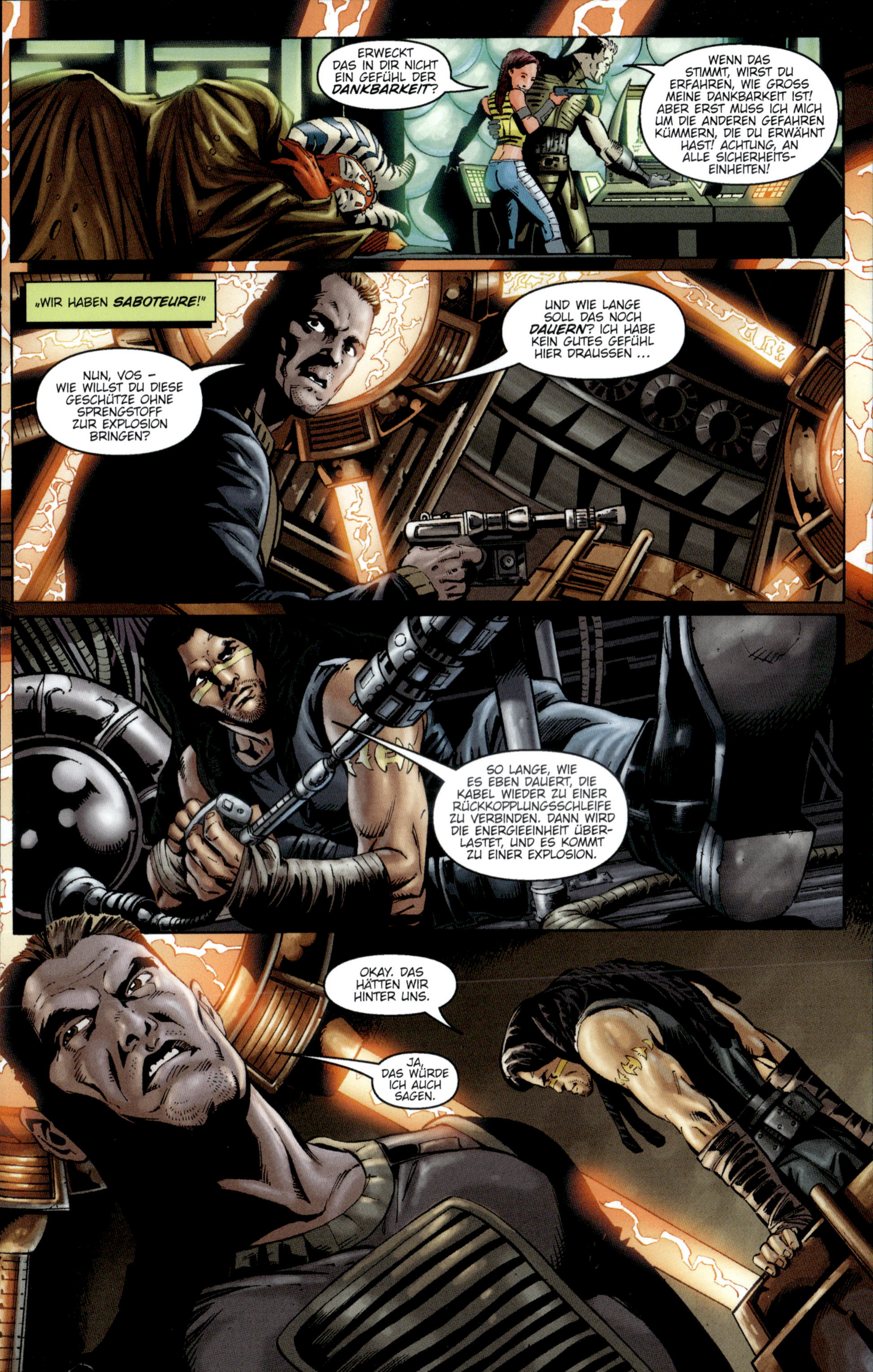
ERWECKT DAS IN DIR NICHT EIN GEFÜHL DER *DANKBARKEIT*?
WENN DAS STIMMT, WIRST DU ERFAHREN, WIE GROSS MEINE DANKBARKEIT IST! ABER ERST MUSS ICH MICH UM DIE ANDEREN GEFAHREN KÜMMERN, DIE DU ERWÄHNT HAST! ACHTUNG, AN ALLE SICHERHEITS-EINHEITEN!
„WIR HABEN *SABOTEURE*!"
UND WIE LANGE SOLL DAS NOCH *DAUERN*? ICH HABE KEIN GUTES GEFÜHL HIER DRAUSSEN ...
NUN, VOS – WIE WILLST DU DIESE GESCHÜTZE OHNE SPRENGSTOFF ZUR EXPLOSION BRINGEN?
SO LANGE, WIE ES EBEN DAUERT, DIE KABEL WIEDER ZU EINER RÜCKKOPPLUNGSSCHLEIFE ZU VERBINDEN. DANN WIRD DIE ENERGIEEINHEIT ÜBER-LASTET, UND ES KOMMT ZU EINER EXPLOSION.
OKAY. DAS HÄTTEN WIR HINTER UNS.
JA, DAS WÜRDE ICH AUCH SAGEN.

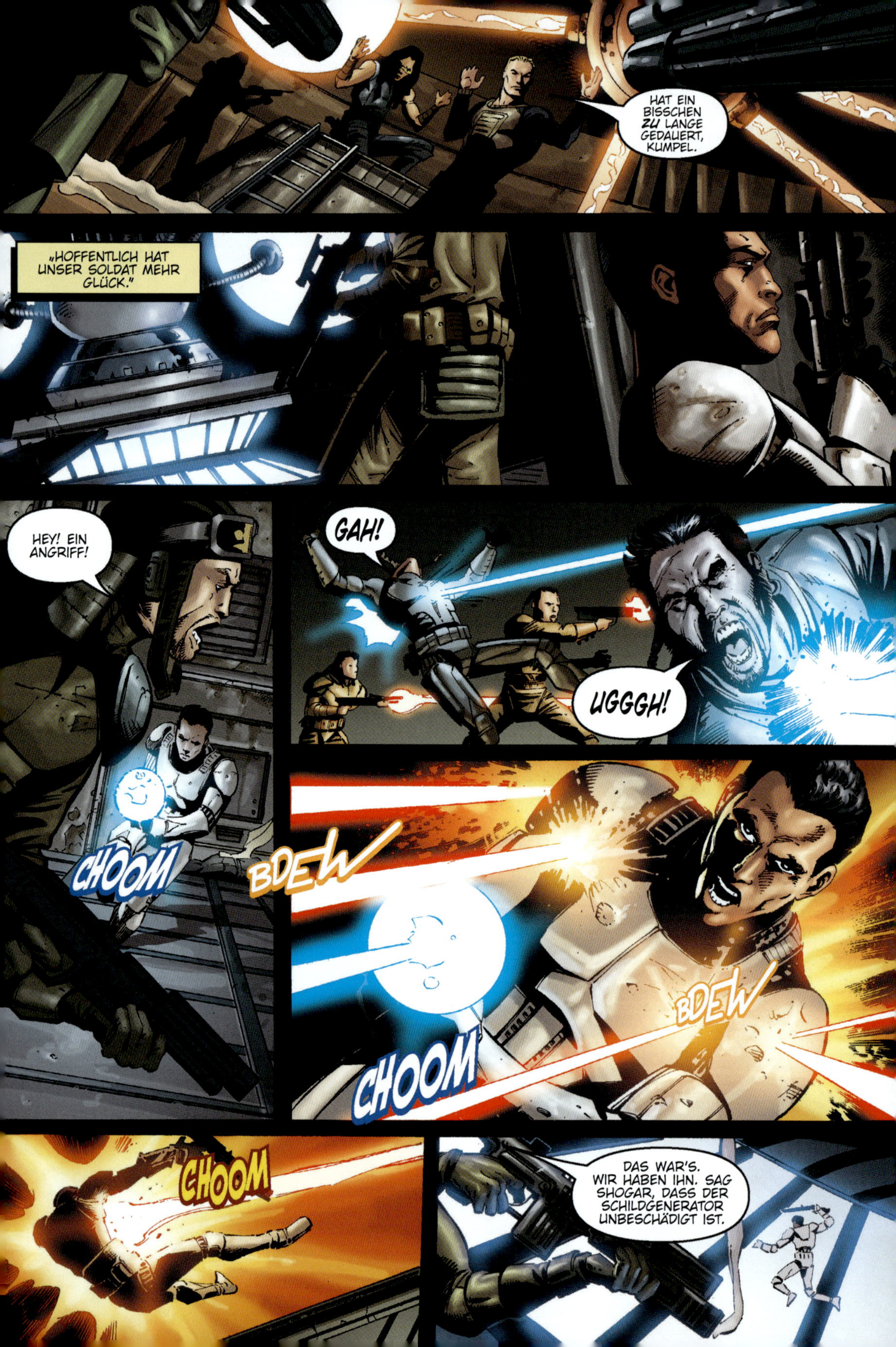
HAT EIN BISSCHEN ZU LANGE GEDAUERT, KUMPEL.
„HOFFENTLICH HAT UNSER SOLDAT MEHR GLÜCK."
HEY! EIN ANGRIFF!
GAH!
UGGGH!
CHOOM
BDEW
BDEW
CHOOM
CHOOM
DAS WAR'S. WIR HABEN IHN. SAG SHOGAR, DASS DER SCHILDGENERATOR UNBESCHÄDIGT IST.

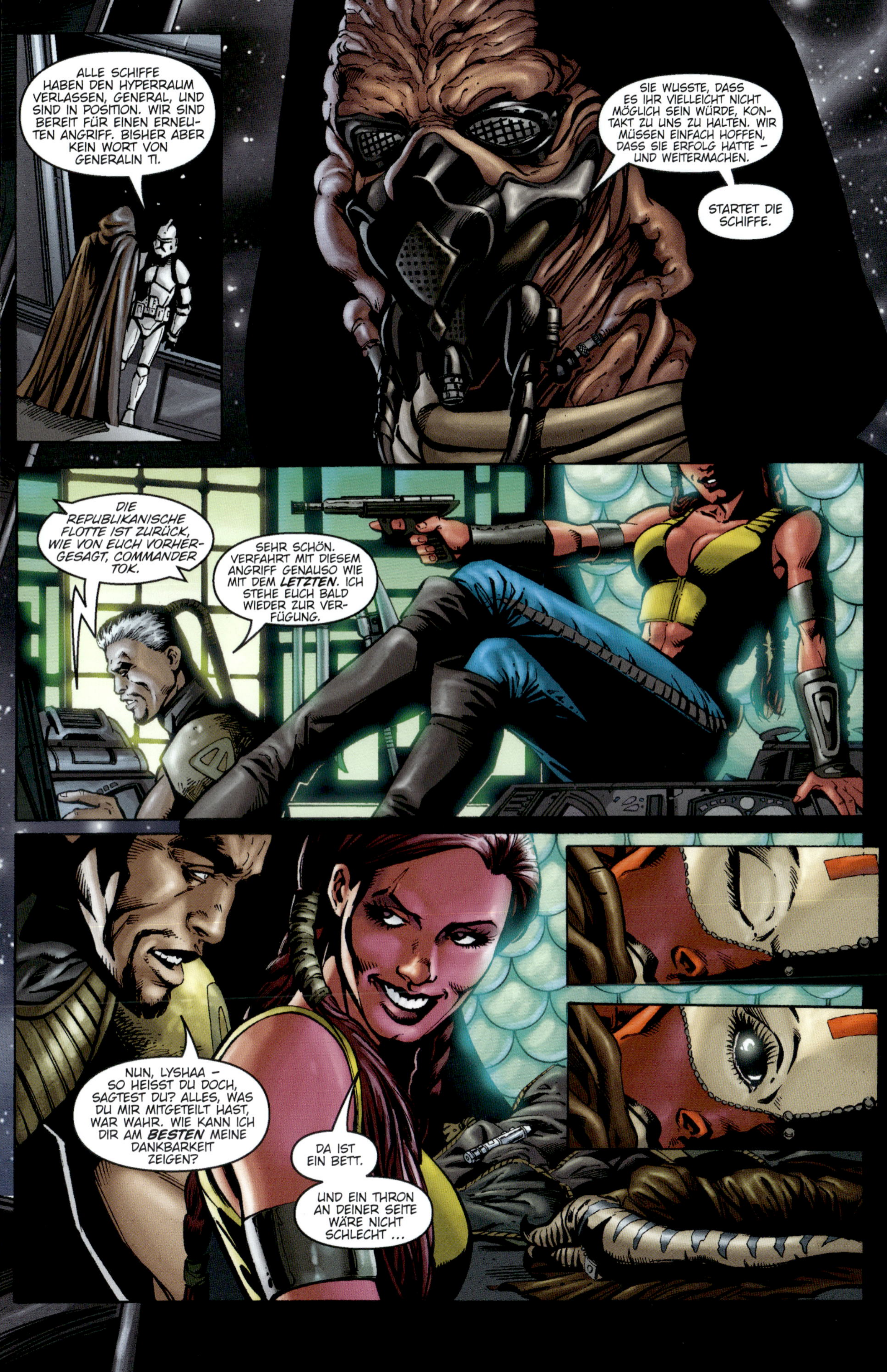
ALLE SCHIFFE HABEN DEN HYPERRAUM VERLASSEN, GENERAL, UND SIND IN POSITION. WIR SIND BEREIT FÜR EINEN ERNEUTEN ANGRIFF. BISHER ABER KEIN WORT VON GENERALIN TI.
SIE WUSSTE, DASS ES IHR VIELLEICHT NICHT MÖGLICH SEIN WÜRDE, KONTAKT ZU UNS ZU HALTEN. WIR MÜSSEN EINFACH HOFFEN, DASS SIE ERFOLG HATTE – UND WEITERMACHEN.
STARTET DIE SCHIFFE.
DIE REPUBLIKANISCHE FLOTTE IST ZURÜCK, WIE VON EUCH VORHERGESAGT, COMMANDER TOK.
SEHR SCHÖN. VERFAHRT MIT DIESEM ANGRIFF GENAUSO WIE MIT DEM LETZTEN. ICH STEHE EUCH BALD WIEDER ZUR VERFÜGUNG.
NUN, LYSHAA – SO HEISST DU DOCH, SAGTEST DU? ALLES, WAS DU MIR MITGETEILT HAST, WAR WAHR. WIE KANN ICH DIR AM BESTEN MEINE DANKBARKEIT ZEIGEN?
DA IST EIN BETT.
UND EIN THRON AN DEINER SEITE WÄRE NICHT SCHLECHT …

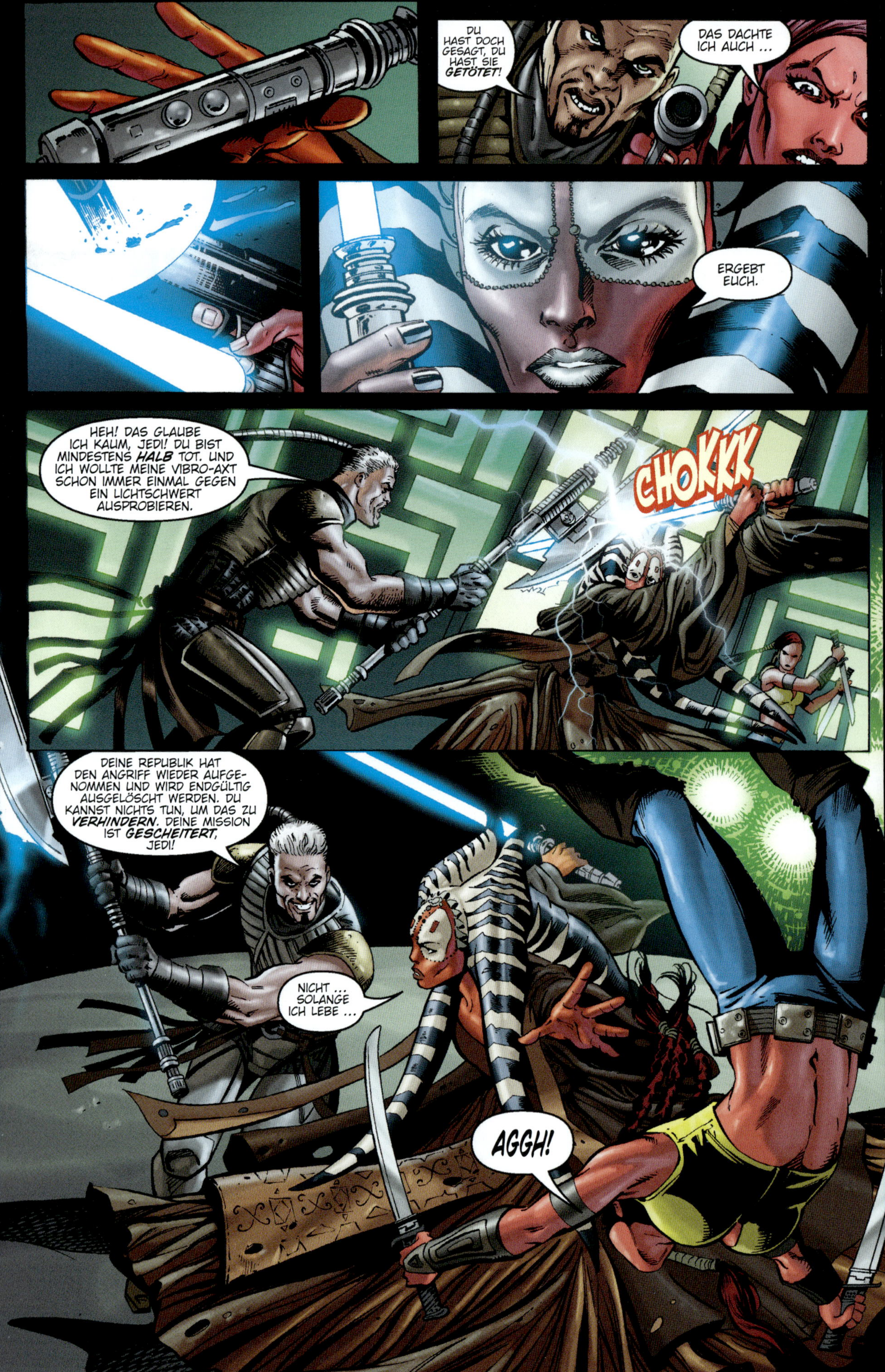

DU HAST DOCH GESAGT, DU HAST SIE GETÖTET!
DAS DACHTE ICH AUCH ...
ERGEBT EUCH.
HEH! DAS GLAUBE ICH KAUM, JEDI! DU BIST MINDESTENS HALB TOT. UND ICH WOLLTE MEINE VIBRO-AXT SCHON IMMER EINMAL GEGEN EIN LICHTSCHWERT AUSPROBIEREN.
CHOKKK
DEINE REPUBLIK HAT DEN ANGRIFF WIEDER AUFGENOMMEN UND WIRD ENDGÜLTIG AUSGELÖSCHT WERDEN. DU KANNST NICHTS TUN, UM DAS ZU VERHINDERN. DEINE MISSION IST GESCHEITERT, JEDI!
NICHT ... SOLANGE ICH LEBE ...
AGGH!

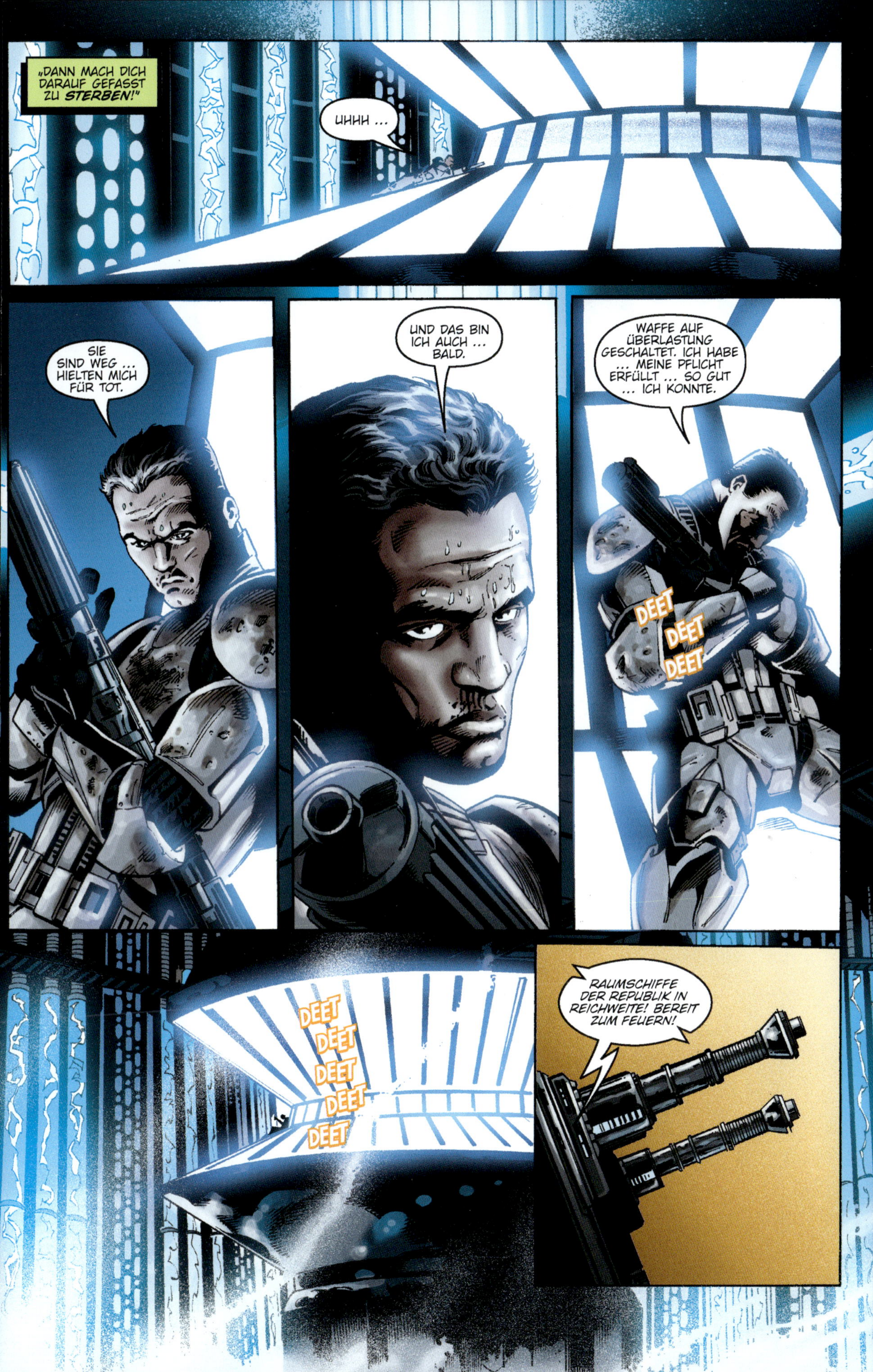
„DANN MACH DICH DARAUF GEFASST ZU STERBEN!"
UHHH ...
SIE SIND WEG ... HIELTEN MICH FÜR TOT.
UND DAS BIN ICH AUCH ... BALD.
WAFFE AUF ÜBERLASTUNG GESCHALTET. ICH HABE ... MEINE PFLICHT ERFÜLLT ... SO GUT ... ICH KONNTE.
DEET DEET DEET
DEET DEET DEET DEET DEET
RAUMSCHIFFE DER REPUBLIK IN REICHWEITE! BEREIT ZUM FEUERN!

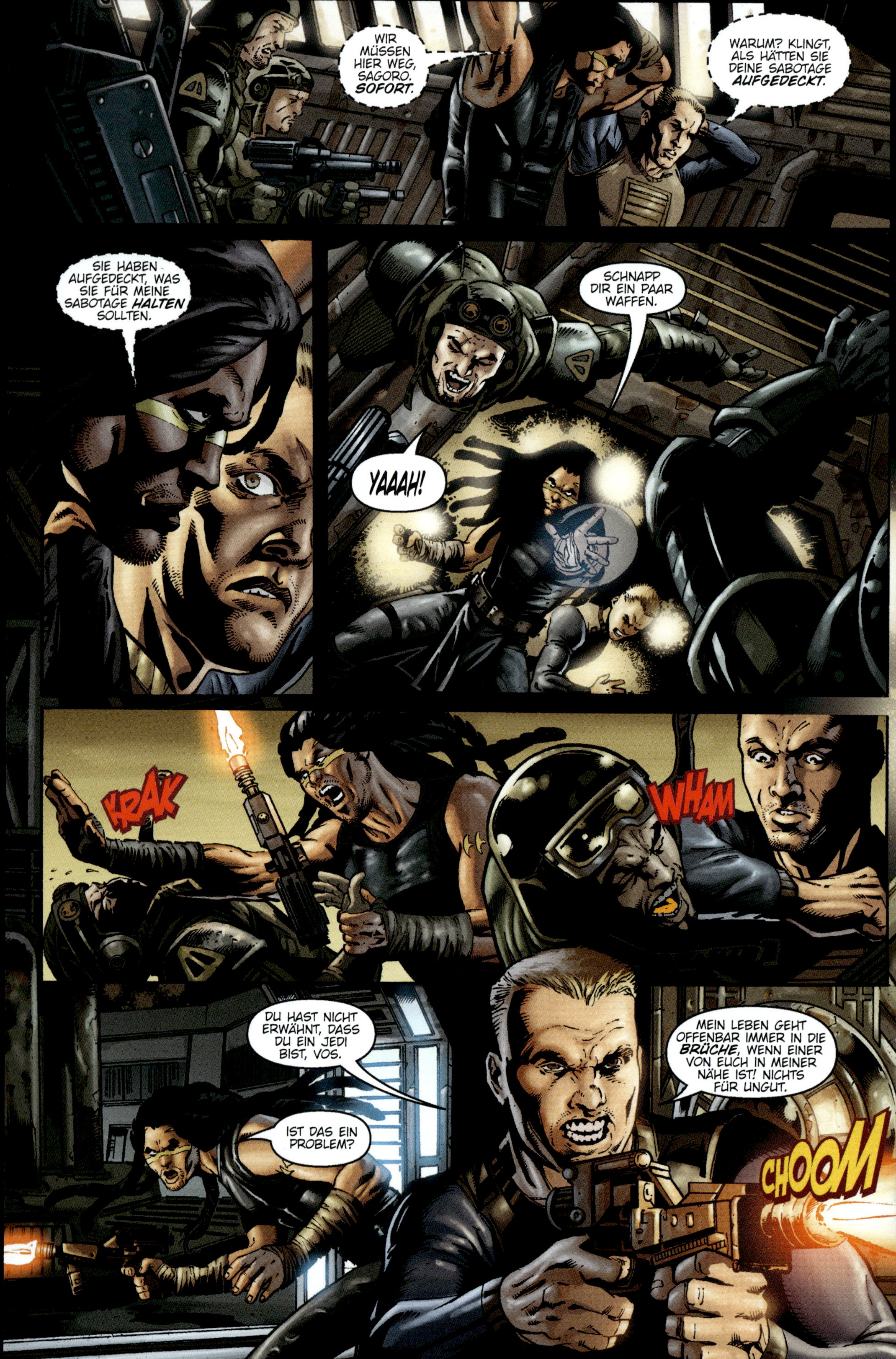
WIR MÜSSEN HIER WEG, SAGORO. SOFORT.
WARUM? KLINGT, ALS HÄTTEN SIE DEINE SABOTAGE AUFGEDECKT.
SIE HABEN AUFGEDECKT, WAS SIE FÜR MEINE SABOTAGE HALTEN SOLLTEN.
SCHNAPP DIR EIN PAAR WAFFEN.
YAAAH!
KRAK
WHAM
DU HAST NICHT ERWÄHNT, DASS DU EIN JEDI BIST, VOS.
IST DAS EIN PROBLEM?
MEIN LEBEN GEHT OFFENBAR IMMER IN DIE BRÜCHE, WENN EINER VON EUCH IN MEINER NÄHE IST! NICHTS FÜR UNGUT.
CHOOM

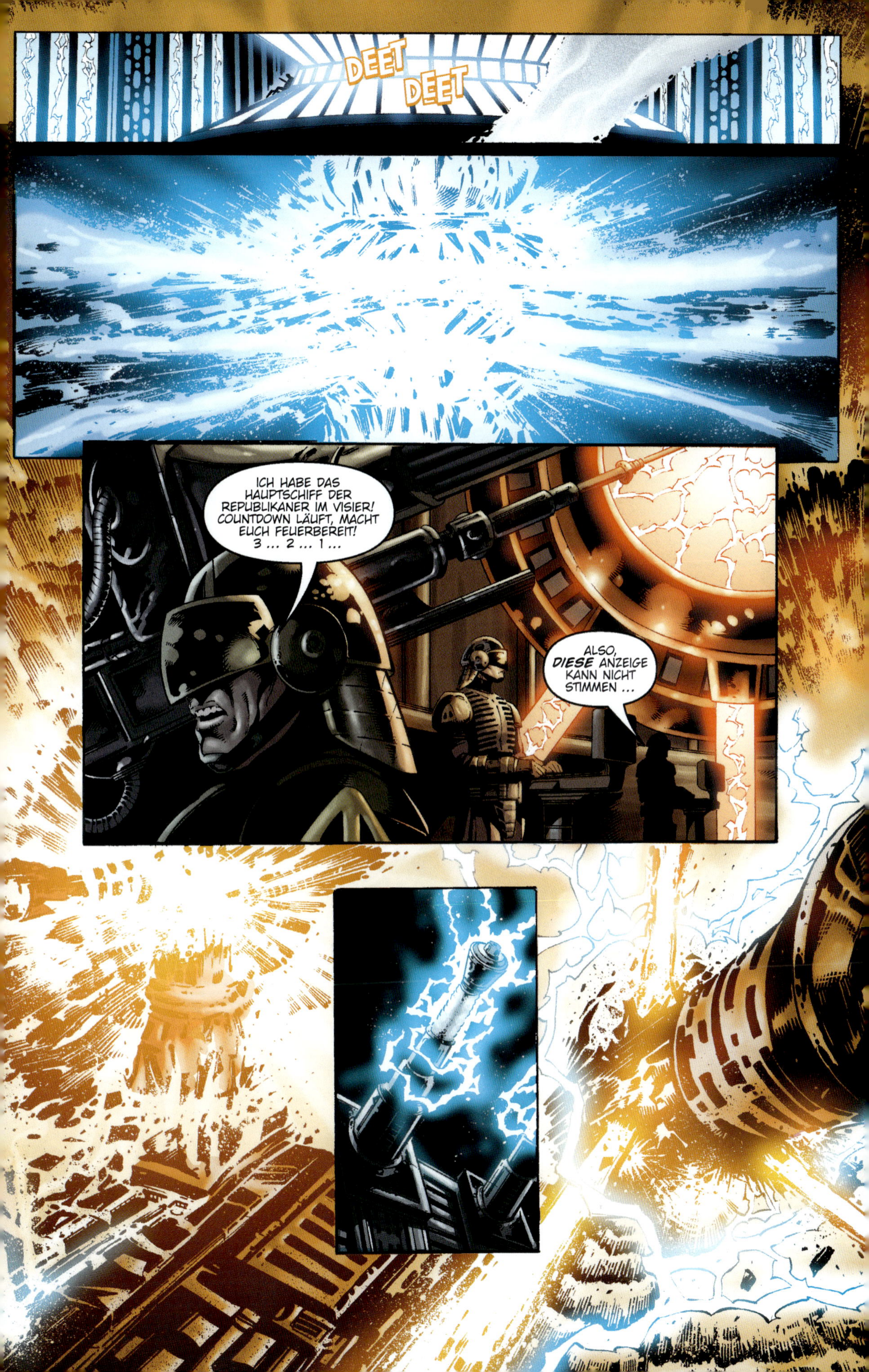
DEET
DEET
ICH HABE DAS HAUPTSCHIFF DER REPUBLIKANER IM VISIER! COUNTDOWN LÄUFT, MACHT EUCH FEUERBEREIT! 3 ... 2 ... 1 ...
ALSO, **DIESE** ANZEIGE KANN NICHT STIMMEN ...

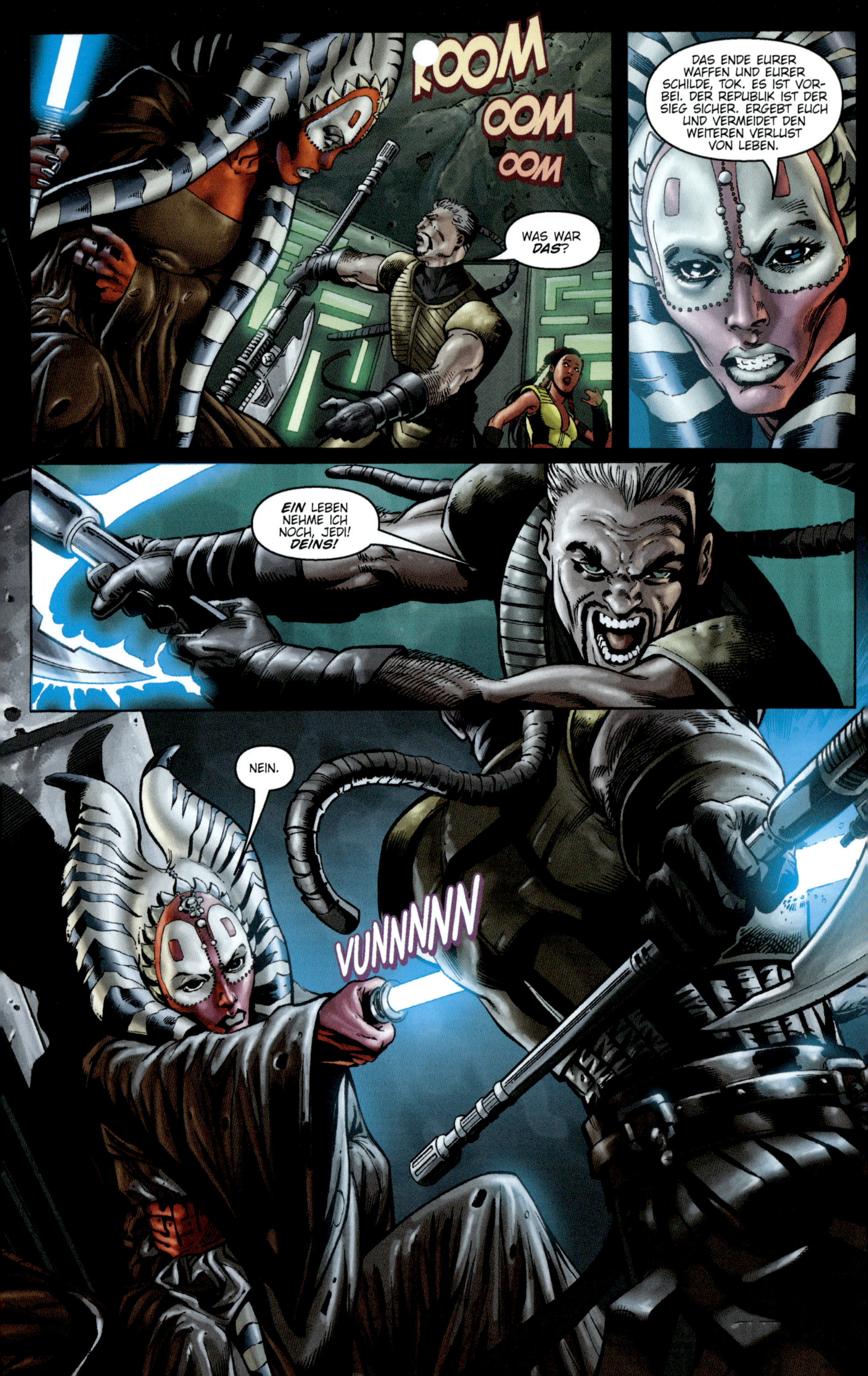
ROOM
OOM
OOM
WAS WAR DAS?
DAS ENDE EURER WAFFEN UND EURER SCHILDE, TOK. ES IST VORBEI. DER REPUBLIK IST DER SIEG SICHER. ERGEBT EUCH UND VERMEIDET DEN WEITEREN VERLUST VON LEBEN.
EIN LEBEN NEHME ICH NOCH, JEDI! DEINS!
NEIN.
VUNNNNN

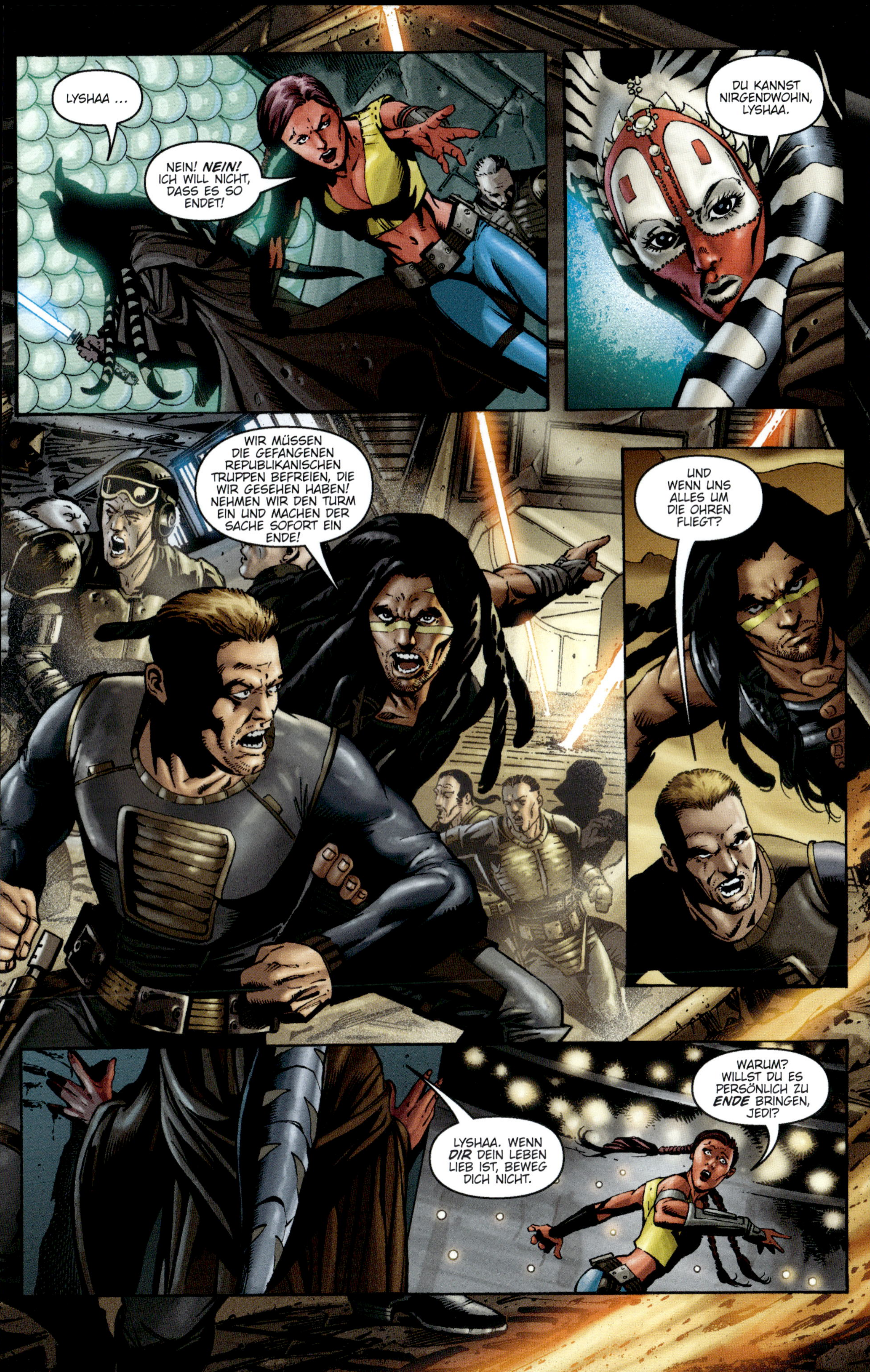
LYSHAA ...
NEIN! NEIN! ICH WILL NICHT, DASS ES SO ENDET!
DU KANNST NIRGENDWOHIN, LYSHAA.
WIR MÜSSEN DIE GEFANGENEN REPUBLIKANISCHEN TRUPPEN BEFREIEN, DIE WIR GESEHEN HABEN! NEHMEN WIR DEN TURM EIN UND MACHEN DER SACHE SOFORT EIN ENDE!
UND WENN UNS ALLES UM DIE OHREN FLIEGT?
LYSHAA. WENN DIR DEIN LEBEN LIEB IST, BEWEG DICH NICHT.
WARUM? WILLST DU ES PERSÖNLICH ZU ENDE BRINGEN, JEDI?

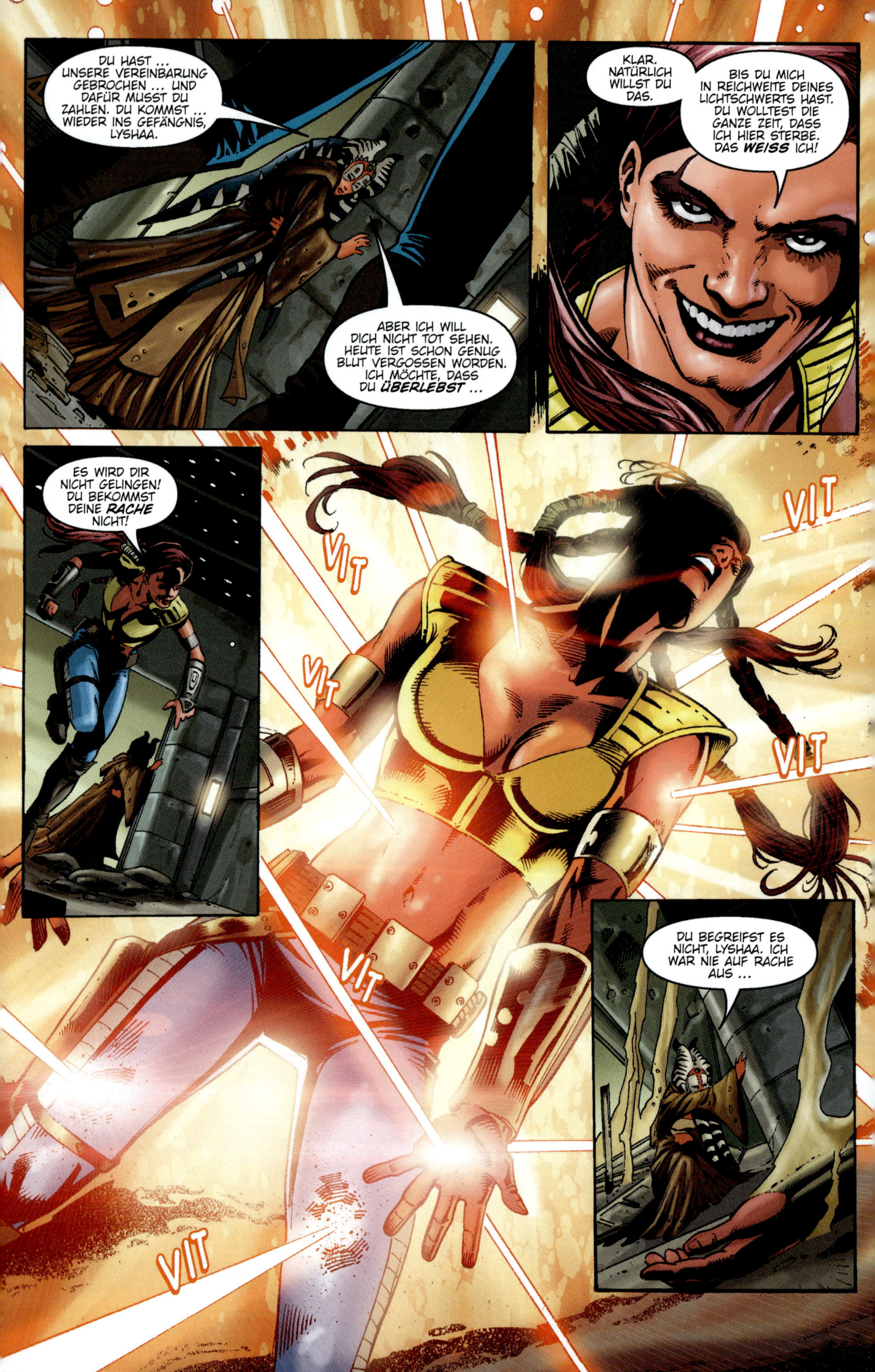
DU HAST ... UNSERE VEREINBARUNG GEBROCHEN ... UND DAFÜR MUSST DU ZAHLEN. DU KOMMST ... WIEDER INS GEFÄNGNIS, LYSHAA.
ABER ICH WILL DICH NICHT TOT SEHEN. HEUTE IST SCHON GENUG BLUT VERGOSSEN WORDEN. ICH MÖCHTE, DASS DU **ÜBERLEBST** ...
KLAR. NATÜRLICH WILLST DU DAS.
BIS DU MICH IN REICHWEITE DEINES LICHTSCHWERTS HAST. DU WOLLTEST DIE GANZE ZEIT, DASS ICH HIER STERBE. DAS **WEISS** ICH!
ES WIRD DIR NICHT GELINGEN! DU BEKOMMST DEINE **RACHE** NICHT!
VIT
VIT
VIT
VIT
VIT
VIT
DU BEGREIFST ES NICHT, LYSHAA. ICH WAR NIE AUF RACHE AUS ...

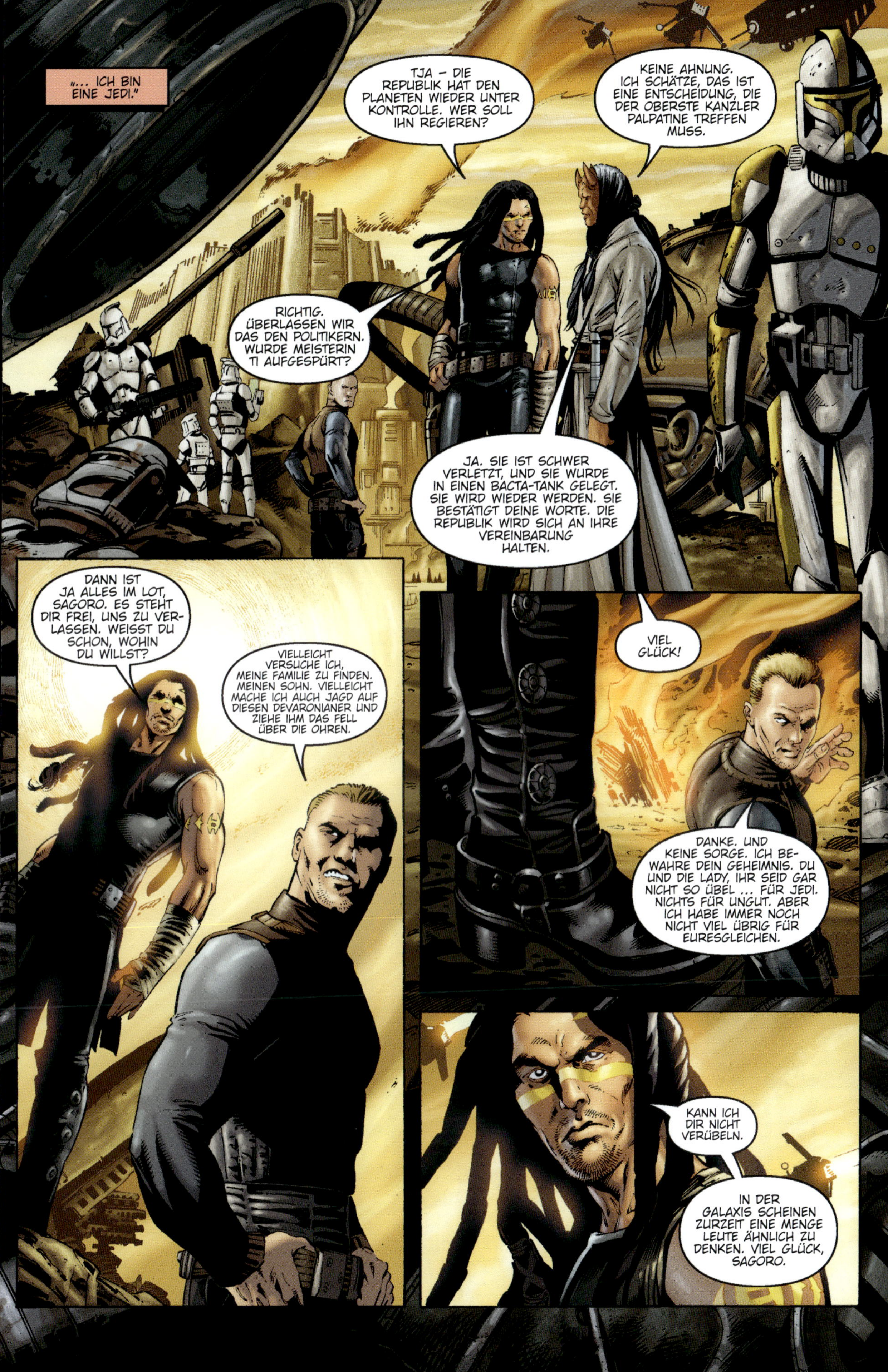
„... ICH BIN EINE JEDI."
TJA – DIE REPUBLIK HAT DEN PLANETEN WIEDER UNTER KONTROLLE. WER SOLL IHN REGIEREN?
KEINE AHNUNG. ICH SCHÄTZE, DAS IST EINE ENTSCHEIDUNG, DIE DER OBERSTE KANZLER PALPATINE TREFFEN MUSS.
RICHTIG. ÜBERLASSEN WIR DAS DEN POLITIKERN. WURDE MEISTERIN TI AUFGESPÜRT?
JA. SIE IST SCHWER VERLETZT, UND SIE WURDE IN EINEN BACTA-TANK GELEGT. SIE WIRD WIEDER WERDEN. SIE BESTÄTIGT DEINE WORTE. DIE REPUBLIK WIRD SICH AN IHRE VEREINBARUNG HALTEN.
DANN IST JA ALLES IM LOT, SAGORO. ES STEHT DIR FREI, UNS ZU VERLASSEN. WEISST DU SCHON, WOHIN DU WILLST?
VIELLEICHT VERSUCHE ICH, MEINE FAMILIE ZU FINDEN. MEINEN SOHN. VIELLEICHT MACHE ICH AUCH JAGD AUF DIESEN DEVARONIANER UND ZIEHE IHM DAS FELL ÜBER DIE OHREN.
VIEL GLÜCK!
DANKE. UND KEINE SORGE. ICH BEWAHRE DEIN GEHEIMNIS. DU UND DIE LADY, IHR SEID GAR NICHT SO ÜBEL ... FÜR JEDI. NICHTS FÜR UNGUT. ABER ICH HABE IMMER NOCH NICHT VIEL ÜBRIG FÜR EURESGLEICHEN.
KANN ICH DIR NICHT VERÜBELN.
IN DER GALAXIS SCHEINEN ZURZEIT EINE MENGE LEUTE ÄHNLICH ZU DENKEN. VIEL GLÜCK, SAGORO.

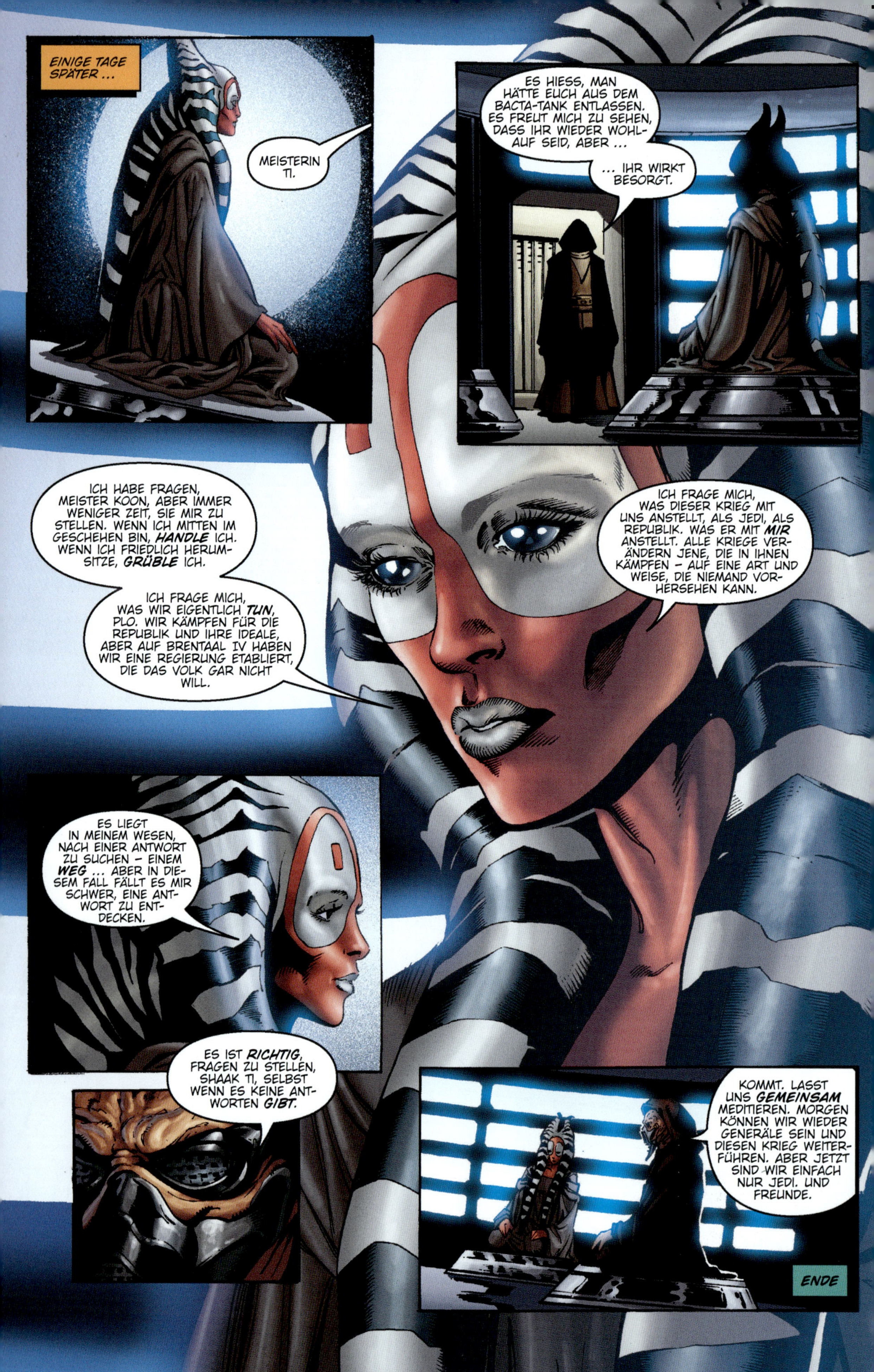
EINIGE TAGE SPÄTER ...
MEISTERIN TI.
ES HIESS, MAN HÄTTE EUCH AUS DEM BACTA-TANK ENTLASSEN. ES FREUT MICH ZU SEHEN, DASS IHR WIEDER WOHLAUF SEID, ABER ...
... IHR WIRKT BESORGT.
ICH HABE FRAGEN, MEISTER KOON, ABER IMMER WENIGER ZEIT, SIE MIR ZU STELLEN. WENN ICH MITTEN IM GESCHEHEN BIN, HANDLE ICH. WENN ICH FRIEDLICH HERUMSITZE, GRÜBLE ICH.
ICH FRAGE MICH, WAS WIR EIGENTLICH TUN, PLO. WIR KÄMPFEN FÜR DIE REPUBLIK UND IHRE IDEALE, ABER AUF BRENTAAL IV HABEN WIR EINE REGIERUNG ETABLIERT, DIE DAS VOLK GAR NICHT WILL.
ICH FRAGE MICH, WAS DIESER KRIEG MIT UNS ANSTELLT, ALS JEDI, ALS REPUBLIK. WAS ER MIT MIR ANSTELLT. ALLE KRIEGE VERÄNDERN JENE, DIE IN IHNEN KÄMPFEN – AUF EINE ART UND WEISE, DIE NIEMAND VORHERSEHEN KANN.
ES LIEGT IN MEINEM WESEN, NACH EINER ANTWORT ZU SUCHEN – EINEM WEG ... ABER IN DIESEM FALL FÄLLT ES MIR SCHWER, EINE ANTWORT ZU ENTDECKEN.
ES IST RICHTIG, FRAGEN ZU STELLEN, SHAAK TI, SELBST WENN ES KEINE ANTWORTEN GIBT.
KOMMT. LASST UNS GEMEINSAM MEDITIEREN. MORGEN KÖNNEN WIR WIEDER GENERÄLE SEIN UND DIESEN KRIEG WEITERFÜHREN. ABER JETZT SIND WIR EINFACH NUR JEDI. UND FREUNDE.
ENDE

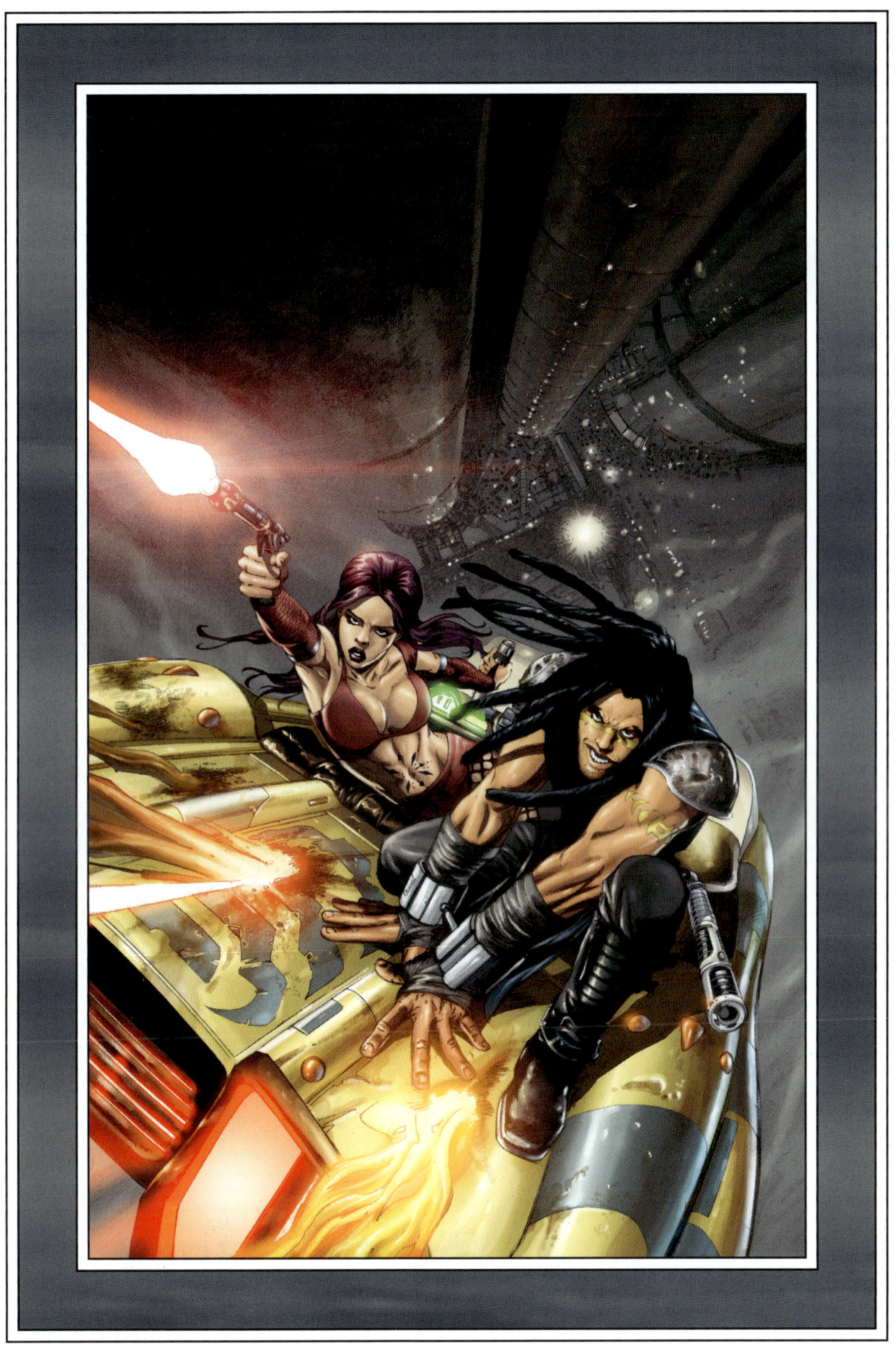

Licht und Schatten

Sechs Monate nach der Schlacht von Geonosis ...

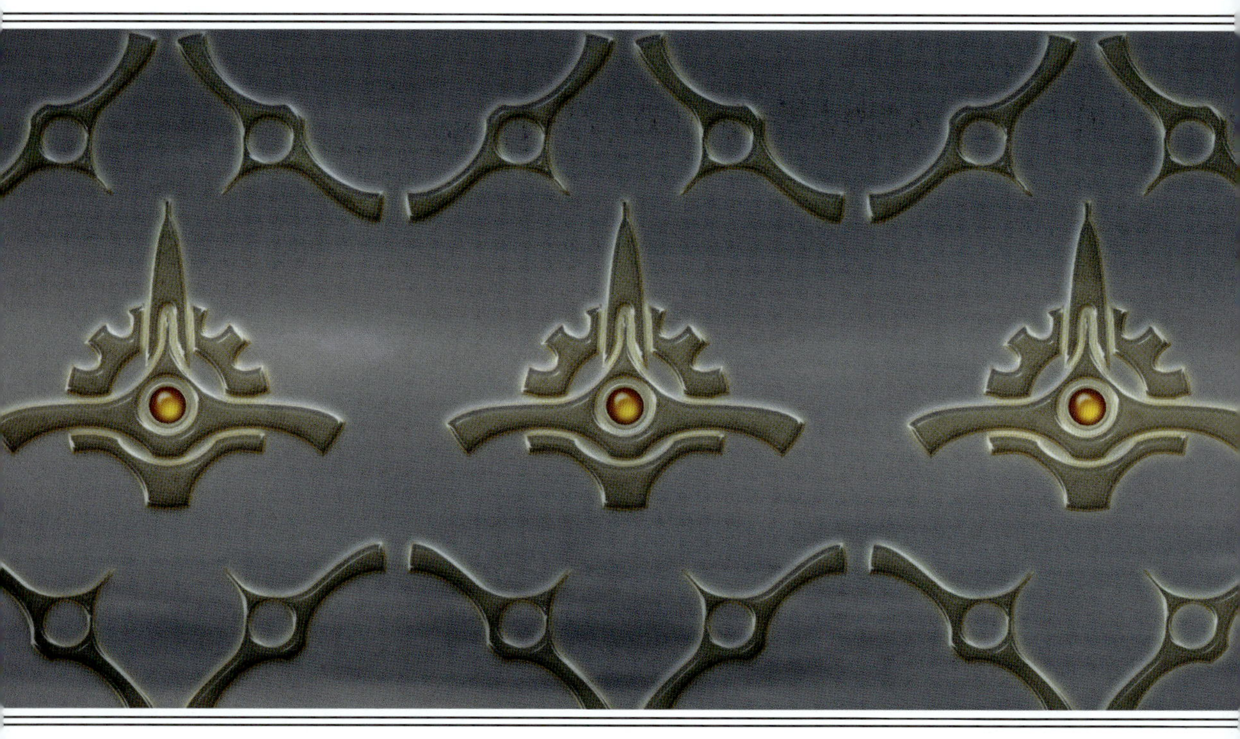

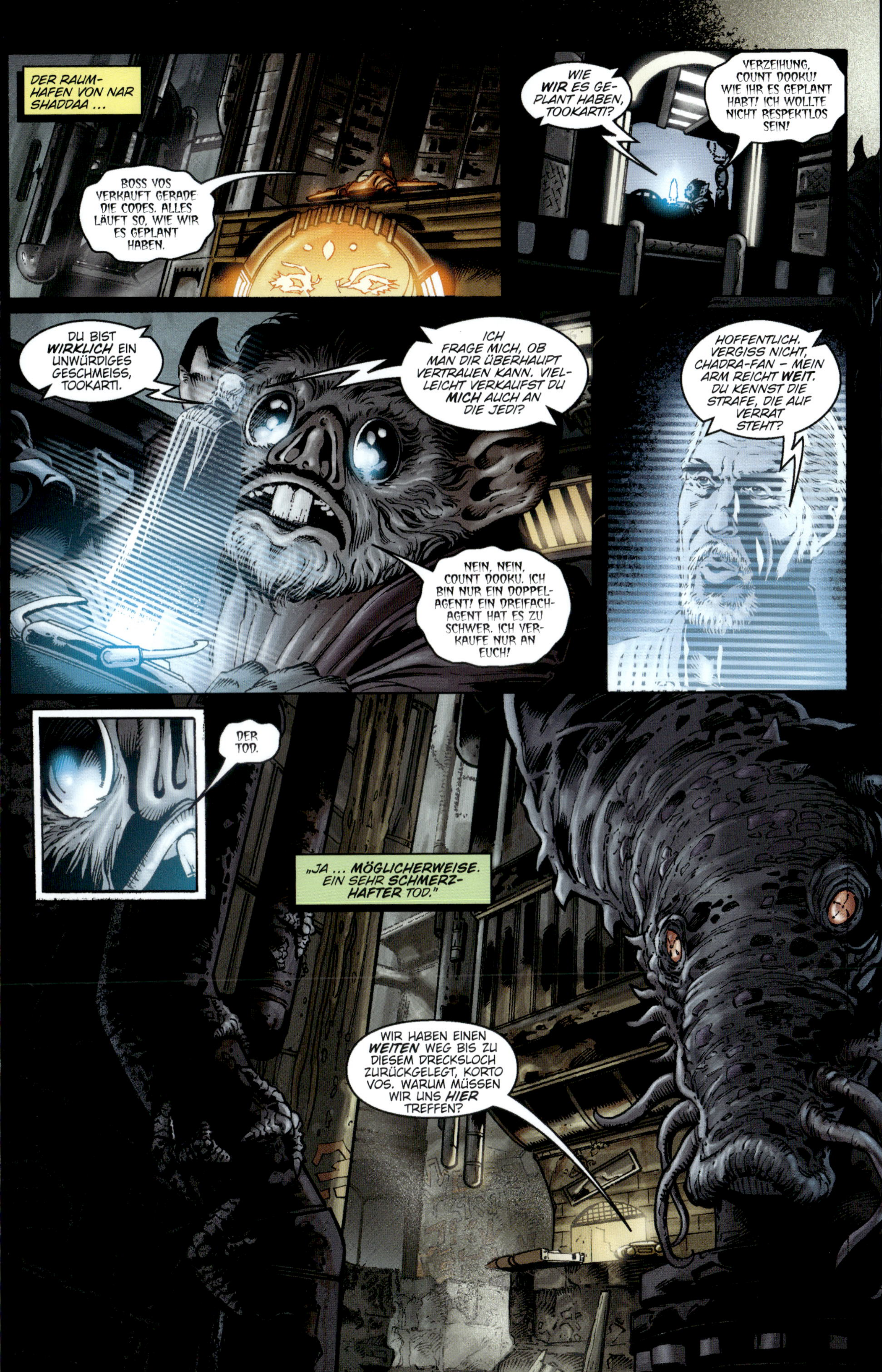
DER RAUM-HAFEN VON NAR SHADDAA ...
BOSS VOS VERKAUFT GERADE DIE CODES. ALLES LÄUFT SO, WIE WIR ES GEPLANT HABEN.
WIE WIR ES GEPLANT HABEN, TOOKARTI?
VERZEIHUNG, COUNT DOOKU! WIE IHR ES GEPLANT HABT! ICH WOLLTE NICHT RESPEKTLOS SEIN!
DU BIST WIRKLICH EIN UNWÜRDIGES GESCHMEISS, TOOKARTI.
ICH FRAGE MICH, OB MAN DIR ÜBERHAUPT VERTRAUEN KANN. VIELLEICHT VERKAUFST DU MICH AUCH AN DIE JEDI?
NEIN, NEIN, COUNT DOOKU. ICH BIN NUR EIN DOPPELAGENT! EIN DREIFACHAGENT HAT ES ZU SCHWER. ICH VERKAUFE NUR AN EUCH!
HOFFENTLICH. VERGISS NICHT, CHADRA-FAN – MEIN ARM REICHT WEIT. DU KENNST DIE STRAFE, DIE AUF VERRAT STEHT?
DER TOD.
„JA ... MÖGLICHERWEISE. EIN SEHR SCHMERZHAFTER TOD."
WIR HABEN EINEN WEITEN WEG BIS ZU DIESEM DRECKSLOCH ZURÜCKGELEGT, KORTO VOS. WARUM MÜSSEN WIR UNS HIER TREFFEN?

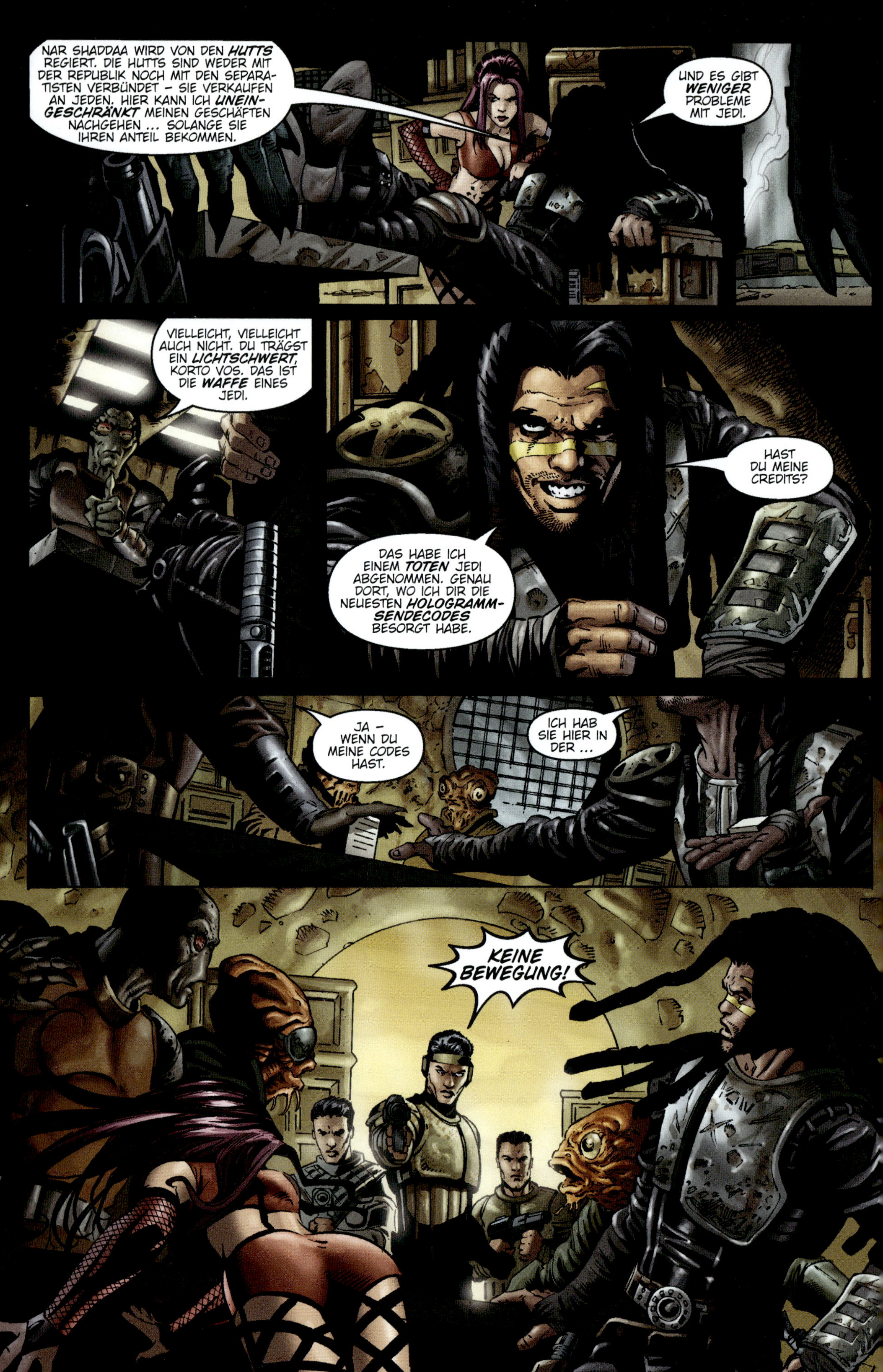
NAR SHADDAA WIRD VON DEN HUTTS REGIERT. DIE HUTTS SIND WEDER MIT DER REPUBLIK NOCH MIT DEN SEPARATISTEN VERBÜNDET – SIE VERKAUFEN AN JEDEN. HIER KANN ICH UNEINGESCHRÄNKT MEINEN GESCHÄFTEN NACHGEHEN ... SOLANGE SIE IHREN ANTEIL BEKOMMEN.
UND ES GIBT WENIGER PROBLEME MIT JEDI.
VIELLEICHT, VIELLEICHT AUCH NICHT. DU TRÄGST EIN LICHTSCHWERT, KORTO VOS. DAS IST DIE WAFFE EINES JEDI.
DAS HABE ICH EINEM TOTEN JEDI ABGENOMMEN. GENAU DORT, WO ICH DIR DIE NEUESTEN HOLOGRAMM-SENDECODES BESORGT HABE.
HAST DU MEINE CREDITS?
JA – WENN DU MEINE CODES HAST.
ICH HAB SIE HIER IN DER ...
KEINE BEWEGUNG!

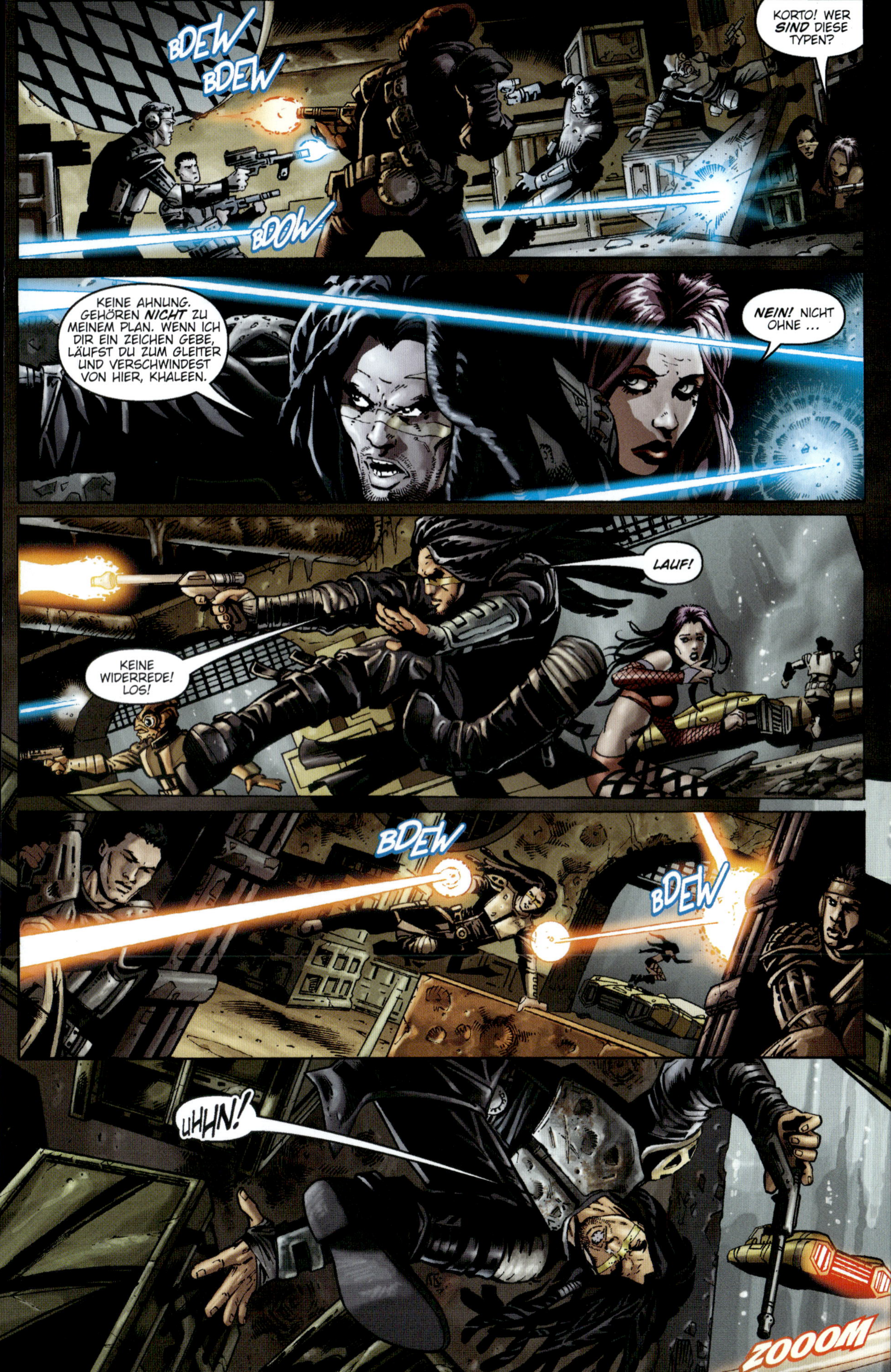
BDEW
BDEW
KORTO! WER SIND DIESE TYPEN?
BDOW
KEINE AHNUNG. GEHÖREN NICHT ZU MEINEM PLAN. WENN ICH DIR EIN ZEICHEN GEBE, LÄUFST DU ZUM GLEITER UND VERSCHWINDEST VON HIER, KHALEEN.
NEIN! NICHT OHNE ...
LAUF!
KEINE WIDERREDE! LOS!
BDEW
BDEW
UHHN!
ZOOOM

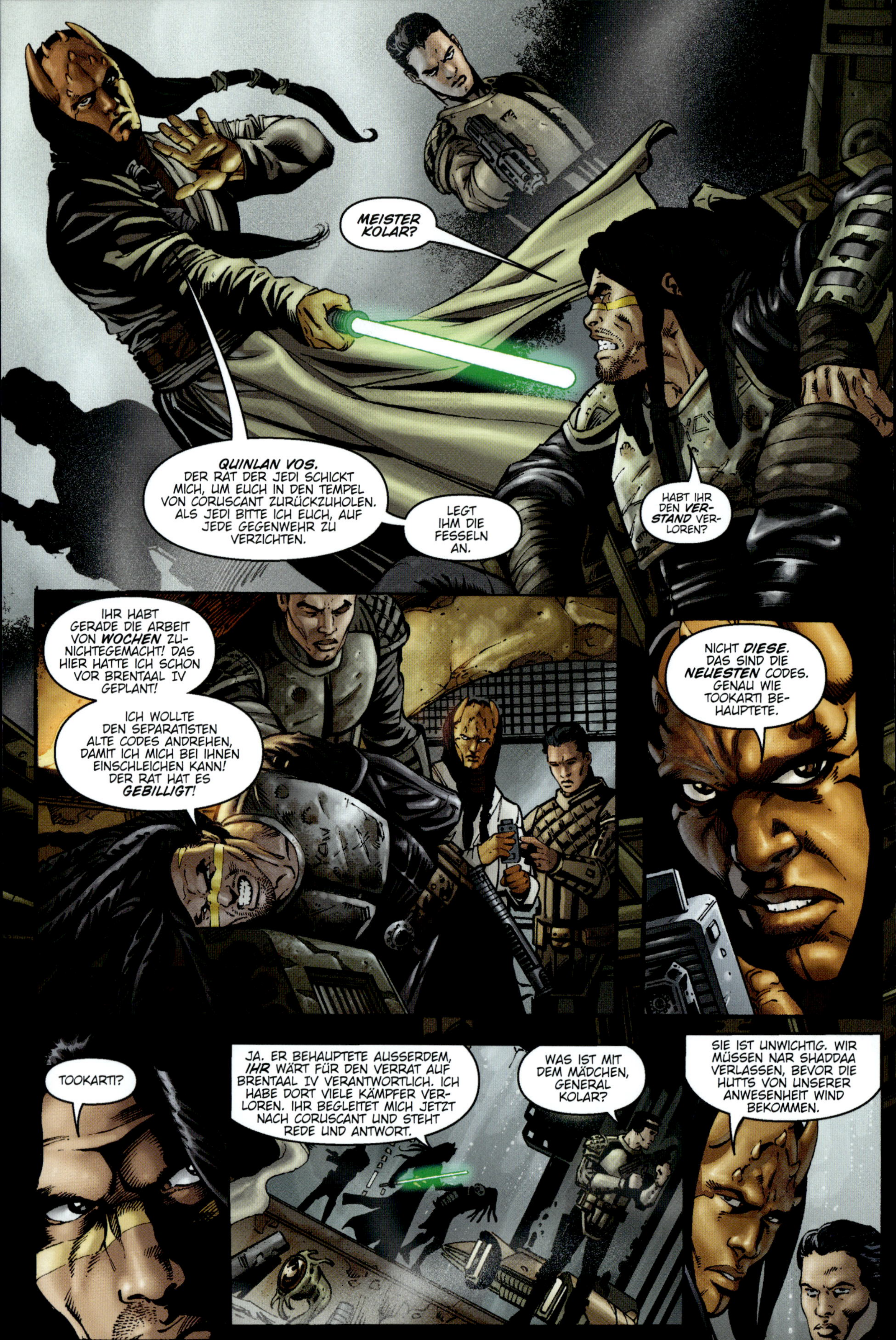
MEISTER KOLAR?
QUINLAN VOS. DER RAT DER JEDI SCHICKT MICH, UM EUCH IN DEN TEMPEL VON CORUSCANT ZURÜCKZUHOLEN. ALS JEDI BITTE ICH EUCH, AUF JEDE GEGENWEHR ZU VERZICHTEN.
LEGT IHM DIE FESSELN AN.
HABT IHR DEN VERSTAND VERLOREN?
IHR HABT GERADE DIE ARBEIT VON WOCHEN ZUNICHTEGEMACHT! DAS HIER HATTE ICH SCHON VOR BRENTAAL IV GEPLANT!
ICH WOLLTE DEN SEPARATISTEN ALTE CODES ANDREHEN, DAMIT ICH MICH BEI IHNEN EINSCHLEICHEN KANN! DER RAT HAT ES GEBILLIGT!
NICHT DIESE. DAS SIND DIE NEUESTEN CODES. GENAU WIE TOOKARTI BEHAUPTETE.
TOOKARTI?
JA. ER BEHAUPTETE AUSSERDEM, IHR WÄRT FÜR DEN VERRAT AUF BRENTAAL IV VERANTWORTLICH. ICH HABE DORT VIELE KÄMPFER VERLOREN. IHR BEGLEITET MICH JETZT NACH CORUSCANT UND STEHT REDE UND ANTWORT.
WAS IST MIT DEM MÄDCHEN, GENERAL KOLAR?
SIE IST UNWICHTIG. WIR MÜSSEN NAR SHADDAA VERLASSEN, BEVOR DIE HUTTS VON UNSERER ANWESENHEIT WIND BEKOMMEN.

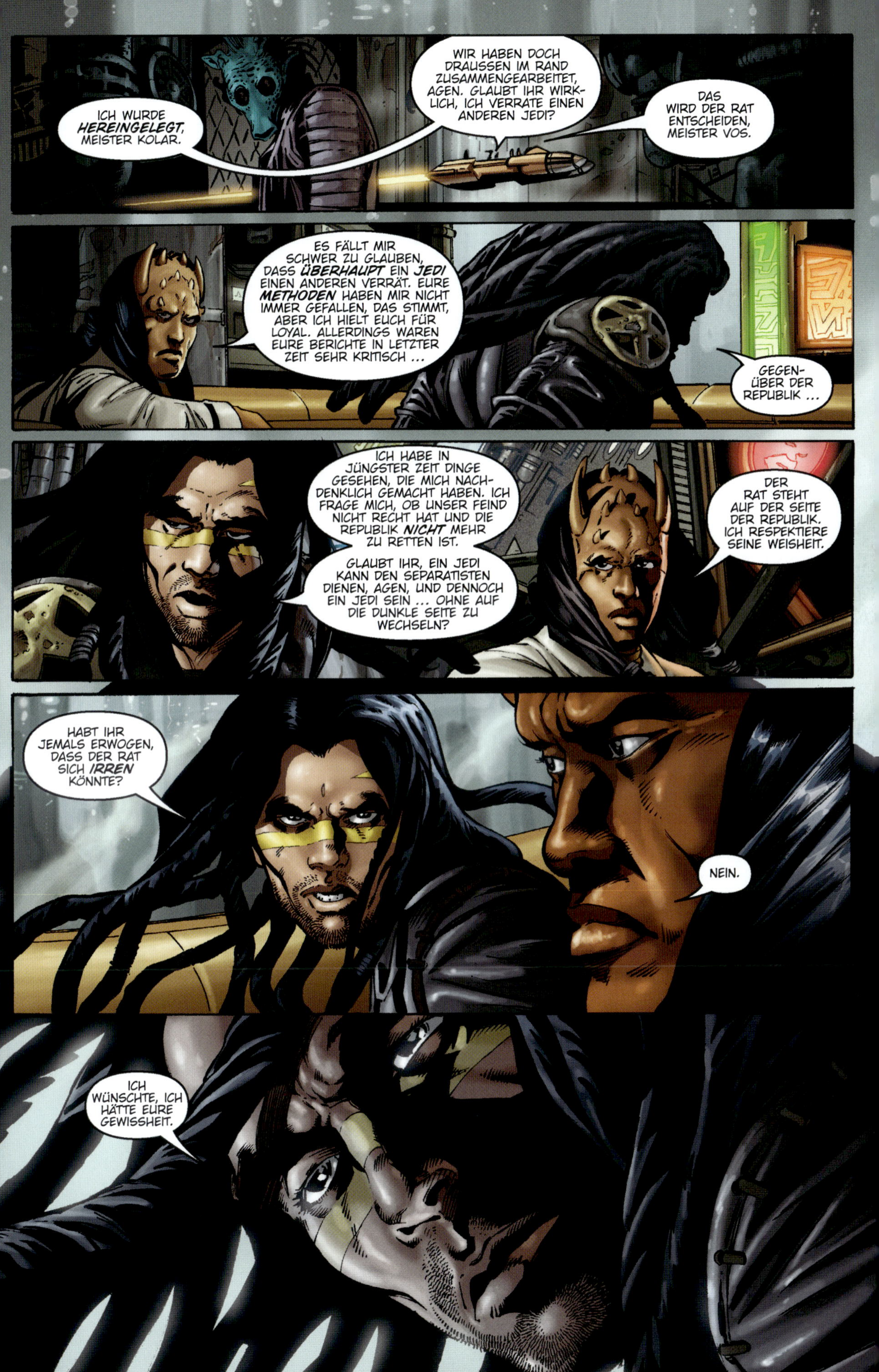
ICH WURDE HEREINGELEGT, MEISTER KOLAR.
WIR HABEN DOCH DRAUSSEN IM RAND ZUSAMMENGEARBEITET, AGEN. GLAUBT IHR WIRKLICH, ICH VERRATE EINEN ANDEREN JEDI?
DAS WIRD DER RAT ENTSCHEIDEN, MEISTER VOS.
ES FÄLLT MIR SCHWER ZU GLAUBEN, DASS ÜBERHAUPT EIN JEDI EINEN ANDEREN VERRÄT. EURE METHODEN HABEN MIR NICHT IMMER GEFALLEN, DAS STIMMT, ABER ICH HIELT EUCH FÜR LOYAL. ALLERDINGS WAREN EURE BERICHTE IN LETZTER ZEIT SEHR KRITISCH …
GEGENÜBER DER REPUBLIK …
ICH HABE IN JÜNGSTER ZEIT DINGE GESEHEN, DIE MICH NACHDENKLICH GEMACHT HABEN. ICH FRAGE MICH, OB UNSER FEIND NICHT RECHT HAT UND DIE REPUBLIK NICHT MEHR ZU RETTEN IST.
GLAUBT IHR, EIN JEDI KANN DEN SEPARATISTEN DIENEN, AGEN, UND DENNOCH EIN JEDI SEIN … OHNE AUF DIE DUNKLE SEITE ZU WECHSELN?
DER RAT STEHT AUF DER SEITE DER REPUBLIK. ICH RESPEKTIERE SEINE WEISHEIT.
HABT IHR JEMALS ERWOGEN, DASS DER RAT SICH IRREN KÖNNTE?
NEIN.
ICH WÜNSCHTE, ICH HÄTTE EURE GEWISSHEIT.

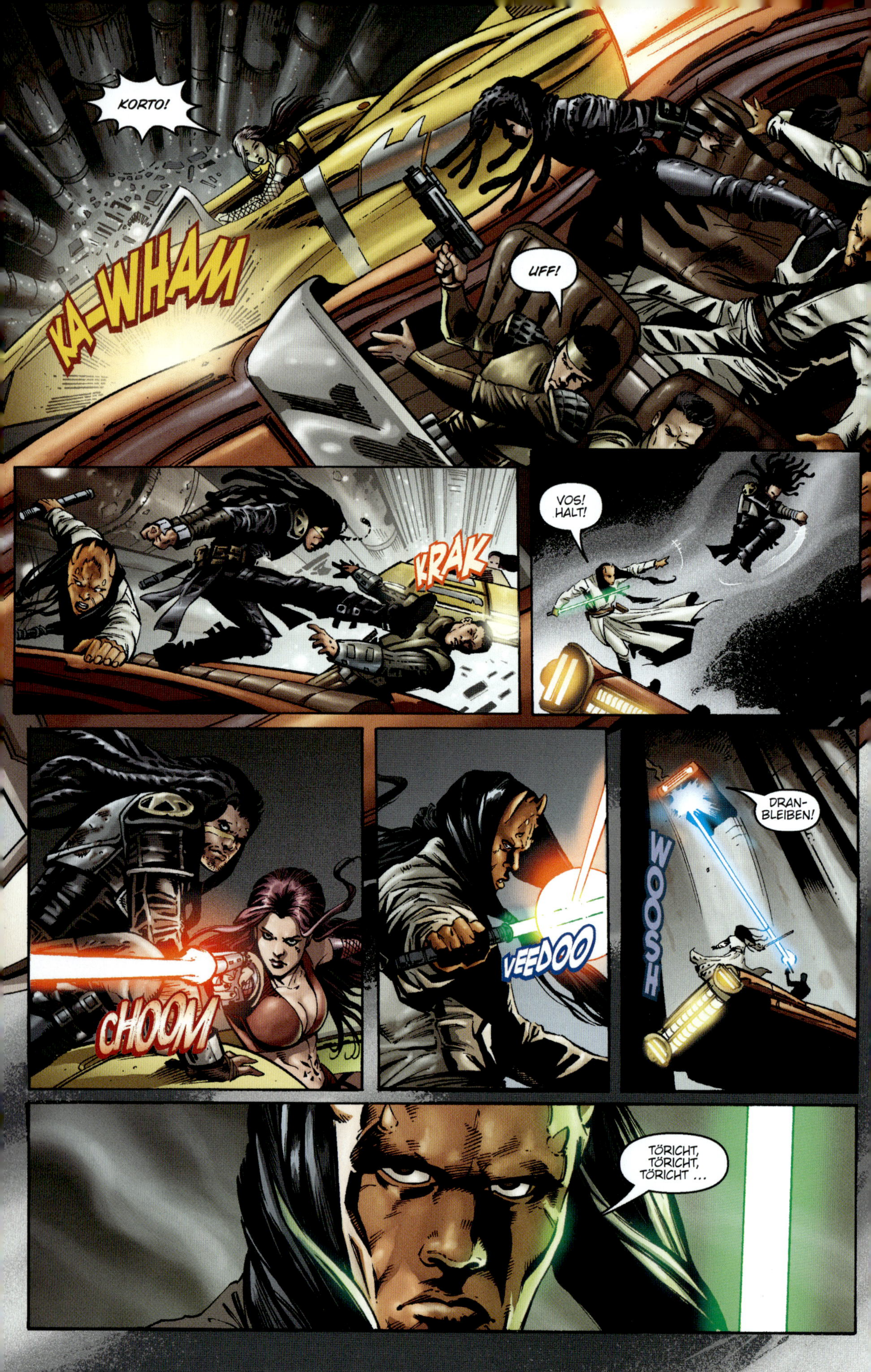
KORTO!
KA-WHAM
UFF!
KRAK
VOS!
HALT!
CHOOM
VEEDOO
WOOOSH
DRAN-
BLEIBEN!
TÖRICHT,
TÖRICHT,
TÖRICHT …

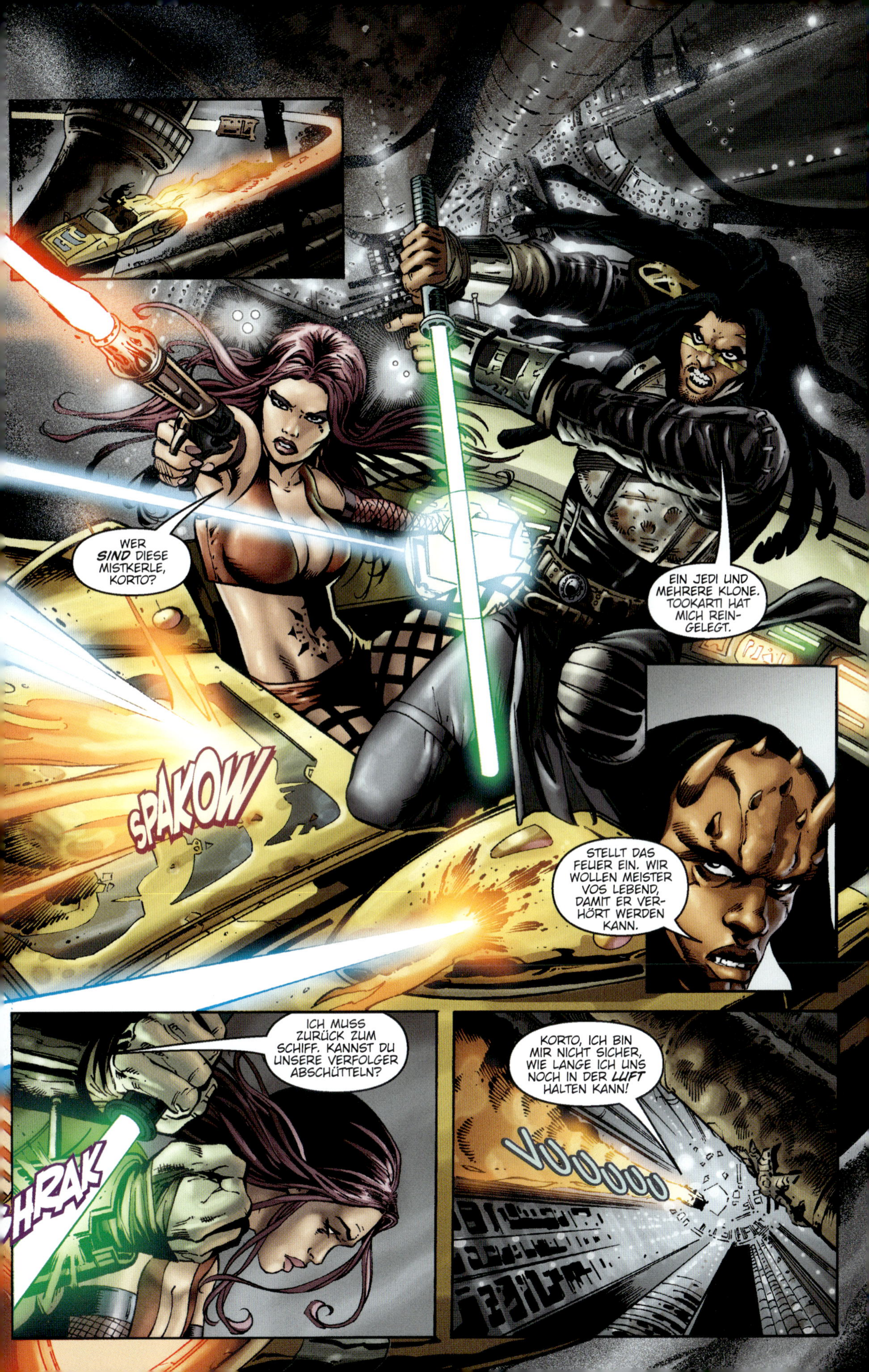
WER SIND DIESE MISTKERLE, KORTO?
EIN JEDI UND MEHRERE KLONE. TOOKARTI HAT MICH REIN-GELEGT.
SPAKOW
STELLT DAS FEUER EIN. WIR WOLLEN MEISTER VOS LEBEND, DAMIT ER VER-HÖRT WERDEN KANN.
ICH MUSS ZURÜCK ZUM SCHIFF. KANNST DU UNSERE VERFOLGER ABSCHÜTTELN?
HRAK
KORTO, ICH BIN MIR NICHT SICHER, WIE LANGE ICH UNS NOCH IN DER LUFT HALTEN KANN!
VUUUUUU

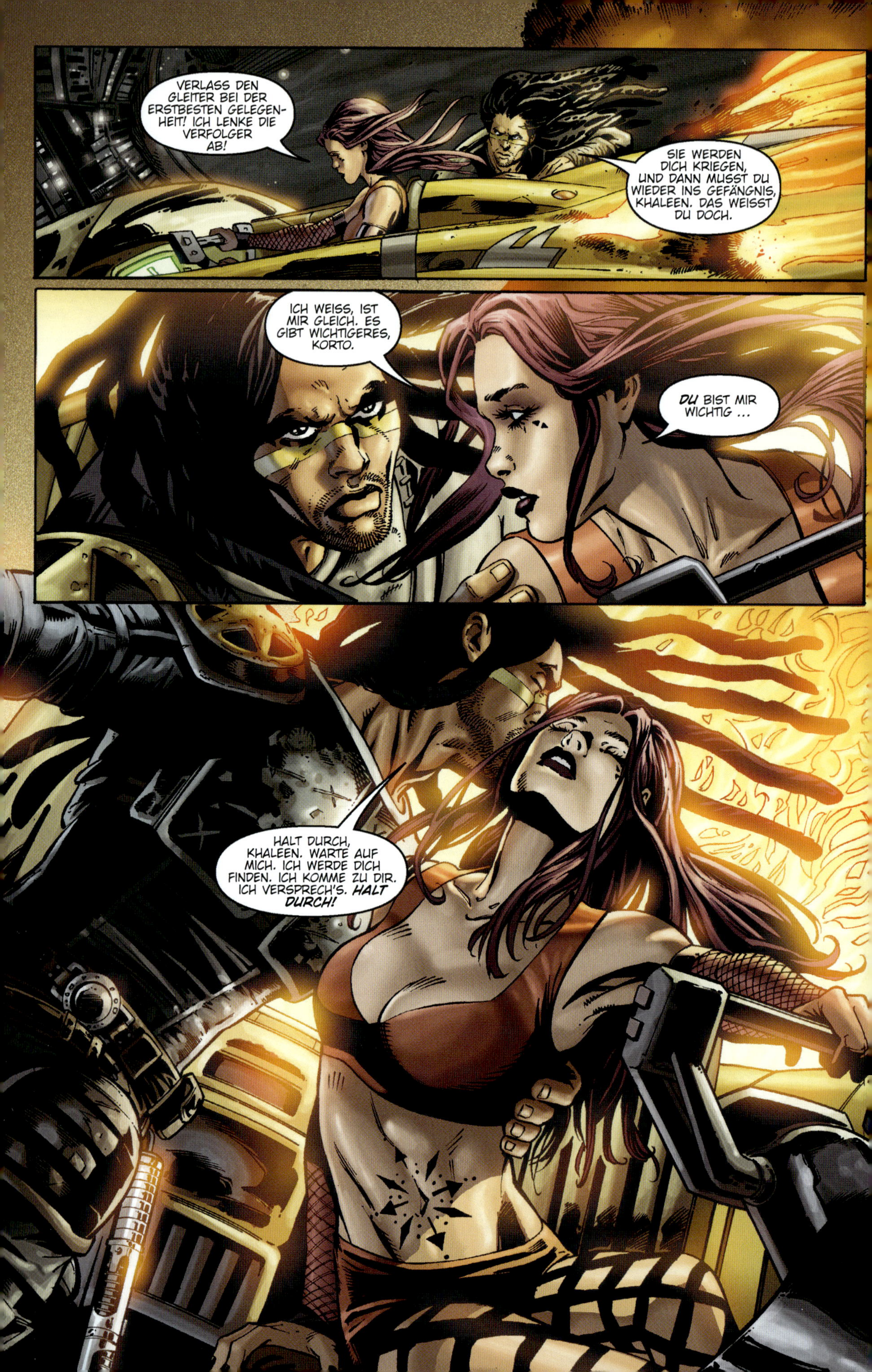
VERLASS DEN GLEITER BEI DER ERSTBESTEN GELEGENHEIT! ICH LENKE DIE VERFOLGER AB!
SIE WERDEN DICH KRIEGEN, UND DANN MUSST DU WIEDER INS GEFÄNGNIS, KHALEEN. DAS WEISST DU DOCH.
ICH WEISS, IST MIR GLEICH. ES GIBT WICHTIGERES, KORTO.
DU BIST MIR WICHTIG ...
HALT DURCH, KHALEEN. WARTE AUF MICH. ICH WERDE DICH FINDEN. ICH KOMME ZU DIR. ICH VERSPRECH'S. HALT DURCH!

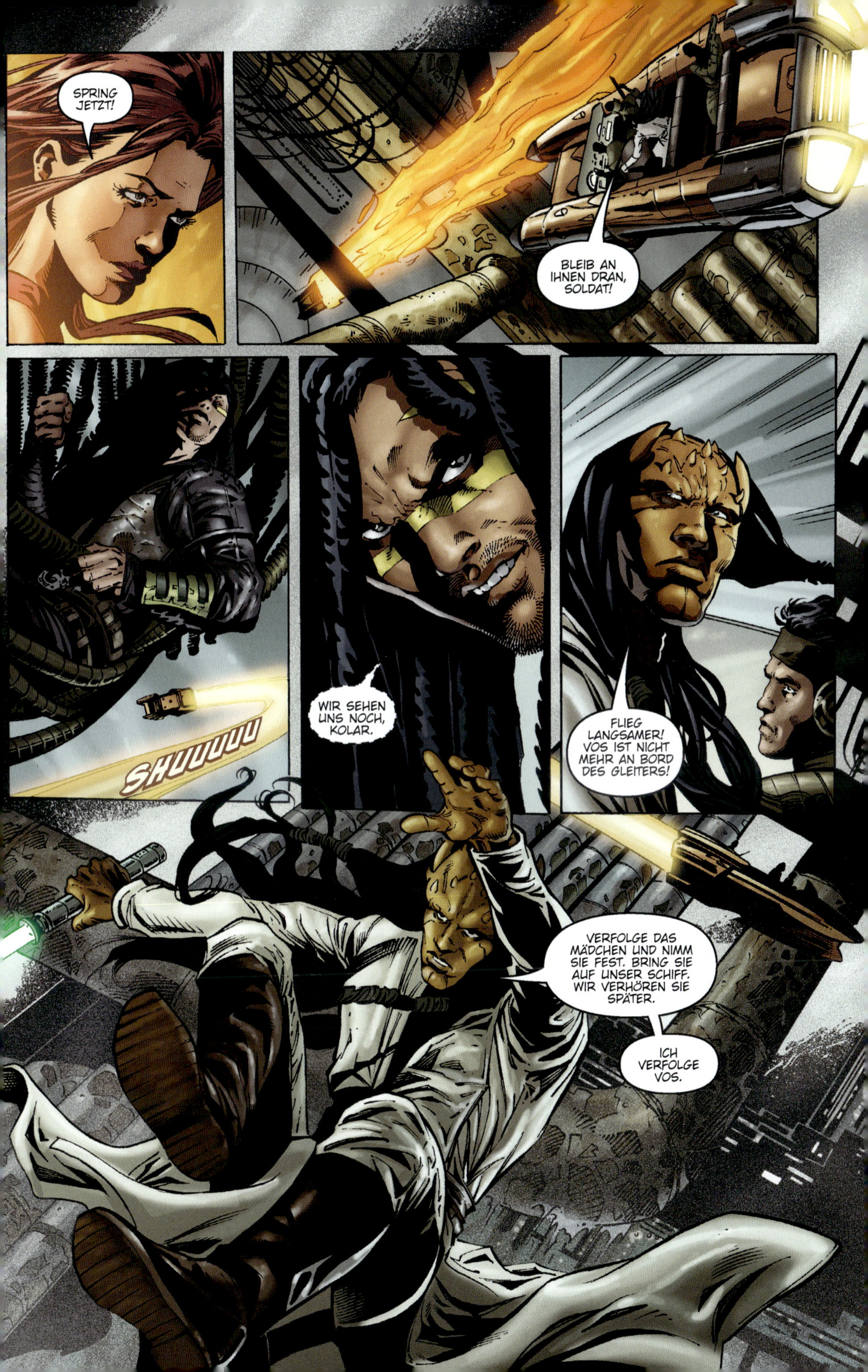
SPRING JETZT!
BLEIB AN IHNEN DRAN, SOLDAT!
SHUUUUU
WIR SEHEN UNS NOCH, KOLAR.
FLIEG LANGSAMER! VOS IST NICHT MEHR AN BORD DES GLEITERS!
VERFOLGE DAS MÄDCHEN UND NIMM SIE FEST. BRING SIE AUF UNSER SCHIFF. WIR VERHÖREN SIE SPÄTER.
ICH VERFOLGE VOS.

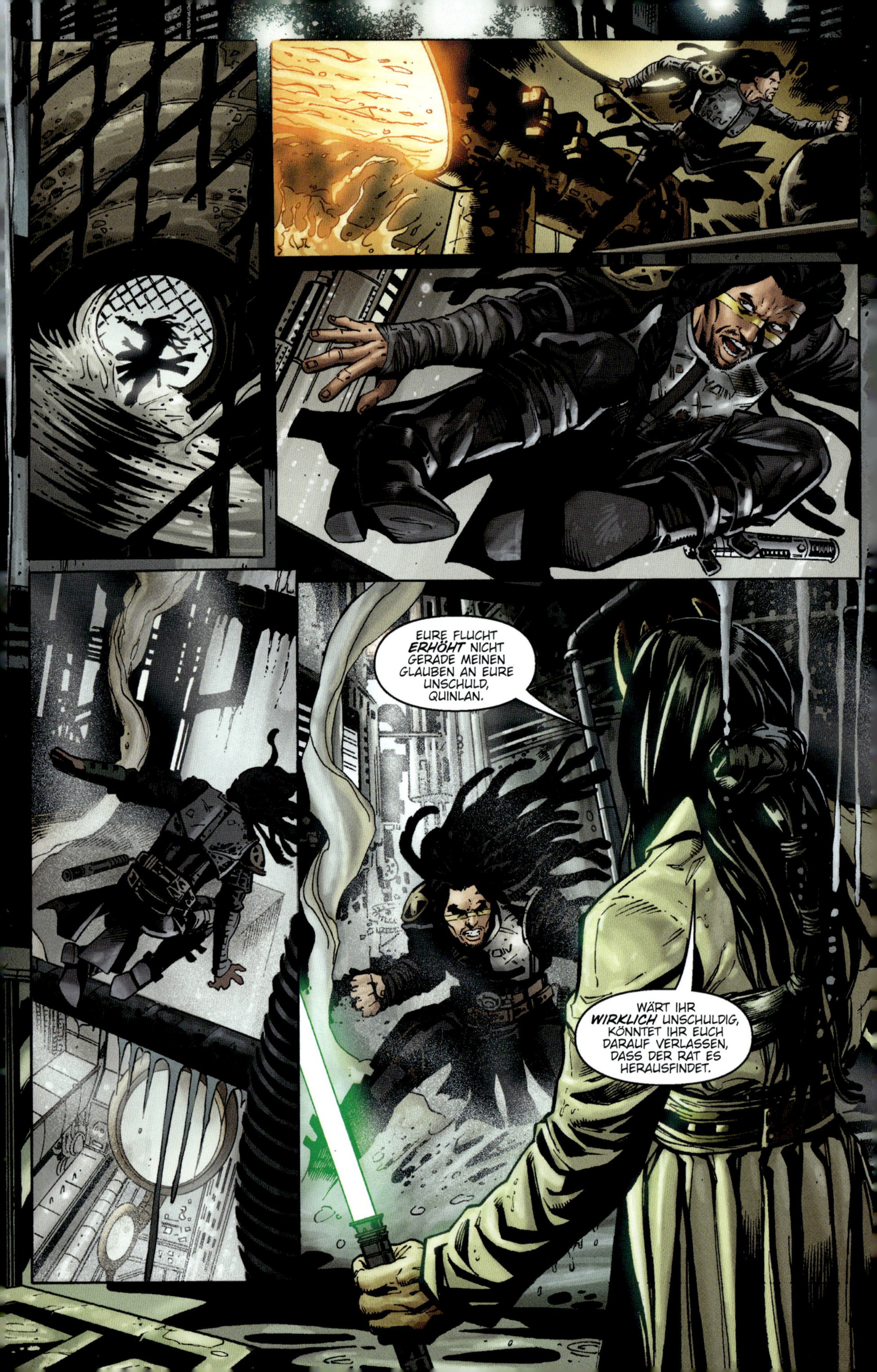
EURE FLUCHT ERHÖHT NICHT GERADE MEINEN GLAUBEN AN EURE UNSCHULD, QUINLAN.
WÄRT IHR WIRKLICH UNSCHULDIG, KÖNNTET IHR EUCH DARAUF VERLASSEN, DASS DER RAT ES HERAUSFINDET.

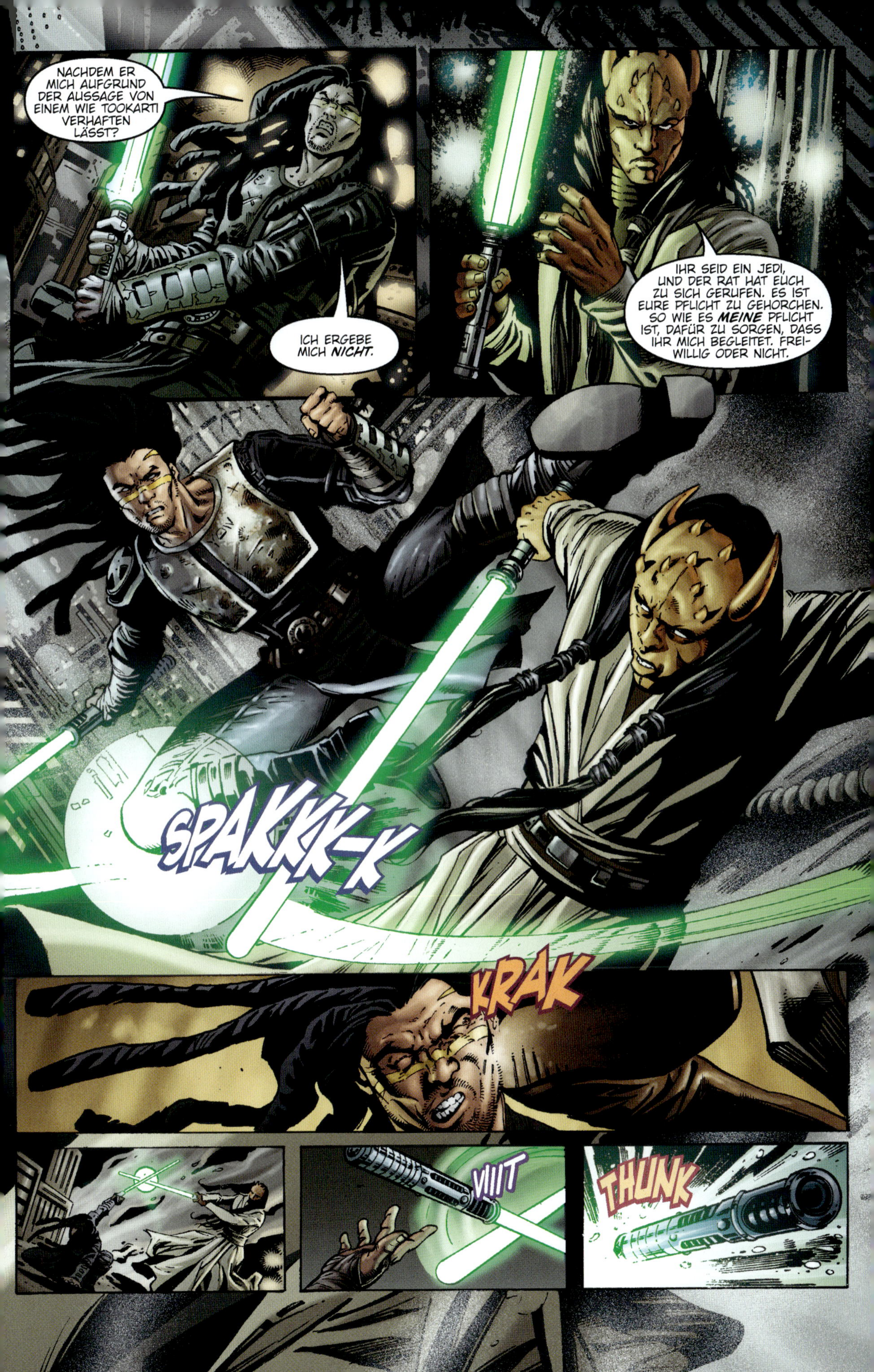

NACHDEM ER MICH AUFGRUND DER AUSSAGE VON EINEM WIE TOOKARTI VERHAFTEN LÄSST?
ICH ERGEBE MICH *NICHT*.
IHR SEID EIN JEDI, UND DER RAT HAT EUCH ZU SICH GERUFEN. ES IST EURE PFLICHT ZU GEHORCHEN. SO WIE ES *MEINE* PFLICHT IST, DAFÜR ZU SORGEN, DASS IHR MICH BEGLEITET. FREI-WILLIG ODER NICHT.
SPAKKK-K
KRAK
VIIIT
THUNK

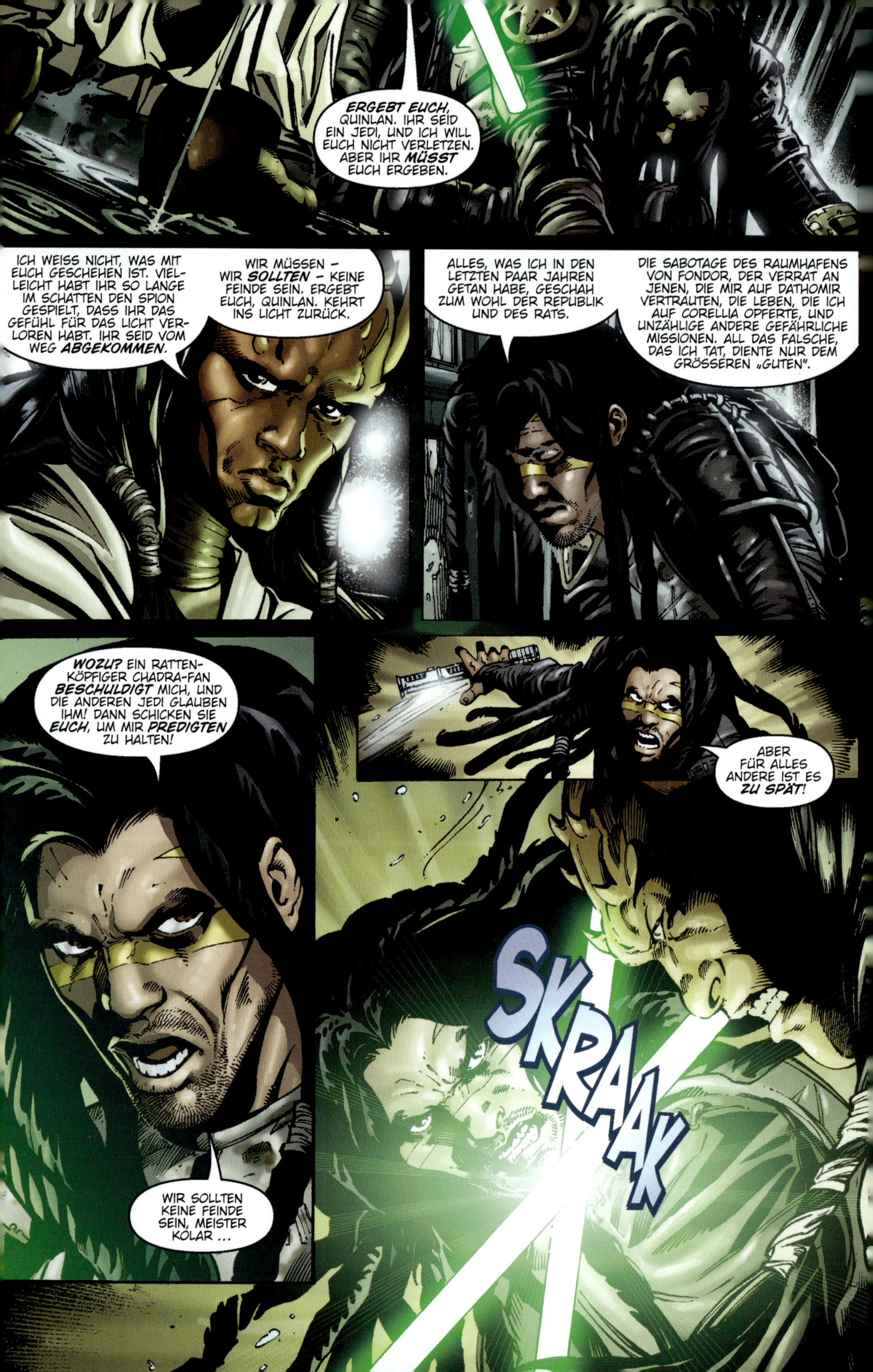
ERGEBT EUCH, QUINLAN. IHR SEID EIN JEDI, UND ICH WILL EUCH NICHT VERLETZEN. ABER IHR MÜSST EUCH ERGEBEN.
ICH WEISS NICHT, WAS MIT EUCH GESCHEHEN IST. VIELLEICHT HABT IHR SO LANGE IM SCHATTEN DEN SPION GESPIELT, DASS IHR DAS GEFÜHL FÜR DAS LICHT VERLOREN HABT. IHR SEID VOM WEG ABGEKOMMEN.
WIR MÜSSEN – WIR SOLLTEN – KEINE FEINDE SEIN. ERGEBT EUCH, QUINLAN. KEHRT INS LICHT ZURÜCK.
ALLES, WAS ICH IN DEN LETZTEN PAAR JAHREN GETAN HABE, GESCHAH ZUM WOHL DER REPUBLIK UND DES RATS.
DIE SABOTAGE DES RAUMHAFENS VON FONDOR, DER VERRAT AN JENEN, DIE MIR AUF DATHOMIR VERTRAUTEN, DIE LEBEN, DIE ICH AUF CORELLIA OPFERTE, UND UNZÄHLIGE ANDERE GEFÄHRLICHE MISSIONEN. ALL DAS FALSCHE, DAS ICH TAT, DIENTE NUR DEM GRÖSSEREN „GUTEN".
WOZU? EIN RATTENKÖPFIGER CHADRA-FAN BESCHULDIGT MICH, UND DIE ANDEREN JEDI GLAUBEN IHM! DANN SCHICKEN SIE EUCH, UM MIR PREDIGTEN ZU HALTEN!
WIR SOLLTEN KEINE FEINDE SEIN, MEISTER KOLAR ...
ABER FÜR ALLES ANDERE IST ES ZU SPÄT!
SKRAAK

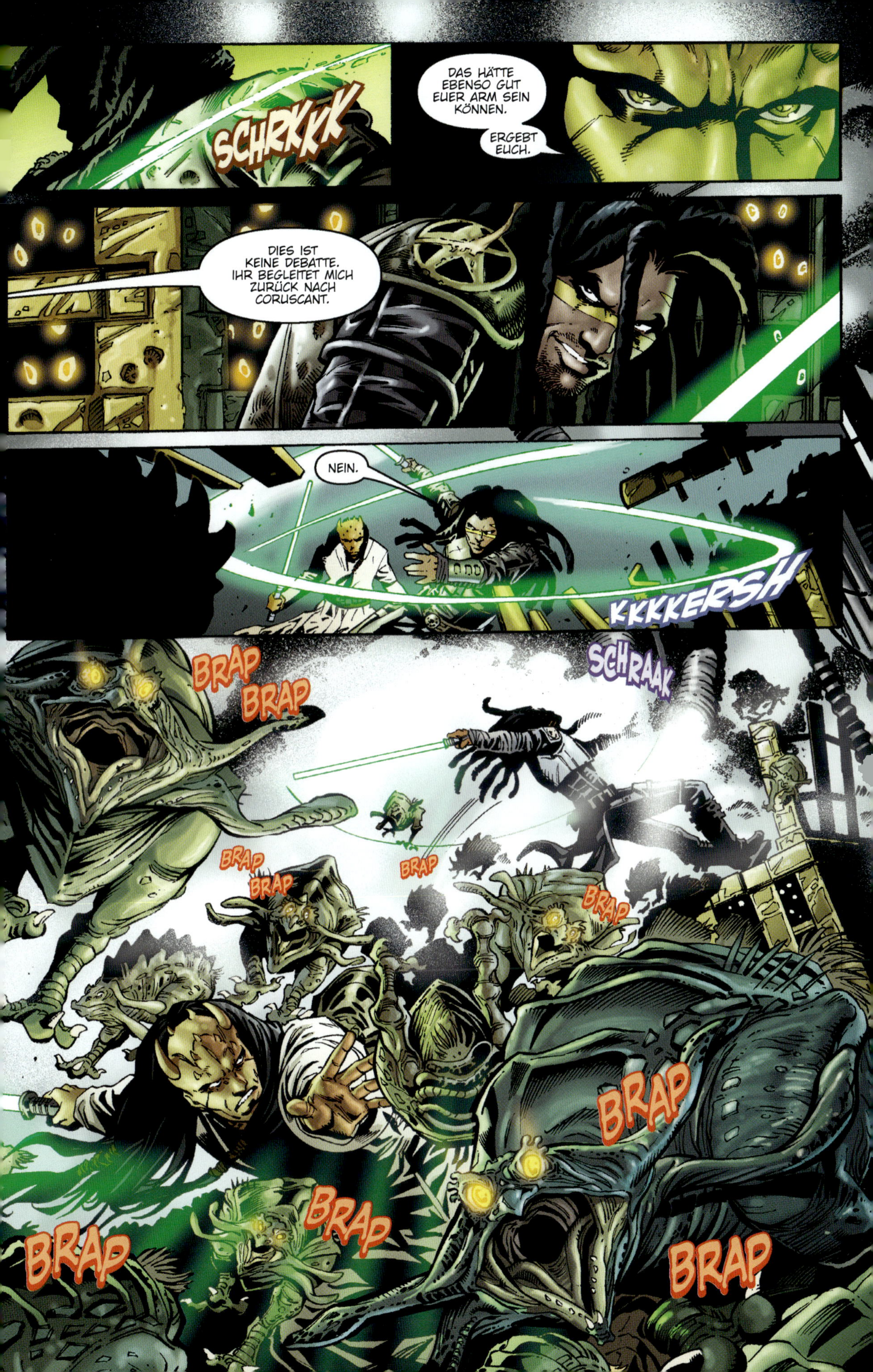
SCHRKKK
DAS HÄTTE EBENSO GUT EUER ARM SEIN KÖNNEN.
ERGEBT EUCH.
DIES IST KEINE DEBATTE. IHR BEGLEITET MICH ZURÜCK NACH CORUSCANT.
NEIN.
KKKKERSH
BRAP
BRAP
SCHRAAK
BRAP
BRAP
BRAP
BRAP
BRAP
BRAP
BRAP
BRAP

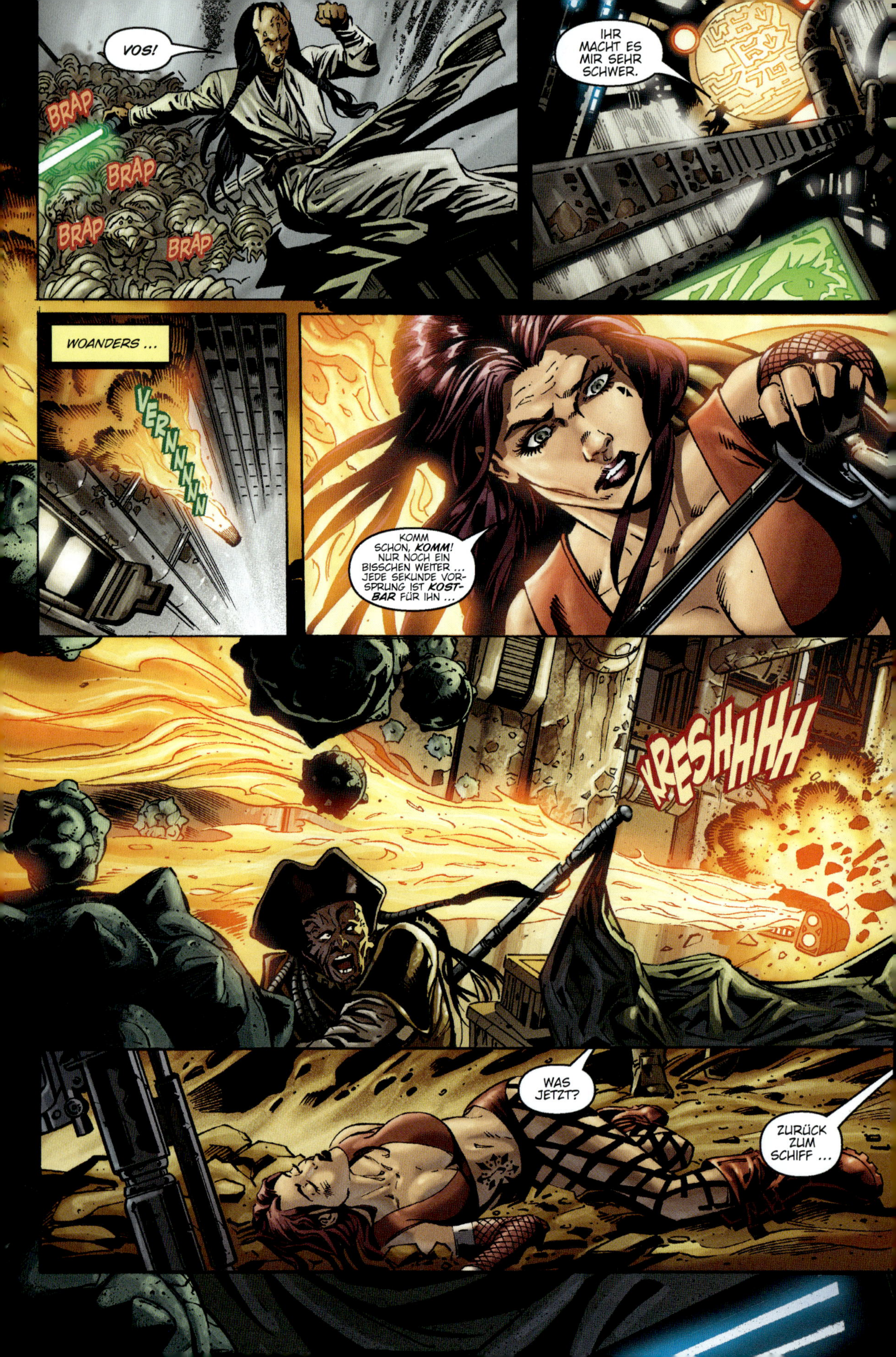
VOS!
BRAP
BRAP
BRAP
BRAP
IHR MACHT ES MIR SEHR SCHWER.
WOANDERS …
VERNNNNN
KOMM SCHON, **KOMM!** NUR NOCH EIN BISSCHEN WEITER … JEDE SEKUNDE VORSPRUNG IST **KOSTBAR** FÜR IHN …
KRESHHHH
WAS JETZT?
ZURÜCK ZUM SCHIFF …

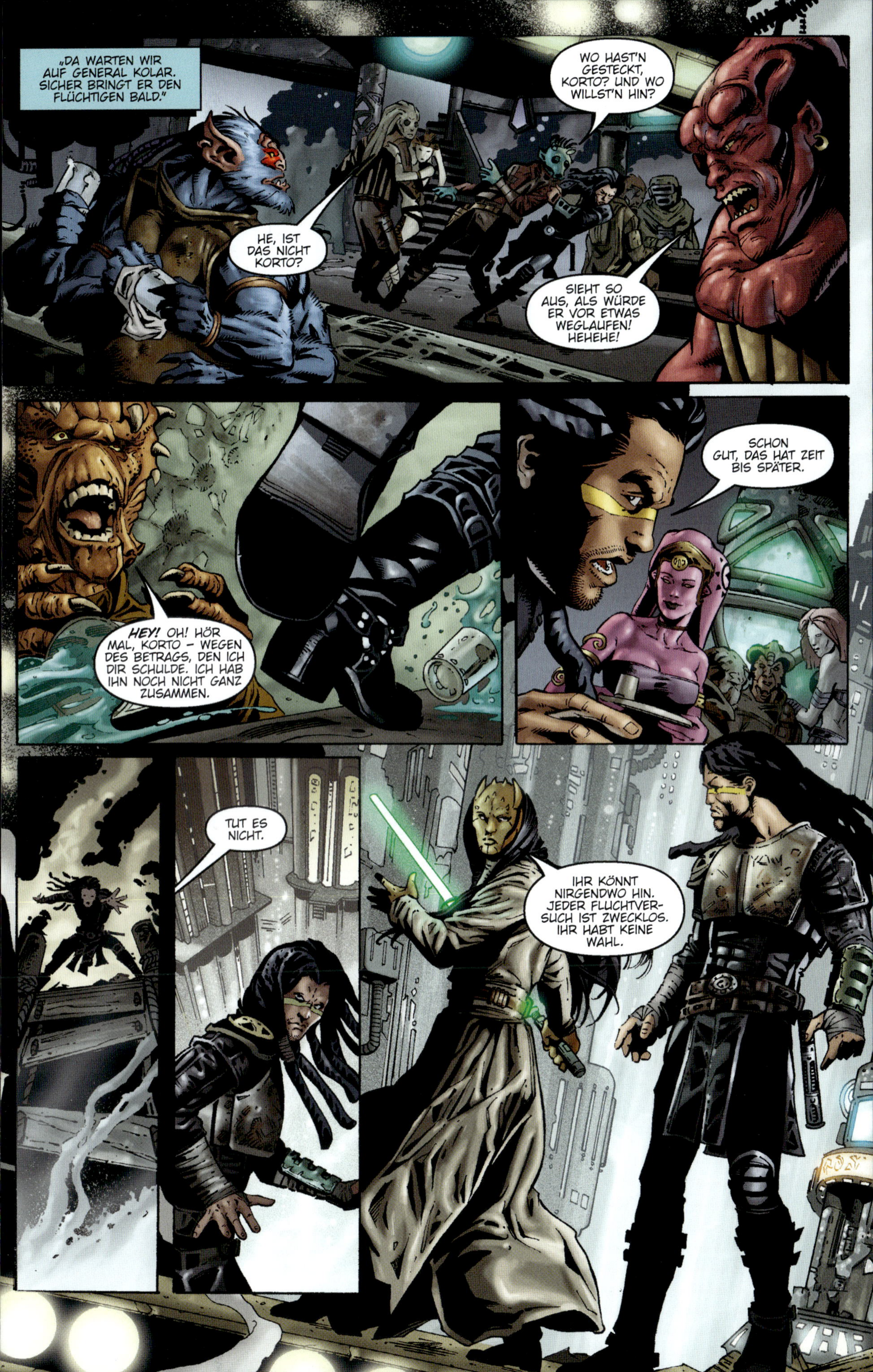
„DA WARTEN WIR AUF GENERAL KOLAR. SICHER BRINGT ER DEN FLÜCHTIGEN BALD."
WO HAST'N GESTECKT, KORTO? UND WO WILLST'N HIN?
HE, IST DAS NICHT KORTO?
SIEHT SO AUS, ALS WÜRDE ER VOR ETWAS WEGLAUFEN! HEHEHE!
HEY! OH! HÖR MAL, KORTO – WEGEN DES BETRAGS, DEN ICH DIR SCHULDE. ICH HAB IHN NOCH NICHT GANZ ZUSAMMEN.
SCHON GUT, DAS HAT ZEIT BIS SPÄTER.
TUT ES NICHT.
IHR KÖNNT NIRGENDWO HIN. JEDER FLUCHTVERSUCH IST ZWECKLOS. IHR HABT KEINE WAHL.

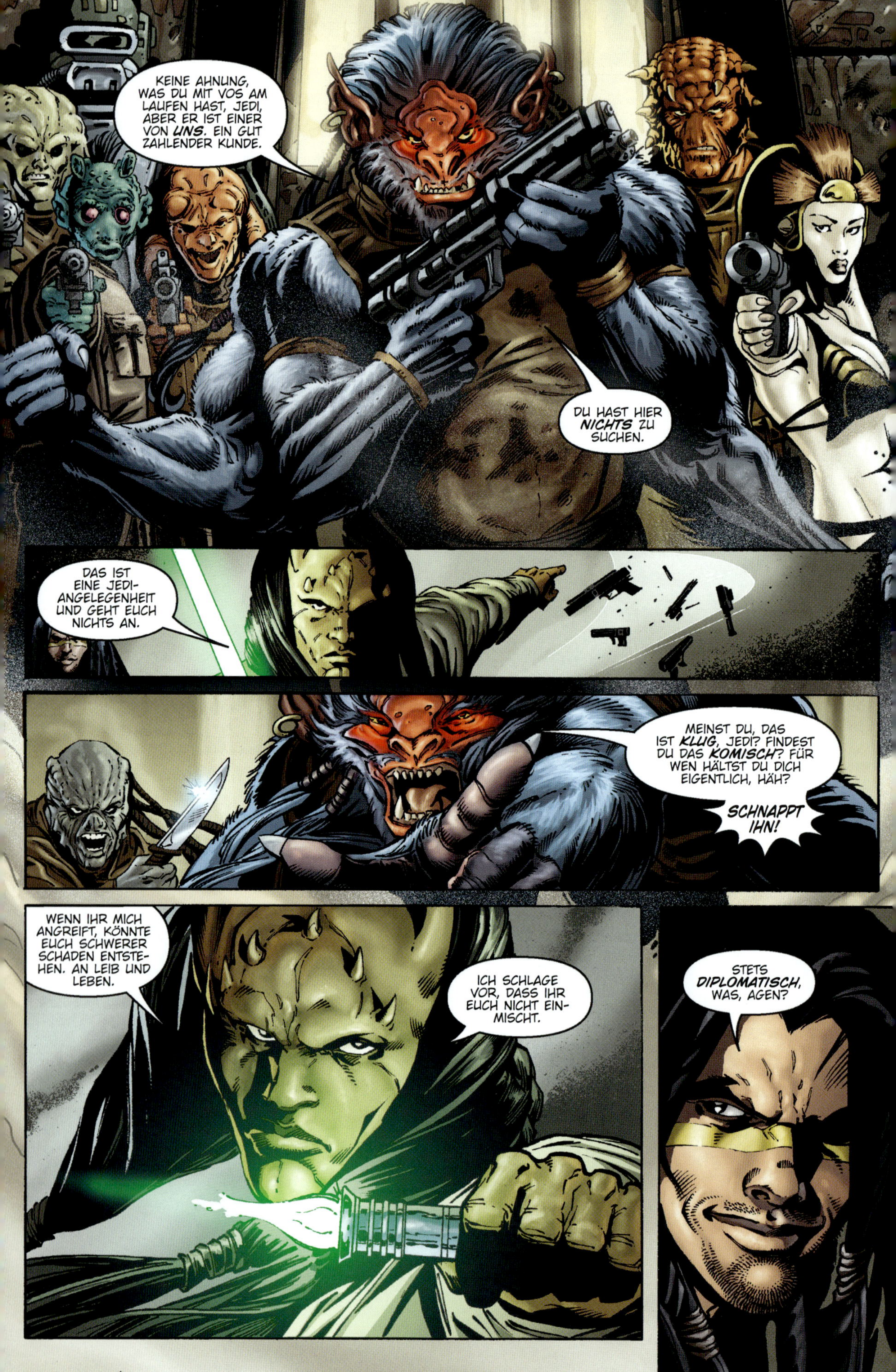
KEINE AHNUNG, WAS DU MIT VOS AM LAUFEN HAST, JEDI, ABER ER IST EINER VON UNS. EIN GUT ZAHLENDER KUNDE.
DU HAST HIER NICHTS ZU SUCHEN.
DAS IST EINE JEDI-ANGELEGENHEIT UND GEHT EUCH NICHTS AN.
MEINST DU, DAS IST KLUG, JEDI? FINDEST DU DAS KOMISCH? FÜR WEN HÄLTST DU DICH EIGENTLICH, HÄH?
SCHNAPPT IHN!
WENN IHR MICH ANGREIFT, KÖNNTE EUCH SCHWERER SCHADEN ENTSTEHEN. AN LEIB UND LEBEN.
ICH SCHLAGE VOR, DASS IHR EUCH NICHT EINMISCHT.
STETS DIPLOMATISCH, WAS, AGEN?

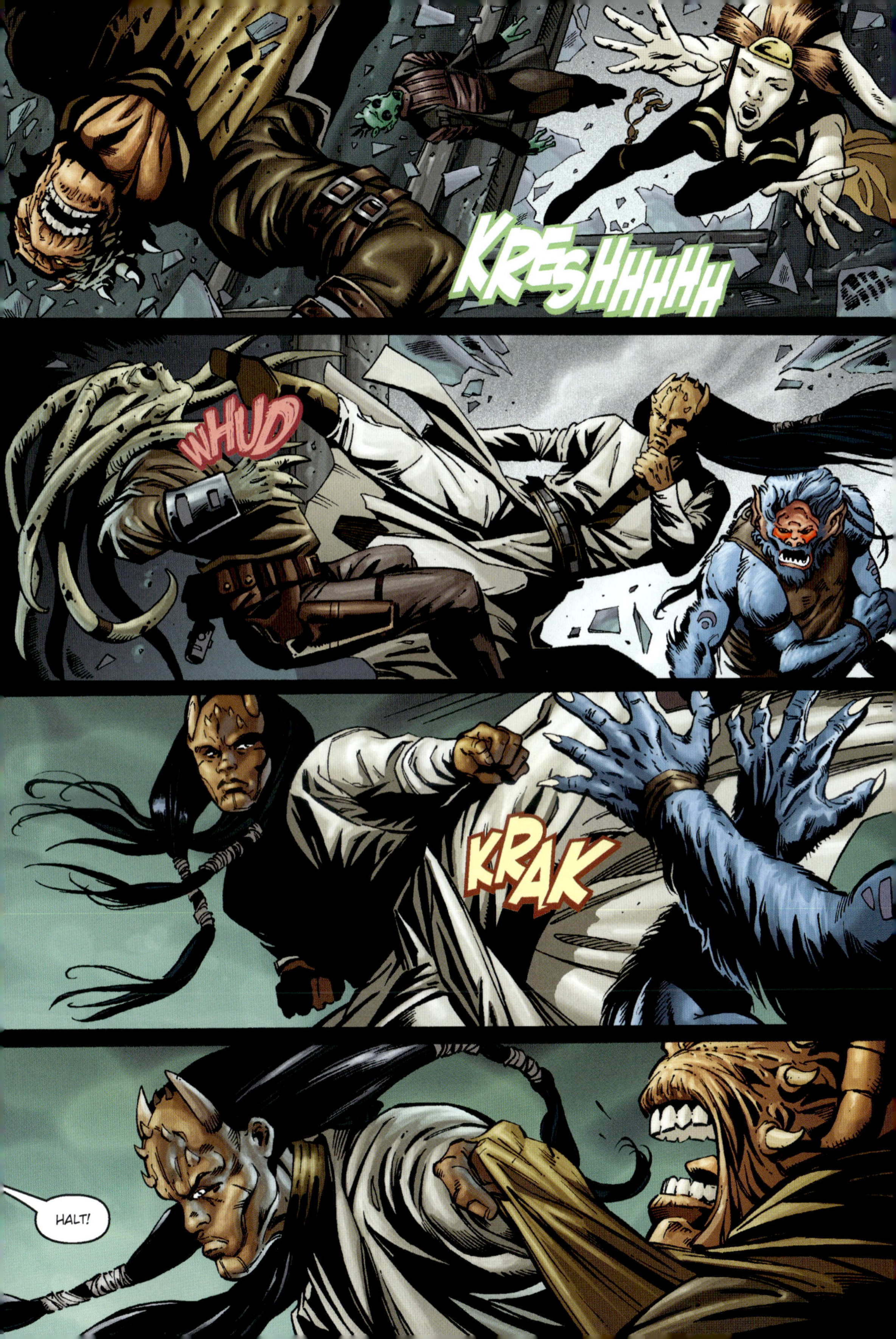
KRESHHHHHH
WHUD
KRAK
HALT!

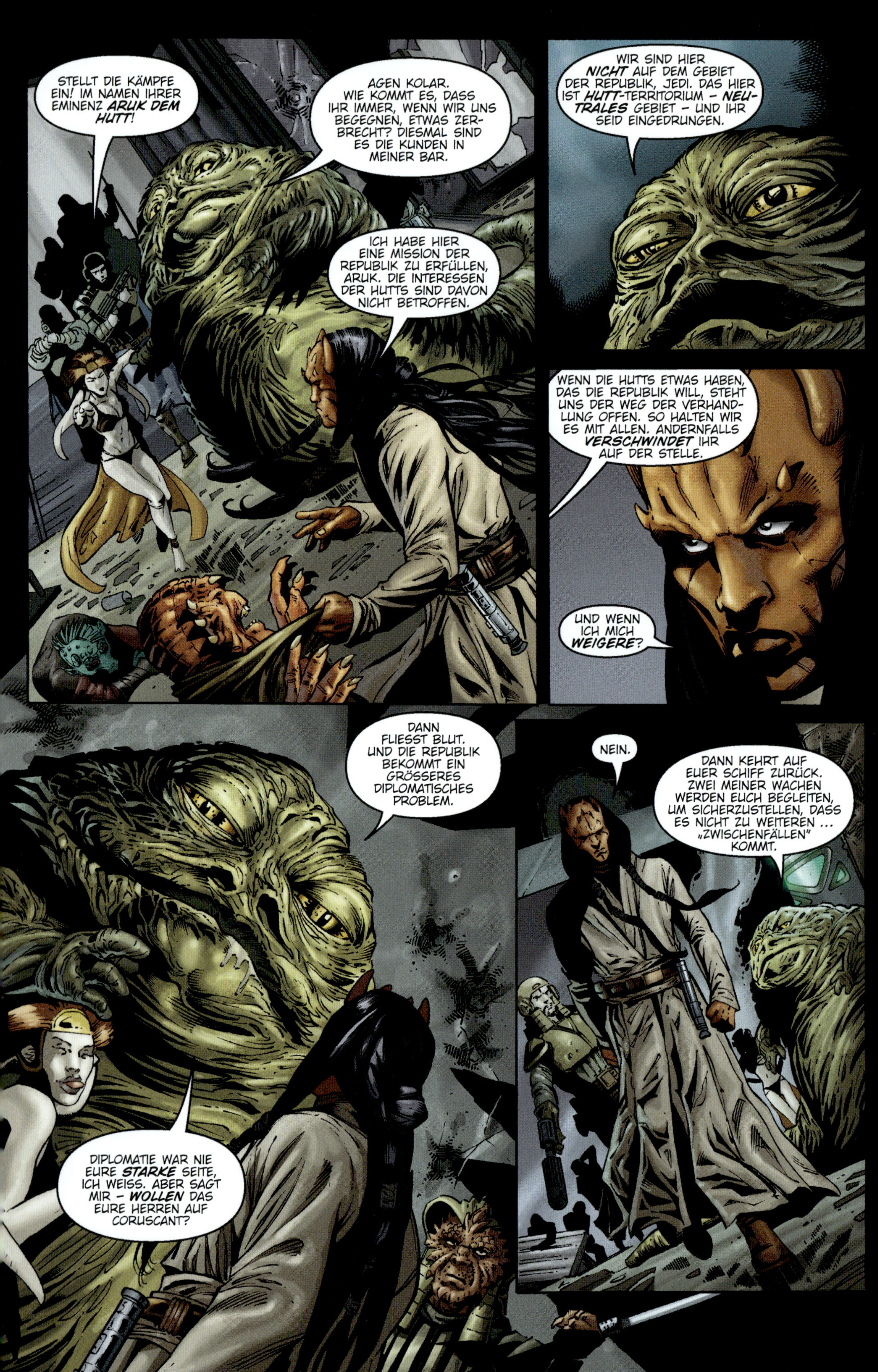
STELLT DIE KÄMPFE EIN! IM NAMEN IHRER EMINENZ ARUK DEM HUTT!
AGEN KOLAR. WIE KOMMT ES, DASS IHR IMMER, WENN WIR UNS BEGEGNEN, ETWAS ZERBRECHT? DIESMAL SIND ES DIE KUNDEN IN MEINER BAR.
ICH HABE HIER EINE MISSION DER REPUBLIK ZU ERFÜLLEN, ARUK. DIE INTERESSEN DER HUTTS SIND DAVON NICHT BETROFFEN.
WIR SIND HIER NICHT AUF DEM GEBIET DER REPUBLIK, JEDI. DAS HIER IST HUTT-TERRITORIUM – NEUTRALES GEBIET – UND IHR SEID EINGEDRUNGEN.
WENN DIE HUTTS ETWAS HABEN, DAS DIE REPUBLIK WILL, STEHT UNS DER WEG DER VERHANDLUNG OFFEN. SO HALTEN WIR ES MIT ALLEN. ANDERNFALLS VERSCHWINDET IHR AUF DER STELLE.
UND WENN ICH MICH WEIGERE?
DANN FLIESST BLUT. UND DIE REPUBLIK BEKOMMT EIN GRÖSSERES DIPLOMATISCHES PROBLEM.
DIPLOMATIE WAR NIE EURE STARKE SEITE, ICH WEISS. ABER SAGT MIR – WOLLEN DAS EURE HERREN AUF CORUSCANT?
NEIN.
DANN KEHRT AUF EUER SCHIFF ZURÜCK. ZWEI MEINER WACHEN WERDEN EUCH BEGLEITEN, UM SICHERZUSTELLEN, DASS ES NICHT ZU WEITEREN ... „ZWISCHENFÄLLEN“ KOMMT.

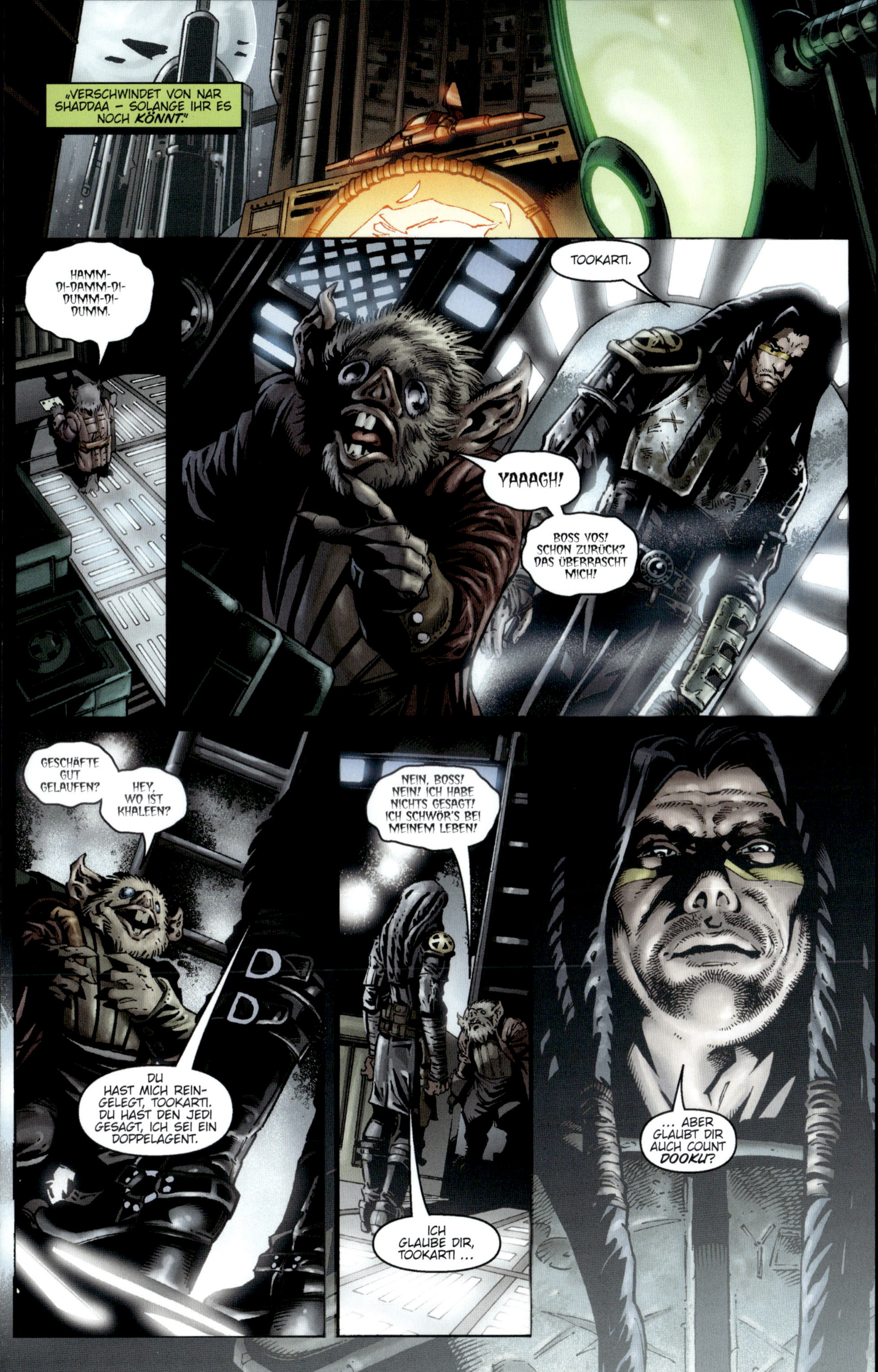
„VERSCHWINDET VON NAR SHADDAA – SOLANGE IHR ES NOCH *KÖNNT*."
HAMM-DI-DAMM-DI-DUMM-DI-DUMM.
TOOKARTI.
YAAAGH!
BOSS VOS! SCHON ZURÜCK? DAS ÜBERRASCHT MICH!
GESCHÄFTE GUT GELAUFEN?
HEY, WO IST KHALEEN?
DU HAST MICH REIN-GELEGT, TOOKARTI. DU HAST DEN JEDI GESAGT, ICH SEI EIN DOPPELAGENT.
NEIN, BOSS! NEIN! ICH HABE NICHTS GESAGT! ICH SCHWÖR'S BEI MEINEM LEBEN!
ICH GLAUBE DIR, TOOKARTI ...
... ABER GLAUBT DIR AUCH COUNT *DOOKU*?

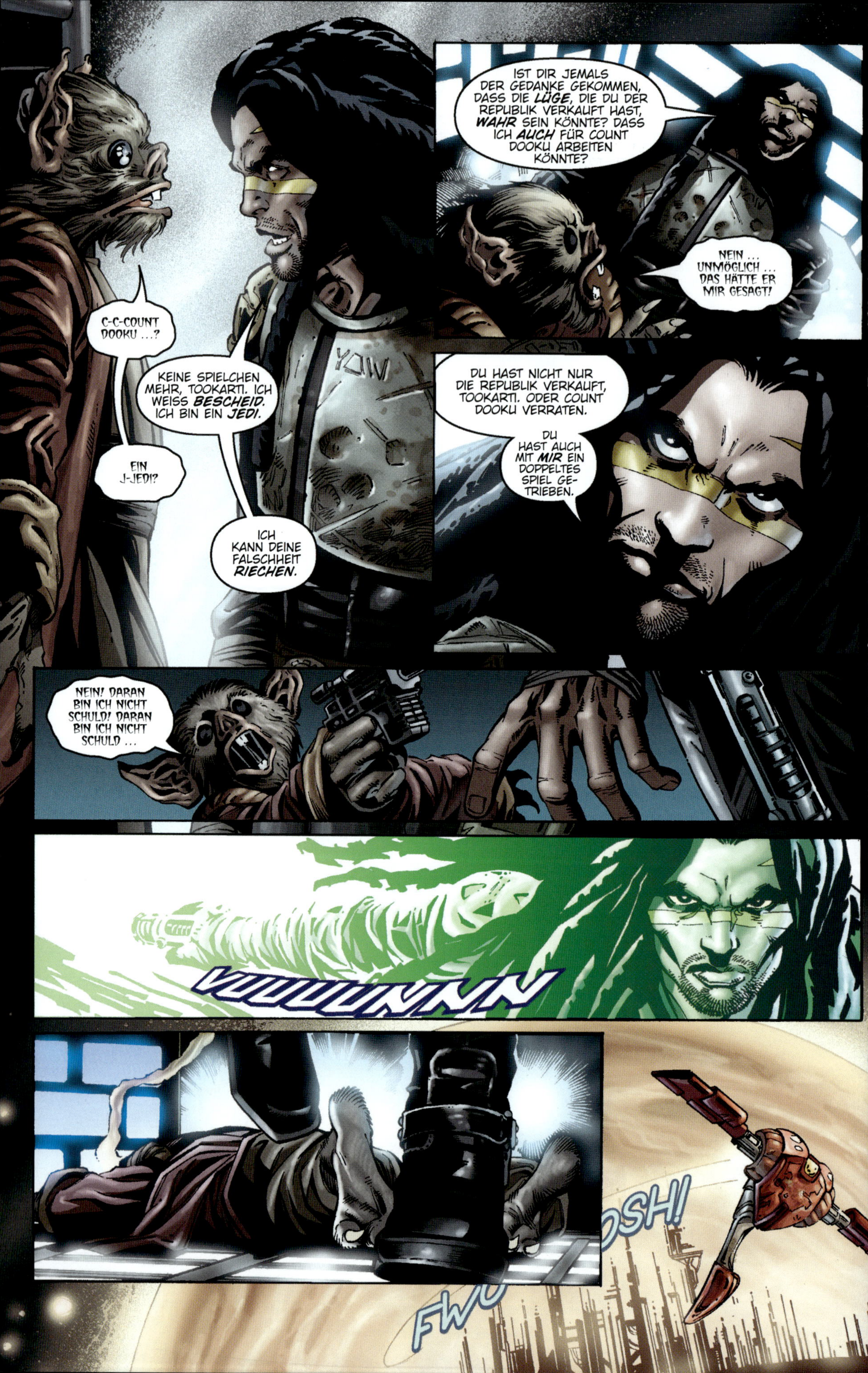

IST DIR JEMALS DER GEDANKE GEKOMMEN, DASS DIE LÜGE, DIE DU DER REPUBLIK VERKAUFT HAST, WAHR SEIN KÖNNTE? DASS ICH AUCH FÜR COUNT DOOKU ARBEITEN KÖNNTE?
C-C-COUNT DOOKU …?
KEINE SPIELCHEN MEHR, TOOKARTI. ICH WEISS BESCHEID. ICH BIN EIN JEDI.
EIN J-JEDI?
ICH KANN DEINE FALSCHHEIT RIECHEN.
NEIN … UNMÖGLICH … DAS HÄTTE ER MIR GESAGT!
DU HAST NICHT NUR DIE REPUBLIK VERKAUFT, TOOKARTI. ODER COUNT DOOKU VERRATEN.
DU HAST AUCH MIT MIR EIN DOPPELTES SPIEL GE-TRIEBEN.
NEIN! DARAN BIN ICH NICHT SCHULD! DARAN BIN ICH NICHT SCHULD …
VUUUUNNN
FWOOSH!

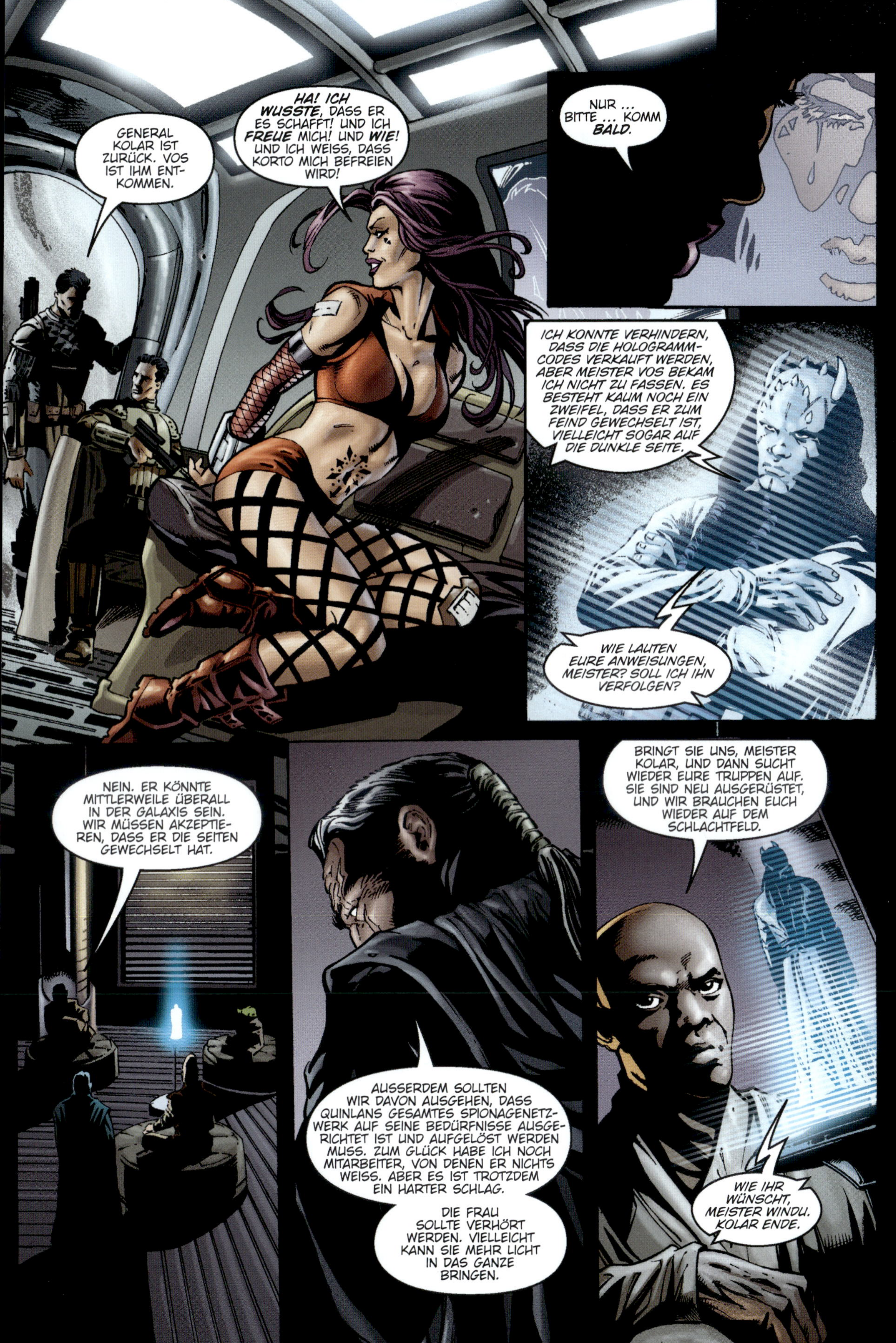

GENERAL KOLAR IST ZURÜCK. VOS IST IHM ENTKOMMEN.
HA! ICH WUSSTE, DASS ER ES SCHAFFT! UND ICH FREUE MICH! UND WIE! UND ICH WEISS, DASS KORTO MICH BEFREIEN WIRD!
NUR ... BITTE ... KOMM BALD.
ICH KONNTE VERHINDERN, DASS DIE HOLOGRAMM-CODES VERKAUFT WERDEN, ABER MEISTER VOS BEKAM ICH NICHT ZU FASSEN. ES BESTEHT KAUM NOCH EIN ZWEIFEL, DASS ER ZUM FEIND GEWECHSELT IST, VIELLEICHT SOGAR AUF DIE DUNKLE SEITE.
WIE LAUTEN EURE ANWEISUNGEN, MEISTER? SOLL ICH IHN VERFOLGEN?
NEIN. ER KÖNNTE MITTLERWEILE ÜBERALL IN DER GALAXIS SEIN. WIR MÜSSEN AKZEPTIEREN, DASS ER DIE SEITEN GEWECHSELT HAT.
AUSSERDEM SOLLTEN WIR DAVON AUSGEHEN, DASS QUINLANS GESAMTES SPIONAGENETZWERK AUF SEINE BEDÜRFNISSE AUSGERICHTET IST UND AUFGELÖST WERDEN MUSS. ZUM GLÜCK HABE ICH NOCH MITARBEITER, VON DENEN ER NICHTS WEISS. ABER ES IST TROTZDEM EIN HARTER SCHLAG.
DIE FRAU SOLLTE VERHÖRT WERDEN. VIELLEICHT KANN SIE MEHR LICHT IN DAS GANZE BRINGEN.
BRINGT SIE UNS, MEISTER KOLAR, UND DANN SUCHT WIEDER EURE TRUPPEN AUF. SIE SIND NEU AUSGERÜSTET, UND WIR BRAUCHEN EUCH WIEDER AUF DEM SCHLACHTFELD.
WIE IHR WÜNSCHT, MEISTER WINDU. KOLAR ENDE.

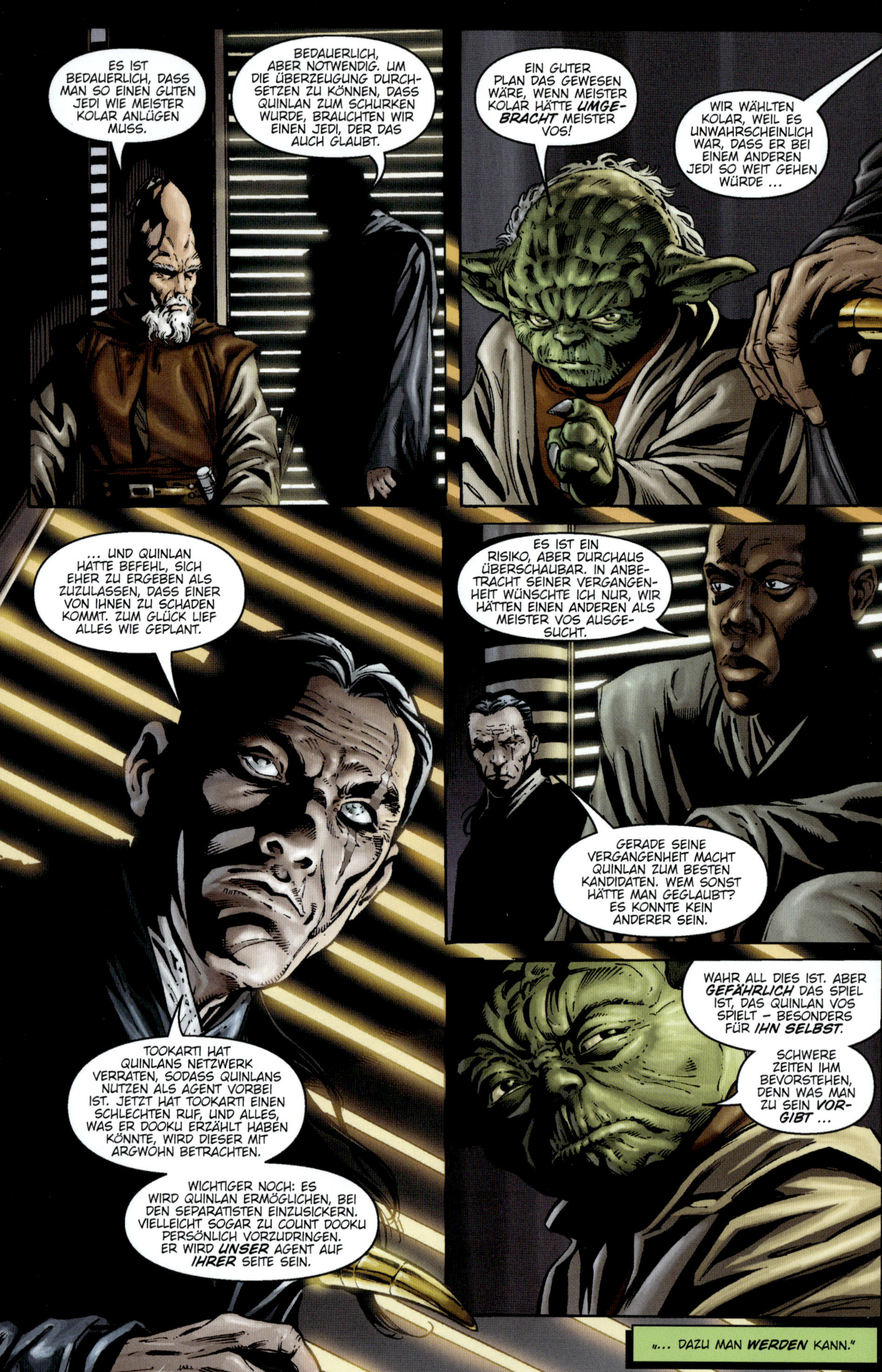
ES IST BEDAUERLICH, DASS MAN SO EINEN GUTEN JEDI WIE MEISTER KOLAR ANLÜGEN MUSS.
BEDAUERLICH, ABER NOTWENDIG. UM DIE ÜBERZEUGUNG DURCHSETZEN ZU KÖNNEN, DASS QUINLAN ZUM SCHURKEN WURDE, BRAUCHTEN WIR EINEN JEDI, DER DAS AUCH GLAUBT.
EIN GUTER PLAN DAS GEWESEN WÄRE, WENN MEISTER KOLAR HÄTTE UMGEBRACHT MEISTER VOS!
WIR WÄHLTEN KOLAR, WEIL ES UNWAHRSCHEINLICH WAR, DASS ER BEI EINEM ANDEREN JEDI SO WEIT GEHEN WÜRDE ...
... UND QUINLAN HÄTTE BEFEHL, SICH EHER ZU ERGEBEN ALS ZUZULASSEN, DASS EINER VON IHNEN ZU SCHADEN KOMMT. ZUM GLÜCK LIEF ALLES WIE GEPLANT.
ES IST EIN RISIKO, ABER DURCHAUS ÜBERSCHAUBAR. IN ANBETRACHT SEINER VERGANGENHEIT WÜNSCHTE ICH NUR, WIR HÄTTEN EINEN ANDEREN ALS MEISTER VOS AUSGESUCHT.
GERADE SEINE VERGANGENHEIT MACHT QUINLAN ZUM BESTEN KANDIDATEN. WEM SONST HÄTTE MAN GEGLAUBT? ES KONNTE KEIN ANDERER SEIN.
TOOKARTI HAT QUINLANS NETZWERK VERRATEN, SODASS QUINLANS NUTZEN ALS AGENT VORBEI IST. JETZT HAT TOOKARTI EINEN SCHLECHTEN RUF, UND ALLES, WAS ER DOOKU ERZÄHLT HABEN KÖNNTE, WIRD DIESER MIT ARGWOHN BETRACHTEN.
WICHTIGER NOCH: ES WIRD QUINLAN ERMÖGLICHEN, BEI DEN SEPARATISTEN EINZUSICKERN. VIELLEICHT SOGAR ZU COUNT DOOKU PERSÖNLICH VORZUDRINGEN. ER WIRD UNSER AGENT AUF IHRER SEITE SEIN.
WAHR ALL DIES IST. ABER GEFÄHRLICH DAS SPIEL IST, DAS QUINLAN VOS SPIELT – BESONDERS FÜR IHN SELBST.
SCHWERE ZEITEN IHM BEVORSTEHEN, DENN WAS MAN ZU SEIN VORGIBT ...
„... DAZU MAN WERDEN KANN."

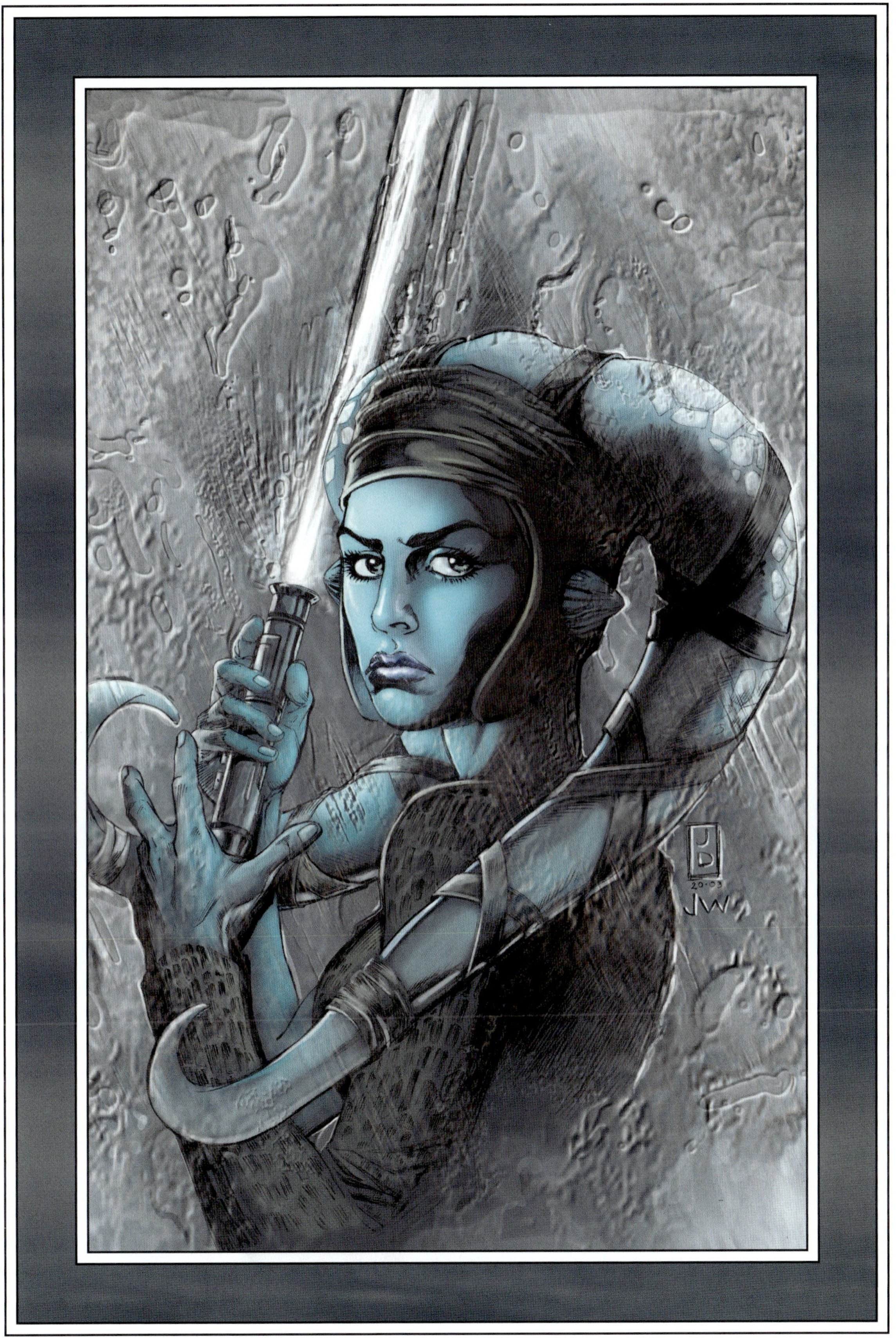

Aayla Secura

Etwa sechs Monate nach der Schlacht von Geonosis ...

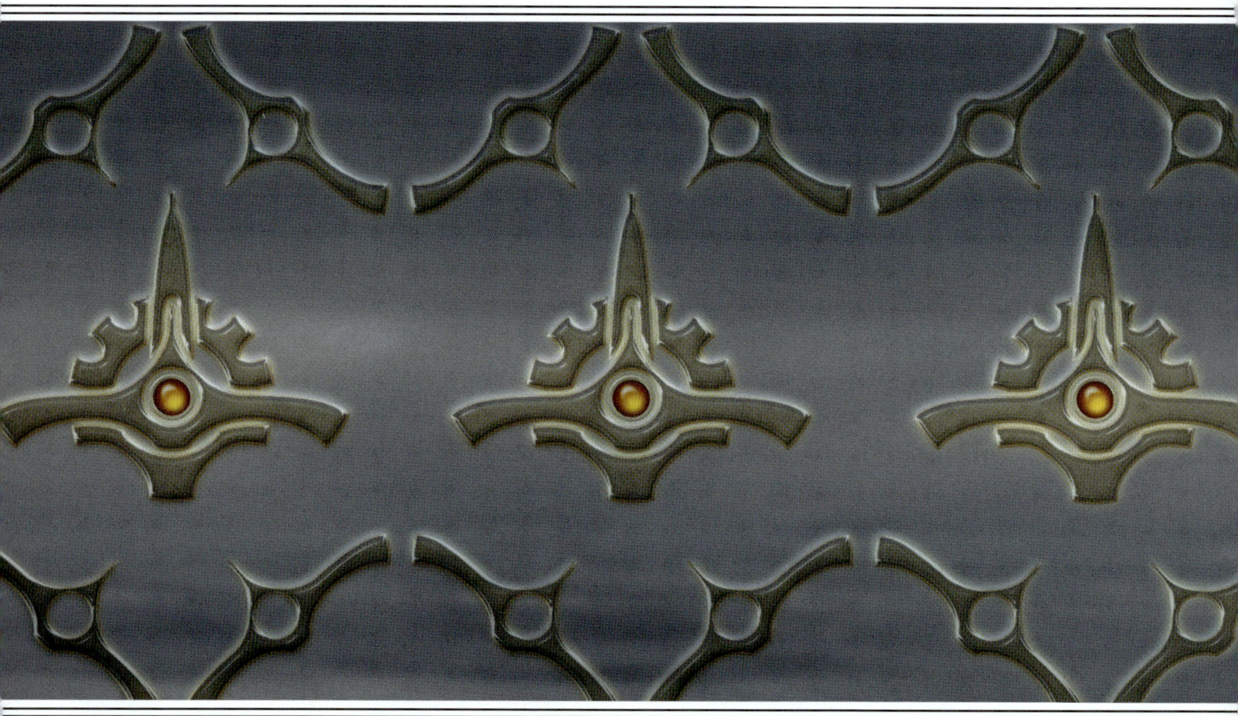

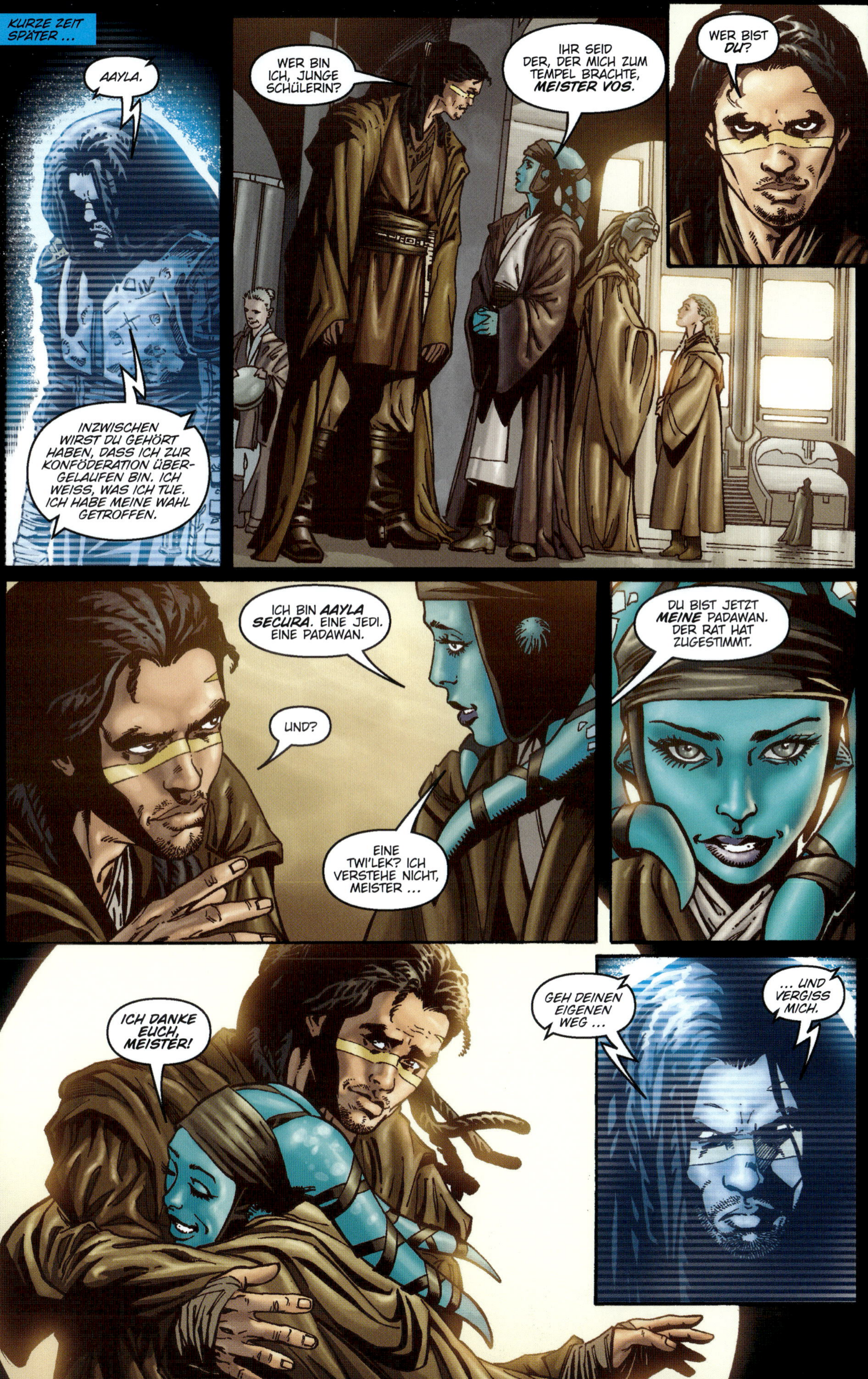
KURZE ZEIT SPÄTER ...
AAYLA.
INZWISCHEN WIRST DU GEHÖRT HABEN, DASS ICH ZUR KONFÖDERATION ÜBERGELAUFEN BIN. ICH WEISS, WAS ICH TUE. ICH HABE MEINE WAHL GETROFFEN.
WER BIN ICH, JUNGE SCHÜLERIN?
IHR SEID DER, DER MICH ZUM TEMPEL BRACHTE, MEISTER VOS.
WER BIST DU?
ICH BIN AAYLA SECURA. EINE JEDI. EINE PADAWAN.
UND?
EINE TWI'LEK? ICH VERSTEHE NICHT, MEISTER ...
DU BIST JETZT MEINE PADAWAN. DER RAT HAT ZUGESTIMMT.
ICH DANKE EUCH, MEISTER!
GEH DEINEN EIGENEN WEG ...
... UND VERGISS MICH.

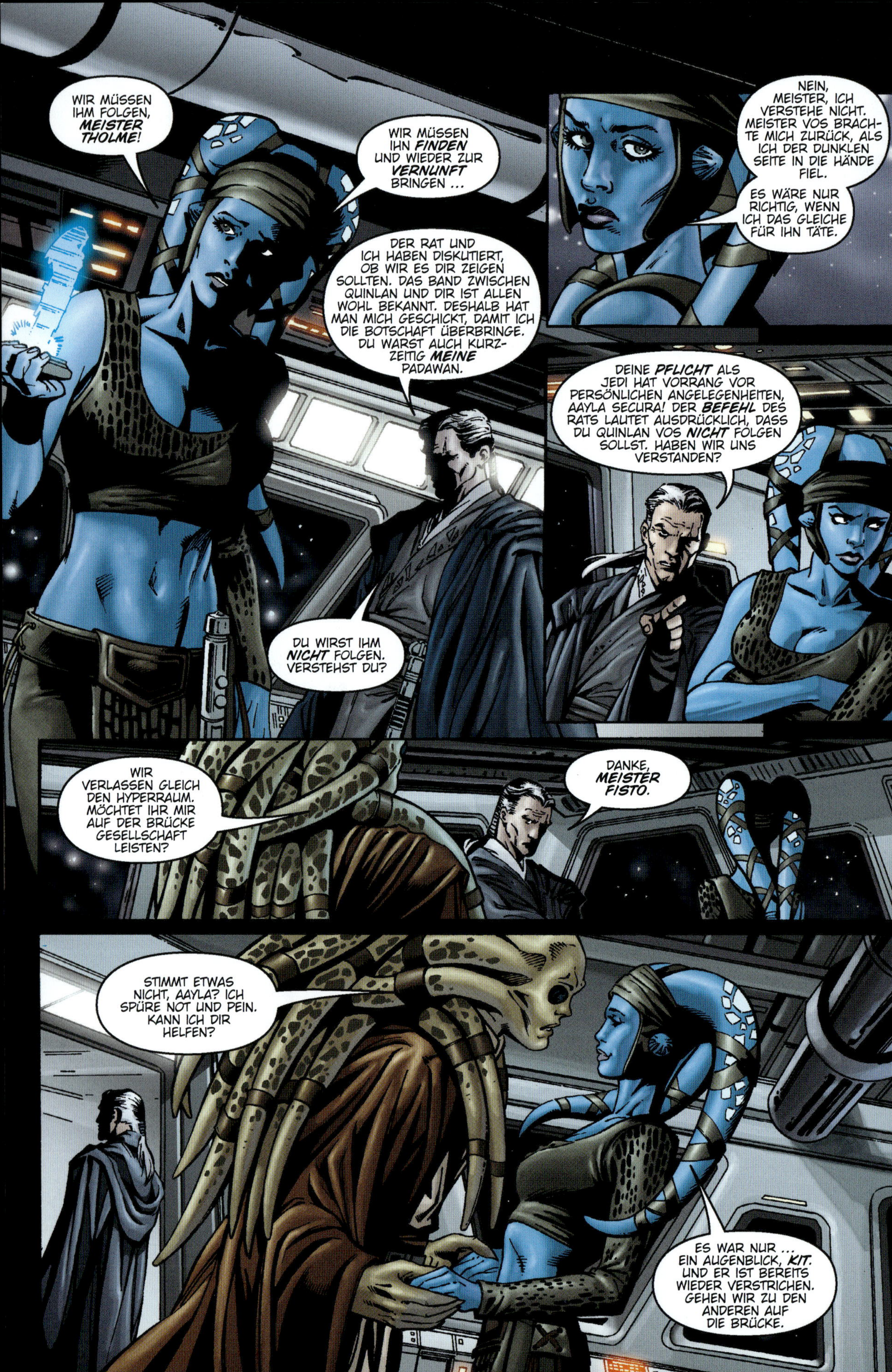
WIR MÜSSEN IHM FOLGEN, MEISTER THOLME!
WIR MÜSSEN IHN FINDEN UND WIEDER ZUR VERNUNFT BRINGEN ...
DER RAT UND ICH HABEN DISKUTIERT, OB WIR ES DIR ZEIGEN SOLLTEN. DAS BAND ZWISCHEN QUINLAN UND DIR IST ALLEN WOHL BEKANNT. DESHALB HAT MAN MICH GESCHICKT, DAMIT ICH DIE BOTSCHAFT ÜBERBRINGE. DU WARST AUCH KURZ-ZEITIG MEINE PADAWAN.
DU WIRST IHM NICHT FOLGEN. VERSTEHST DU?
NEIN, MEISTER, ICH VERSTEHE NICHT. MEISTER VOS BRACH-TE MICH ZURÜCK, ALS ICH DER DUNKLEN SEITE IN DIE HÄNDE FIEL.
ES WÄRE NUR RICHTIG, WENN ICH DAS GLEICHE FÜR IHN TÄTE.
DEINE PFLICHT ALS JEDI HAT VORRANG VOR PERSÖNLICHEN ANGELEGENHEITEN, AAYLA SECURA! DER BEFEHL DES RATS LAUTET AUSDRÜCKLICH, DASS DU QUINLAN VOS NICHT FOLGEN SOLLST. HABEN WIR UNS VERSTANDEN?
WIR VERLASSEN GLEICH DEN HYPERRAUM. MÖCHTET IHR MIR AUF DER BRÜCKE GESELLSCHAFT LEISTEN?
DANKE, MEISTER FISTO.
STIMMT ETWAS NICHT, AAYLA? ICH SPÜRE NOT UND PEIN. KANN ICH DIR HELFEN?
ES WAR NUR ... EIN AUGENBLICK, KIT. UND ER IST BEREITS WIEDER VERSTRICHEN. GEHEN WIR ZU DEN ANDEREN AUF DIE BRÜCKE.

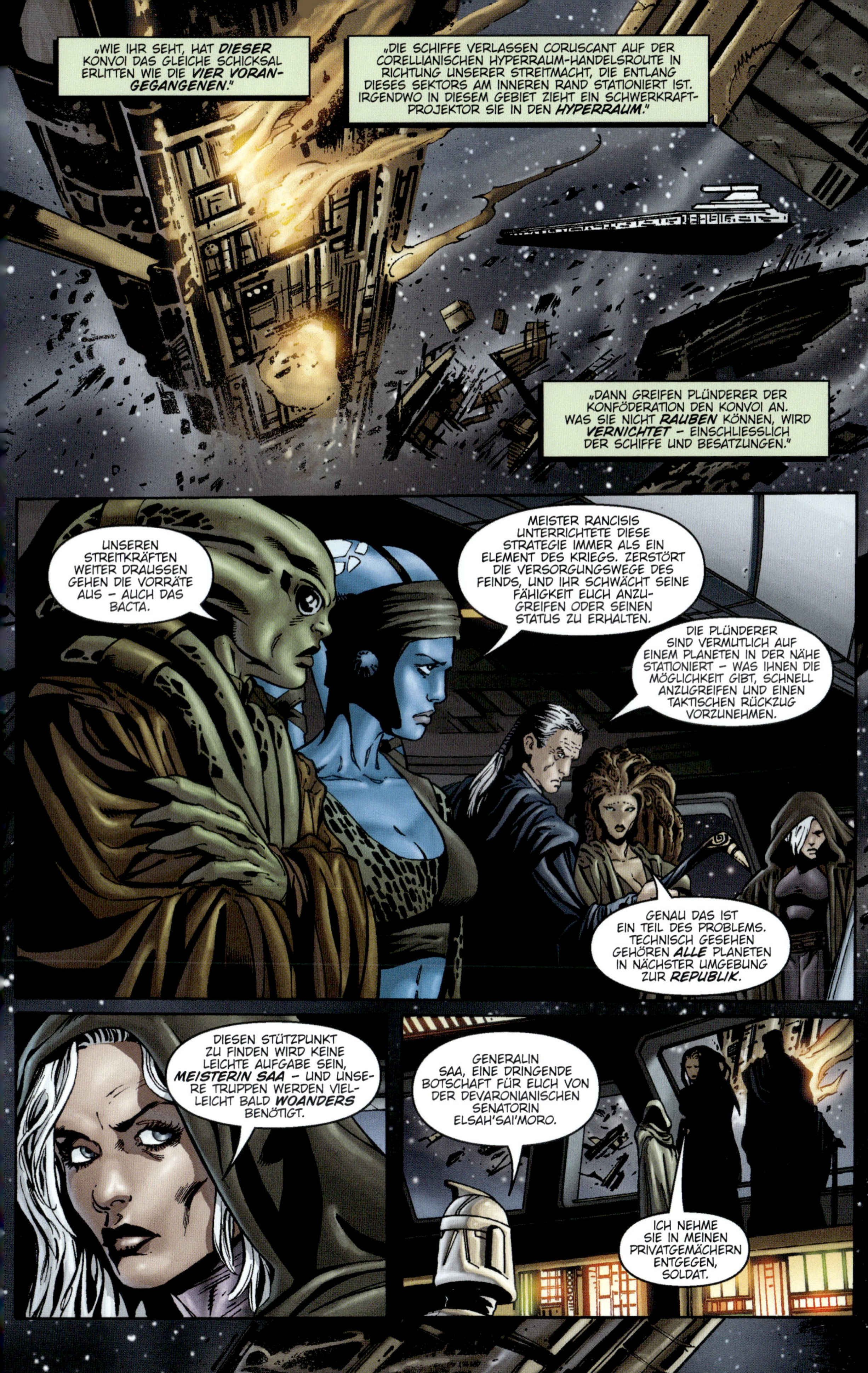
„WIE IHR SEHT, HAT DIESER KONVOI DAS GLEICHE SCHICKSAL ERLITTEN WIE DIE VIER VORAN-GEGANGENEN."
„DIE SCHIFFE VERLASSEN CORUSCANT AUF DER CORELLIANISCHEN HYPERRAUM-HANDELSROUTE IN RICHTUNG UNSERER STREITMACHT, DIE ENTLANG DIESES SEKTORS AM INNEREN RAND STATIONIERT IST. IRGENDWO IN DIESEM GEBIET ZIEHT EIN SCHWERKRAFT-PROJEKTOR SIE IN DEN HYPERRAUM."
„DANN GREIFEN PLÜNDERER DER KONFÖDERATION DEN KONVOI AN. WAS SIE NICHT RAUBEN KÖNNEN, WIRD VERNICHTET – EINSCHLIESSLICH DER SCHIFFE UND BESATZUNGEN."
UNSEREN STREITKRÄFTEN WEITER DRAUSSEN GEHEN DIE VORRÄTE AUS – AUCH DAS BACTA.
MEISTER RANCISIS UNTERRICHTETE DIESE STRATEGIE IMMER ALS EIN ELEMENT DES KRIEGS. ZERSTÖRT DIE VERSORGUNGSWEGE DES FEINDS, UND IHR SCHWÄCHT SEINE FÄHIGKEIT EUCH ANZU-GREIFEN ODER SEINEN STATUS ZU ERHALTEN.
DIE PLÜNDERER SIND VERMUTLICH AUF EINEM PLANETEN IN DER NÄHE STATIONIERT – WAS IHNEN DIE MÖGLICHKEIT GIBT, SCHNELL ANZUGREIFEN UND EINEN TAKTISCHEN RÜCKZUG VORZUNEHMEN.
GENAU DAS IST EIN TEIL DES PROBLEMS. TECHNISCH GESEHEN GEHÖREN ALLE PLANETEN IN NÄCHSTER UMGEBUNG ZUR REPUBLIK.
DIESEN STÜTZPUNKT ZU FINDEN WIRD KEINE LEICHTE AUFGABE SEIN, MEISTERIN SAA – UND UNSE-RE TRUPPEN WERDEN VIEL-LEICHT BALD WOANDERS BENÖTIGT.
GENERALIN SAA, EINE DRINGENDE BOTSCHAFT FÜR EUCH VON DER DEVARONIANISCHEN SENATORIN ELSAH'SAI'MORO.
ICH NEHME SIE IN MEINEN PRIVATGEMÄCHERN ENTGEGEN, SOLDAT.

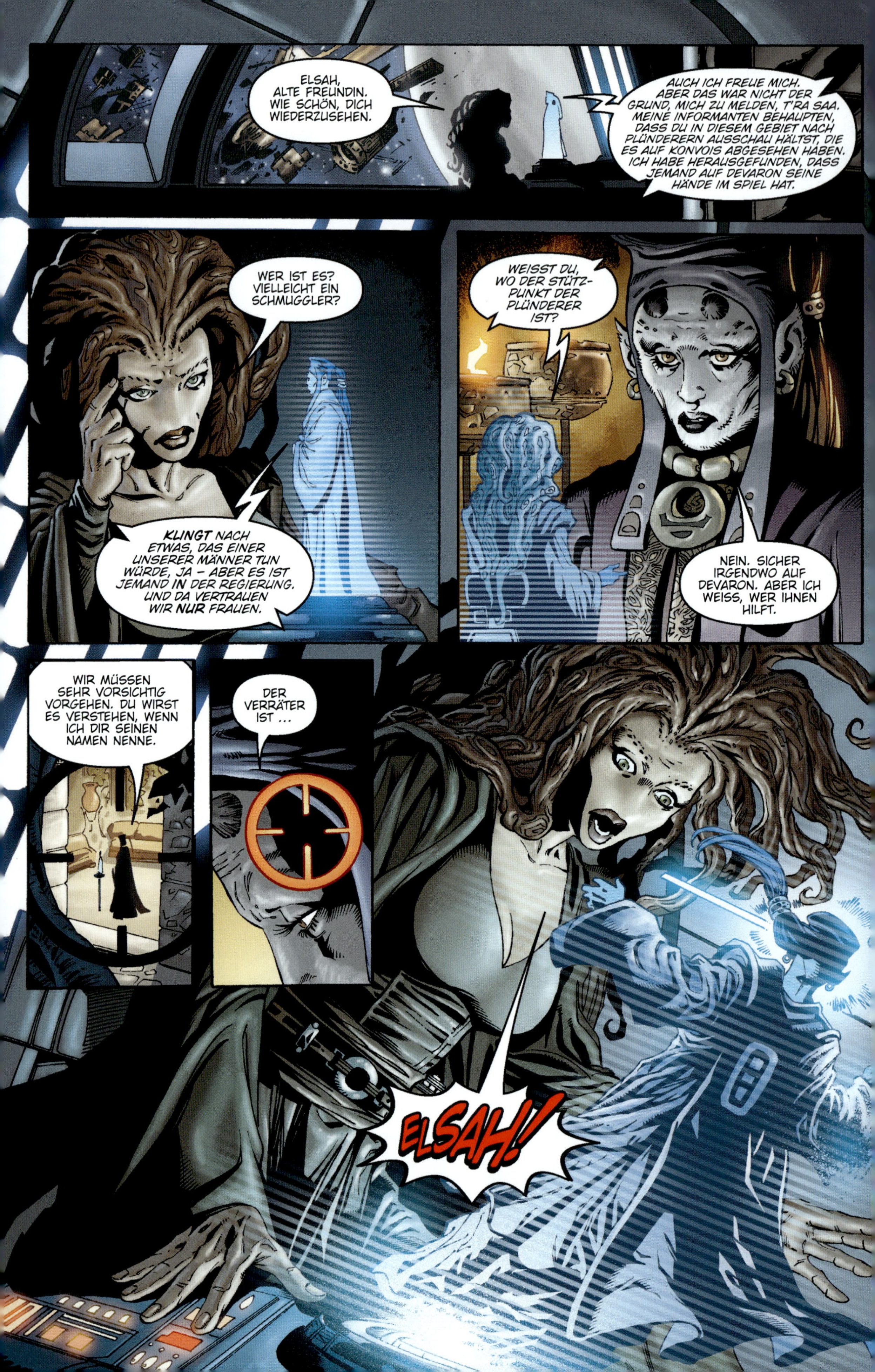
ELSAH, ALTE FREUNDIN. WIE SCHÖN, DICH WIEDERZUSEHEN.
AUCH ICH FREUE MICH. ABER DAS WAR NICHT DER GRUND, MICH ZU MELDEN, T'RA SAA. MEINE INFORMANTEN BEHAUPTEN, DASS DU IN DIESEM GEBIET NACH PLÜNDERERN AUSSCHAU HÄLTST, DIE ES AUF KONVOIS ABGESEHEN HABEN. ICH HABE HERAUSGEFUNDEN, DASS JEMAND AUF DEVARON SEINE HÄNDE IM SPIEL HAT.
WER IST ES? VIELLEICHT EIN SCHMUGGLER?
KLINGT NACH ETWAS, DAS EINER UNSERER MÄNNER TUN WÜRDE, JA – ABER ES IST JEMAND IN DER REGIERUNG. UND DA VERTRAUEN WIR NUR FRAUEN.
WEISST DU, WO DER STÜTZPUNKT DER PLÜNDERER IST?
NEIN. SICHER IRGENDWO AUF DEVARON. ABER ICH WEISS, WER IHNEN HILFT.
WIR MÜSSEN SEHR VORSICHTIG VORGEHEN. DU WIRST ES VERSTEHEN, WENN ICH DIR SEINEN NAMEN NENNE.
DER VERRÄTER IST ...
ELSAH!

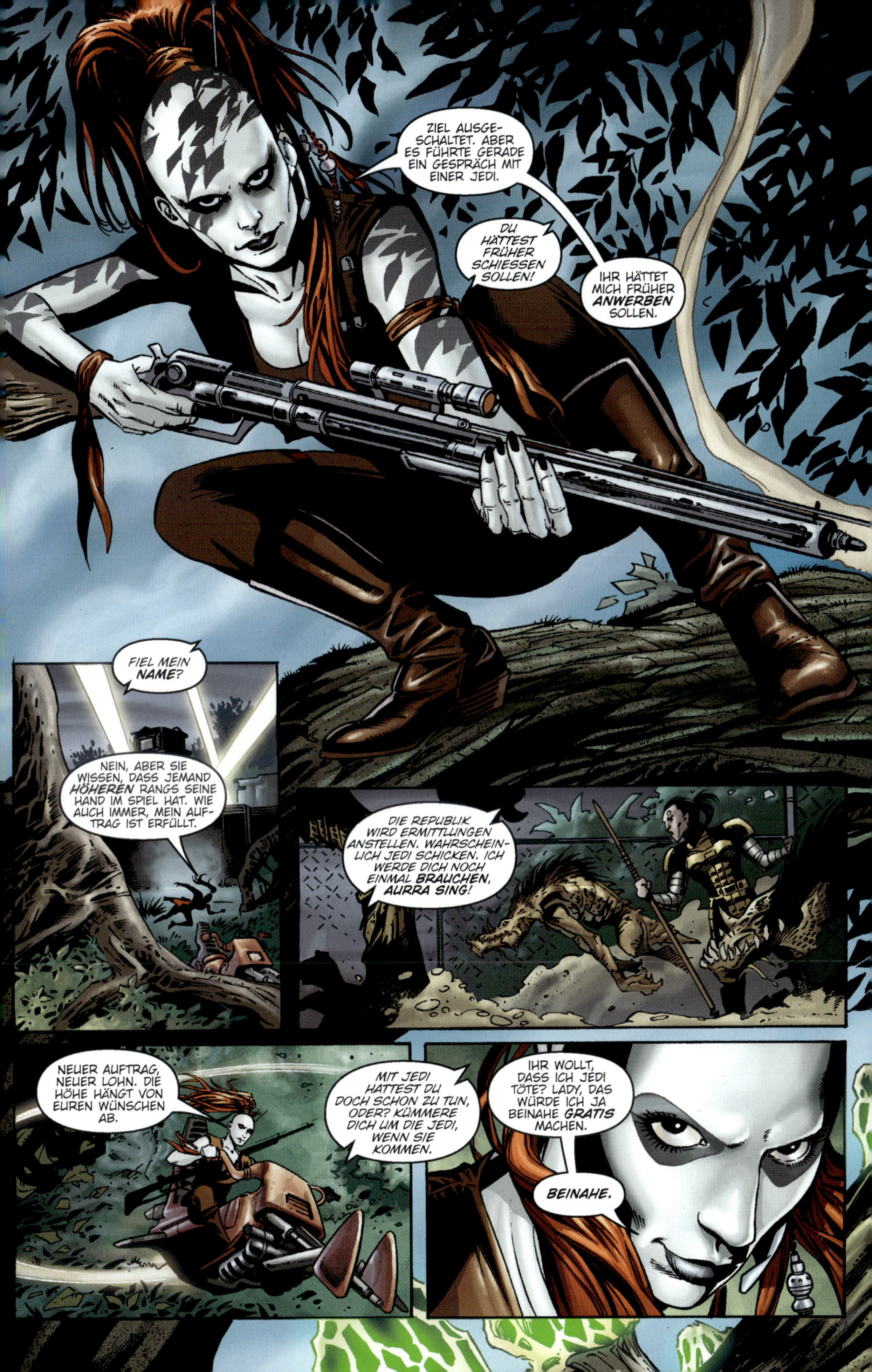
ZIEL AUSGESCHALTET. ABER ES FÜHRTE GERADE EIN GESPRÄCH MIT EINER JEDI.
DU HÄTTEST FRÜHER SCHIESSEN SOLLEN!
IHR HÄTTET MICH FRÜHER ANWERBEN SOLLEN.
FIEL MEIN NAME?
NEIN, ABER SIE WISSEN, DASS JEMAND HÖHEREN RANGS SEINE HAND IM SPIEL HAT. WIE AUCH IMMER, MEIN AUFTRAG IST ERFÜLLT.
DIE REPUBLIK WIRD ERMITTLUNGEN ANSTELLEN. WAHRSCHEINLICH JEDI SCHICKEN. ICH WERDE DICH NOCH EINMAL BRAUCHEN, AURRA SING!
NEUER AUFTRAG, NEUER LOHN. DIE HÖHE HÄNGT VON EUREN WÜNSCHEN AB.
MIT JEDI HATTEST DU DOCH SCHON ZU TUN, ODER? KÜMMERE DICH UM DIE JEDI, WENN SIE KOMMEN.
IHR WOLLT, DASS ICH JEDI TÖTE? LADY, DAS WÜRDE ICH JA BEINAHE GRATIS MACHEN.
BEINAHE.

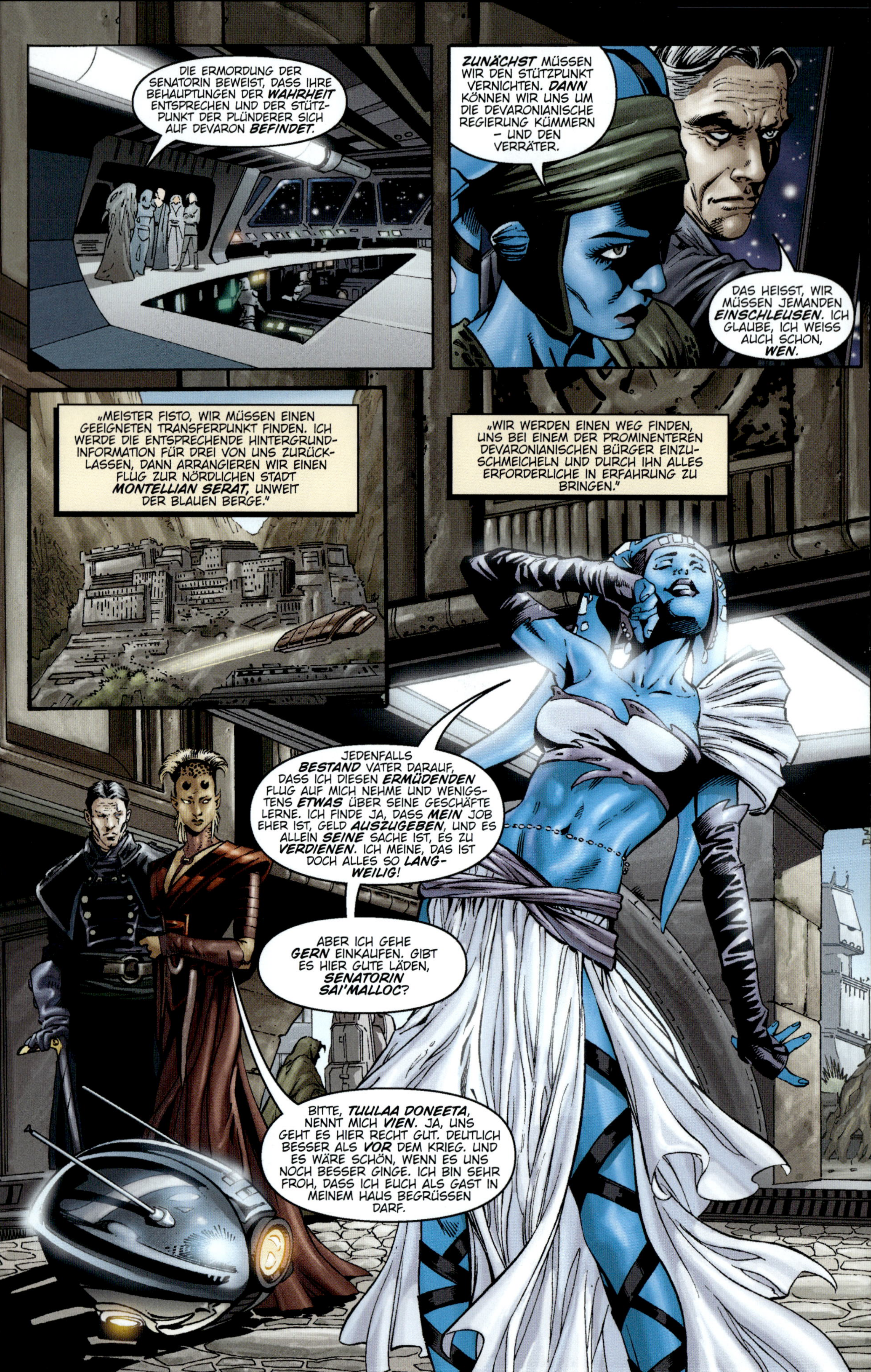

DIE ERMORDUNG DER SENATORIN BEWEIST, DASS IHRE BEHAUPTUNGEN DER WAHRHEIT ENTSPRECHEN UND DER STÜTZPUNKT DER PLÜNDERER SICH AUF DEVARON BEFINDET.
ZUNÄCHST MÜSSEN WIR DEN STÜTZPUNKT VERNICHTEN. DANN KÖNNEN WIR UNS UM DIE DEVARONIANISCHE REGIERUNG KÜMMERN – UND DEN VERRÄTER.
DAS HEISST, WIR MÜSSEN JEMANDEN EINSCHLEUSEN. ICH GLAUBE, ICH WEISS AUCH SCHON, WEN.
„MEISTER FISTO, WIR MÜSSEN EINEN GEEIGNETEN TRANSFERPUNKT FINDEN. ICH WERDE DIE ENTSPRECHENDE HINTERGRUNDINFORMATION FÜR DREI VON UNS ZURÜCKLASSEN, DANN ARRANGIEREN WIR EINEN FLUG ZUR NÖRDLICHEN STADT MONTELLIAN SERAT, UNWEIT DER BLAUEN BERGE."
„WIR WERDEN EINEN WEG FINDEN, UNS BEI EINEM DER PROMINENTEREN DEVARONIANISCHEN BÜRGER EINZUSCHMEICHELN UND DURCH IHN ALLES ERFORDERLICHE IN ERFAHRUNG ZU BRINGEN."
JEDENFALLS BESTAND VATER DARAUF, DASS ICH DIESEN ERMÜDENDEN FLUG AUF MICH NEHME UND WENIGSTENS ETWAS ÜBER SEINE GESCHÄFTE LERNE. ICH FINDE JA, DASS MEIN JOB EHER IST, GELD AUSZUGEBEN, UND ES ALLEIN SEINE SACHE IST, ES ZU VERDIENEN. ICH MEINE, DAS IST DOCH ALLES SO LANGWEILIG!
ABER ICH GEHE GERN EINKAUFEN. GIBT ES HIER GUTE LÄDEN, SENATORIN SAI'MALLOC?
BITTE, TUULAA DONEETA, NENNT MICH VIEN. JA, UNS GEHT ES HIER RECHT GUT. DEUTLICH BESSER ALS VOR DEM KRIEG. UND ES WÄRE SCHÖN, WENN ES UNS NOCH BESSER GINGE. ICH BIN SEHR FROH, DASS ICH EUCH ALS GAST IN MEINEM HAUS BEGRÜSSEN DARF.

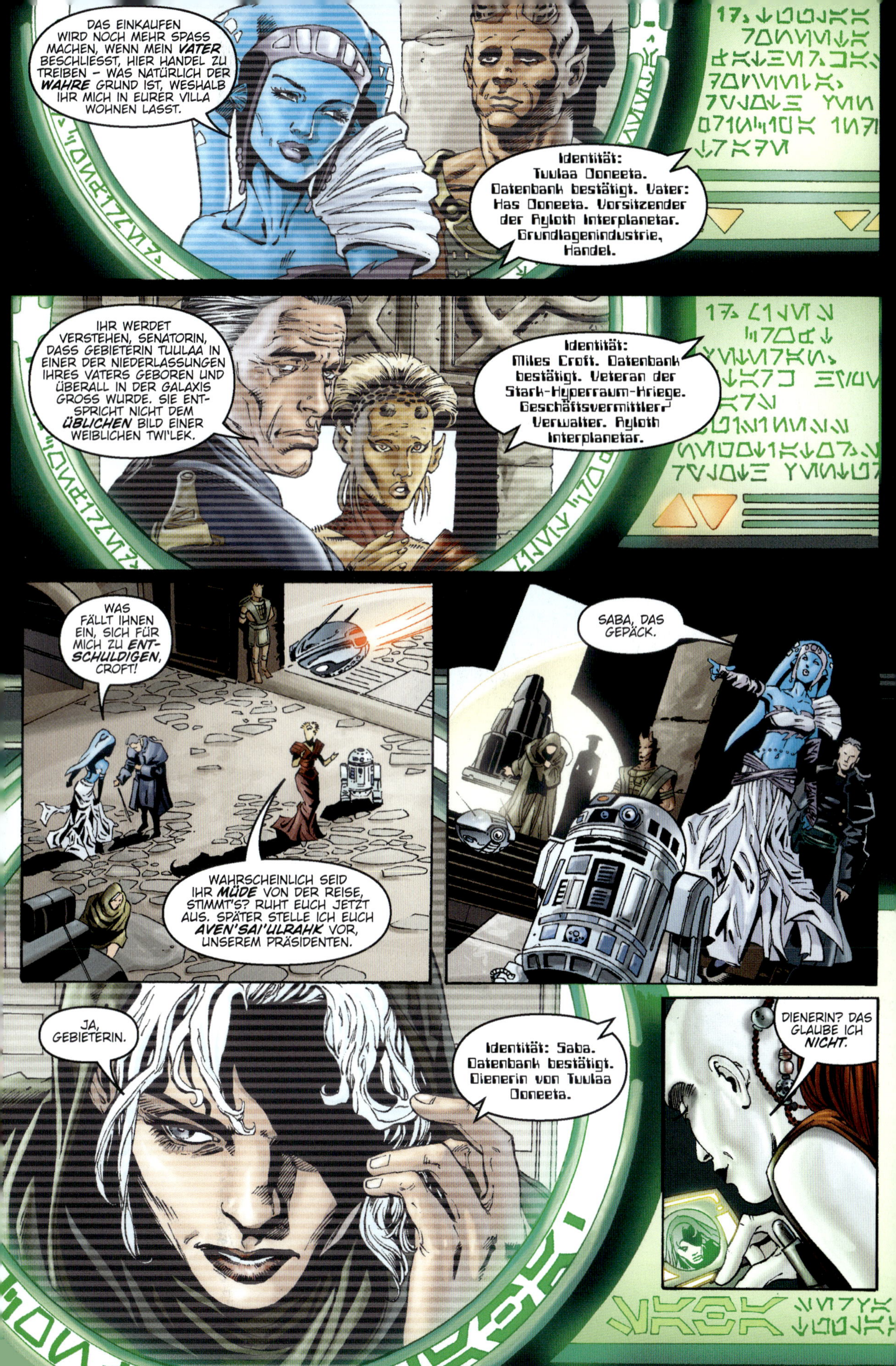

DAS EINKAUFEN WIRD NOCH MEHR SPASS MACHEN, WENN MEIN *VATER* BESCHLIESST, HIER HANDEL ZU TREIBEN – WAS NATÜRLICH DER *WAHRE* GRUND IST, WESHALB IHR MICH IN EURER VILLA WOHNEN LASST.
Identität: Tuulaa Doneeta. Datenbank bestätigt. Vater: Has Doneeta. Vorsitzender der Ryloth Interplanetar. Grundlagenindustrie, Handel.
IHR WERDET VERSTEHEN, SENATORIN, DASS GEBIETERIN TUULAA IN EINER DER NIEDERLASSUNGEN IHRES VATERS GEBOREN UND ÜBERALL IN DER GALAXIS GROSS WURDE. SIE ENTSPRICHT NICHT DEM *ÜBLICHEN* BILD EINER WEIBLICHEN TWI'LEK.
Identität: Miles Croft. Datenbank bestätigt. Veteran der Stark-Hyperraum-Kriege. Geschäftsvermittler/ Verwalter. Ryloth Interplanetar.
WAS FÄLLT IHNEN EIN, SICH FÜR MICH ZU *ENTSCHULDIGEN*, CROFT!
WAHRSCHEINLICH SEID IHR *MÜDE* VON DER REISE, STIMMT'S? RUHT EUCH JETZT AUS. SPÄTER STELLE ICH EUCH *AVEN'SAI'ULRAHK* VOR, UNSEREM PRÄSIDENTEN.
SABA, DAS GEPÄCK.
JA, GEBIETERIN.
Identität: Saba. Datenbank bestätigt. Dienerin von Tuulaa Doneeta.
DIENERIN? DAS GLAUBE ICH *NICHT*.

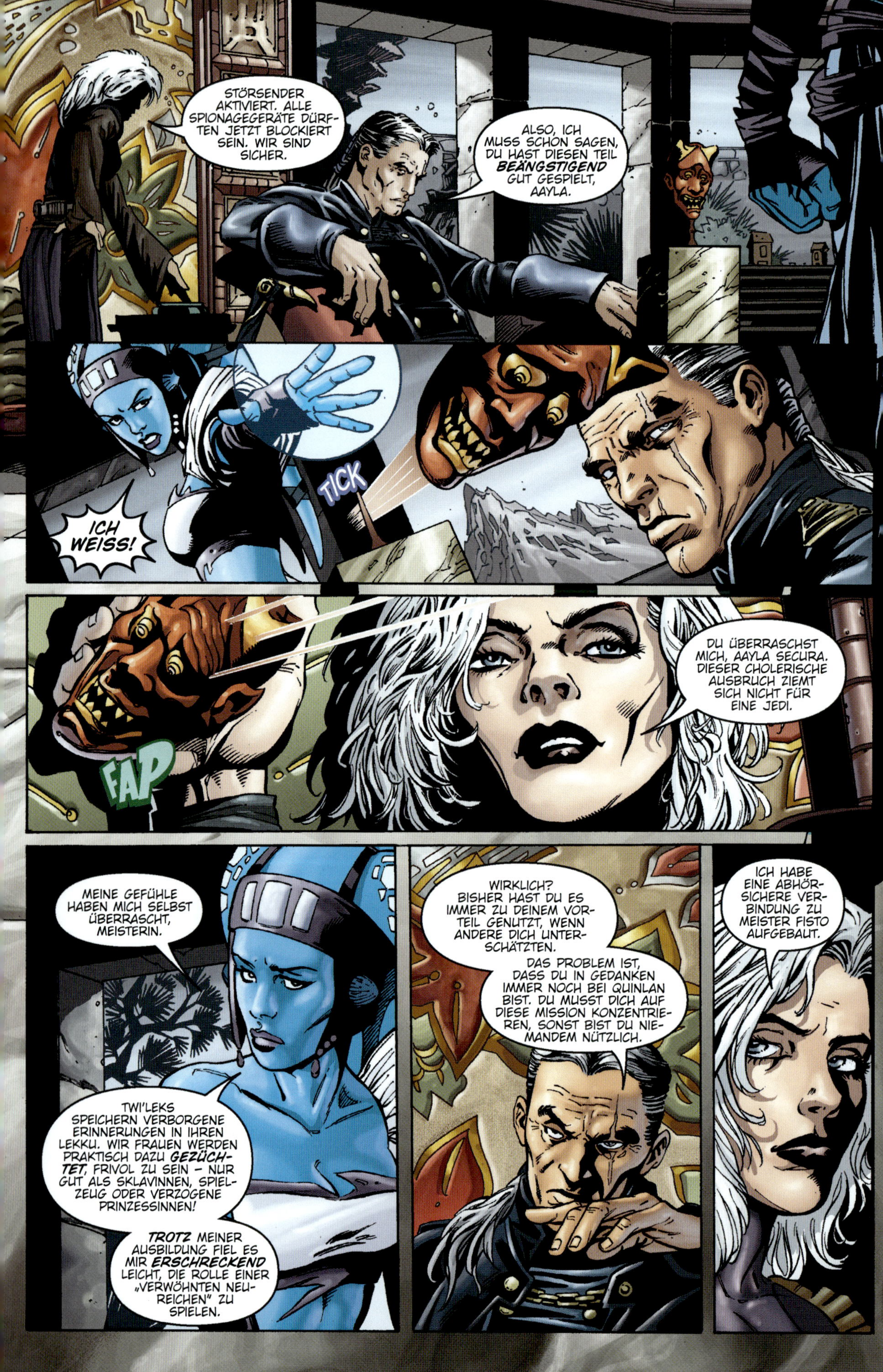
STÖRSENDER AKTIVIERT. ALLE SPIONAGEGERÄTE DÜRFTEN JETZT BLOCKIERT SEIN. WIR SIND SICHER.
ALSO, ICH MUSS SCHON SAGEN, DU HAST DIESEN TEIL **BEÄNGSTIGEND** GUT GESPIELT, AAYLA.
ICH WEISS!
TICK
FAP
DU ÜBERRASCHST MICH, AAYLA SECURA. DIESER CHOLERISCHE AUSBRUCH ZIEMT SICH NICHT FÜR EINE JEDI.
MEINE GEFÜHLE HABEN MICH SELBST ÜBERRASCHT, MEISTERIN.
TWI'LEKS SPEICHERN VERBORGENE ERINNERUNGEN IN IHREN LEKKU. WIR FRAUEN WERDEN PRAKTISCH DAZU **GEZÜCHTET**, FRIVOL ZU SEIN – NUR GUT ALS SKLAVINNEN, SPIELZEUG ODER VERZOGENE PRINZESSINNEN!
TROTZ MEINER AUSBILDUNG FIEL ES MIR **ERSCHRECKEND** LEICHT, DIE ROLLE EINER „VERWÖHNTEN NEUREICHEN" ZU SPIELEN.
WIRKLICH? BISHER HAST DU ES IMMER ZU DEINEM VORTEIL GENUTZT, WENN ANDERE DICH UNTERSCHÄTZTEN.
DAS PROBLEM IST, DASS DU IN GEDANKEN IMMER NOCH BEI QUINLAN BIST. DU MUSST DICH AUF DIESE MISSION KONZENTRIEREN, SONST BIST DU NIEMANDEM NÜTZLICH.
ICH HABE EINE ABHÖRSICHERE VERBINDUNG ZU MEISTER FISTO AUFGEBAUT.

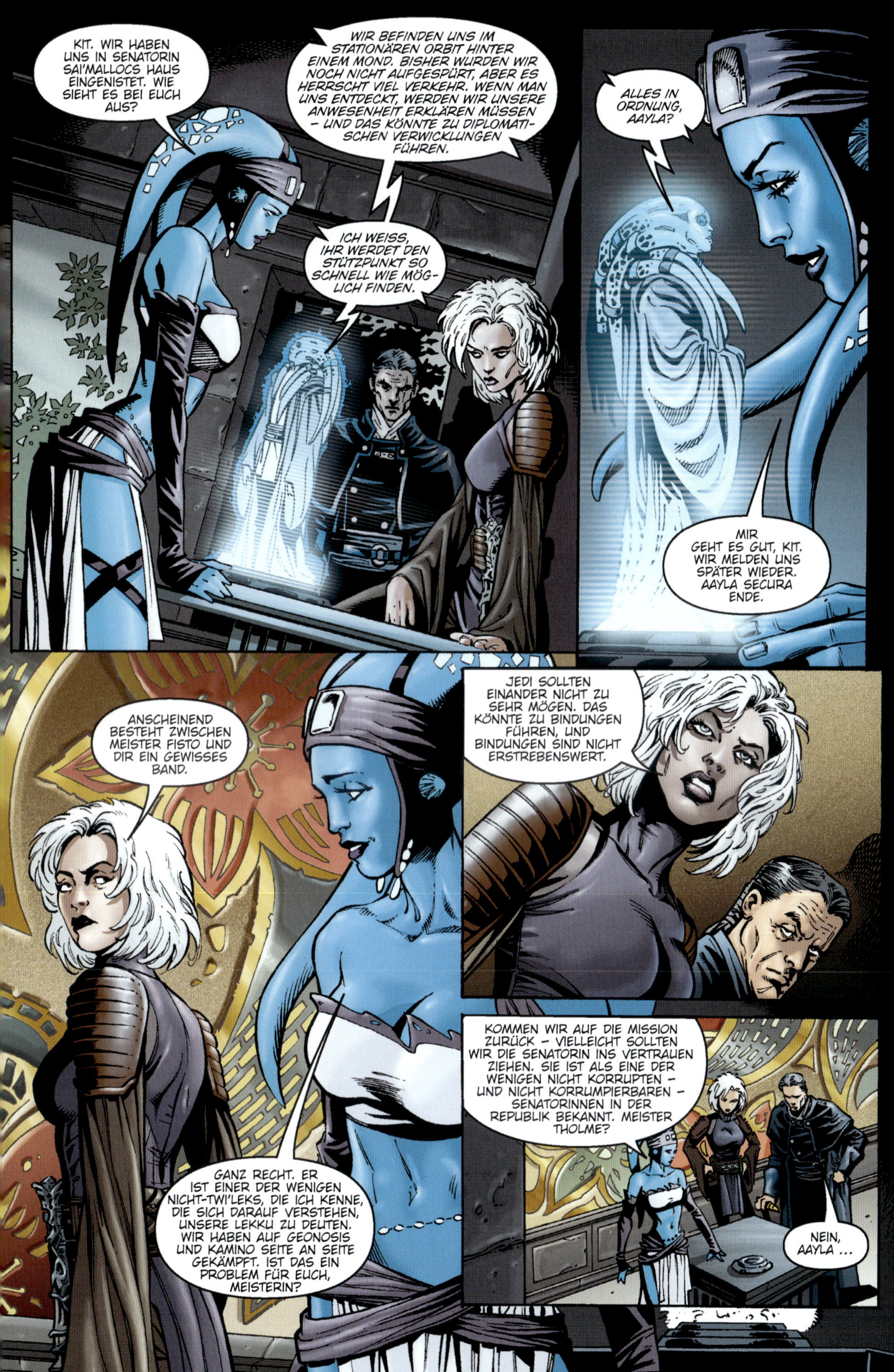

KIT. WIR HABEN UNS IN SENATORIN SAI'MALLOCS HAUS EINGENISTET. WIE SIEHT ES BEI EUCH AUS?
WIR BEFINDEN UNS IM STATIONÄREN ORBIT HINTER EINEM MOND. BISHER WURDEN WIR NOCH NICHT AUFGESPÜRT, ABER ES HERRSCHT VIEL VERKEHR. WENN MAN UNS ENTDECKT, WERDEN WIR UNSERE ANWESENHEIT ERKLÄREN MÜSSEN – UND DAS KÖNNTE ZU DIPLOMATISCHEN VERWICKLUNGEN FÜHREN.
ICH WEISS, IHR WERDET DEN STÜTZPUNKT SO SCHNELL WIE MÖGLICH FINDEN.
ALLES IN ORDNUNG, AAYLA?
MIR GEHT ES GUT, KIT. WIR MELDEN UNS SPÄTER WIEDER. AAYLA SECURA ENDE.
ANSCHEINEND BESTEHT ZWISCHEN MEISTER FISTO UND DIR EIN GEWISSES BAND.
GANZ RECHT. ER IST EINER DER WENIGEN NICHT-TWI'LEKS, DIE ICH KENNE, DIE SICH DARAUF VERSTEHEN, UNSERE LEKKU ZU DEUTEN. WIR HABEN AUF GEONOSIS UND KAMINO SEITE AN SEITE GEKÄMPFT. IST DAS EIN PROBLEM FÜR EUCH, MEISTERIN?
JEDI SOLLTEN EINANDER NICHT ZU SEHR MÖGEN. DAS KÖNNTE ZU BINDUNGEN FÜHREN, UND BINDUNGEN SIND NICHT ERSTREBENSWERT.
KOMMEN WIR AUF DIE MISSION ZURÜCK – VIELLEICHT SOLLTEN WIR DIE SENATORIN INS VERTRAUEN ZIEHEN. SIE IST ALS EINE DER WENIGEN NICHT KORRUPTEN – UND NICHT KORRUMPIERBAREN – SENATORINNEN IN DER REPUBLIK BEKANNT. MEISTER THOLME?
NEIN, AAYLA ...

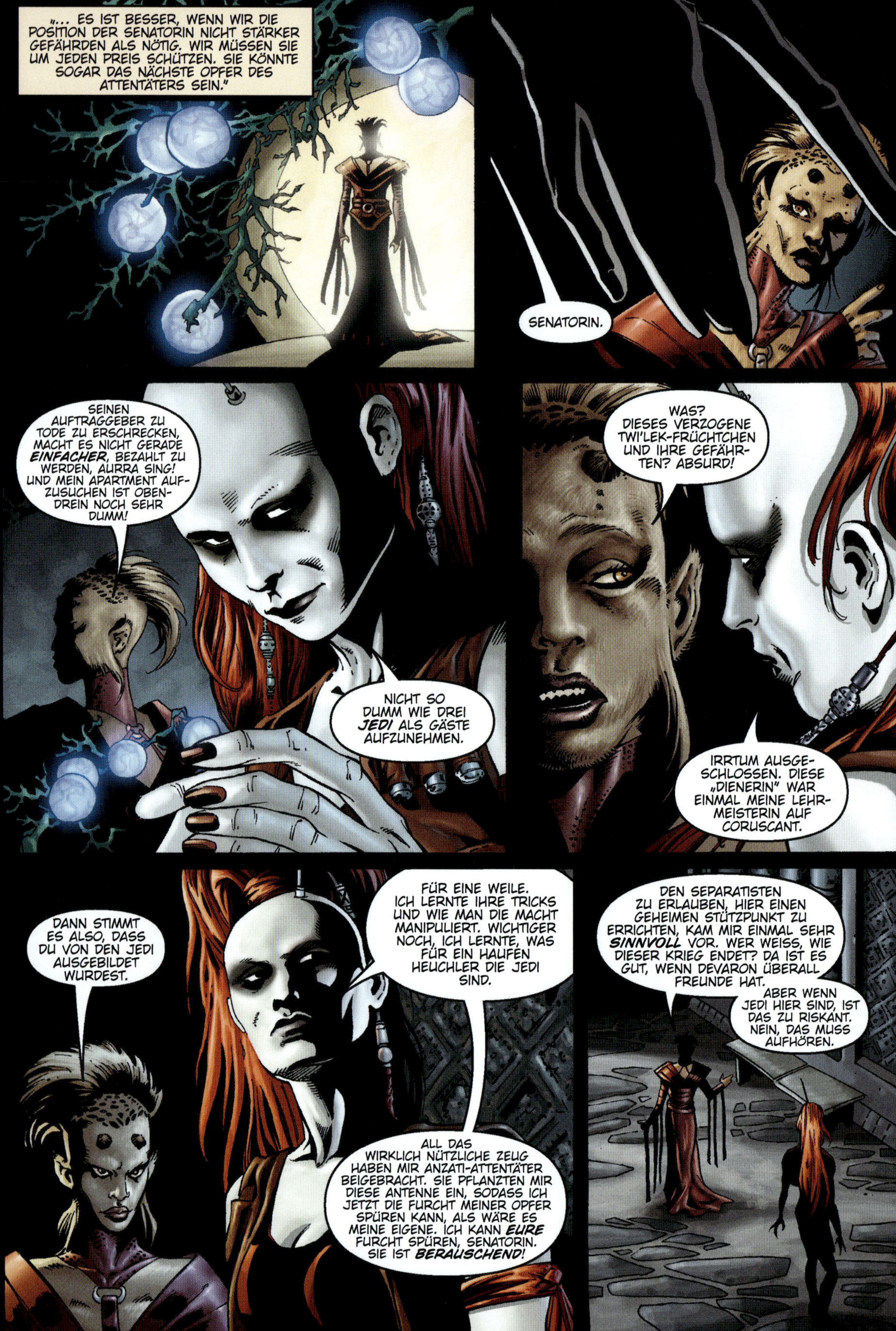
"... ES IST BESSER, WENN WIR DIE POSITION DER SENATORIN NICHT STÄRKER GEFÄHRDEN ALS NÖTIG. WIR MÜSSEN SIE UM JEDEN PREIS SCHÜTZEN. SIE KÖNNTE SOGAR DAS NÄCHSTE OPFER DES ATTENTÄTERS SEIN."
SENATORIN.
SEINEN AUFTRAGGEBER ZU TODE ZU ERSCHRECKEN, MACHT ES NICHT GERADE EINFACHER, BEZAHLT ZU WERDEN, AURRA SING! UND MEIN APARTMENT AUFZUSUCHEN IST OBENDREIN NOCH SEHR DUMM!
NICHT SO DUMM WIE DREI JEDI ALS GÄSTE AUFZUNEHMEN.
WAS? DIESES VERZOGENE TWI'LEK-FRÜCHTCHEN UND IHRE GEFÄHRTEN? ABSURD!
IRRTUM AUSGESCHLOSSEN. DIESE „DIENERIN" WAR EINMAL MEINE LEHRMEISTERIN AUF CORUSCANT.
DANN STIMMT ES ALSO, DASS DU VON DEN JEDI AUSGEBILDET WURDEST.
FÜR EINE WEILE. ICH LERNTE IHRE TRICKS UND WIE MAN DIE MACHT MANIPULIERT. WICHTIGER NOCH, ICH LERNTE, WAS FÜR EIN HAUFEN HEUCHLER DIE JEDI SIND.
ALL DAS WIRKLICH NÜTZLICHE ZEUG HABEN MIR ANZATI-ATTENTÄTER BEIGEBRACHT. SIE PFLANZTEN MIR DIESE ANTENNE EIN, SODASS ICH JETZT DIE FURCHT MEINER OPFER SPÜREN KANN, ALS WÄRE ES MEINE EIGENE. ICH KANN EURE FURCHT SPÜREN, SENATORIN. SIE IST BERAUSCHEND!
DEN SEPARATISTEN ZU ERLAUBEN, HIER EINEN GEHEIMEN STÜTZPUNKT ZU ERRICHTEN, KAM MIR EINMAL SEHR SINNVOLL VOR. WER WEISS, WIE DIESER KRIEG ENDET? DA IST ES GUT, WENN DEVARON ÜBERALL FREUNDE HAT.
ABER WENN JEDI HIER SIND, IST DAS ZU RISKANT. NEIN, DAS MUSS AUFHÖREN.

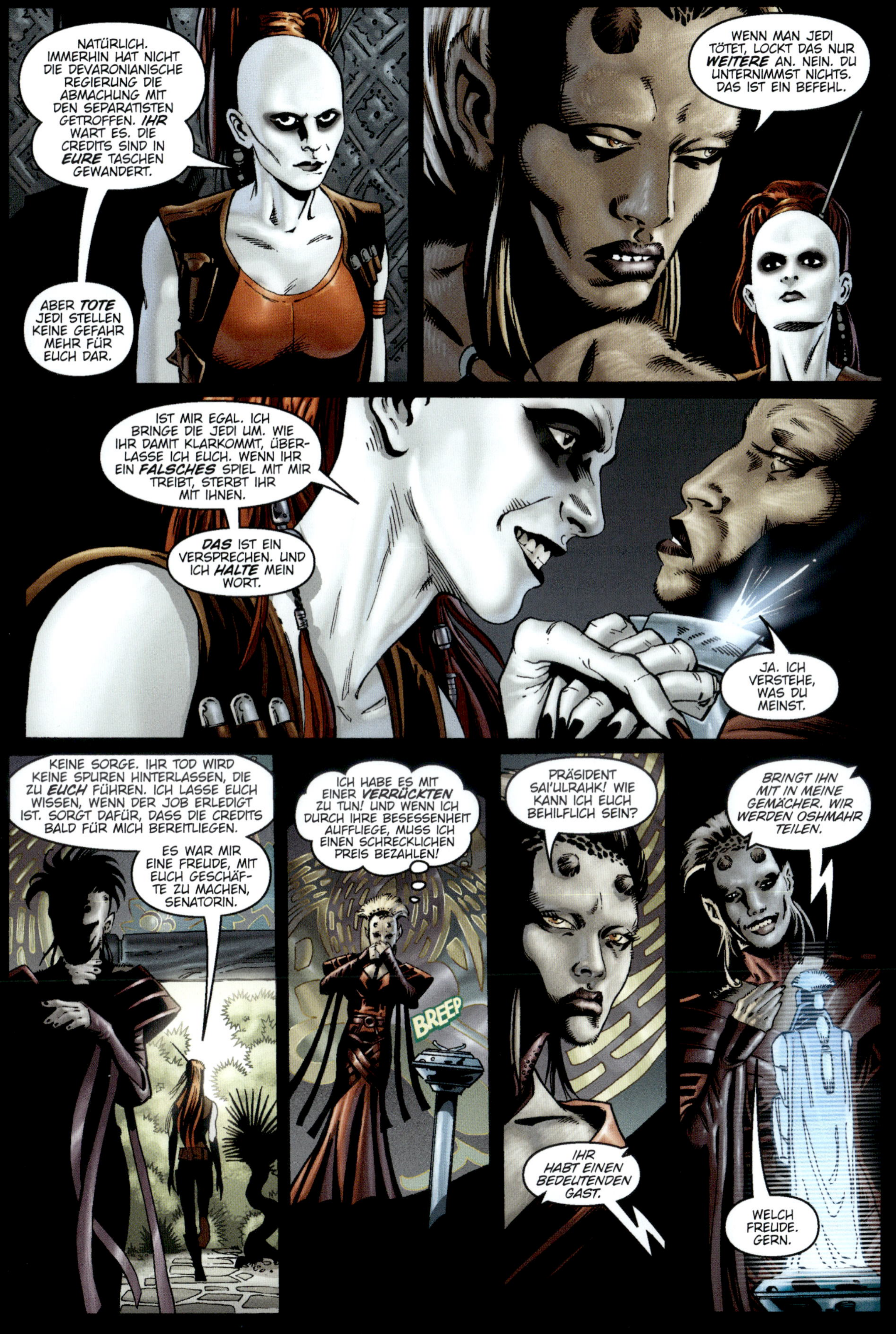
NATÜRLICH. IMMERHIN HAT NICHT DIE DEVARONIANISCHE REGIERUNG DIE ABMACHUNG MIT DEN SEPARATISTEN GETROFFEN. *IHR* WART ES. DIE CREDITS SIND IN *EURE* TASCHEN GEWANDERT.
ABER *TOTE* JEDI STELLEN KEINE GEFAHR MEHR FÜR EUCH DAR.
WENN MAN JEDI TÖTET, LOCKT DAS NUR *WEITERE* AN. NEIN. DU UNTERNIMMST NICHTS. DAS IST EIN BEFEHL.
IST MIR EGAL. ICH BRINGE DIE JEDI UM. WIE IHR DAMIT KLARKOMMT, ÜBERLASSE ICH EUCH. WENN IHR EIN *FALSCHES* SPIEL MIT MIR TREIBT, STERBT IHR MIT IHNEN.
DAS IST EIN VERSPRECHEN. UND ICH *HALTE* MEIN WORT.
JA. ICH VERSTEHE, WAS DU MEINST.
KEINE SORGE. IHR TOD WIRD KEINE SPUREN HINTERLASSEN, DIE ZU *EUCH* FÜHREN. ICH LASSE EUCH WISSEN, WENN DER JOB ERLEDIGT IST. SORGT DAFÜR, DASS DIE CREDITS BALD FÜR MICH BEREITLIEGEN.
ES WAR MIR EINE FREUDE, MIT EUCH GESCHÄFTE ZU MACHEN, SENATORIN.
ICH HABE ES MIT EINER *VERRÜCKTEN* ZU TUN! UND WENN ICH DURCH IHRE BESESSENHEIT AUFFLIEGE, MUSS ICH EINEN SCHRECKLICHEN PREIS BEZAHLEN!
BREEP
PRÄSIDENT SAI'ULRAHK! WIE KANN ICH EUCH BEHILFLICH SEIN?
IHR HABT EINEN BEDEUTENDEN GAST.
BRINGT IHN MIT IN MEINE GEMÄCHER. WIR WERDEN OSHMAHR TEILEN.
WELCH FREUDE. GERN.

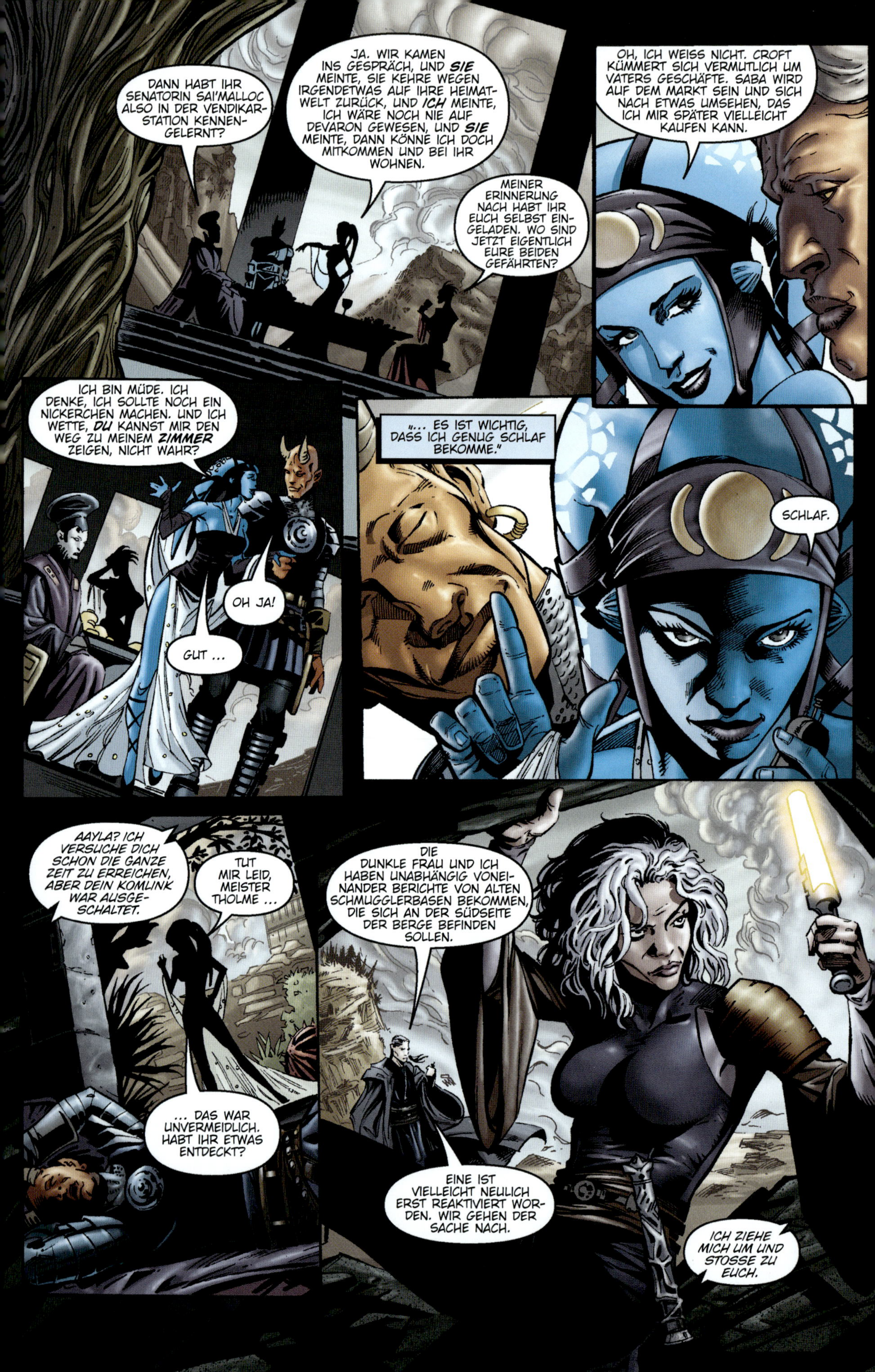
DANN HABT IHR SENATORIN SAI'MALLOC ALSO IN DER VENDIKAR-STATION KENNEN-GELERNT?
JA. WIR KAMEN INS GESPRÄCH, UND SIE MEINTE, SIE KEHRE WEGEN IRGENDETWAS AUF IHRE HEIMAT-WELT ZURÜCK, UND ICH MEINTE, ICH WÄRE NOCH NIE AUF DEVARON GEWESEN, UND SIE MEINTE, DANN KÖNNE ICH DOCH MITKOMMEN UND BEI IHR WOHNEN.
MEINER ERINNERUNG NACH HABT IHR EUCH SELBST EIN-GELADEN. WO SIND JETZT EIGENTLICH EURE BEIDEN GEFÄHRTEN?
OH, ICH WEISS NICHT. CROFT KÜMMERT SICH VERMUTLICH UM VATERS GESCHÄFTE. SABA WIRD AUF DEM MARKT SEIN UND SICH NACH ETWAS UMSEHEN, DAS ICH MIR SPÄTER VIELLEICHT KAUFEN KANN.
ICH BIN MÜDE. ICH DENKE, ICH SOLLTE NOCH EIN NICKERCHEN MACHEN. UND ICH WETTE, DU KANNST MIR DEN WEG ZU MEINEM ZIMMER ZEIGEN, NICHT WAHR?
OH JA!
GUT ...
„... ES IST WICHTIG, DASS ICH GENUG SCHLAF BEKOMME."
SCHLAF.
AAYLA? ICH VERSUCHE DICH SCHON DIE GANZE ZEIT ZU ERREICHEN, ABER DEIN KOMLINK WAR AUSGE-SCHALTET.
TUT MIR LEID, MEISTER THOLME ...
... DAS WAR UNVERMEIDLICH. HABT IHR ETWAS ENTDECKT?
DIE DUNKLE FRAU UND ICH HABEN UNABHÄNGIG VONEI-NANDER BERICHTE VON ALTEN SCHMUGGLERBASEN BEKOMMEN, DIE SICH AN DER SÜDSEITE DER BERGE BEFINDEN SOLLEN.
EINE IST VIELLEICHT NEULICH ERST REAKTIVIERT WOR-DEN. WIR GEHEN DER SACHE NACH.
ICH ZIEHE MICH UM UND STOSSE ZU EUCH.

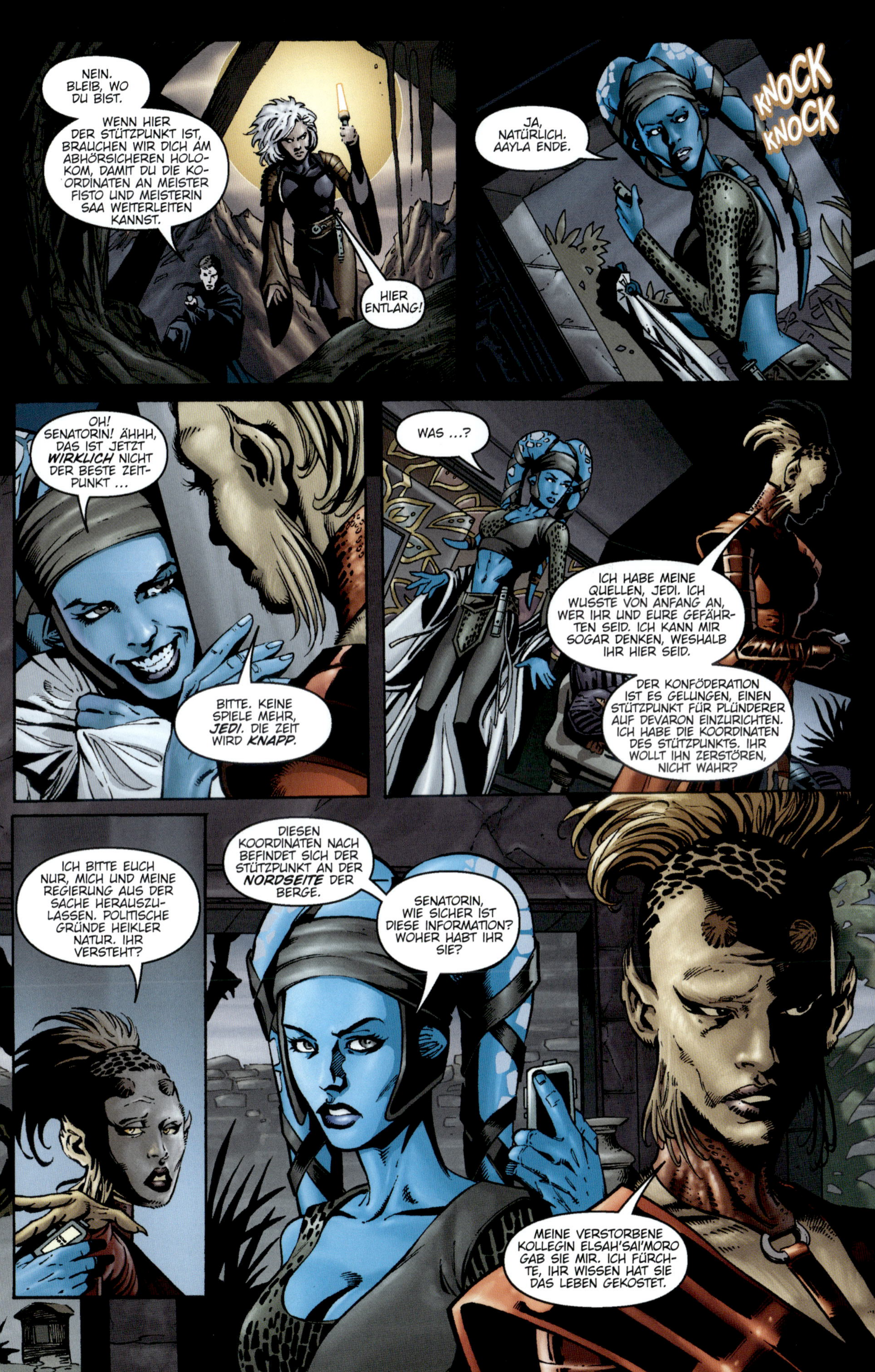
NEIN. BLEIB, WO DU BIST.
WENN HIER DER STÜTZPUNKT IST, BRAUCHEN WIR DICH AM ABHÖRSICHEREN HOLOKOM, DAMIT DU DIE KOORDINATEN AN MEISTER FISTO UND MEISTERIN SAA WEITERLEITEN KANNST.
HIER ENTLANG!
JA, NATÜRLICH. AAYLA ENDE.
KNOCK KNOCK
OH! SENATORIN! ÄHHH, DAS IST JETZT WIRKLICH NICHT DER BESTE ZEITPUNKT ...
BITTE. KEINE SPIELE MEHR, JEDI. DIE ZEIT WIRD KNAPP.
WAS ...?
ICH HABE MEINE QUELLEN, JEDI. ICH WUSSTE VON ANFANG AN, WER IHR UND EURE GEFÄHRTEN SEID. ICH KANN MIR SOGAR DENKEN, WESHALB IHR HIER SEID.
DER KONFÖDERATION IST ES GELUNGEN, EINEN STÜTZPUNKT FÜR PLÜNDERER AUF DEVARON EINZURICHTEN. ICH HABE DIE KOORDINATEN DES STÜTZPUNKTS. IHR WOLLT IHN ZERSTÖREN, NICHT WAHR?
ICH BITTE EUCH NUR, MICH UND MEINE REGIERUNG AUS DER SACHE HERAUSZULASSEN. POLITISCHE GRÜNDE HEIKLER NATUR. IHR VERSTEHT?
DIESEN KOORDINATEN NACH BEFINDET SICH DER STÜTZPUNKT AN DER NORDSEITE DER BERGE.
SENATORIN, WIE SICHER IST DIESE INFORMATION? WOHER HABT IHR SIE?
MEINE VERSTORBENE KOLLEGIN ELSAH'SAI'MORO GAB SIE MIR. ICH FÜRCHTE, IHR WISSEN HAT SIE DAS LEBEN GEKOSTET.

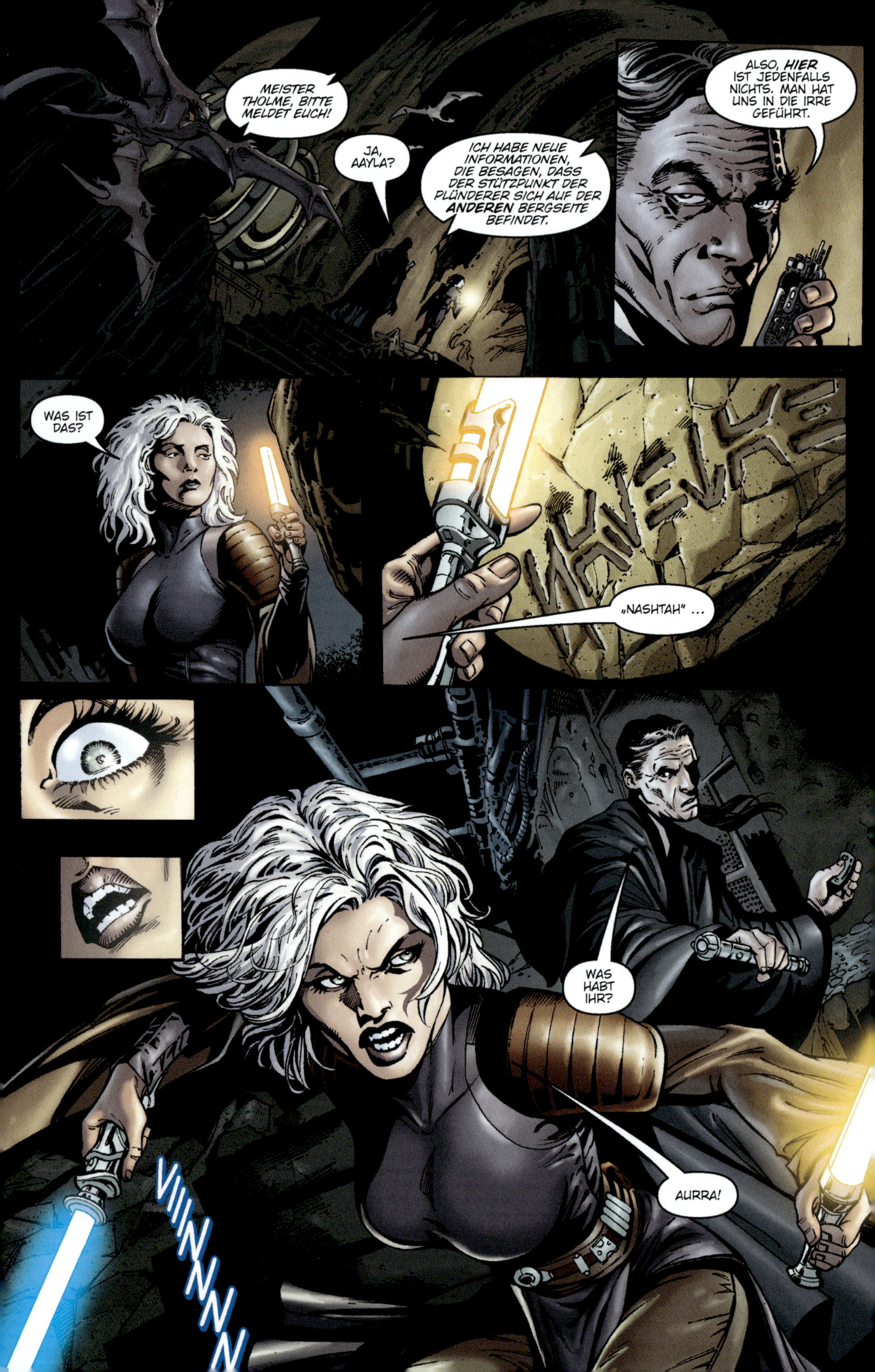
MEISTER THOLME, BITTE MELDET EUCH!
JA, AAYLA?
ICH HABE NEUE INFORMATIONEN, DIE BESAGEN, DASS DER STÜTZPUNKT DER PLÜNDERER SICH AUF DER ANDEREN BERGSEITE BEFINDET.
ALSO, HIER IST JEDENFALLS NICHTS. MAN HAT UNS IN DIE IRRE GEFÜHRT.
WAS IST DAS?
„NASHTAH" …
WAS HABT IHR?
AURRA!
VIIINNNN

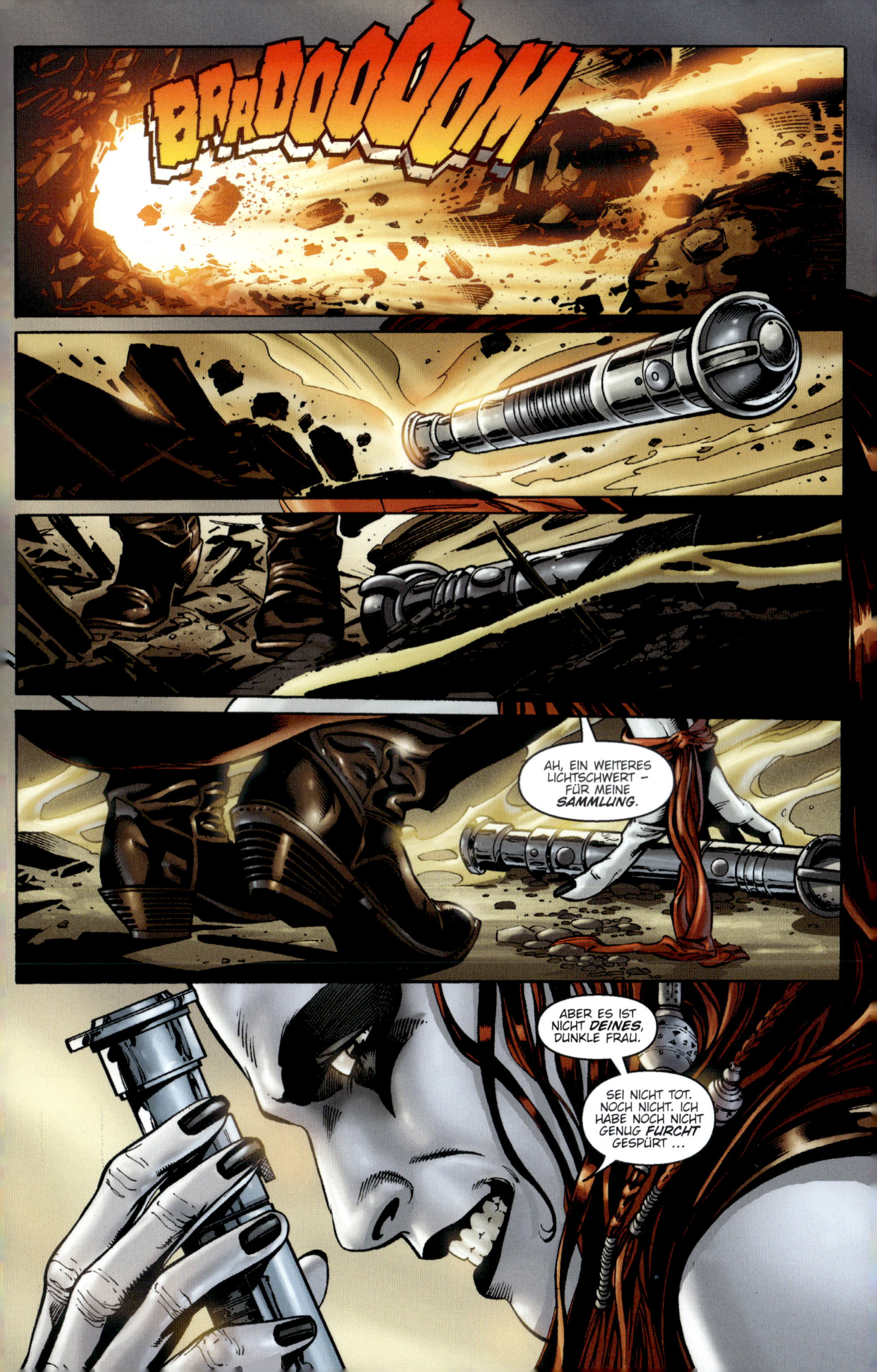
BRADOOOOOM
AH, EIN WEITERES LICHTSCHWERT – FÜR MEINE *SAMMLUNG*.
ABER ES IST NICHT *DEINES*, DUNKLE FRAU.
SEI NICHT TOT. NOCH NICHT. ICH HABE NOCH NICHT GENUG *FURCHT* GESPÜRT ...

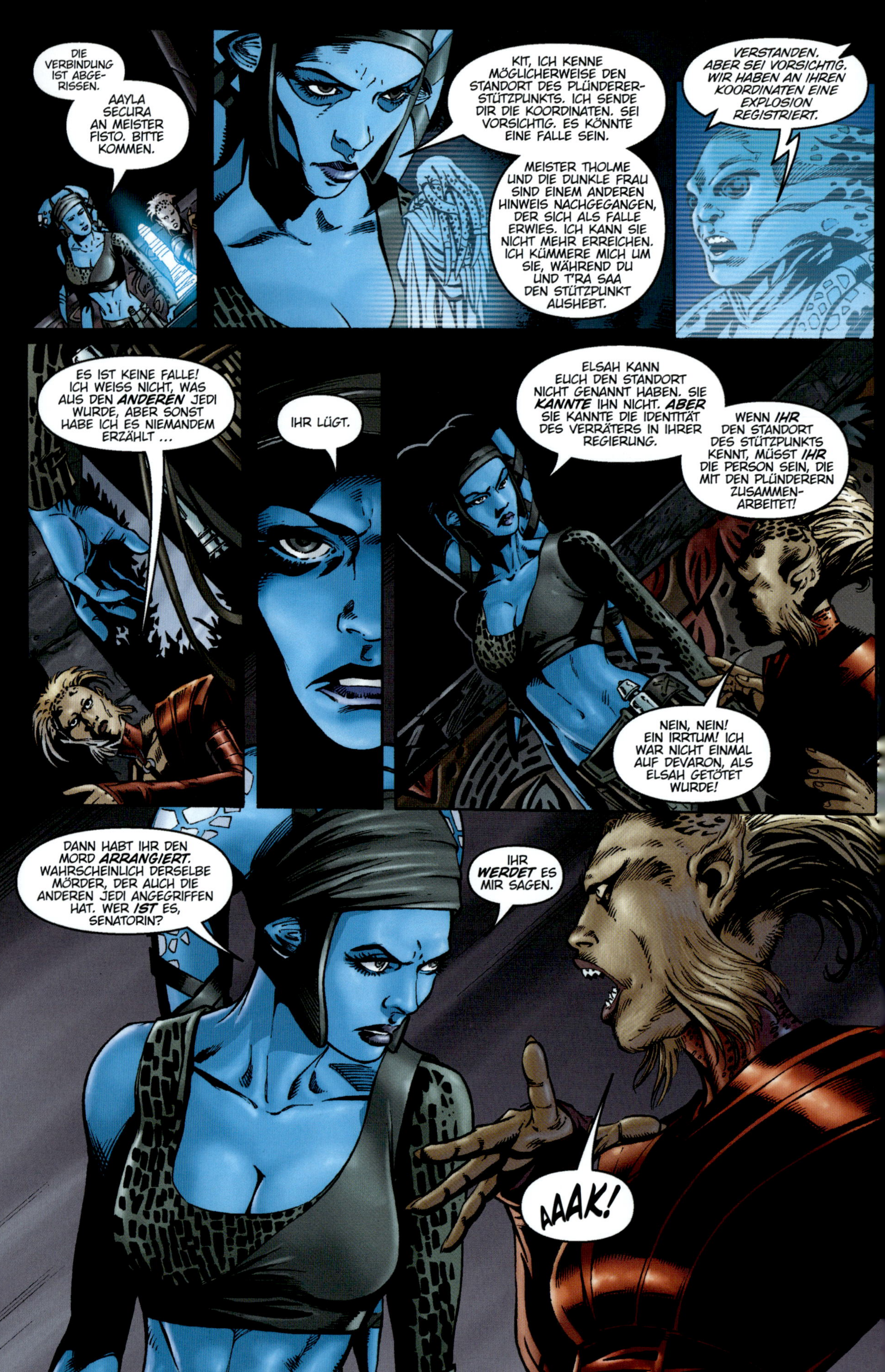
DIE VERBINDUNG IST ABGERISSEN.
AAYLA SECURA AN MEISTER FISTO. BITTE KOMMEN.
KIT, ICH KENNE MÖGLICHERWEISE DEN STANDORT DES PLÜNDERER-STÜTZPUNKTS. ICH SENDE DIR DIE KOORDINATEN. SEI VORSICHTIG. ES KÖNNTE EINE FALLE SEIN.
MEISTER THOLME UND DIE DUNKLE FRAU SIND EINEM ANDEREN HINWEIS NACHGEGANGEN, DER SICH ALS FALLE ERWIES. ICH KANN SIE NICHT MEHR ERREICHEN. ICH KÜMMERE MICH UM SIE, WÄHREND DU UND T'RA SAA DEN STÜTZPUNKT AUSHEBT.
VERSTANDEN. ABER SEI VORSICHTIG. WIR HABEN AN IHREN KOORDINATEN EINE EXPLOSION REGISTRIERT.
ES IST KEINE FALLE! ICH WEISS NICHT, WAS AUS DEN *ANDEREN* JEDI WURDE, ABER SONST HABE ICH ES NIEMANDEM ERZÄHLT ...
IHR LÜGT.
ELSAH KANN EUCH DEN STANDORT NICHT GENANNT HABEN. SIE *KANNTE* IHN NICHT. *ABER* SIE KANNTE DIE IDENTITÄT DES VERRÄTERS IN IHRER REGIERUNG.
WENN *IHR* DEN STANDORT DES STÜTZPUNKTS KENNT, MÜSST *IHR* DIE PERSON SEIN, DIE MIT DEN PLÜNDERERN ZUSAMMENARBEITET!
NEIN, NEIN! EIN IRRTUM! ICH WAR NICHT EINMAL AUF DEVARON, ALS ELSAH GETÖTET WURDE!
DANN HABT IHR DEN MORD *ARRANGIERT*. WAHRSCHEINLICH DERSELBE MÖRDER, DER AUCH DIE ANDEREN JEDI ANGEGRIFFEN HAT. WER *IST* ES, SENATORIN?
IHR *WERDET* ES MIR SAGEN.
AAAK!

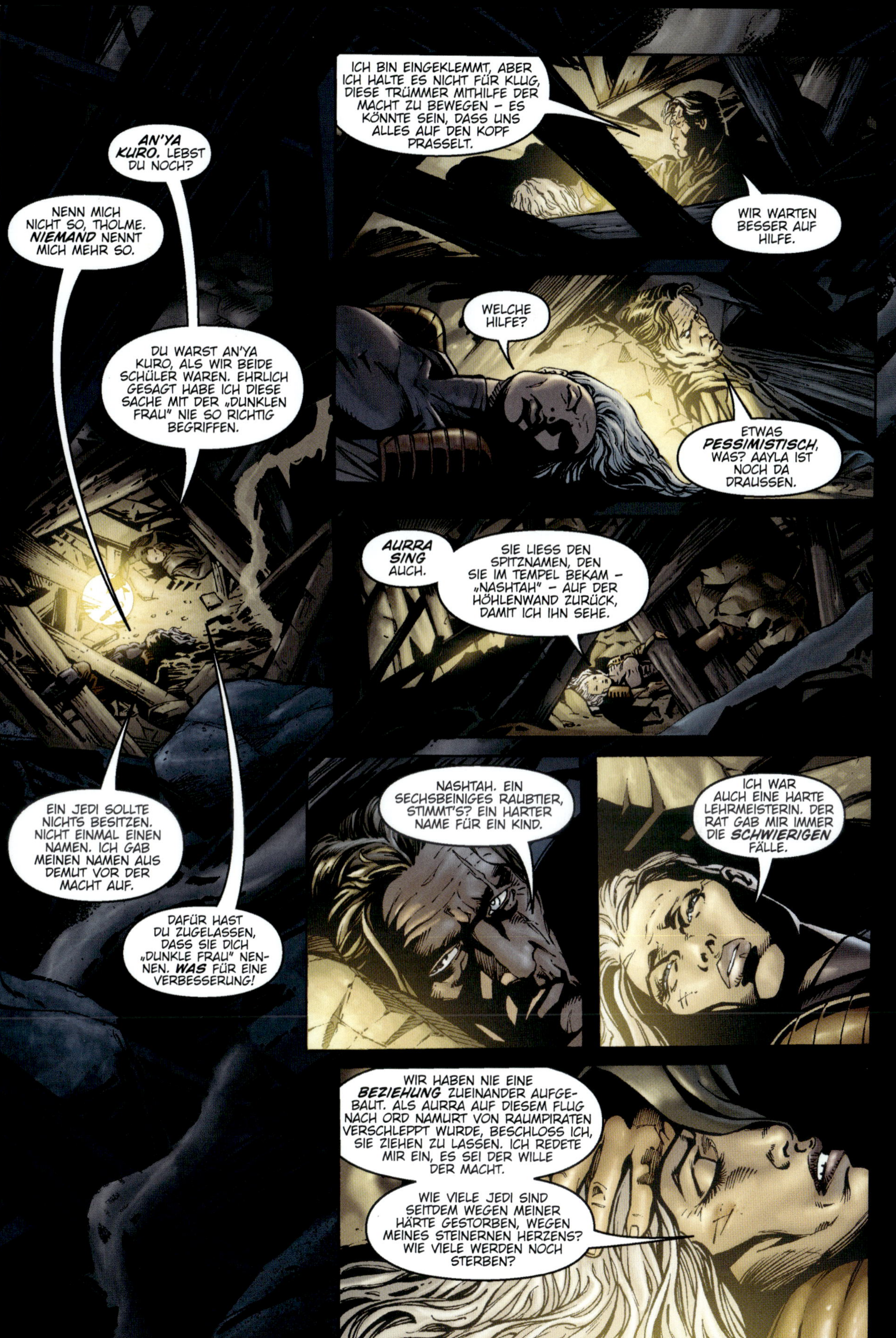
AN'YA KURO. LEBST DU NOCH?
NENN MICH NICHT SO, THOLME. NIEMAND NENNT MICH MEHR SO.
DU WARST AN'YA KURO, ALS WIR BEIDE SCHÜLER WAREN. EHRLICH GESAGT HABE ICH DIESE SACHE MIT DER „DUNKLEN FRAU" NIE SO RICHTIG BEGRIFFEN.
EIN JEDI SOLLTE NICHTS BESITZEN. NICHT EINMAL EINEN NAMEN. ICH GAB MEINEN NAMEN AUS DEMUT VOR DER MACHT AUF.
DAFÜR HAST DU ZUGELASSEN, DASS SIE DICH „DUNKLE FRAU" NENNEN. WAS FÜR EINE VERBESSERUNG!
ICH BIN EINGEKLEMMT, ABER ICH HALTE ES NICHT FÜR KLUG, DIESE TRÜMMER MITHILFE DER MACHT ZU BEWEGEN – ES KÖNNTE SEIN, DASS UNS ALLES AUF DEN KOPF PRASSELT.
WIR WARTEN BESSER AUF HILFE.
WELCHE HILFE?
ETWAS PESSIMISTISCH, WAS? AAYLA IST NOCH DA DRAUSSEN.
AURRA SING AUCH.
SIE LIESS DEN SPITZNAMEN, DEN SIE IM TEMPEL BEKAM – „NASHTAH" – AUF DER HÖHLENWAND ZURÜCK, DAMIT ICH IHN SEHE.
NASHTAH. EIN SECHSBEINIGES RAUBTIER, STIMMT'S? EIN HARTER NAME FÜR EIN KIND.
ICH WAR AUCH EINE HARTE LEHRMEISTERIN. DER RAT GAB MIR IMMER DIE SCHWIERIGEN FÄLLE.
WIR HABEN NIE EINE BEZIEHUNG ZUEINANDER AUFGEBAUT. ALS AURRA AUF DIESEM FLUG NACH ORD NAMURT VON RAUMPIRATEN VERSCHLEPPT WURDE, BESCHLOSS ICH, SIE ZIEHEN ZU LASSEN. ICH REDETE MIR EIN, ES SEI DER WILLE DER MACHT.
WIE VIELE JEDI SIND SEITDEM WEGEN MEINER HÄRTE GESTORBEN, WEGEN MEINES STEINERNEN HERZENS? WIE VIELE WERDEN NOCH STERBEN?

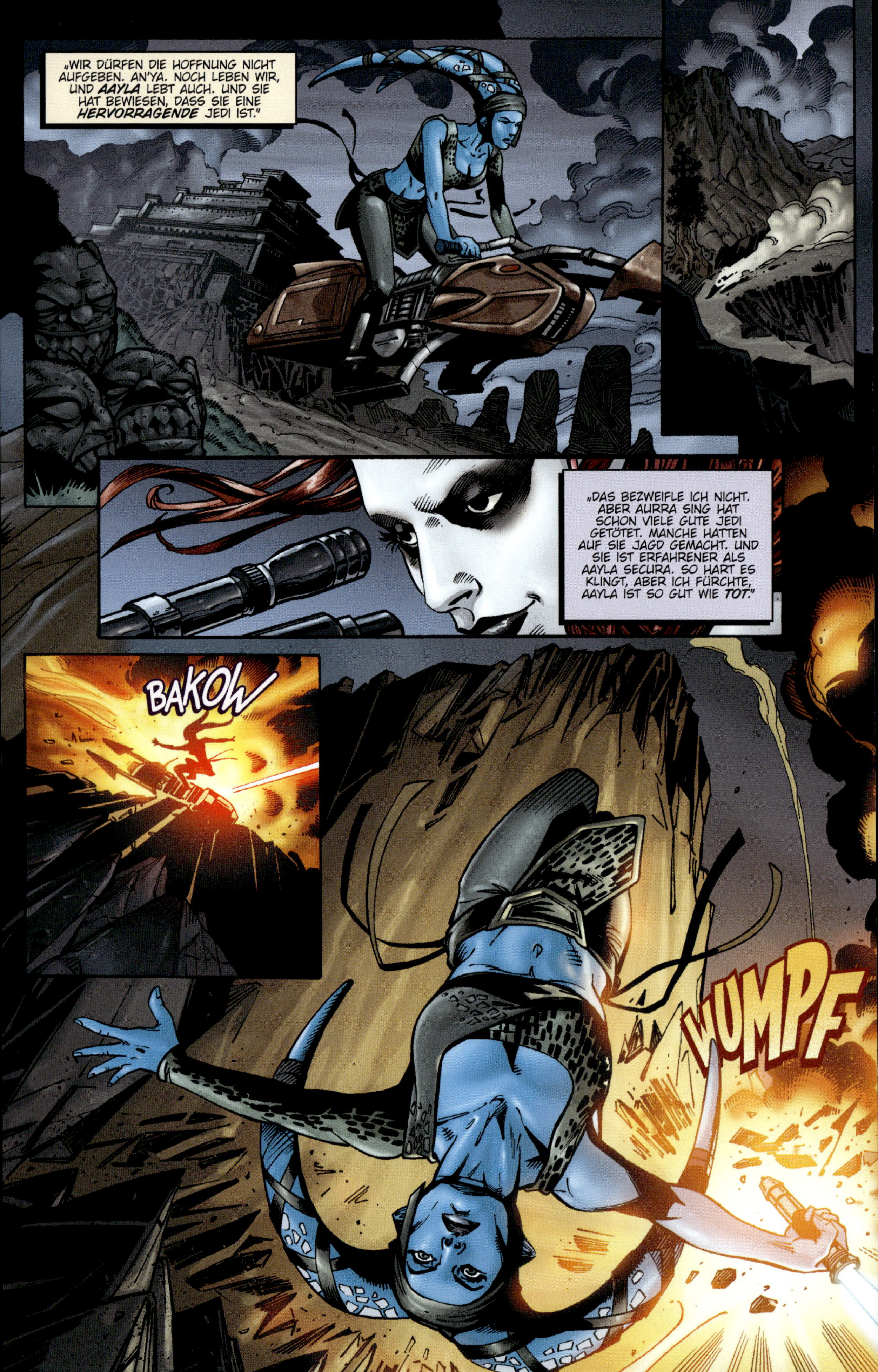
„WIR DÜRFEN DIE HOFFNUNG NICHT AUFGEBEN, AN'YA. NOCH LEBEN WIR, UND AAYLA LEBT AUCH. UND SIE HAT BEWIESEN, DASS SIE EINE HERVORRAGENDE JEDI IST."
„DAS BEZWEIFLE ICH NICHT. ABER AURRA SING HAT SCHON VIELE GUTE JEDI GETÖTET. MANCHE HATTEN AUF SIE JAGD GEMACHT. UND SIE IST ERFAHRENER ALS AAYLA SECURA. SO HART ES KLINGT, ABER ICH FÜRCHTE, AAYLA IST SO GUT WIE TOT."
BAKOW
WUMPF

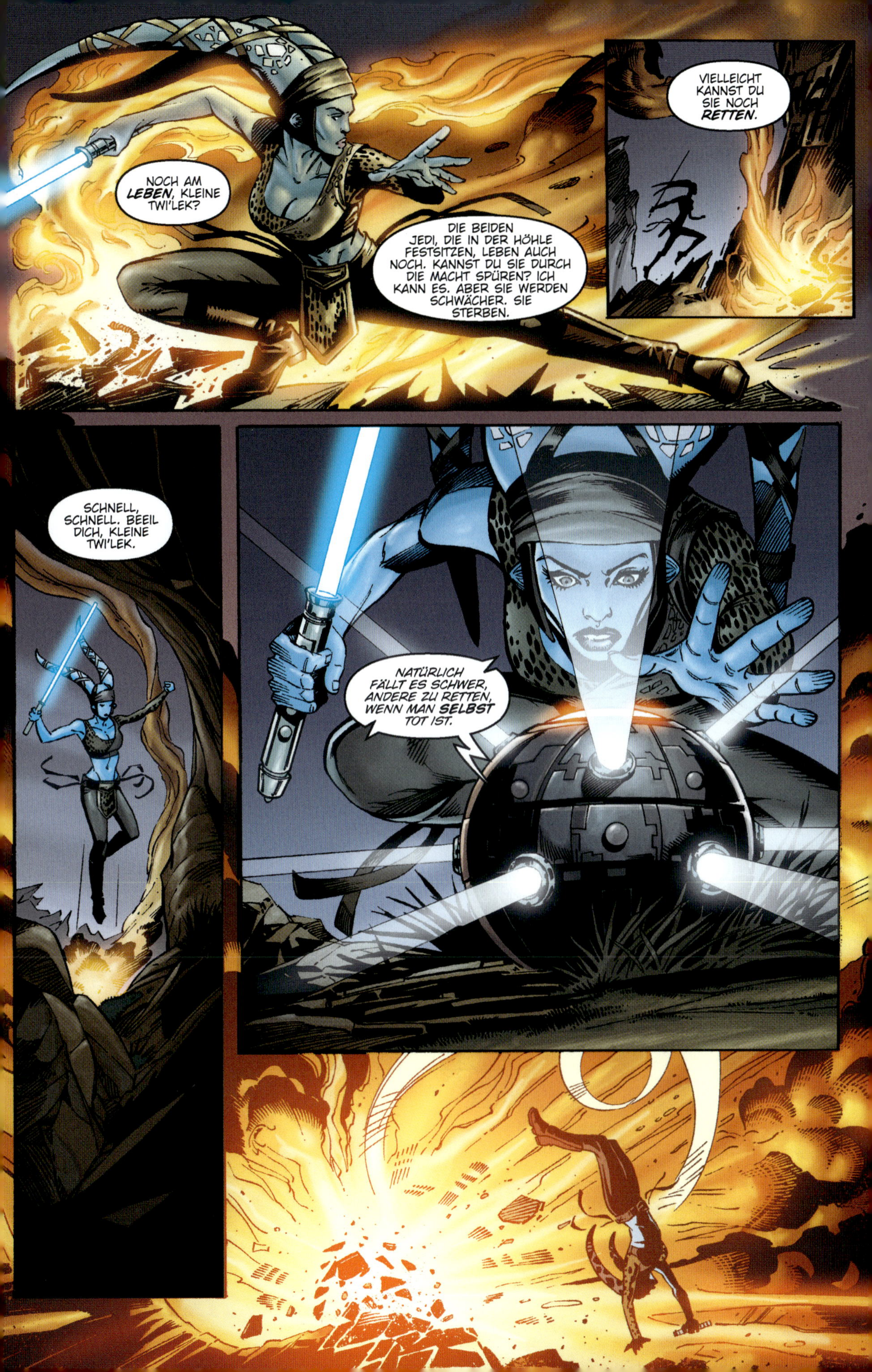
NOCH AM LEBEN, KLEINE TWI'LEK?
DIE BEIDEN JEDI, DIE IN DER HÖHLE FESTSITZEN, LEBEN AUCH NOCH. KANNST DU SIE DURCH DIE MACHT SPÜREN? ICH KANN ES. ABER SIE WERDEN SCHWÄCHER. SIE STERBEN.
VIELLEICHT KANNST DU SIE NOCH RETTEN.
SCHNELL, SCHNELL. BEEIL DICH, KLEINE TWI'LEK.
NATÜRLICH FÄLLT ES SCHWER, ANDERE ZU RETTEN, WENN MAN SELBST TOT IST.

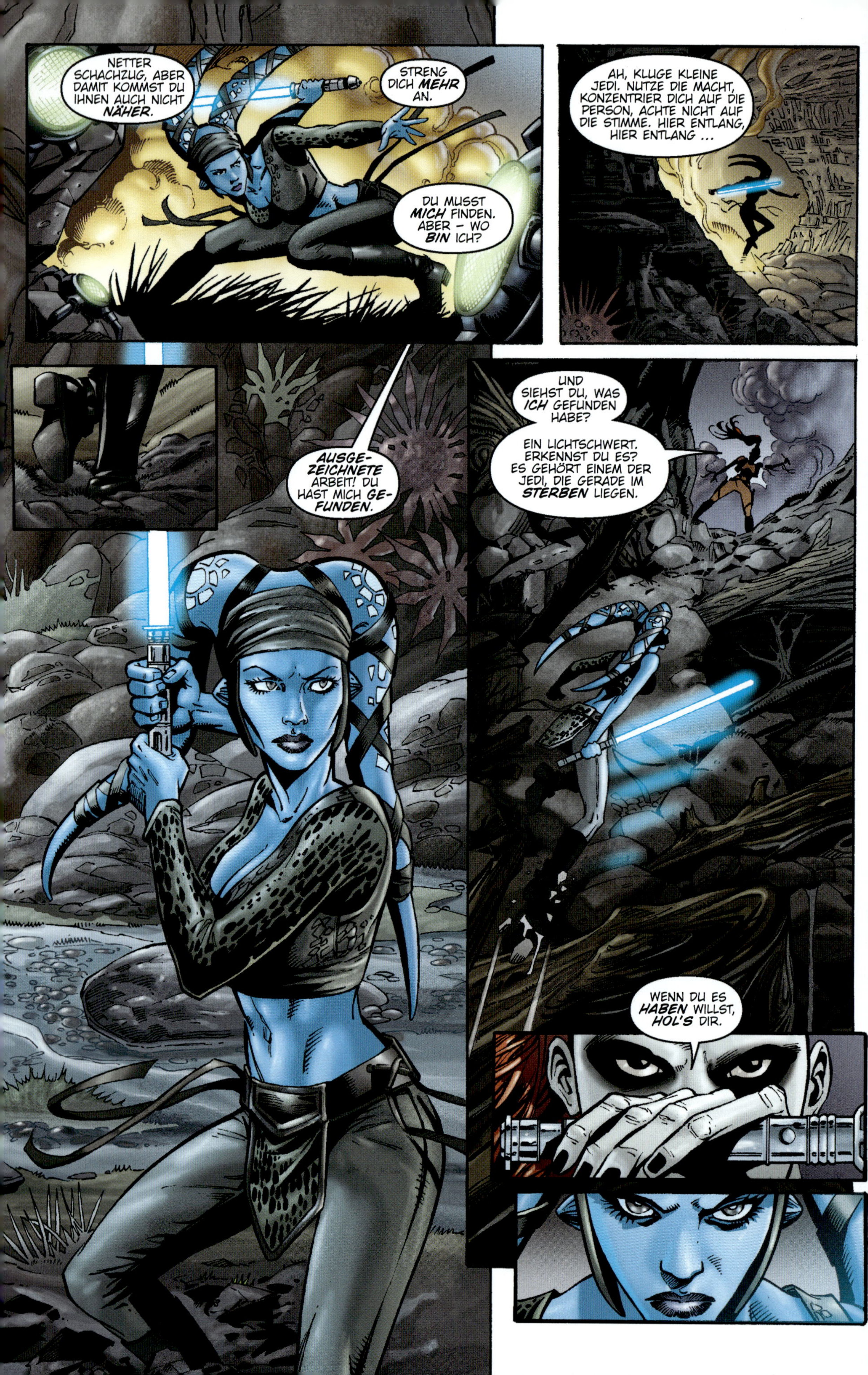
NETTER SCHACHZUG, ABER DAMIT KOMMST DU IHNEN AUCH NICHT NÄHER.
STRENG DICH MEHR AN.
DU MUSST MICH FINDEN. ABER – WO BIN ICH?
AH, KLUGE KLEINE JEDI. NUTZE DIE MACHT, KONZENTRIER DICH AUF DIE PERSON, ACHTE NICHT AUF DIE STIMME. HIER ENTLANG, HIER ENTLANG ...
AUSGE-ZEICHNETE ARBEIT! DU HAST MICH GE-FUNDEN.
UND SIEHST DU, WAS ICH GEFUNDEN HABE?
EIN LICHTSCHWERT. ERKENNST DU ES? ES GEHÖRT EINEM DER JEDI, DIE GERADE IM STERBEN LIEGEN.
WENN DU ES HABEN WILLST, HOL'S DIR.

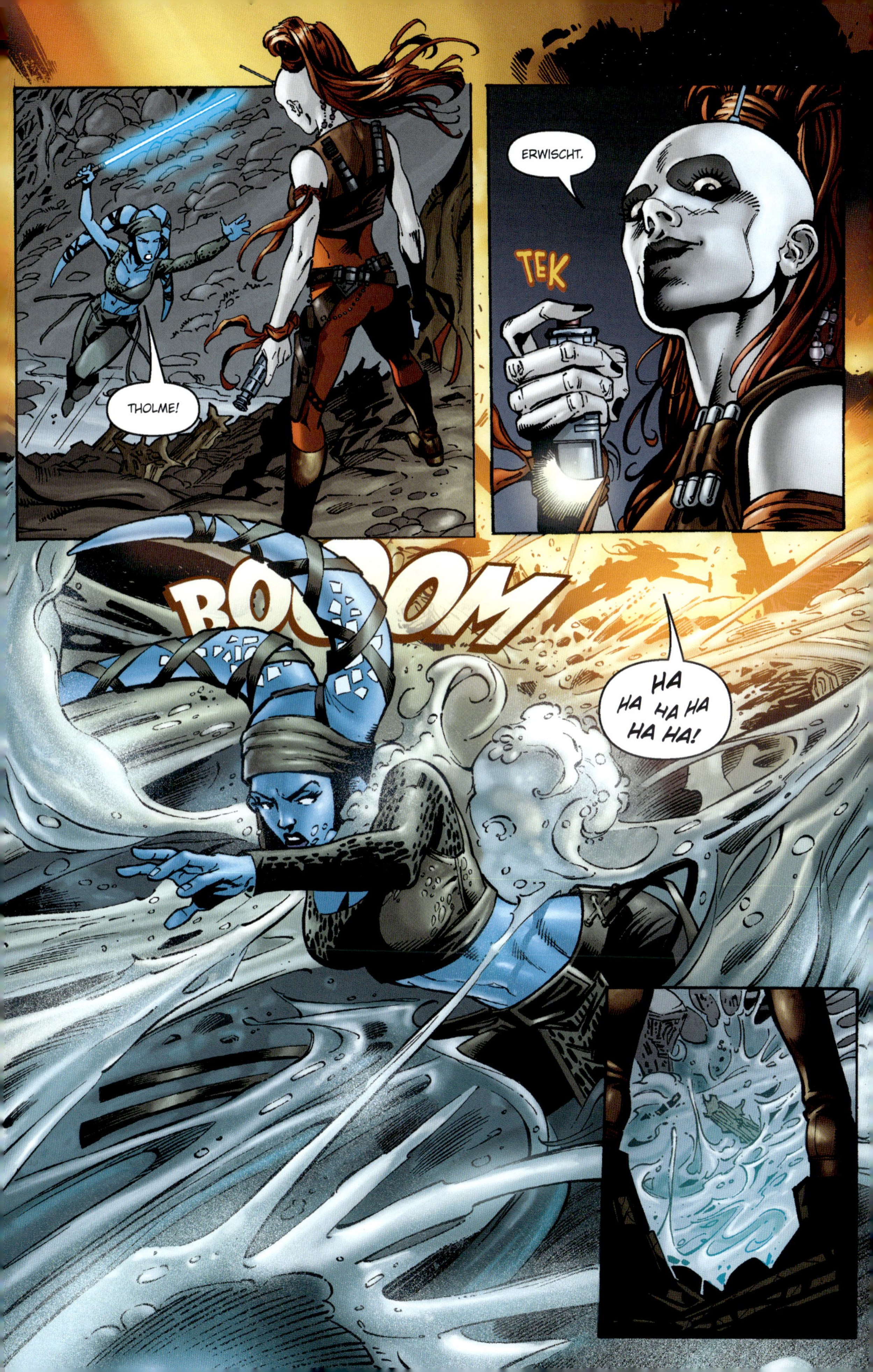
THOLME!
ERWISCHT.
TEK
BOOOM
HA
HA HA HA
HA HA!

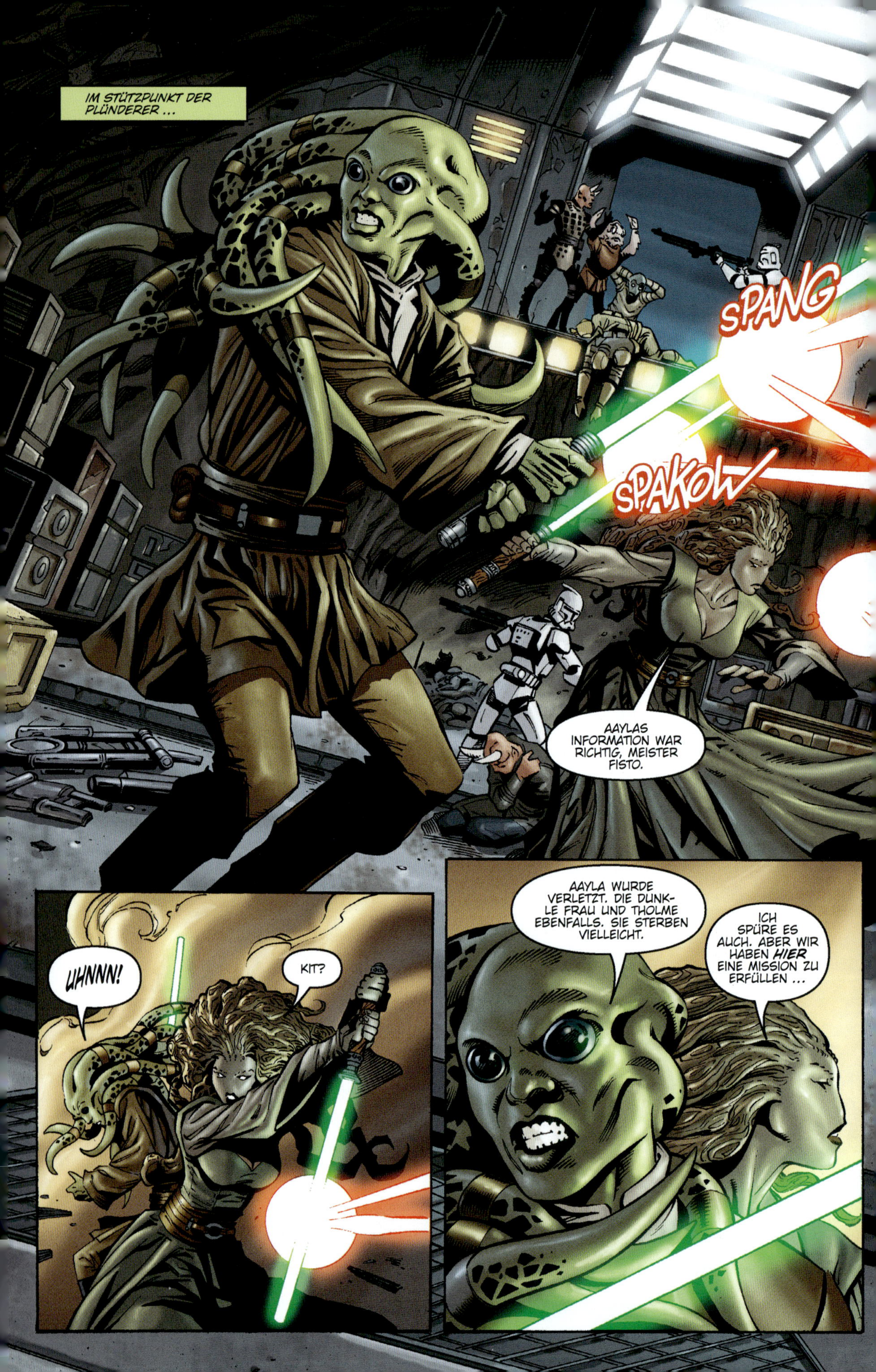
IM STÜTZPUNKT DER PLÜNDERER ...
SPANG
SPAKOW
AAYLAS INFORMATION WAR RICHTIG, MEISTER FISTO.
UHNNN!
KIT?
AAYLA WURDE VERLETZT. DIE DUNK-LE FRAU UND THOLME EBENFALLS. SIE STERBEN VIELLEICHT.
ICH SPÜRE ES AUCH. ABER WIR HABEN *HIER* EINE MISSION ZU ERFÜLLEN ...

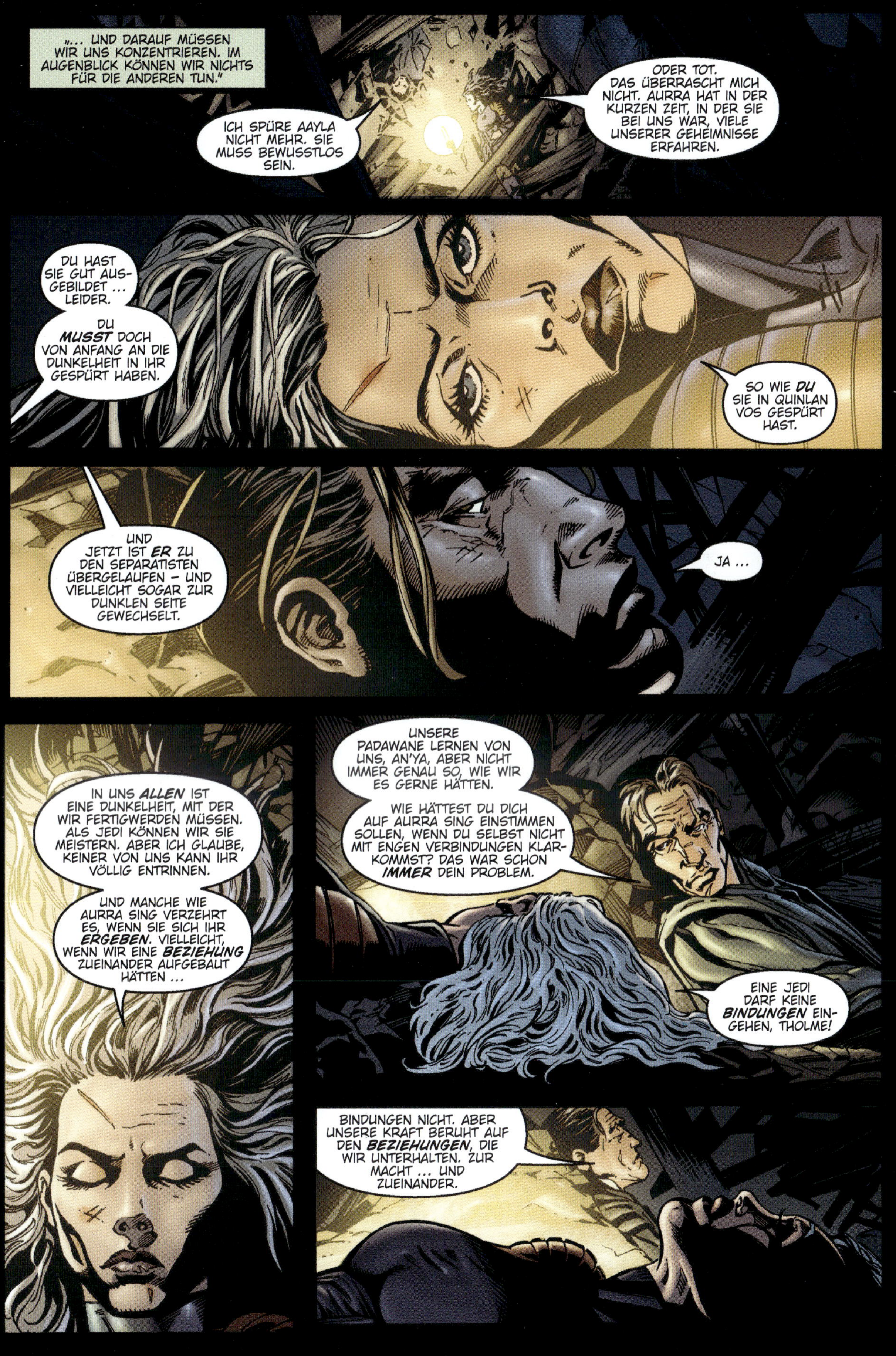
„... UND DARAUF MÜSSEN WIR UNS KONZENTRIEREN. IM AUGENBLICK KÖNNEN WIR NICHTS FÜR DIE ANDEREN TUN."
ICH SPÜRE AAYLA NICHT MEHR. SIE MUSS BEWUSSTLOS SEIN.
ODER TOT. DAS ÜBERRASCHT MICH NICHT. AURRA HAT IN DER KURZEN ZEIT, IN DER SIE BEI UNS WAR, VIELE UNSERER GEHEIMNISSE ERFAHREN.
DU HAST SIE GUT AUSGEBILDET ... LEIDER.
DU MUSST DOCH VON ANFANG AN DIE DUNKELHEIT IN IHR GESPÜRT HABEN.
SO WIE DU SIE IN QUINLAN VOS GESPÜRT HAST.
UND JETZT IST ER ZU DEN SEPARATISTEN ÜBERGELAUFEN – UND VIELLEICHT SOGAR ZUR DUNKLEN SEITE GEWECHSELT.
JA ...
IN UNS ALLEN IST EINE DUNKELHEIT, MIT DER WIR FERTIGWERDEN MÜSSEN. ALS JEDI KÖNNEN WIR SIE MEISTERN. ABER ICH GLAUBE, KEINER VON UNS KANN IHR VÖLLIG ENTRINNEN.
UND MANCHE WIE AURRA SING VERZEHRT ES, WENN SIE SICH IHR ERGEBEN. VIELLEICHT, WENN WIR EINE BEZIEHUNG ZUEINANDER AUFGEBAUT HÄTTEN ...
UNSERE PADAWANE LERNEN VON UNS, AN'YA, ABER NICHT IMMER GENAU SO, WIE WIR ES GERNE HÄTTEN.
WIE HÄTTEST DU DICH AUF AURRA SING EINSTIMMEN SOLLEN, WENN DU SELBST NICHT MIT ENGEN VERBINDUNGEN KLARKOMMST? DAS WAR SCHON IMMER DEIN PROBLEM.
EINE JEDI DARF KEINE BINDUNGEN EINGEHEN, THOLME!
BINDUNGEN NICHT. ABER UNSERE KRAFT BERUHT AUF DEN BEZIEHUNGEN, DIE WIR UNTERHALTEN. ZUR MACHT ... UND ZUEINANDER.

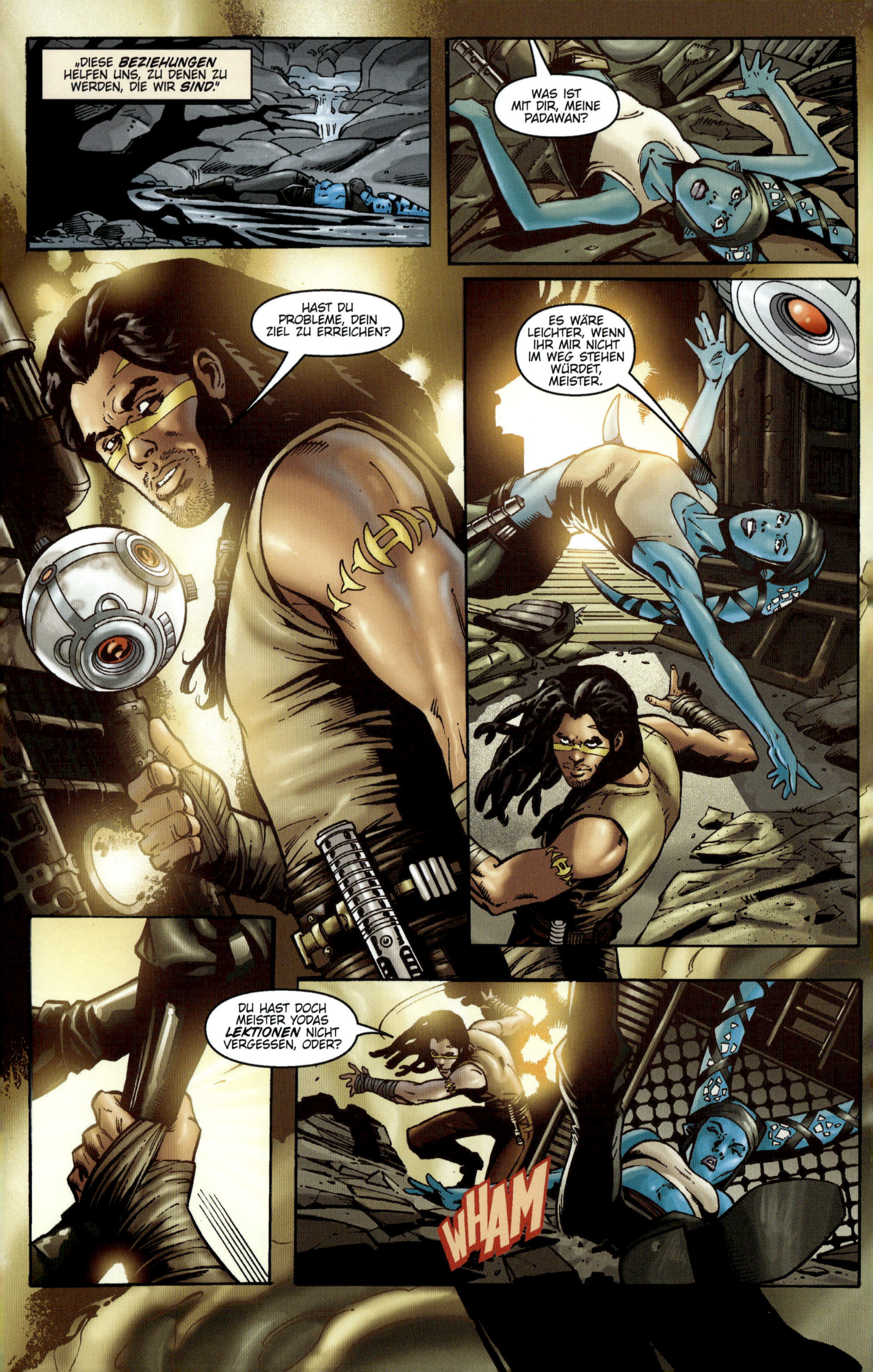
„DIESE BEZIEHUNGEN HELFEN UNS, ZU DENEN ZU WERDEN, DIE WIR SIND."
WAS IST MIT DIR, MEINE PADAWAN?
HAST DU PROBLEME, DEIN ZIEL ZU ERREICHEN?
ES WÄRE LEICHTER, WENN IHR MIR NICHT IM WEG STEHEN WÜRDET, MEISTER.
DU HAST DOCH MEISTER YODAS LEKTIONEN NICHT VERGESSEN, ODER?
WHAM

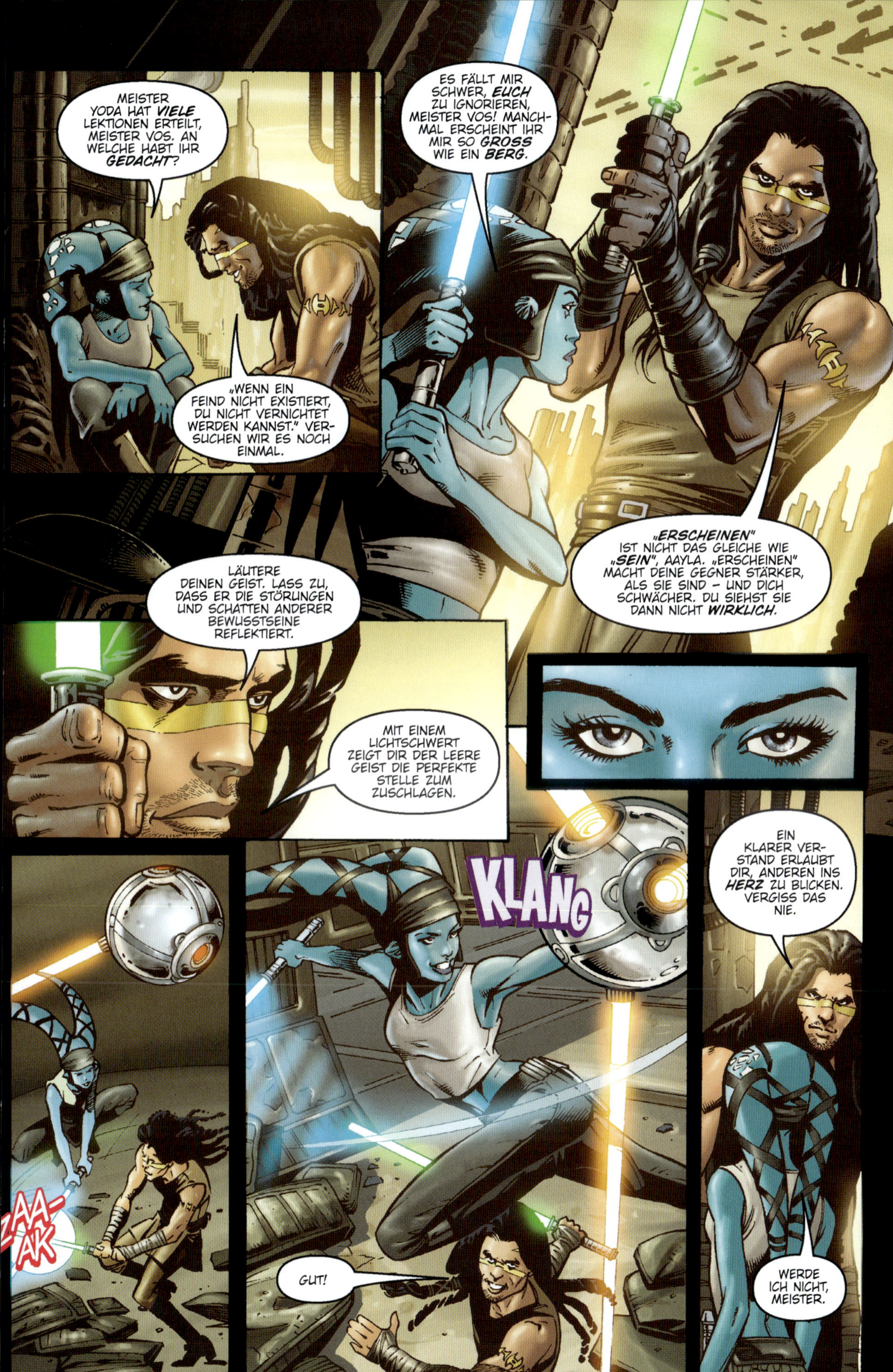
MEISTER YODA HAT VIELE LEKTIONEN ERTEILT, MEISTER VOS. AN WELCHE HABT IHR GEDACHT?
„WENN EIN FEIND NICHT EXISTIERT, DU NICHT VERNICHTET WERDEN KANNST." VERSUCHEN WIR ES NOCH EINMAL.
ES FÄLLT MIR SCHWER, EUCH ZU IGNORIEREN, MEISTER VOS! MANCHMAL ERSCHEINT IHR MIR SO GROSS WIE EIN BERG.
„ERSCHEINEN" IST NICHT DAS GLEICHE WIE „SEIN", AAYLA. „ERSCHEINEN" MACHT DEINE GEGNER STÄRKER, ALS SIE SIND – UND DICH SCHWÄCHER. DU SIEHST SIE DANN NICHT WIRKLICH.
LÄUTERE DEINEN GEIST. LASS ZU, DASS ER DIE STÖRUNGEN UND SCHATTEN ANDERER BEWUSSTSEINE REFLEKTIERT.
MIT EINEM LICHTSCHWERT ZEIGT DIR DER LEERE GEIST DIE PERFEKTE STELLE ZUM ZUSCHLAGEN.
ZAA-AK
KLANG
GUT!
EIN KLARER VERSTAND ERLAUBT DIR, ANDEREN INS HERZ ZU BLICKEN. VERGISS DAS NIE.
WERDE ICH NICHT, MEISTER.

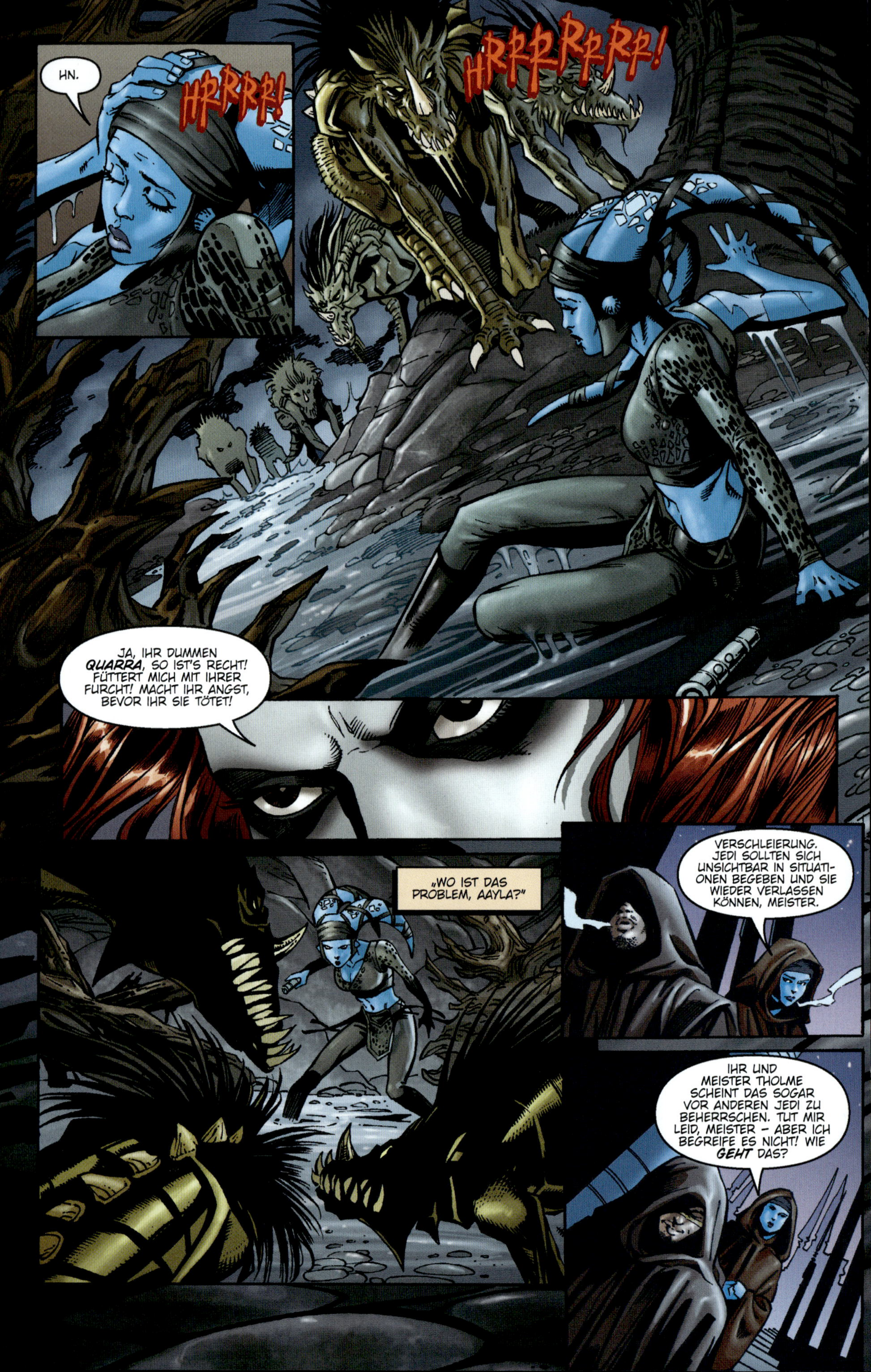
HN.
HRRRR!
HRRRRRRR!
JA, IHR DUMMEN QUARRA, SO IST'S RECHT! FÜTTERT MICH MIT IHRER FURCHT! MACHT IHR ANGST, BEVOR IHR SIE TÖTET!
„WO IST DAS PROBLEM, AAYLA?"
VERSCHLEIERUNG. JEDI SOLLTEN SICH UNSICHTBAR IN SITUATIONEN BEGEBEN UND SIE WIEDER VERLASSEN KÖNNEN, MEISTER.
IHR UND MEISTER THOLME SCHEINT DAS SOGAR VOR ANDEREN JEDI ZU BEHERRSCHEN. TUT MIR LEID, MEISTER – ABER ICH BEGREIFE ES NICHT! WIE GEHT DAS?

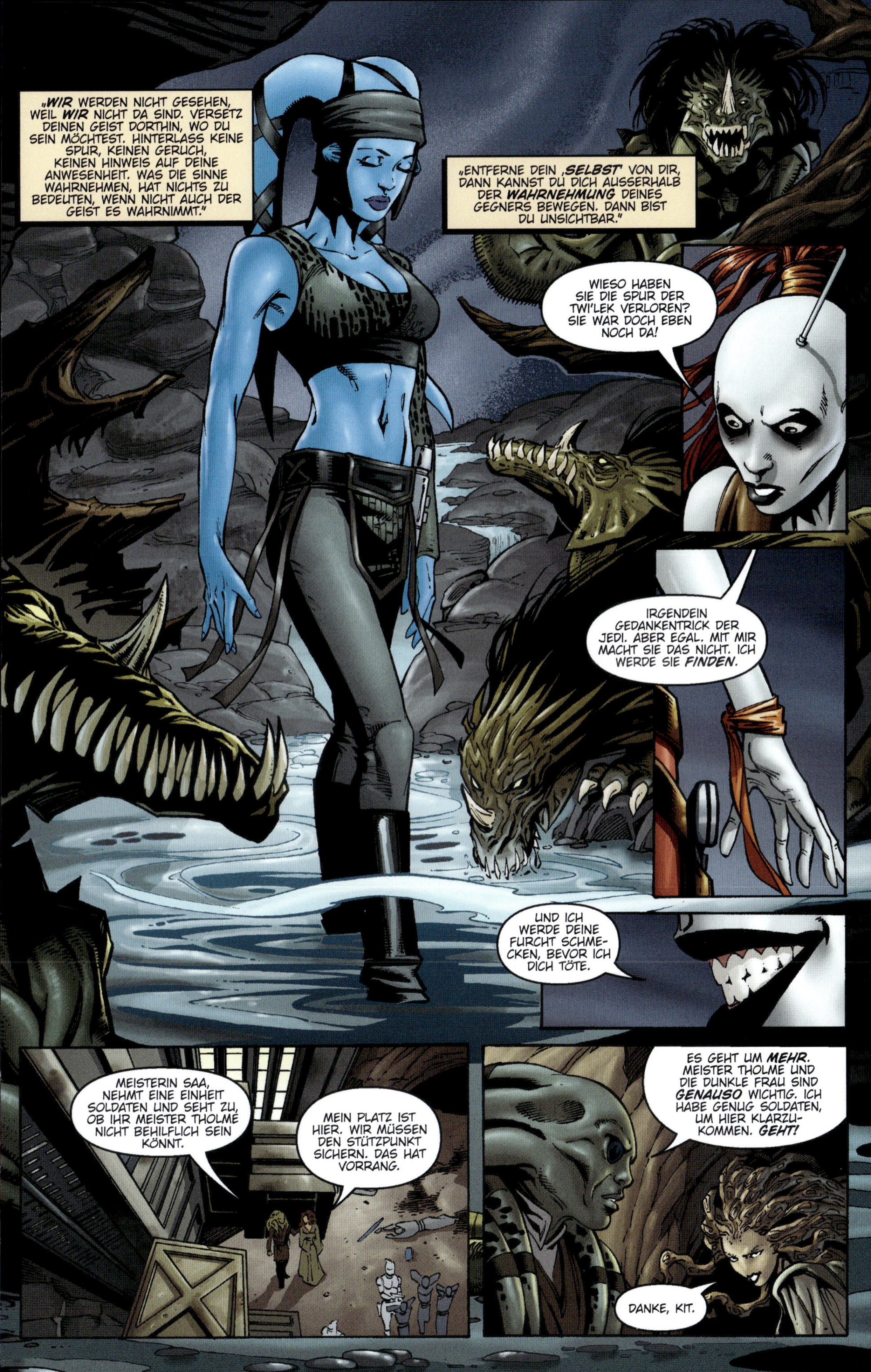
„WIR WERDEN NICHT GESEHEN, WEIL WIR NICHT DA SIND. VERSETZ DEINEN GEIST DORTHIN, WO DU SEIN MÖCHTEST. HINTERLASS KEINE SPUR, KEINEN GERUCH, KEINEN HINWEIS AUF DEINE ANWESENHEIT. WAS DIE SINNE WAHRNEHMEN, HAT NICHTS ZU BEDEUTEN, WENN NICHT AUCH DER GEIST ES WAHRNIMMT."
„ENTFERNE DEIN ‚SELBST' VON DIR, DANN KANNST DU DICH AUSSERHALB DER WAHRNEHMUNG DEINES GEGNERS BEWEGEN. DANN BIST DU UNSICHTBAR."
WIESO HABEN SIE DIE SPUR DER TWI'LEK VERLOREN? SIE WAR DOCH EBEN NOCH DA!
IRGENDEIN GEDANKENTRICK DER JEDI. ABER EGAL. MIT MIR MACHT SIE DAS NICHT. ICH WERDE SIE FINDEN.
UND ICH WERDE DEINE FURCHT SCHMECKEN, BEVOR ICH DICH TÖTE.
MEISTERIN SAA, NEHMT EINE EINHEIT SOLDATEN UND SEHT ZU, OB IHR MEISTER THOLME NICHT BEHILFLICH SEIN KÖNNT.
MEIN PLATZ IST HIER. WIR MÜSSEN DEN STÜTZPUNKT SICHERN. DAS HAT VORRANG.
ES GEHT UM MEHR. MEISTER THOLME UND DIE DUNKLE FRAU SIND GENAUSO WICHTIG. ICH HABE GENUG SOLDATEN, UM HIER KLARZUKOMMEN. GEHT!
DANKE, KIT.

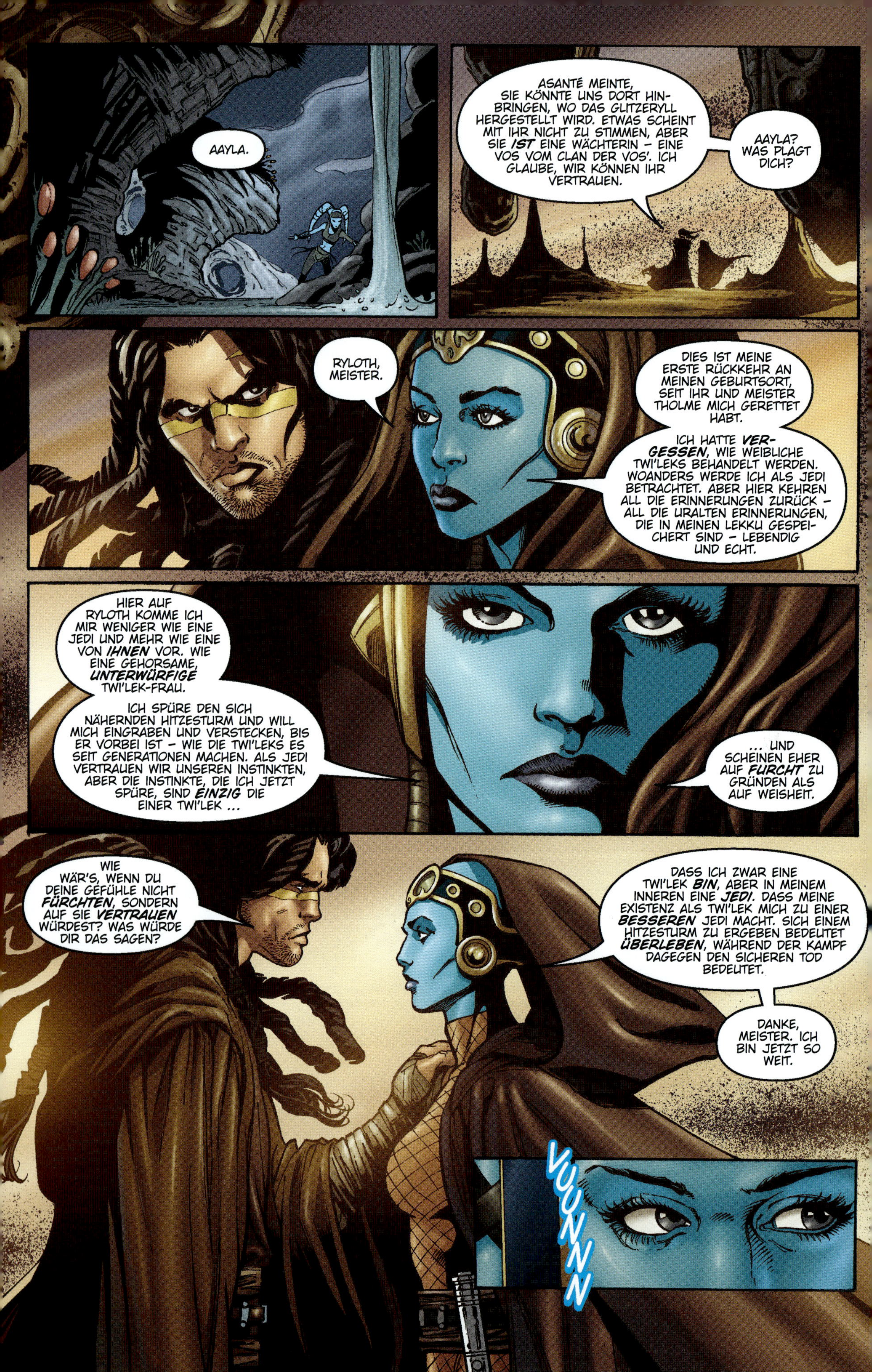
AAYLA.
ASANTÉ MEINTE, SIE KÖNNTE UNS DORT HINBRINGEN, WO DAS GLITZERYLL HERGESTELLT WIRD. ETWAS SCHEINT MIT IHR NICHT ZU STIMMEN, ABER SIE IST EINE WÄCHTERIN – EINE VOS VOM CLAN DER VOS'. ICH GLAUBE, WIR KÖNNEN IHR VERTRAUEN.
AAYLA? WAS PLAGT DICH?
RYLOTH, MEISTER.
DIES IST MEINE ERSTE RÜCKKEHR AN MEINEN GEBURTSORT, SEIT IHR UND MEISTER THOLME MICH GERETTET HABT.
ICH HATTE VERGESSEN, WIE WEIBLICHE TWI'LEKS BEHANDELT WERDEN. WOANDERS WERDE ICH ALS JEDI BETRACHTET. ABER HIER KEHREN ALL DIE ERINNERUNGEN ZURÜCK – ALL DIE URALTEN ERINNERUNGEN, DIE IN MEINEN LEKKU GESPEICHERT SIND – LEBENDIG UND ECHT.
HIER AUF RYLOTH KOMME ICH MIR WENIGER WIE EINE JEDI UND MEHR WIE EINE VON IHNEN VOR. WIE EINE GEHORSAME, UNTERWÜRFIGE TWI'LEK-FRAU.
ICH SPÜRE DEN SICH NÄHERNDEN HITZESTURM UND WILL MICH EINGRABEN UND VERSTECKEN, BIS ER VORBEI IST – WIE DIE TWI'LEKS ES SEIT GENERATIONEN MACHEN. ALS JEDI VERTRAUEN WIR UNSEREN INSTINKTEN, ABER DIE INSTINKTE, DIE ICH JETZT SPÜRE, SIND EINZIG DIE EINER TWI'LEK ...
... UND SCHEINEN EHER AUF FURCHT ZU GRÜNDEN ALS AUF WEISHEIT.
WIE WÄR'S, WENN DU DEINE GEFÜHLE NICHT FÜRCHTEN, SONDERN AUF SIE VERTRAUEN WÜRDEST? WAS WÜRDE DIR DAS SAGEN?
DASS ICH ZWAR EINE TWI'LEK BIN, ABER IN MEINEM INNEREN EINE JEDI. DASS MEINE EXISTENZ ALS TWI'LEK MICH ZU EINER BESSEREN JEDI MACHT. SICH EINEM HITZESTURM ZU ERGEBEN BEDEUTET ÜBERLEBEN, WÄHREND DER KAMPF DAGEGEN DEN SICHEREN TOD BEDEUTET.
DANKE, MEISTER. ICH BIN JETZT SO WEIT.
VUUNNN

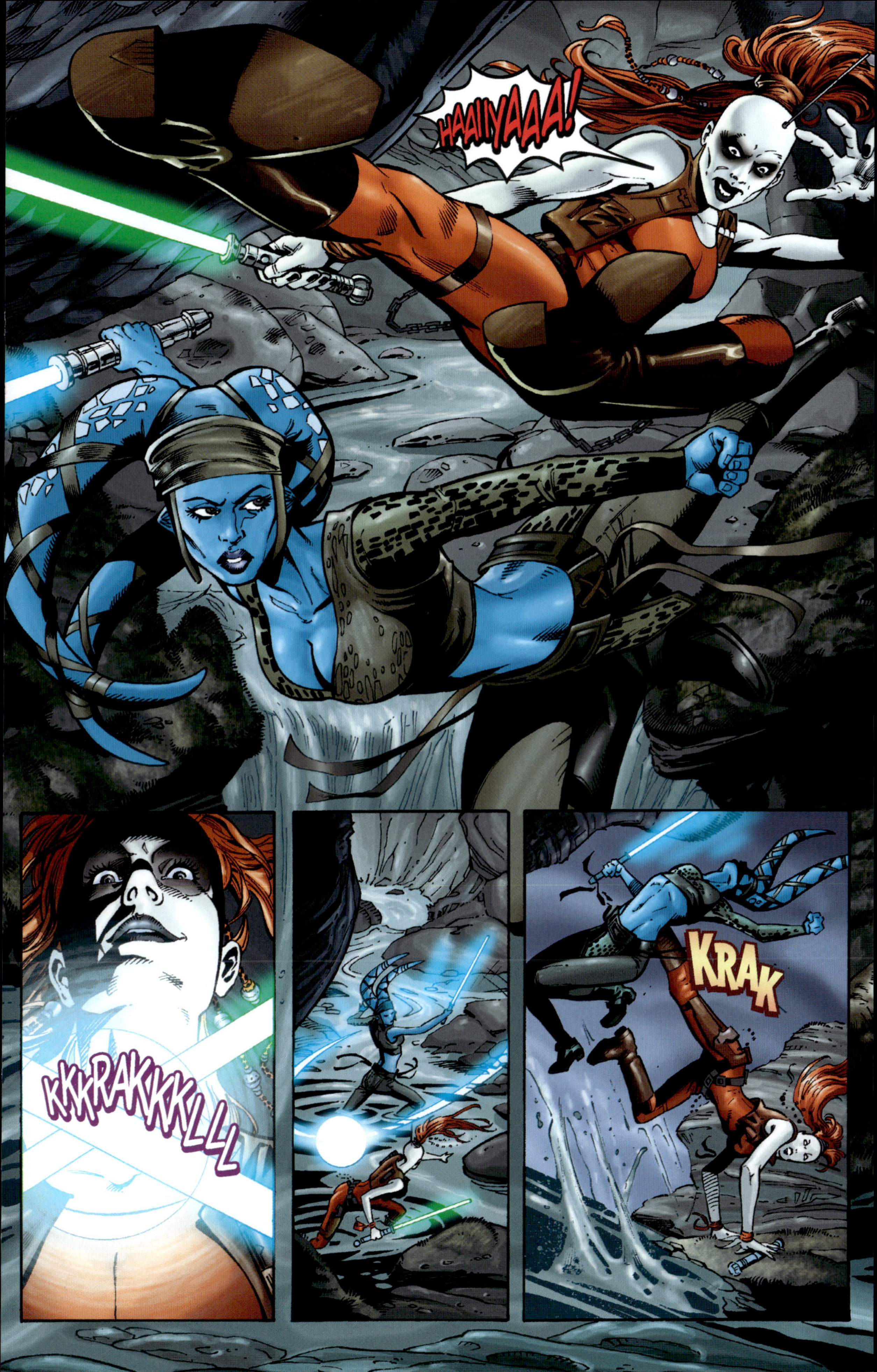
HAAIIYAAA!
KKKRAKKKLLL
KRAK

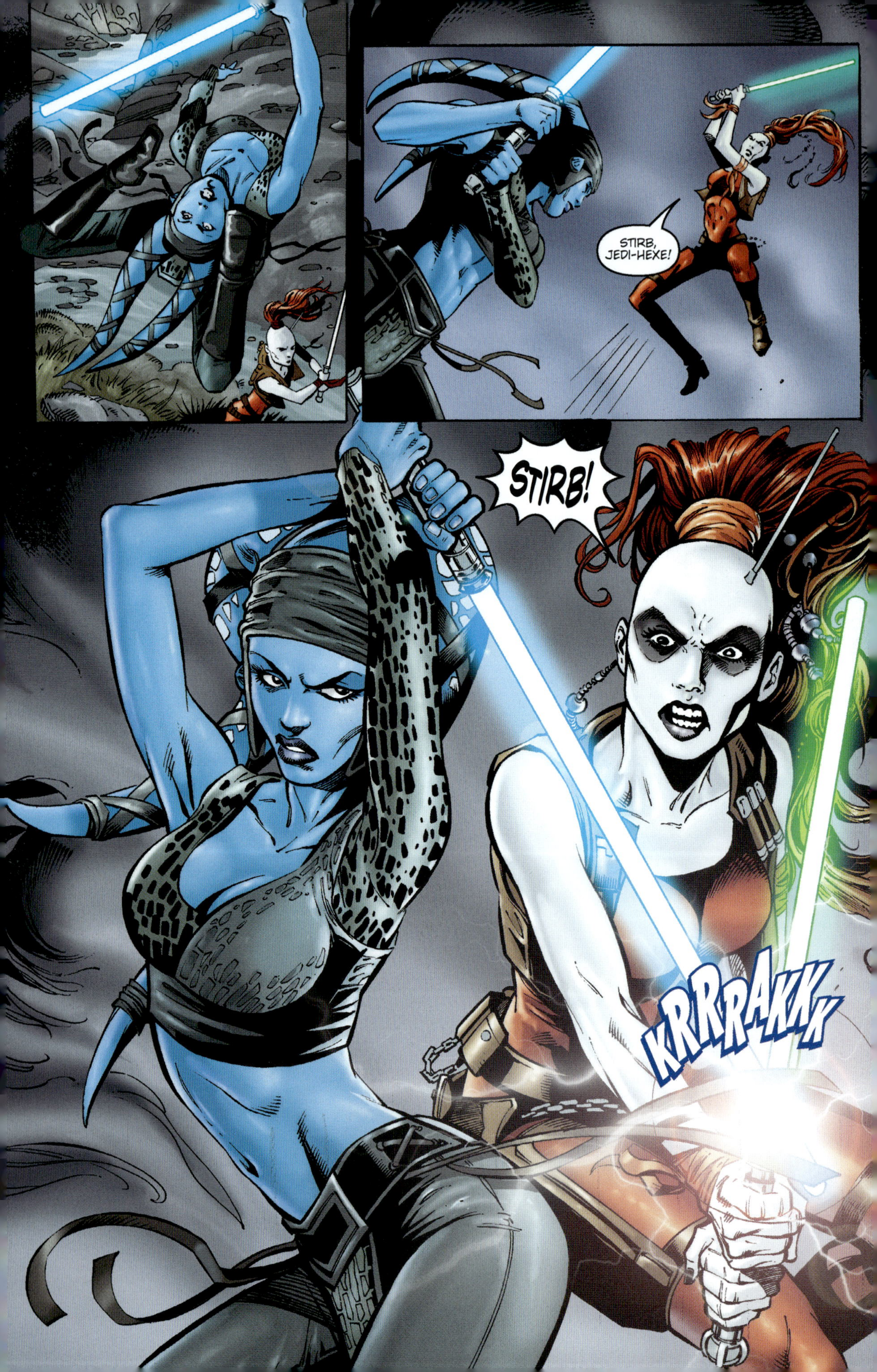
STIRB, JEDI-HEXE!
STIRB!
KRRRAKKK

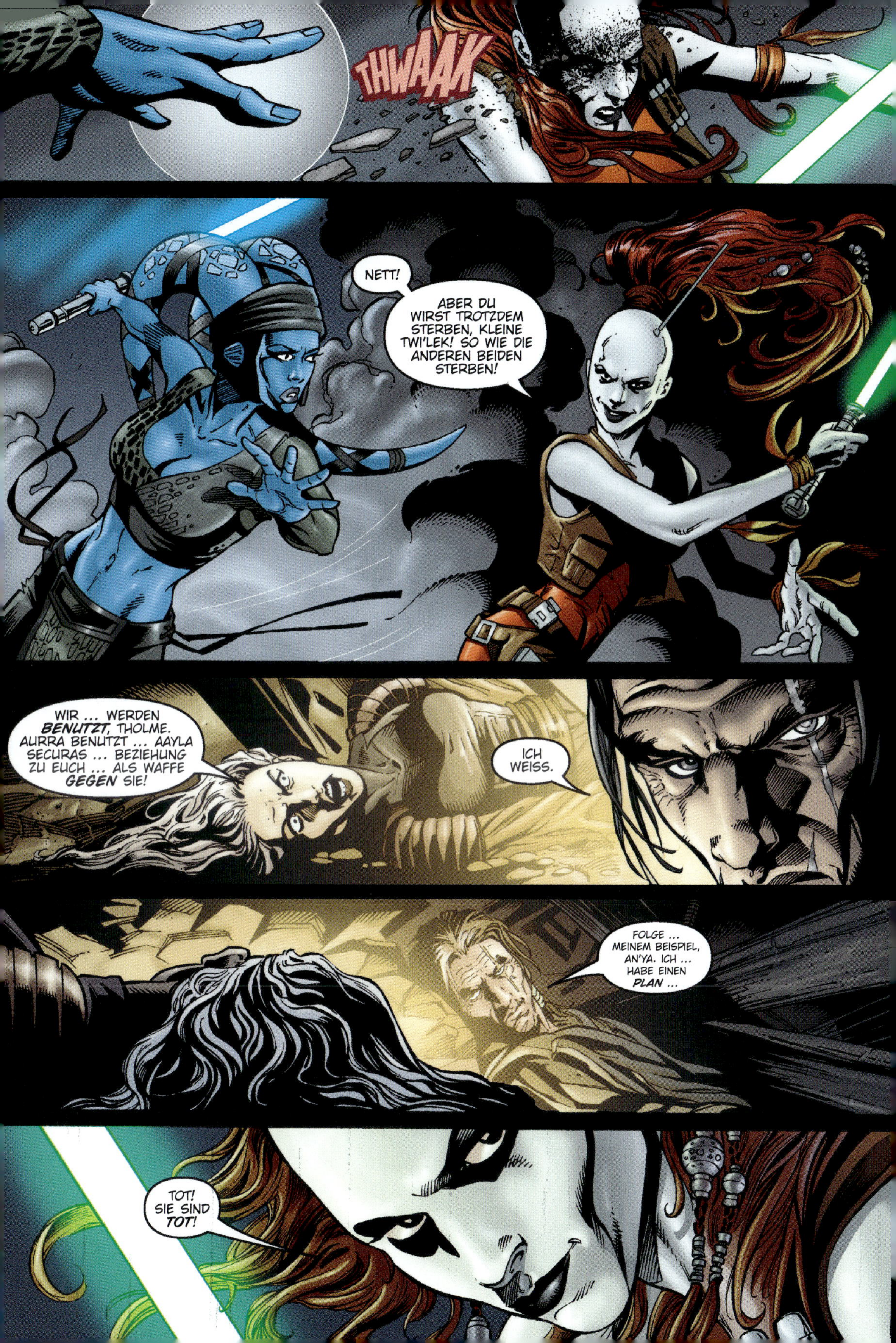
THWAAK
NETT!
ABER DU WIRST TROTZDEM STERBEN, KLEINE TWI'LEK! SO WIE DIE ANDEREN BEIDEN STERBEN!
WIR ... WERDEN BENUTZT, THOLME. AURRA BENUTZT ... AAYLA SECURAS ... BEZIEHUNG ZU EUCH ... ALS WAFFE GEGEN SIE!
ICH WEISS.
FOLGE ... MEINEM BEISPIEL, AN'YA. ICH ... HABE EINEN PLAN ...
TOT! SIE SIND TOT!

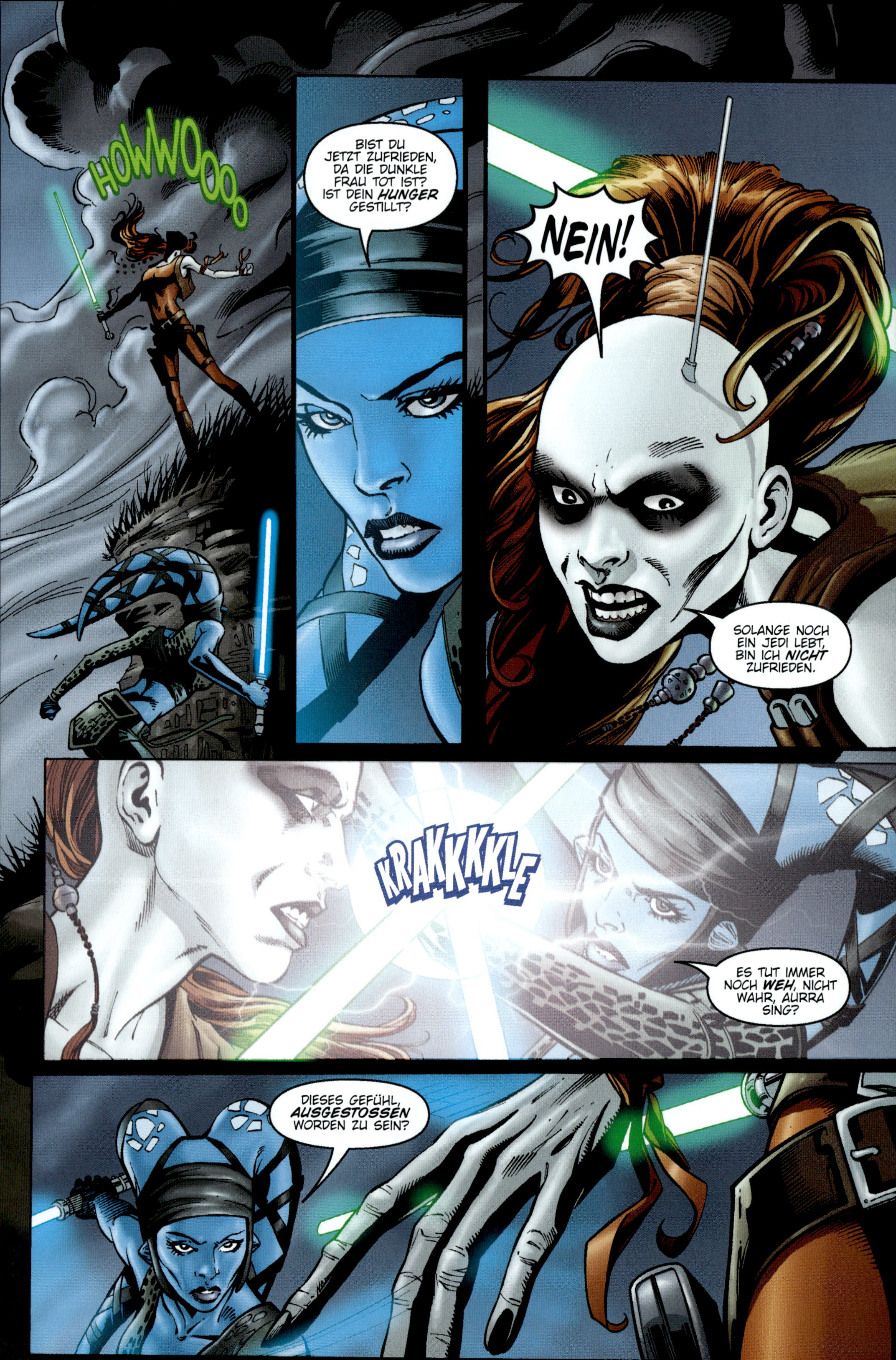
HOWWOOOO
BIST DU JETZT ZUFRIEDEN, DA DIE DUNKLE FRAU TOT IST? IST DEIN HUNGER GESTILLT?
NEIN!
SOLANGE NOCH EIN JEDI LEBT, BIN ICH NICHT ZUFRIEDEN.
KRAKKKKLE
ES TUT IMMER NOCH WEH, NICHT WAHR, AURRA SING?
DIESES GEFÜHL, AUSGESTOSSEN WORDEN ZU SEIN?

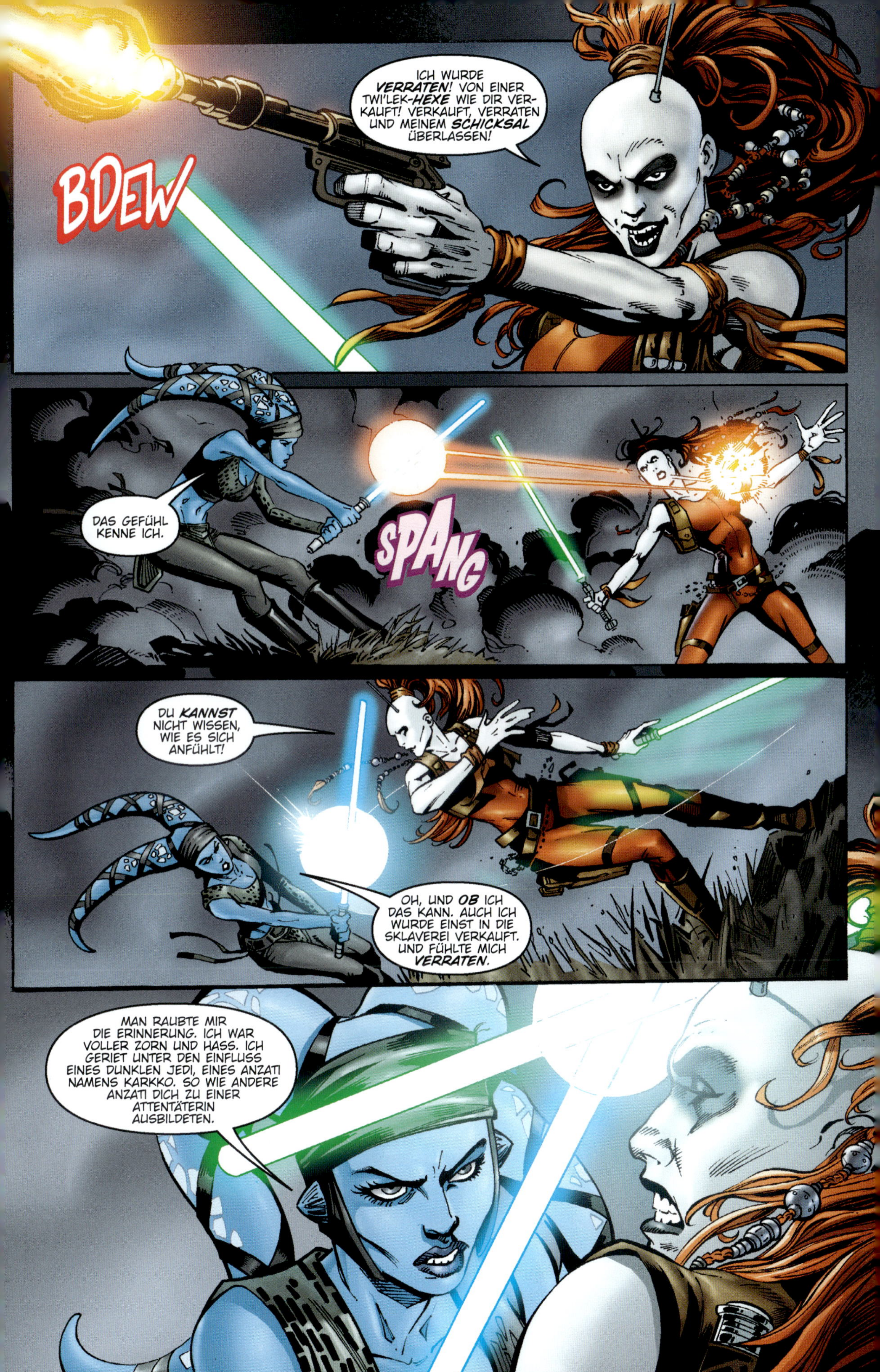
ICH WURDE VERRATEN! VON EINER TWI'LEK-HEXE WIE DIR VERKAUFT! VERKAUFT, VERRATEN UND MEINEM SCHICKSAL ÜBERLASSEN!
BDEW
DAS GEFÜHL KENNE ICH.
SPANG
DU KANNST NICHT WISSEN, WIE ES SICH ANFÜHLT!
OH, UND OB ICH DAS KANN. AUCH ICH WURDE EINST IN DIE SKLAVEREI VERKAUFT. UND FÜHLTE MICH VERRATEN.
MAN RAUBTE MIR DIE ERINNERUNG. ICH WAR VOLLER ZORN UND HASS. ICH GERIET UNTER DEN EINFLUSS EINES DUNKLEN JEDI, EINES ANZATI NAMENS KARKKO. SO WIE ANDERE ANZATI DICH ZU EINER ATTENTÄTERIN AUSBILDETEN.

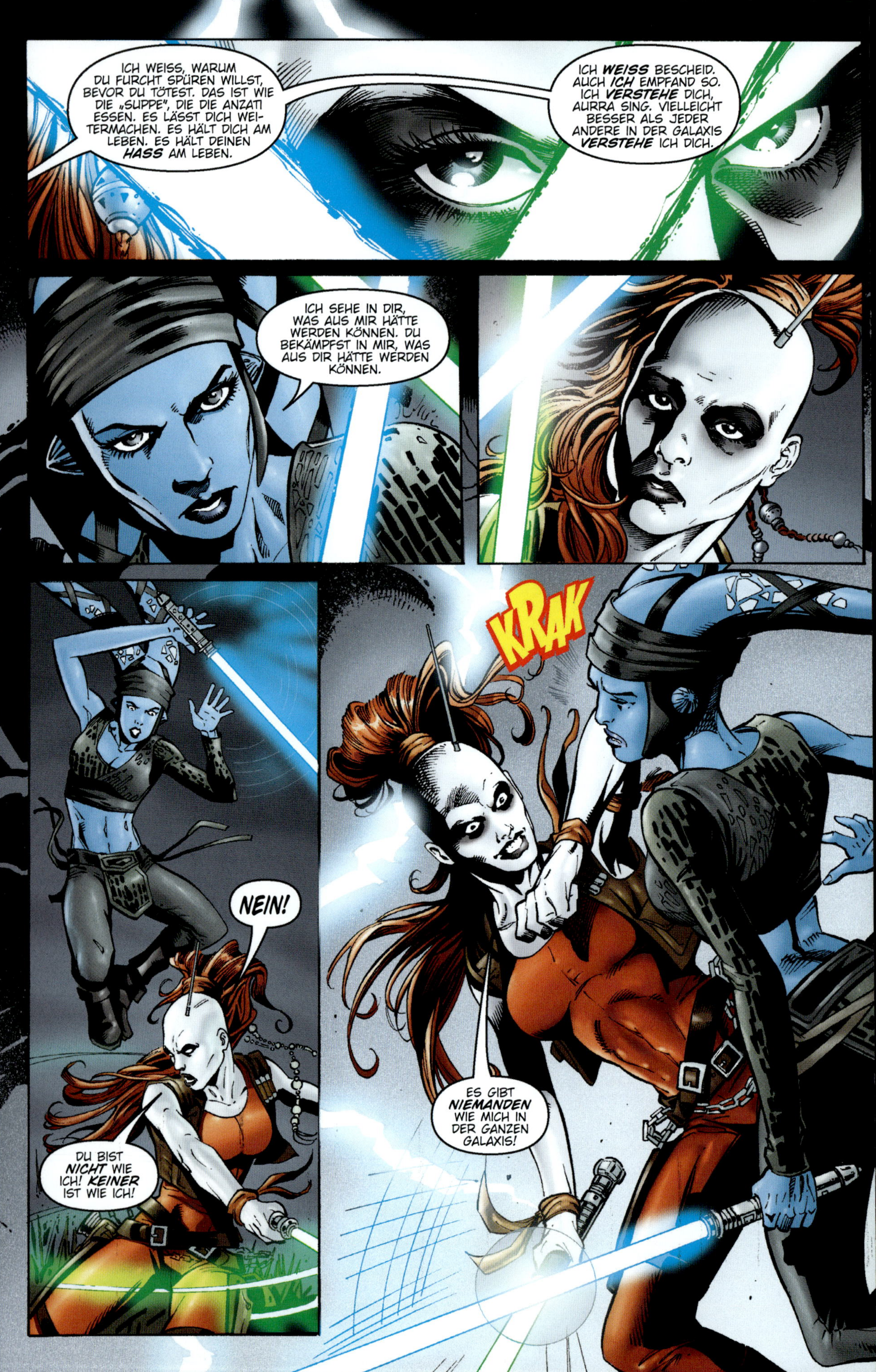
ICH WEISS, WARUM DU FURCHT SPÜREN WILLST, BEVOR DU TÖTEST. DAS IST WIE DIE „SUPPE", DIE DIE ANZATI ESSEN. ES LÄSST DICH WEI-TERMACHEN. ES HÄLT DICH AM LEBEN. ES HÄLT DEINEN HASS AM LEBEN.
ICH WEISS BESCHEID. AUCH ICH EMPFAND SO. ICH VERSTEHE DICH, AURRA SING. VIELLEICHT BESSER ALS JEDER ANDERE IN DER GALAXIS VERSTEHE ICH DICH.
ICH SEHE IN DIR, WAS AUS MIR HÄTTE WERDEN KÖNNEN. DU BEKÄMPFST IN MIR, WAS AUS DIR HÄTTE WERDEN KÖNNEN.
NEIN!
DU BIST NICHT WIE ICH! KEINER IST WIE ICH!
KRAK
ES GIBT NIEMANDEN WIE MICH IN DER GANZEN GALAXIS!

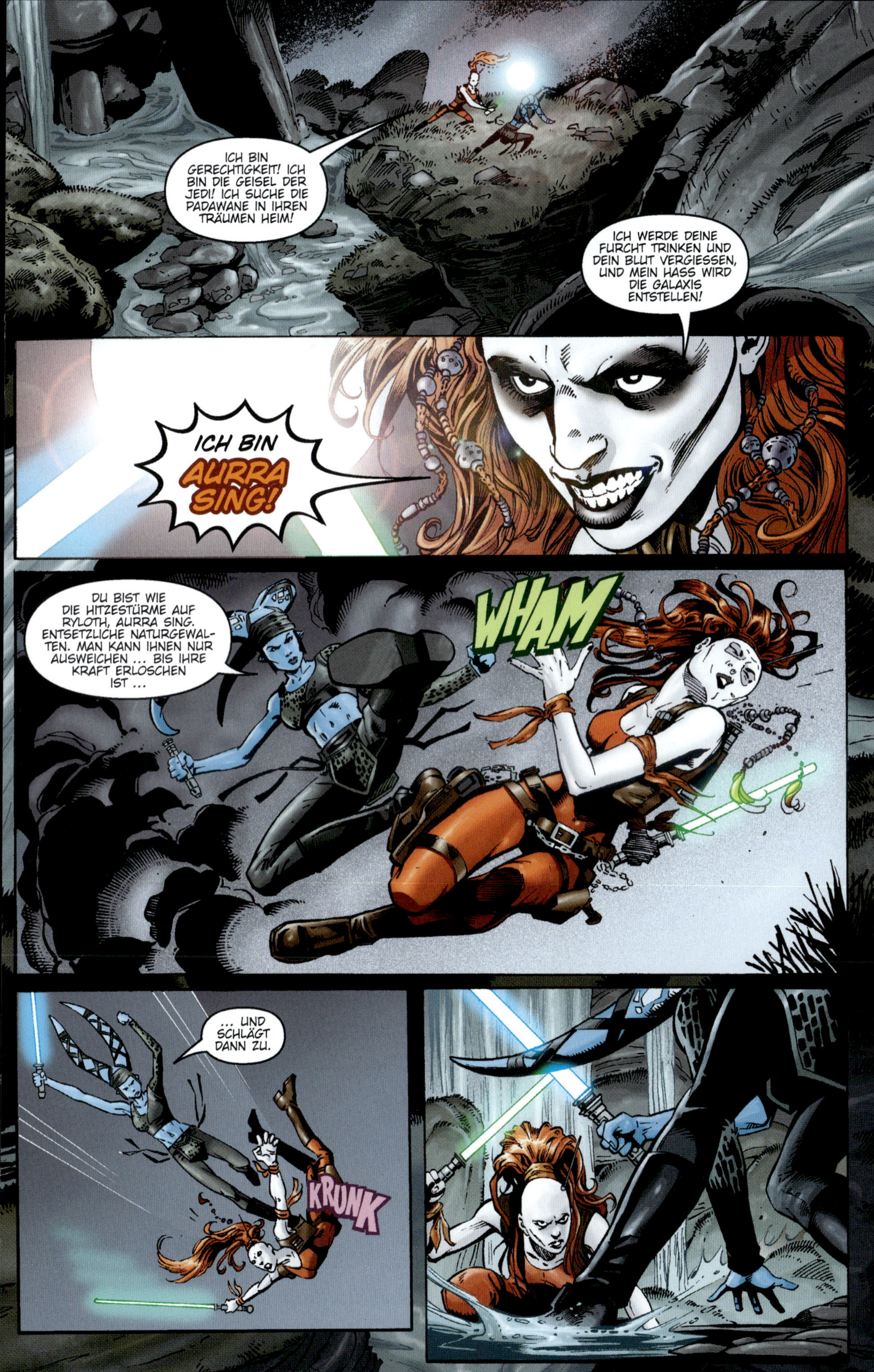
ICH BIN GERECHTIGKEIT! ICH BIN DIE GEISEL DER JEDI! ICH SUCHE DIE PADAWANE IN IHREN TRÄUMEN HEIM!
ICH WERDE DEINE FURCHT TRINKEN UND DEIN BLUT VERGIESSEN, UND MEIN HASS WIRD DIE GALAXIS ENTSTELLEN!
ICH BIN AURRA SING!
DU BIST WIE DIE HITZESTÜRME AUF RYLOTH, AURRA SING. ENTSETZLICHE NATURGEWALTEN. MAN KANN IHNEN NUR AUSWEICHEN ... BIS IHRE KRAFT ERLOSCHEN IST ...
WHAM
... UND SCHLÄGT DANN ZU.
KRUNK

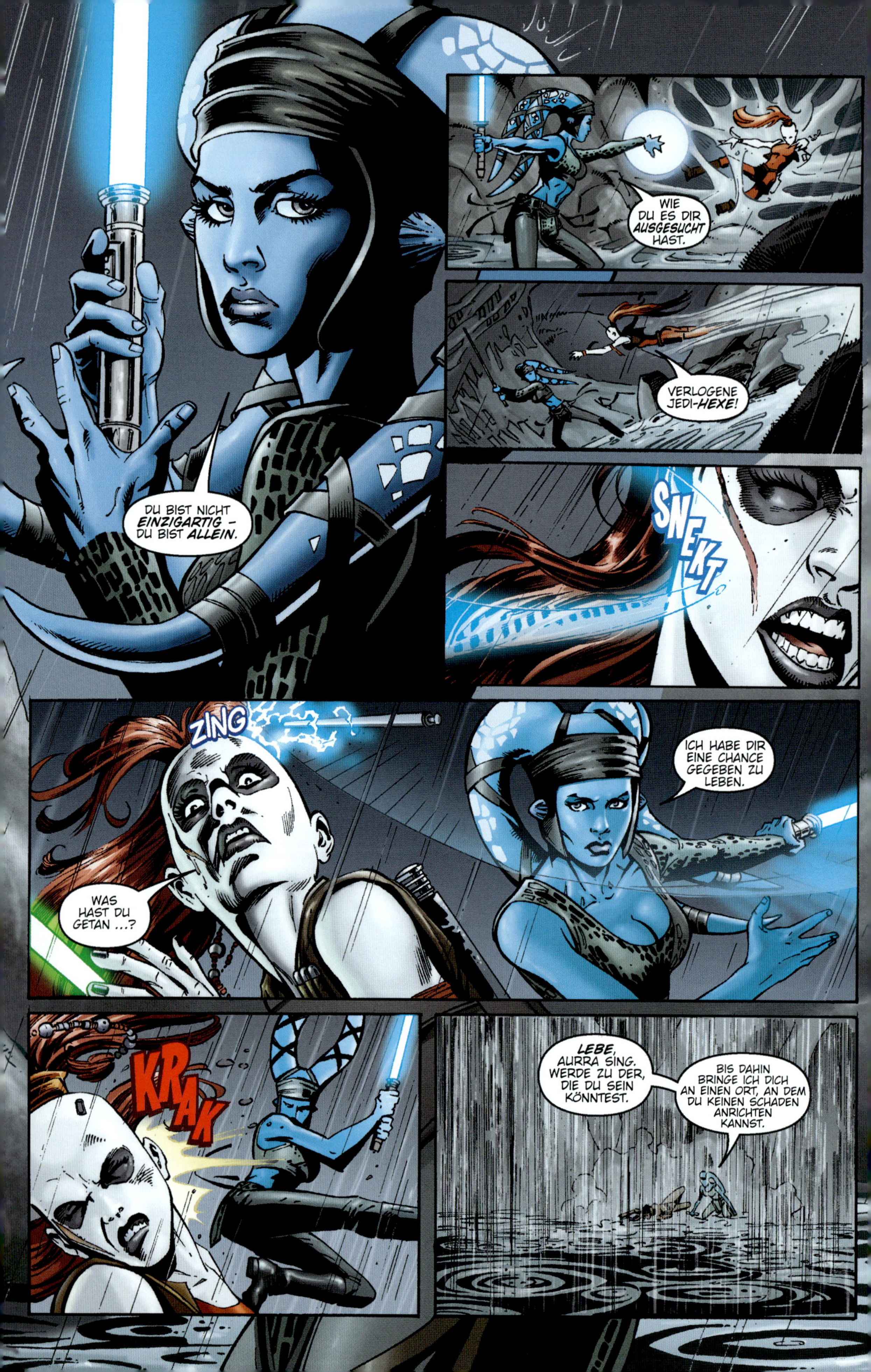
WIE DU ES DIR AUSGESUCHT HAST.
VERLOGENE JEDI-HEXE!
DU BIST NICHT EINZIGARTIG – DU BIST ALLEIN.
SNEKT
ZING
ICH HABE DIR EINE CHANCE GEGEBEN ZU LEBEN.
WAS HAST DU GETAN ...?
KRAK
LEBE, AURRA SING. WERDE ZU DER, DIE DU SEIN KÖNNTEST.
BIS DAHIN BRINGE ICH DICH AN EINEN ORT, AN DEM DU KEINEN SCHADEN ANRICHTEN KANNST.

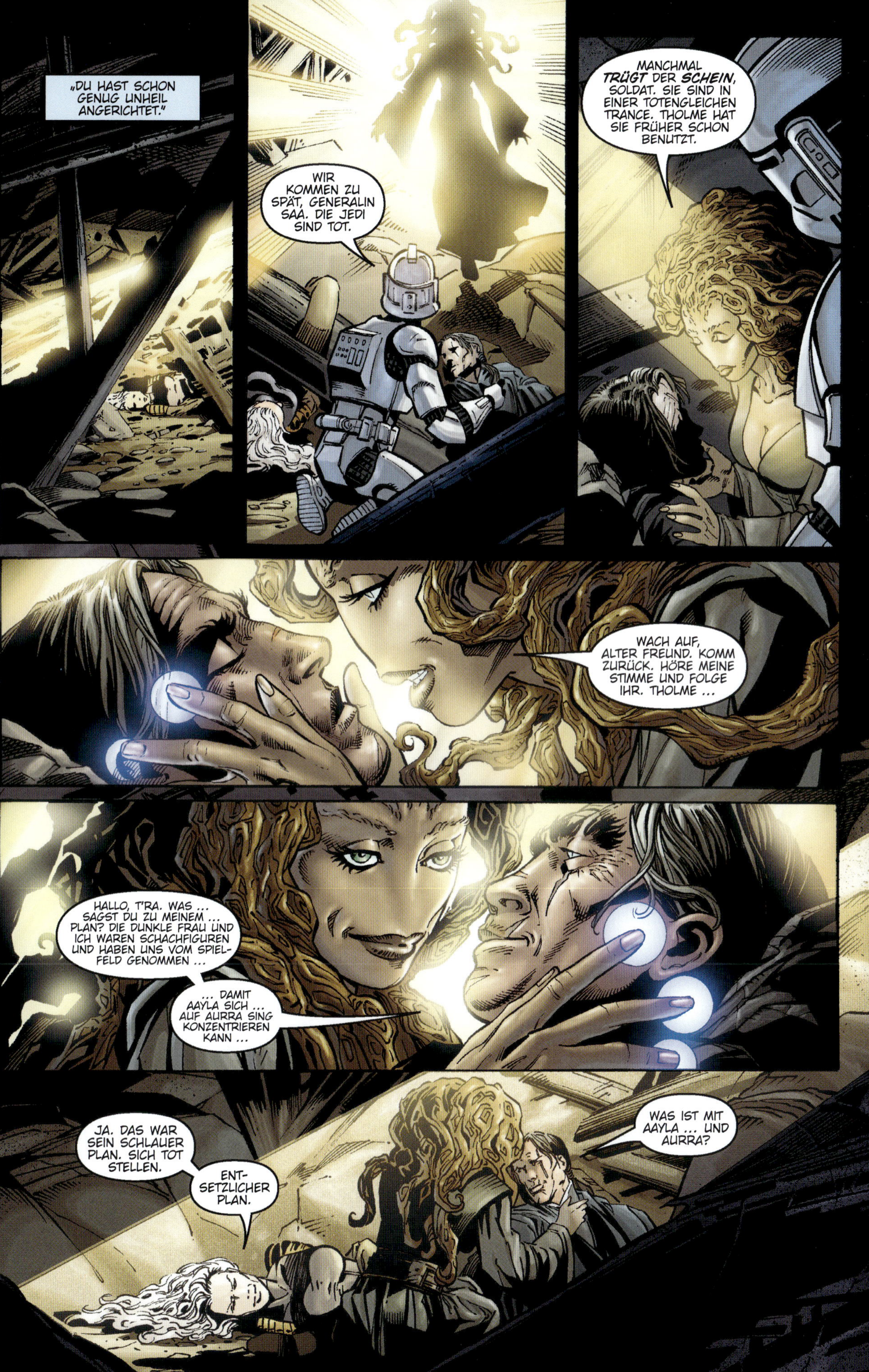
„DU HAST SCHON GENUG UNHEIL ANGERICHTET."
WIR KOMMEN ZU SPÄT, GENERALIN SAA. DIE JEDI SIND TOT.
MANCHMAL TRÜGT DER SCHEIN, SOLDAT. SIE SIND IN EINER TOTENGLEICHEN TRANCE. THOLME HAT SIE FRÜHER SCHON BENUTZT.
WACH AUF, ALTER FREUND. KOMM ZURÜCK. HÖRE MEINE STIMME UND FOLGE IHR. THOLME ...
HALLO, T'RA. WAS ... SAGST DU ZU MEINEM ... PLAN? DIE DUNKLE FRAU UND ICH WAREN SCHACHFIGUREN UND HABEN UNS VOM SPIELFELD GENOMMEN ...
... DAMIT AAYLA SICH ... AUF AURRA SING KONZENTRIEREN KANN ...
JA. DAS WAR SEIN SCHLAUER PLAN. SICH TOT STELLEN.
ENT-SETZLICHER PLAN.
WAS IST MIT AAYLA ... UND AURRA?

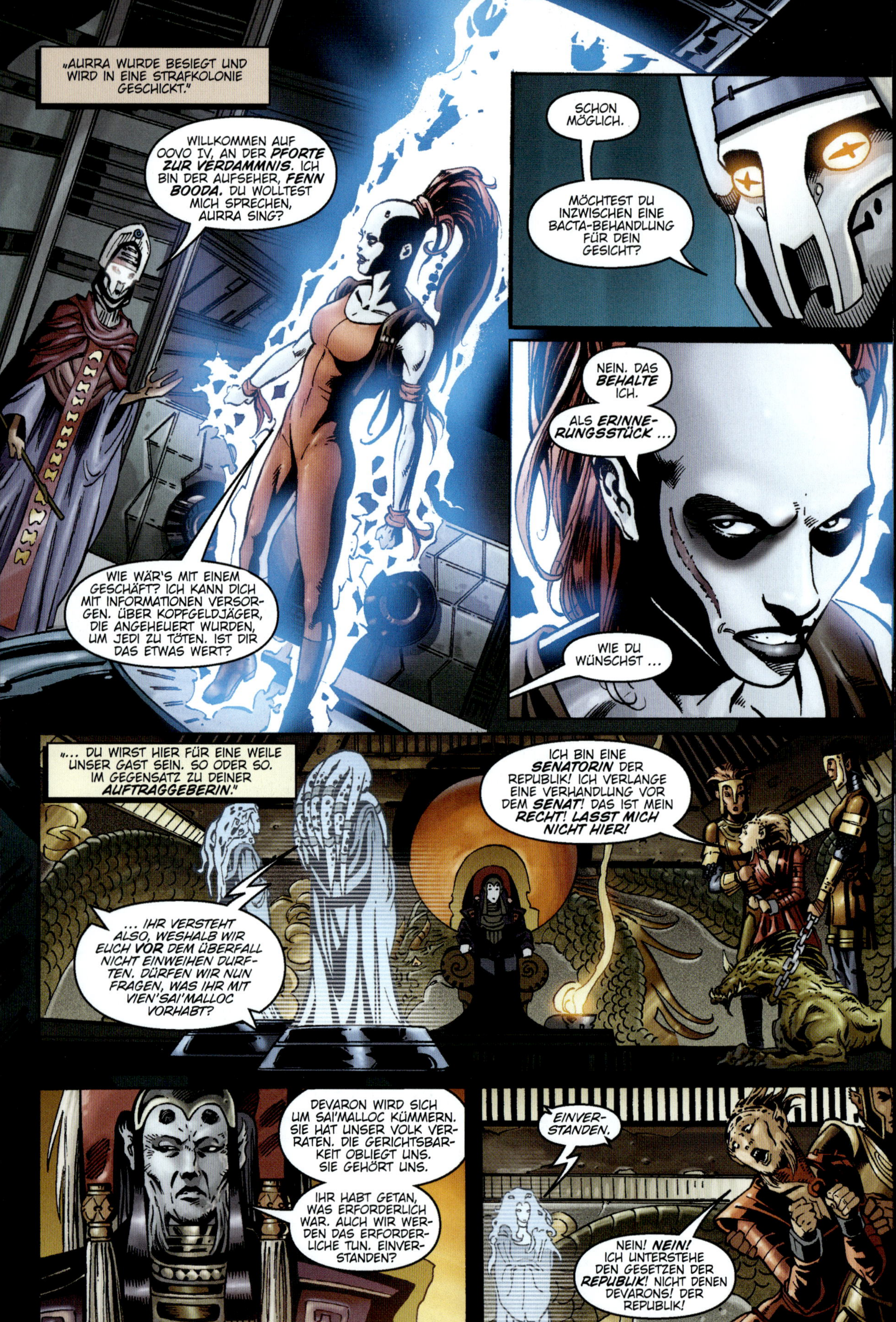
„AURRA WURDE BESIEGT UND WIRD IN EINE STRAFKOLONIE GESCHICKT."
WILLKOMMEN AUF OOVO IV, AN DER PFORTE ZUR VERDAMMNIS. ICH BIN DER AUFSEHER, FENN BOODA. DU WOLLTEST MICH SPRECHEN, AURRA SING?
WIE WÄR'S MIT EINEM GESCHÄFT? ICH KANN DICH MIT INFORMATIONEN VERSORGEN. ÜBER KOPFGELDJÄGER, DIE ANGEHEUERT WURDEN, UM JEDI ZU TÖTEN. IST DIR DAS ETWAS WERT?
SCHON MÖGLICH.
MÖCHTEST DU INZWISCHEN EINE BACTA-BEHANDLUNG FÜR DEIN GESICHT?
NEIN. DAS BEHALTE ICH.
ALS ERINNERUNGSSTÜCK ...
WIE DU WÜNSCHST ...
„... DU WIRST HIER FÜR EINE WEILE UNSER GAST SEIN. SO ODER SO. IM GEGENSATZ ZU DEINER AUFTRAGGEBERIN."
... IHR VERSTEHT ALSO, WESHALB WIR EUCH VOR DEM ÜBERFALL NICHT EINWEIHEN DURFTEN. DÜRFEN WIR NUN FRAGEN, WAS IHR MIT VIEN'SAI'MALLOC VORHABT?
ICH BIN EINE SENATORIN DER REPUBLIK! ICH VERLANGE EINE VERHANDLUNG VOR DEM SENAT! DAS IST MEIN RECHT! LASST MICH NICHT HIER!
DEVARON WIRD SICH UM SAI'MALLOC KÜMMERN. SIE HAT UNSER VOLK VERRATEN. DIE GERICHTSBARKEIT OBLIEGT UNS. SIE GEHÖRT UNS.
IHR HABT GETAN, WAS ERFORDERLICH WAR. AUCH WIR WERDEN DAS ERFORDERLICHE TUN. EINVERSTANDEN?
EINVERSTANDEN.
NEIN! NEIN! ICH UNTERSTEHE DEN GESETZEN DER REPUBLIK! NICHT DENEN DEVARONS! DER REPUBLIK!

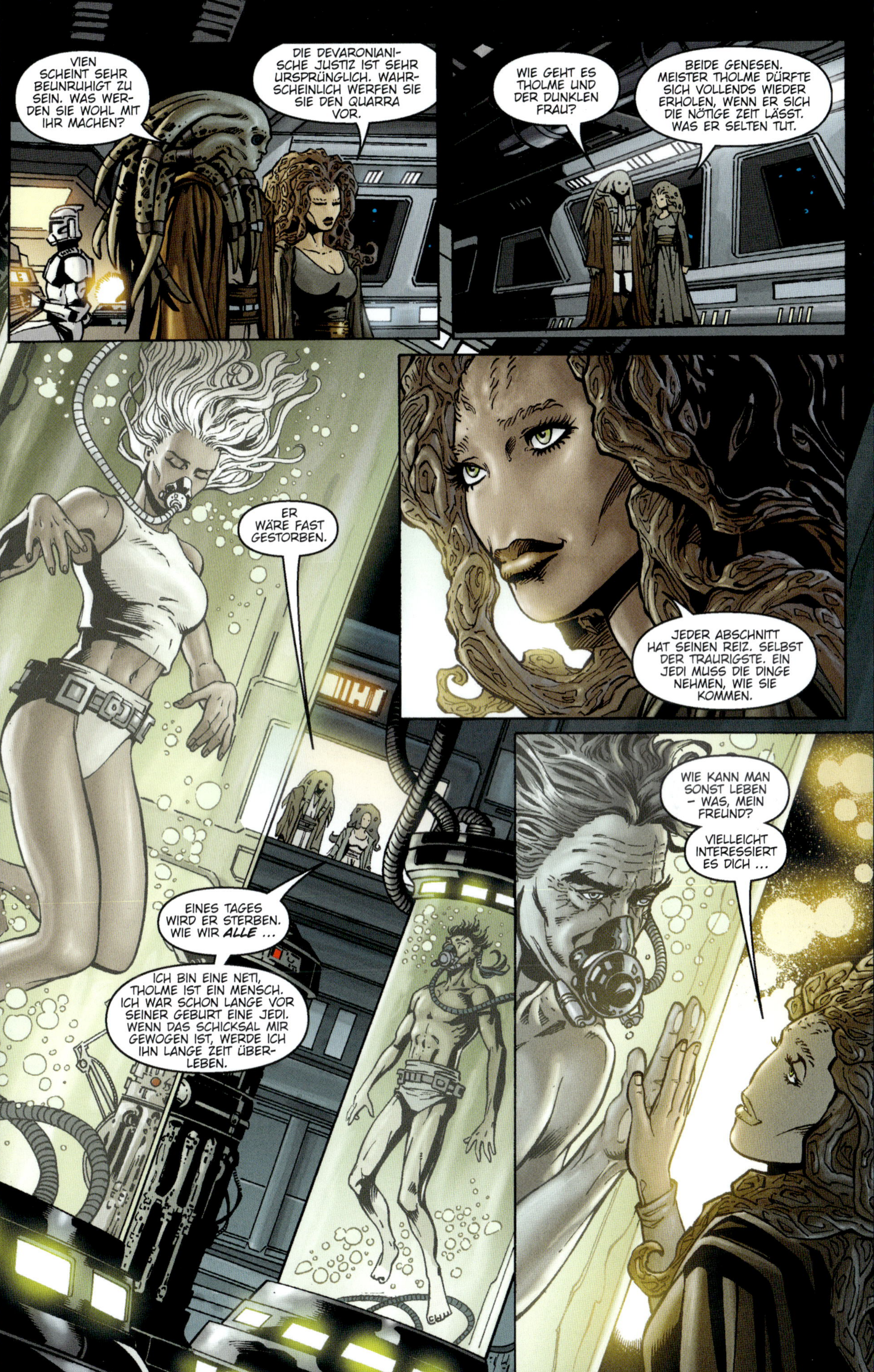
VIEN SCHEINT SEHR BEUNRUHIGT ZU SEIN. WAS WERDEN SIE WOHL MIT IHR MACHEN?
DIE DEVARONIANISCHE JUSTIZ IST SEHR URSPRÜNGLICH. WAHRSCHEINLICH WERFEN SIE SIE DEN QUARRA VOR.
WIE GEHT ES THOLME UND DER DUNKLEN FRAU?
BEIDE GENESEN. MEISTER THOLME DÜRFTE SICH VOLLENDS WIEDER ERHOLEN, WENN ER SICH DIE NÖTIGE ZEIT LÄSST. WAS ER SELTEN TUT.
ER WÄRE FAST GESTORBEN.
JEDER ABSCHNITT HAT SEINEN REIZ. SELBST DER TRAURIGSTE. EIN JEDI MUSS DIE DINGE NEHMEN, WIE SIE KOMMEN.
EINES TAGES WIRD ER STERBEN. WIE WIR ALLE ...
ICH BIN EINE NETI, THOLME IST EIN MENSCH. ICH WAR SCHON LANGE VOR SEINER GEBURT EINE JEDI. WENN DAS SCHICKSAL MIR GEWOGEN IST, WERDE ICH IHN LANGE ZEIT ÜBERLEBEN.
WIE KANN MAN SONST LEBEN – WAS, MEIN FREUND?
VIELLEICHT INTERESSIERT ES DICH ...

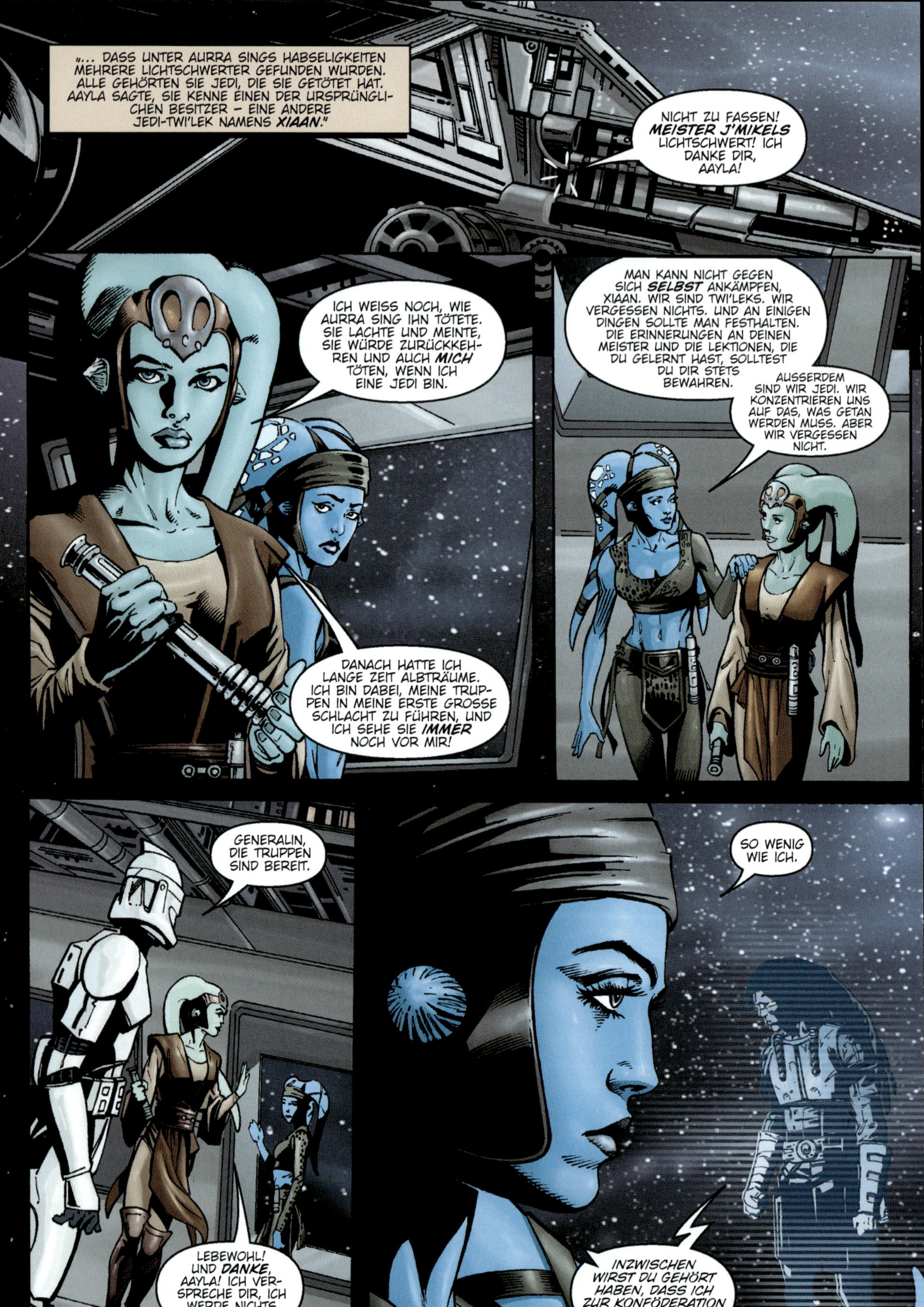
„... DASS UNTER AURRA SINGS HABSELIGKEITEN MEHRERE LICHTSCHWERTER GEFUNDEN WURDEN. ALLE GEHÖRTEN SIE JEDI, DIE SIE GETÖTET HAT. AAYLA SAGTE, SIE KENNE EINEN DER URSPRÜNGLICHEN BESITZER – EINE ANDERE JEDI-TWI'LEK NAMENS XIAAN."
NICHT ZU FASSEN! MEISTER J'MIKELS LICHTSCHWERT! ICH DANKE DIR, AAYLA!
ICH WEISS NOCH, WIE AURRA SING IHN TÖTETE. SIE LACHTE UND MEINTE, SIE WÜRDE ZURÜCKKEHREN UND AUCH MICH TÖTEN, WENN ICH EINE JEDI BIN.
DANACH HATTE ICH LANGE ZEIT ALBTRÄUME. ICH BIN DABEI, MEINE TRUPPEN IN MEINE ERSTE GROSSE SCHLACHT ZU FÜHREN, UND ICH SEHE SIE IMMER NOCH VOR MIR!
MAN KANN NICHT GEGEN SICH SELBST ANKÄMPFEN, XIAAN. WIR SIND TWI'LEKS. WIR VERGESSEN NICHTS. UND AN EINIGEN DINGEN SOLLTE MAN FESTHALTEN. DIE ERINNERUNGEN AN DEINEN MEISTER UND DIE LEKTIONEN, DIE DU GELERNT HAST, SOLLTEST DU DIR STETS BEWAHREN.
AUSSERDEM SIND WIR JEDI. WIR KONZENTRIEREN UNS AUF DAS, WAS GETAN WERDEN MUSS. ABER WIR VERGESSEN NICHT.
GENERALIN, DIE TRUPPEN SIND BEREIT.
LEBEWOHL! UND DANKE, AAYLA! ICH VERSPRECHE DIR, ICH WERDE NICHTS VERGESSEN!
SO WENIG WIE ICH.
INZWISCHEN WIRST DU GEHÖRT HABEN, DASS ICH ZUR KONFÖDERATION ÜBERGELAUFEN BIN ...

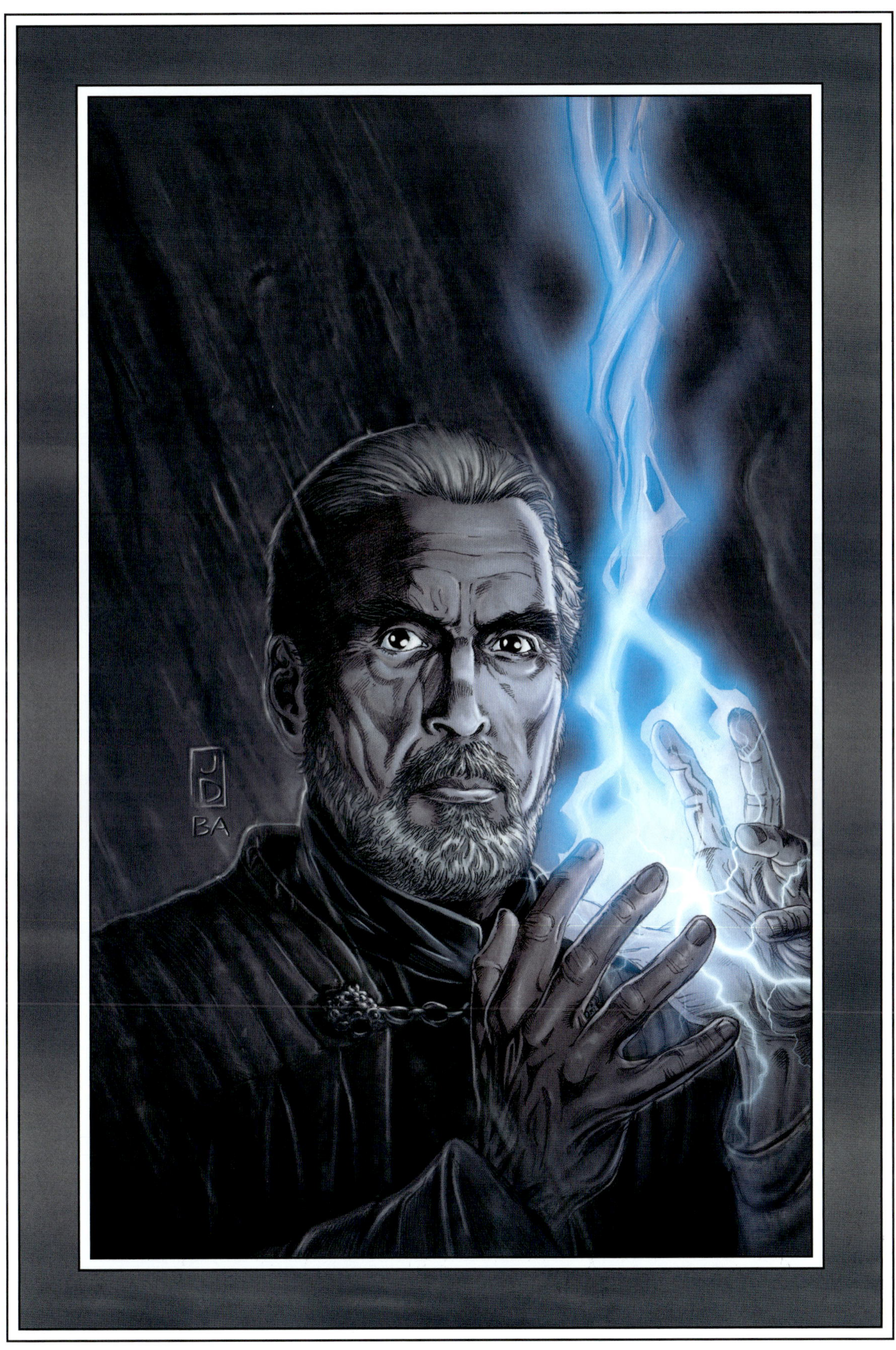

Count Dooku

7½ Monate nach der Schlacht von Geonosis ...

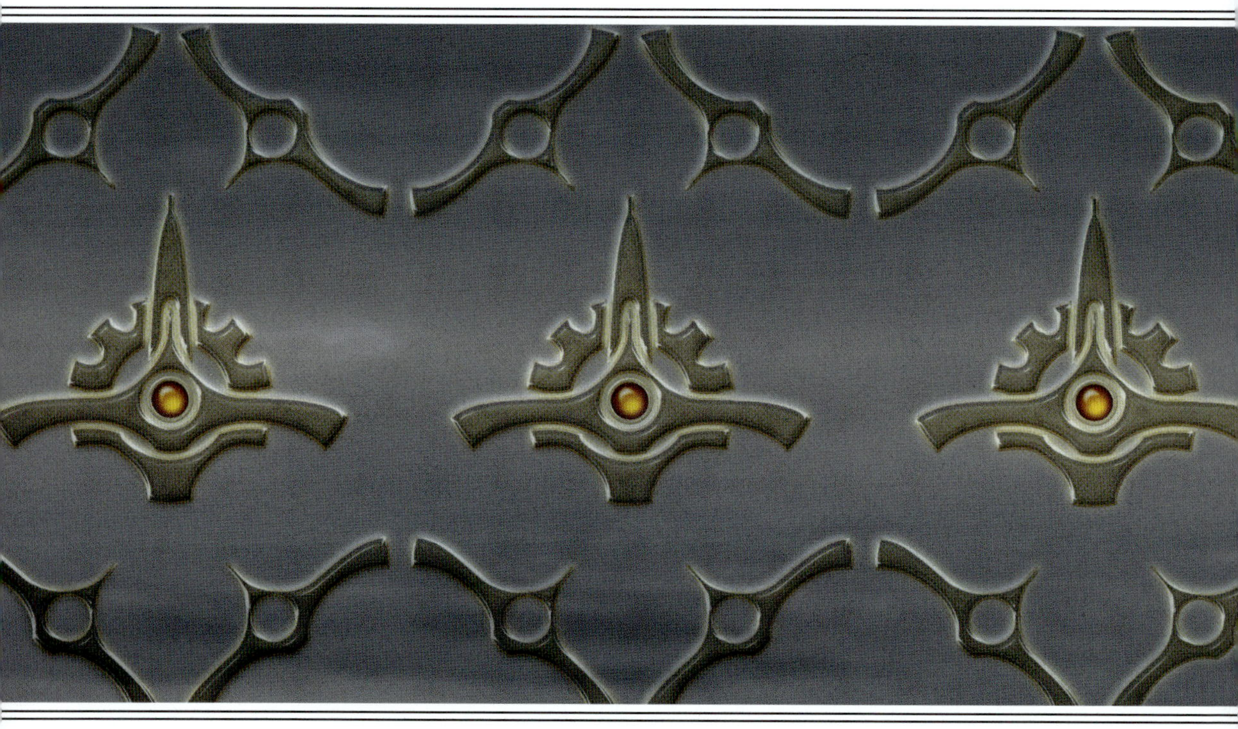

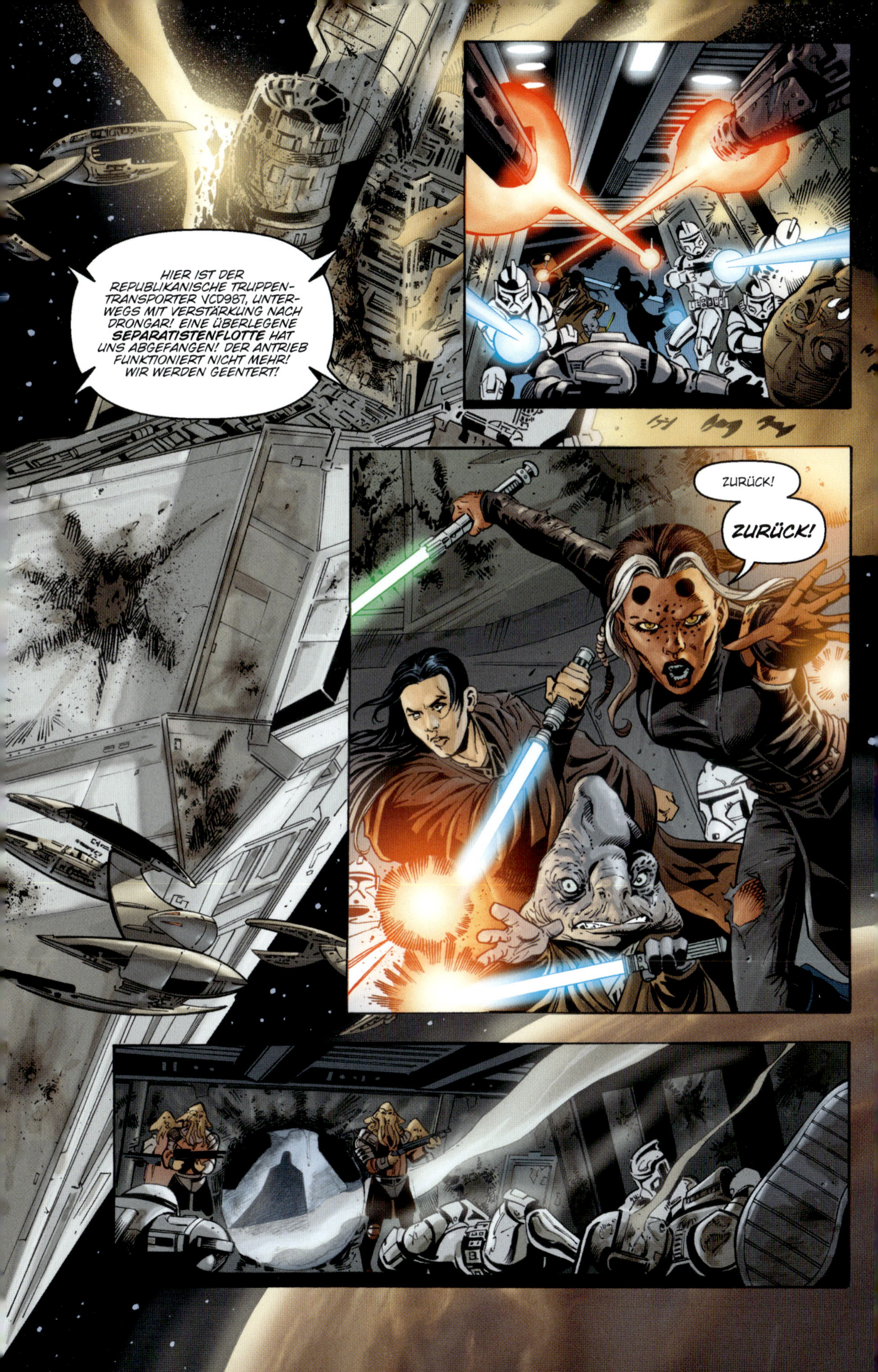
HIER IST DER REPUBLIKANISCHE TRUPPEN-TRANSPORTER VCD987, UNTERWEGS MIT VERSTÄRKUNG NACH DRONGAR! EINE ÜBERLEGENE **SEPARATISTENFLOTTE** HAT UNS ABGEFANGEN! DER ANTRIEB FUNKTIONIERT NICHT MEHR! WIR WERDEN GEENTERT!
ZURÜCK!
ZURÜCK!

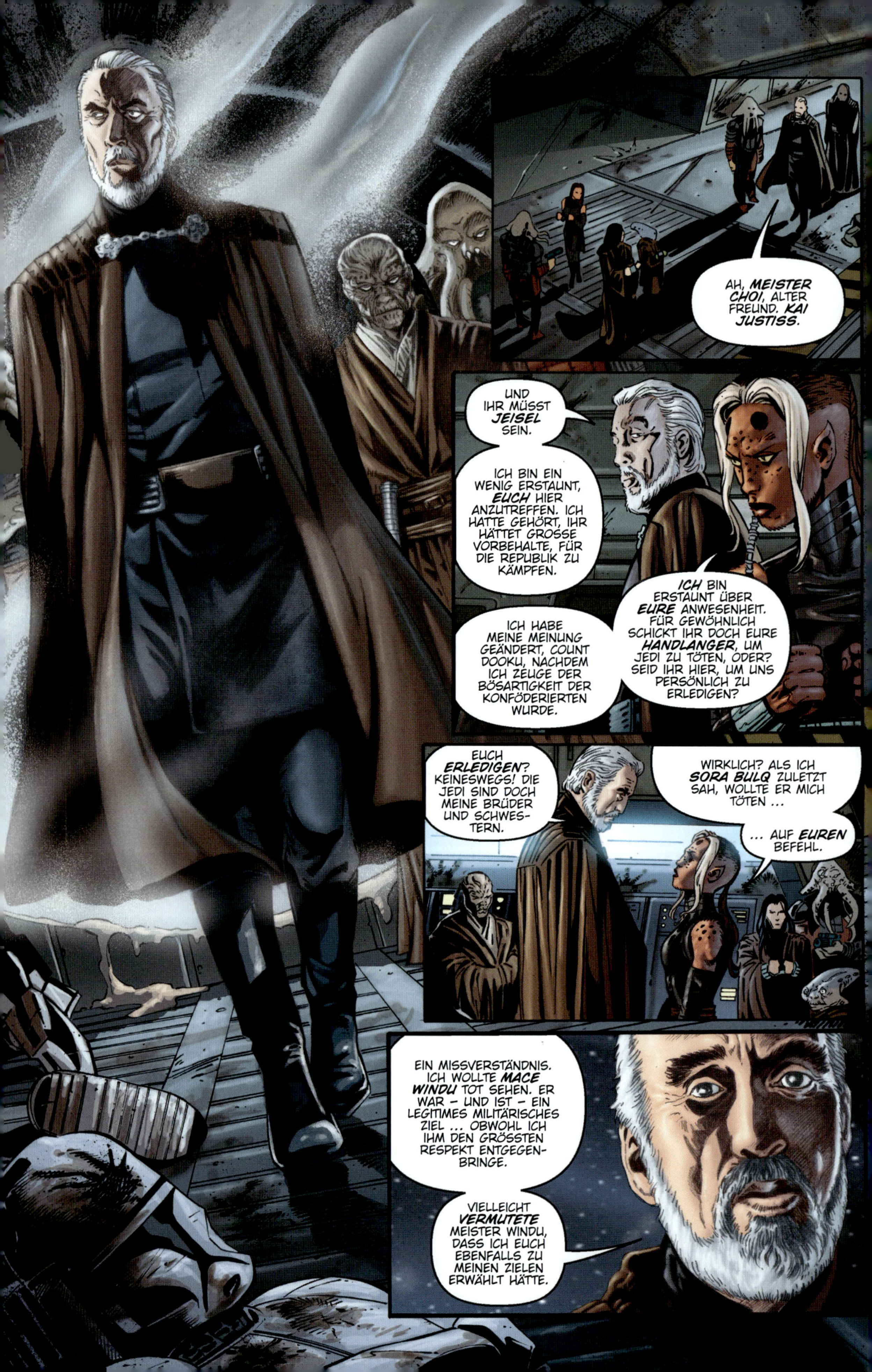

AH, MEISTER CHOI, ALTER FREUND. KAI JUSTISS.
UND IHR MÜSST JEISEL SEIN.
ICH BIN EIN WENIG ERSTAUNT, EUCH HIER ANZUTREFFEN. ICH HATTE GEHÖRT, IHR HÄTTET GROSSE VORBEHALTE, FÜR DIE REPUBLIK ZU KÄMPFEN.
ICH HABE MEINE MEINUNG GEÄNDERT, COUNT DOOKU, NACHDEM ICH ZEUGE DER BÖSARTIGKEIT DER KONFÖDERIERTEN WURDE.
ICH BIN ERSTAUNT ÜBER EURE ANWESENHEIT. FÜR GEWÖHNLICH SCHICKT IHR DOCH EURE HANDLANGER, UM JEDI ZU TÖTEN, ODER? SEID IHR HIER, UM UNS PERSÖNLICH ZU ERLEDIGEN?
EUCH ERLEDIGEN? KEINESWEGS! DIE JEDI SIND DOCH MEINE BRÜDER UND SCHWES-TERN.
WIRKLICH? ALS ICH SORA BULQ ZULETZT SAH, WOLLTE ER MICH TÖTEN …
… AUF EUREN BEFEHL.
EIN MISSVERSTÄNDNIS. ICH WOLLTE MACE WINDU TOT SEHEN. ER WAR – UND IST – EIN LEGITIMES MILITÄRISCHES ZIEL … OBWOHL ICH IHM DEN GRÖSSTEN RESPEKT ENTGEGEN-BRINGE.
VIELLEICHT VERMUTETE MEISTER WINDU, DASS ICH EUCH EBENFALLS ZU MEINEN ZIELEN ERWÄHLT HÄTTE.

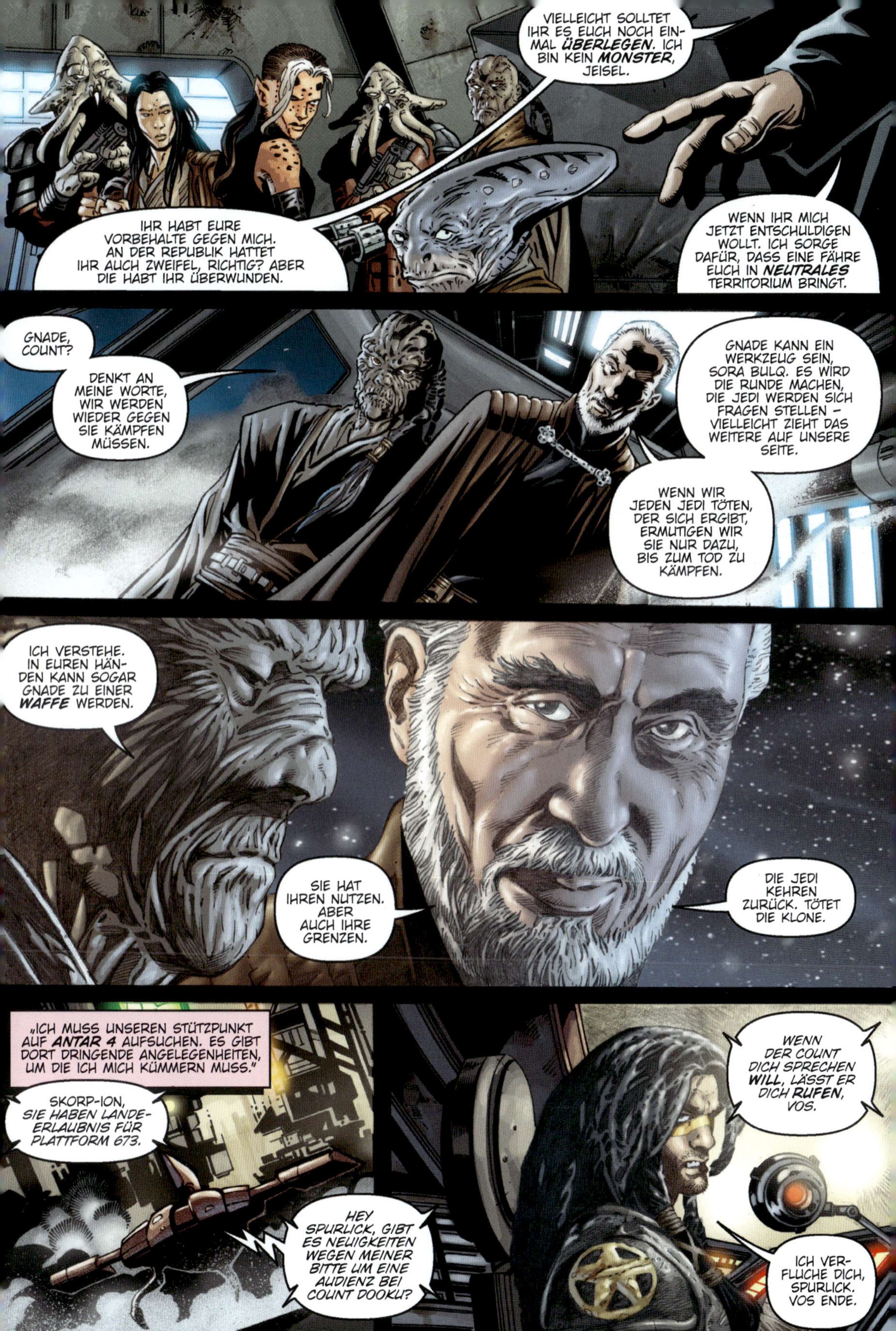

VIELLEICHT SOLLTET IHR ES EUCH NOCH EINMAL ÜBERLEGEN. ICH BIN KEIN MONSTER, JEISEL.
IHR HABT EURE VORBEHALTE GEGEN MICH. AN DER REPUBLIK HATTET IHR AUCH ZWEIFEL, RICHTIG? ABER DIE HABT IHR ÜBERWUNDEN.
WENN IHR MICH JETZT ENTSCHULDIGEN WOLLT. ICH SORGE DAFÜR, DASS EINE FÄHRE EUCH IN NEUTRALES TERRITORIUM BRINGT.
GNADE, COUNT?
DENKT AN MEINE WORTE, WIR WERDEN WIEDER GEGEN SIE KÄMPFEN MÜSSEN.
GNADE KANN EIN WERKZEUG SEIN, SORA BULQ. ES WIRD DIE RUNDE MACHEN, DIE JEDI WERDEN SICH FRAGEN STELLEN – VIELLEICHT ZIEHT DAS WEITERE AUF UNSERE SEITE.
WENN WIR JEDEN JEDI TÖTEN, DER SICH ERGIBT, ERMUTIGEN WIR SIE NUR DAZU, BIS ZUM TOD ZU KÄMPFEN.
ICH VERSTEHE. IN EUREN HÄNDEN KANN SOGAR GNADE ZU EINER WAFFE WERDEN.
SIE HAT IHREN NUTZEN. ABER AUCH IHRE GRENZEN.
DIE JEDI KEHREN ZURÜCK. TÖTET DIE KLONE.
„ICH MUSS UNSEREN STÜTZPUNKT AUF ANTAR 4 AUFSUCHEN. ES GIBT DORT DRINGENDE ANGELEGENHEITEN, UM DIE ICH MICH KÜMMERN MUSS."
SKORP-ION, SIE HABEN LANDEERLAUBNIS FÜR PLATTFORM 673.
HEY SPURLICK, GIBT ES NEUIGKEITEN WEGEN MEINER BITTE UM EINE AUDIENZ BEI COUNT DOOKU?
WENN DER COUNT DICH SPRECHEN WILL, LÄSST ER DICH RUFEN, VOS.
ICH VERFLUCHE DICH, SPURLICK. VOS ENDE.

„ES IST EIN RISKANTES SPIEL, DAS IHR SPIELT, **MEISTER THOLME**. IHR **UND** MEISTER VOS."

„DIE KONFÖDERATION ZU ÜBERZEUGEN, DASS **QUINLAN VOS** ZUM VERRÄTER DER REPUBLIK WURDE, UND IHNEN UNSERE GEHEIMNISSE ZU ÜBERLASSEN ..."

NUR EIN PAAR, **MEISTER WINDU**. NUR INFORMATIONEN, DIE NICHT BESONDERS WICHTIG SIND ODER SCHNELL GEÄNDERT WERDEN KÖNNEN – WIE HOLOGRAMM-SICHERHEITSCODES.

GERADE GENUG, UM SEINE GLAUBWÜRDIGKEIT ALS DOPPELAGENT ZU UNTERMAUERN.

HABT IHR VOR, VON DIESER SACHE **LEBEND** ZURÜCKZUKOMMEN?

ICH BIN AUCH AUF DAS **GEGENTEIL** VORBEREITET, MEISTER.

WIR BETRACHTEN ES NICHT ALS SELBSTMORDKOMMANDO. ABER ES IST WICHTIG, DASS AUSSER UNS DREIEN JEDER **GLAUBT**, QUINLAN SEI ZUM SCHURKEN GEWORDEN. NIEMAND SONST DARF DIE WAHRHEIT KENNEN.

„UND WAS MEINT IHR WOHL, WIE LANGE IHR COUNT DOOKU DAMIT **TÄUSCHEN** KÖNNT, MEISTER VOS? WIE WOLLT IHR ES ANSTELLEN, DASS ER EUCH SEINE PLÄNE OFFENBART?"

„ALLES, WAS ER BERÜHRT, WIRD SIE MIR VERRATEN, MEISTER WINDU. WIE ANDERE KIFFAR AUCH HABE ICH EINE STARKE **PSYCHOMETRISCHE** BEGABUNG. WENN ICH ALLEIN IN SEINE GEMÄCHER EINDRINGEN KANN, LESE ICH EINFACH EINIGE DER GEGENSTÄNDE DORT. DAZU BRAUCHE ICH SIE LEDIGLICH ZU **BERÜHREN**."

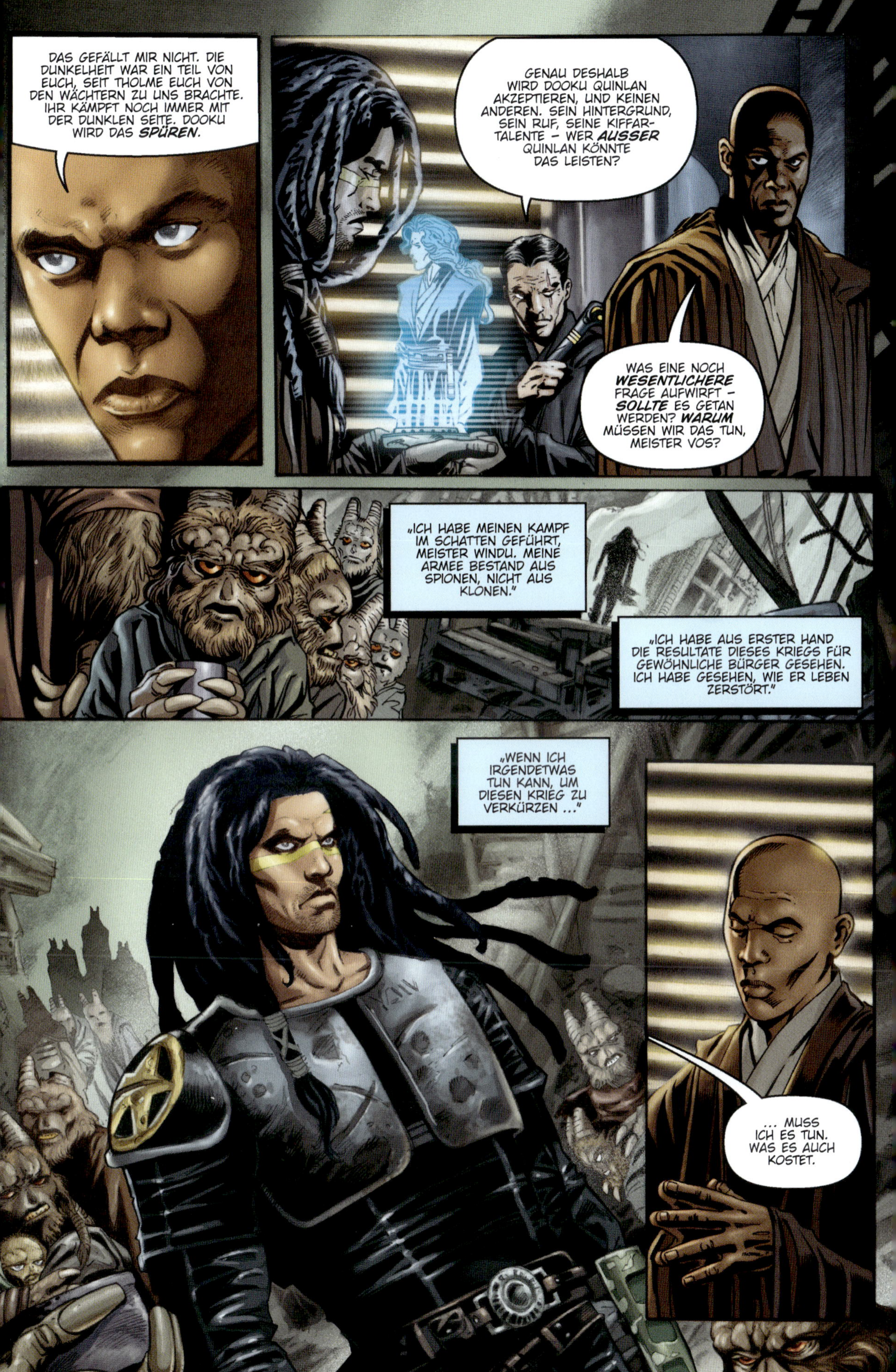
DAS GEFÄLLT MIR NICHT. DIE DUNKELHEIT WAR EIN TEIL VON EUCH, SEIT THOLME EUCH VON DEN WÄCHTERN ZU UNS BRACHTE. IHR KÄMPFT NOCH IMMER MIT DER DUNKLEN SEITE. DOOKU WIRD DAS SPÜREN.
GENAU DESHALB WIRD DOOKU QUINLAN AKZEPTIEREN, UND KEINEN ANDEREN. SEIN HINTERGRUND, SEIN RUF, SEINE KIFFAR-TALENTE – WER AUSSER QUINLAN KÖNNTE DAS LEISTEN?
WAS EINE NOCH WESENTLICHERE FRAGE AUFWIRFT – SOLLTE ES GETAN WERDEN? WARUM MÜSSEN WIR DAS TUN, MEISTER VOS?
„ICH HABE MEINEN KAMPF IM SCHATTEN GEFÜHRT, MEISTER WINDU. MEINE ARMEE BESTAND AUS SPIONEN, NICHT AUS KLONEN."
„ICH HABE AUS ERSTER HAND DIE RESULTATE DIESES KRIEGS FÜR GEWÖHNLICHE BÜRGER GESEHEN. ICH HABE GESEHEN, WIE ER LEBEN ZERSTÖRT."
„WENN ICH IRGENDETWAS TUN KANN, UM DIESEN KRIEG ZU VERKÜRZEN ..."
... MUSS ICH ES TUN. WAS ES AUCH KOSTET.

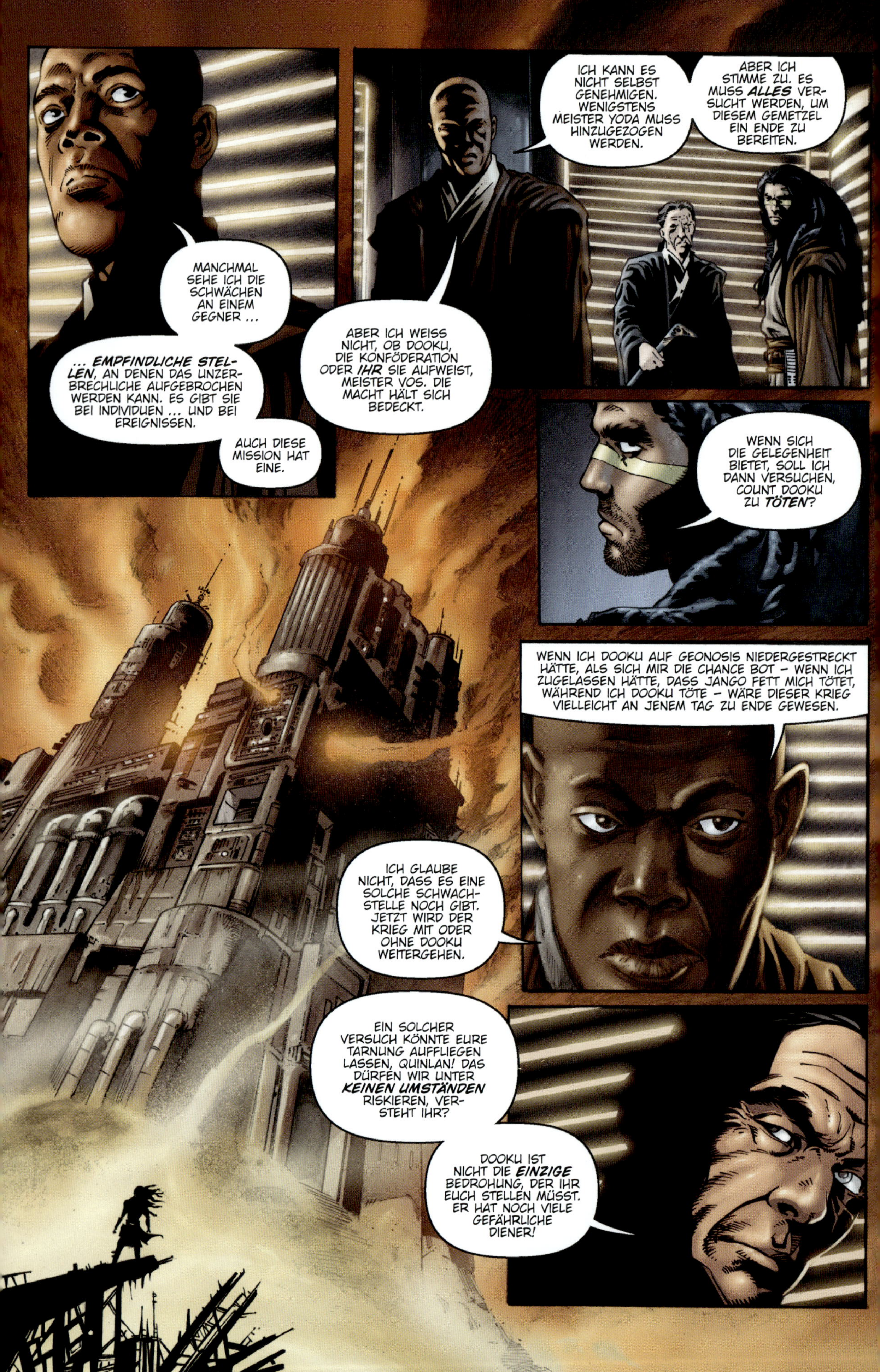
MANCHMAL SEHE ICH DIE SCHWÄCHEN AN EINEM GEGNER ...
... EMPFINDLICHE STELLEN, AN DENEN DAS UNZERBRECHLICHE AUFGEBROCHEN WERDEN KANN. ES GIBT SIE BEI INDIVIDUEN ... UND BEI EREIGNISSEN.
AUCH DIESE MISSION HAT EINE.
ABER ICH WEISS NICHT, OB DOOKU, DIE KONFÖDERATION ODER IHR SIE AUFWEIST, MEISTER VOS. DIE MACHT HÄLT SICH BEDECKT.
ICH KANN ES NICHT SELBST GENEHMIGEN. WENIGSTENS MEISTER YODA MUSS HINZUGEZOGEN WERDEN.
ABER ICH STIMME ZU. ES MUSS ALLES VERSUCHT WERDEN, UM DIESEM GEMETZEL EIN ENDE ZU BEREITEN.
WENN SICH DIE GELEGENHEIT BIETET, SOLL ICH DANN VERSUCHEN, COUNT DOOKU ZU TÖTEN?
WENN ICH DOOKU AUF GEONOSIS NIEDERGESTRECKT HÄTTE, ALS SICH MIR DIE CHANCE BOT – WENN ICH ZUGELASSEN HÄTTE, DASS JANGO FETT MICH TÖTET, WÄHREND ICH DOOKU TÖTE – WÄRE DIESER KRIEG VIELLEICHT AN JENEM TAG ZU ENDE GEWESEN.
ICH GLAUBE NICHT, DASS ES EINE SOLCHE SCHWACHSTELLE NOCH GIBT. JETZT WIRD DER KRIEG MIT ODER OHNE DOOKU WEITERGEHEN.
EIN SOLCHER VERSUCH KÖNNTE EURE TARNUNG AUFFLIEGEN LASSEN, QUINLAN! DAS DÜRFEN WIR UNTER KEINEN UMSTÄNDEN RISKIEREN, VERSTEHT IHR?
DOOKU IST NICHT DIE EINZIGE BEDROHUNG, DER IHR EUCH STELLEN MÜSST. ER HAT NOCH VIELE GEFÄHRLICHE DIENER!

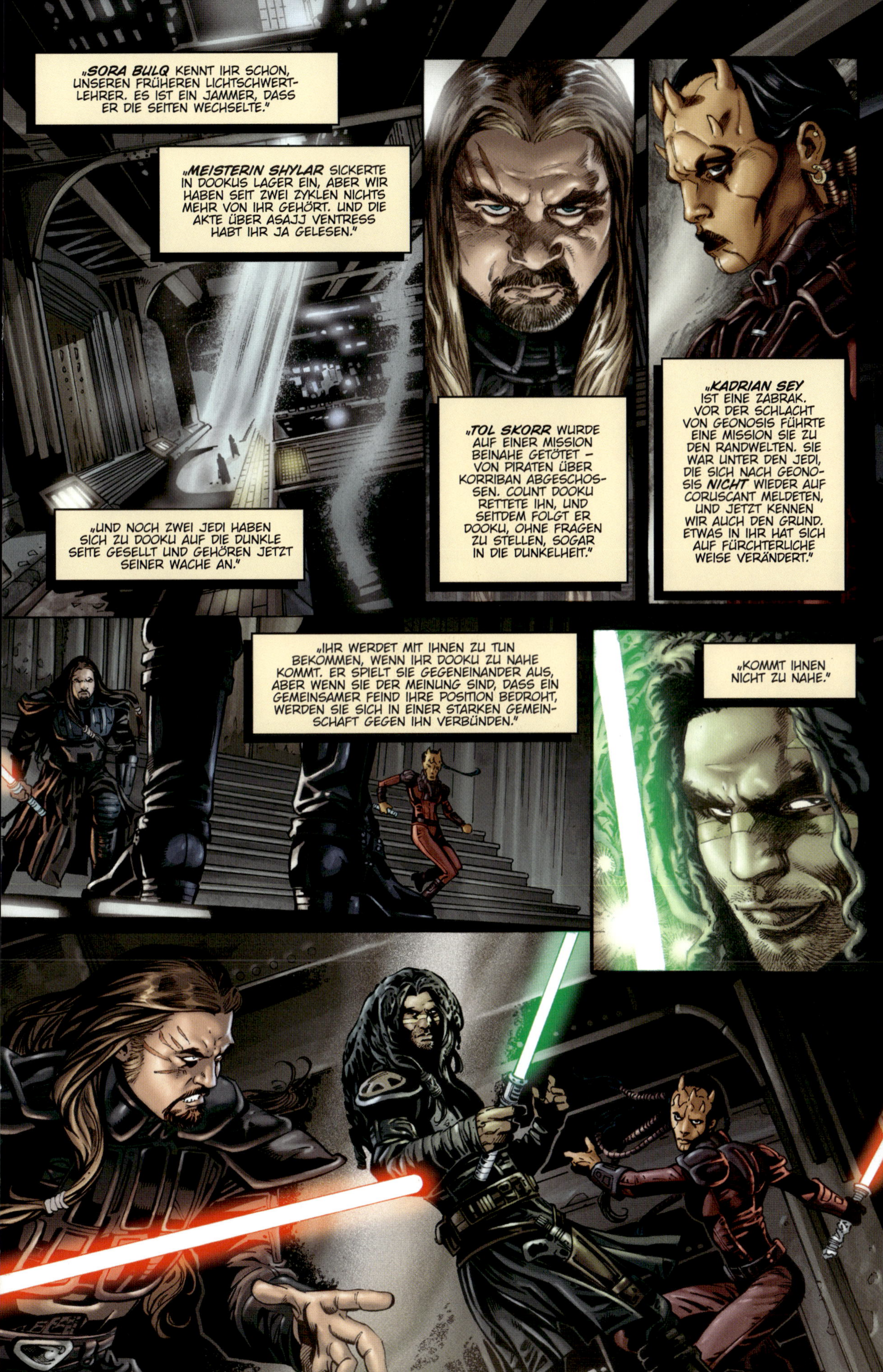
„SORA BULQ KENNT IHR SCHON, UNSEREN FRÜHEREN LICHTSCHWERT-LEHRER. ES IST EIN JAMMER, DASS ER DIE SEITEN WECHSELTE."
„MEISTERIN SHYLAR SICKERTE IN DOOKUS LAGER EIN, ABER WIR HABEN SEIT ZWEI ZYKLEN NICHTS MEHR VON IHR GEHÖRT. UND DIE AKTE ÜBER ASAJJ VENTRESS HABT IHR JA GELESEN."
„UND NOCH ZWEI JEDI HABEN SICH ZU DOOKU AUF DIE DUNKLE SEITE GESELLT UND GEHÖREN JETZT SEINER WACHE AN."
„TOL SKORR WURDE AUF EINER MISSION BEINAHE GETÖTET – VON PIRATEN ÜBER KORRIBAN ABGESCHOS-SEN. COUNT DOOKU RETTETE IHN, UND SEITDEM FOLGT ER DOOKU, OHNE FRAGEN ZU STELLEN, SOGAR IN DIE DUNKELHEIT."
„KADRIAN SEY IST EINE ZABRAK. VOR DER SCHLACHT VON GEONOSIS FÜHRTE EINE MISSION SIE ZU DEN RANDWELTEN. SIE WAR UNTER DEN JEDI, DIE SICH NACH GEONO-SIS NICHT WIEDER AUF CORUSCANT MELDETEN, UND JETZT KENNEN WIR AUCH DEN GRUND. ETWAS IN IHR HAT SICH AUF FÜRCHTERLICHE WEISE VERÄNDERT."
„IHR WERDET MIT IHNEN ZU TUN BEKOMMEN, WENN IHR DOOKU ZU NAHE KOMMT. ER SPIELT SIE GEGENEINANDER AUS, ABER WENN SIE DER MEINUNG SIND, DASS EIN GEMEINSAMER FEIND IHRE POSITION BEDROHT, WERDEN SIE SICH IN EINER STARKEN GEMEIN-SCHAFT GEGEN IHN VERBÜNDEN."
„KOMMT IHNEN NICHT ZU NAHE."

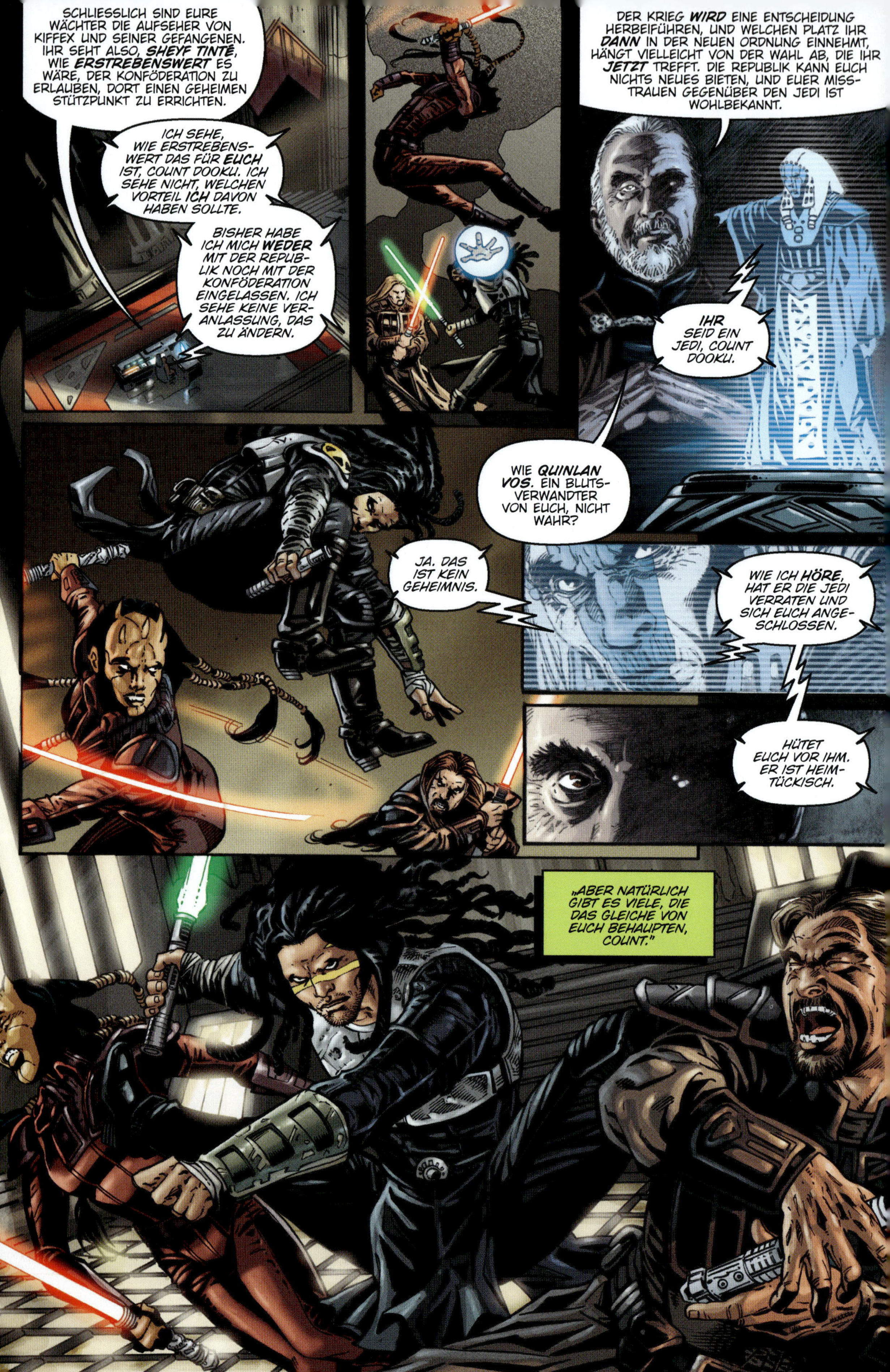
SCHLIESSLICH SIND EURE WÄCHTER DIE AUFSEHER VON KIFFEX UND SEINER GEFANGENEN. IHR SEHT ALSO, SHEYF TINTÉ, WIE ERSTREBENSWERT ES WÄRE, DER KONFÖDERATION ZU ERLAUBEN, DORT EINEN GEHEIMEN STÜTZPUNKT ZU ERRICHTEN.
ICH SEHE, WIE ERSTREBENSWERT DAS FÜR EUCH IST, COUNT DOOKU. ICH SEHE NICHT, WELCHEN VORTEIL ICH DAVON HABEN SOLLTE.
BISHER HABE ICH MICH WEDER MIT DER REPUBLIK NOCH MIT DER KONFÖDERATION EINGELASSEN. ICH SEHE KEINE VERANLASSUNG, DAS ZU ÄNDERN.
DER KRIEG WIRD EINE ENTSCHEIDUNG HERBEIFÜHREN, UND WELCHEN PLATZ IHR DANN IN DER NEUEN ORDNUNG EINNEHMT, HÄNGT VIELLEICHT VON DER WAHL AB, DIE IHR JETZT TREFFT. DIE REPUBLIK KANN EUCH NICHTS NEUES BIETEN, UND EUER MISSTRAUEN GEGENÜBER DEN JEDI IST WOHLBEKANNT.
IHR SEID EIN JEDI, COUNT DOOKU.
WIE QUINLAN VOS. EIN BLUTSVERWANDTER VON EUCH, NICHT WAHR?
JA. DAS IST KEIN GEHEIMNIS.
WIE ICH HÖRE, HAT ER DIE JEDI VERRATEN UND SICH EUCH ANGESCHLOSSEN.
HÜTET EUCH VOR IHM. ER IST HEIMTÜCKISCH.
„ABER NATÜRLICH GIBT ES VIELE, DIE DAS GLEICHE VON EUCH BEHAUPTEN, COUNT."

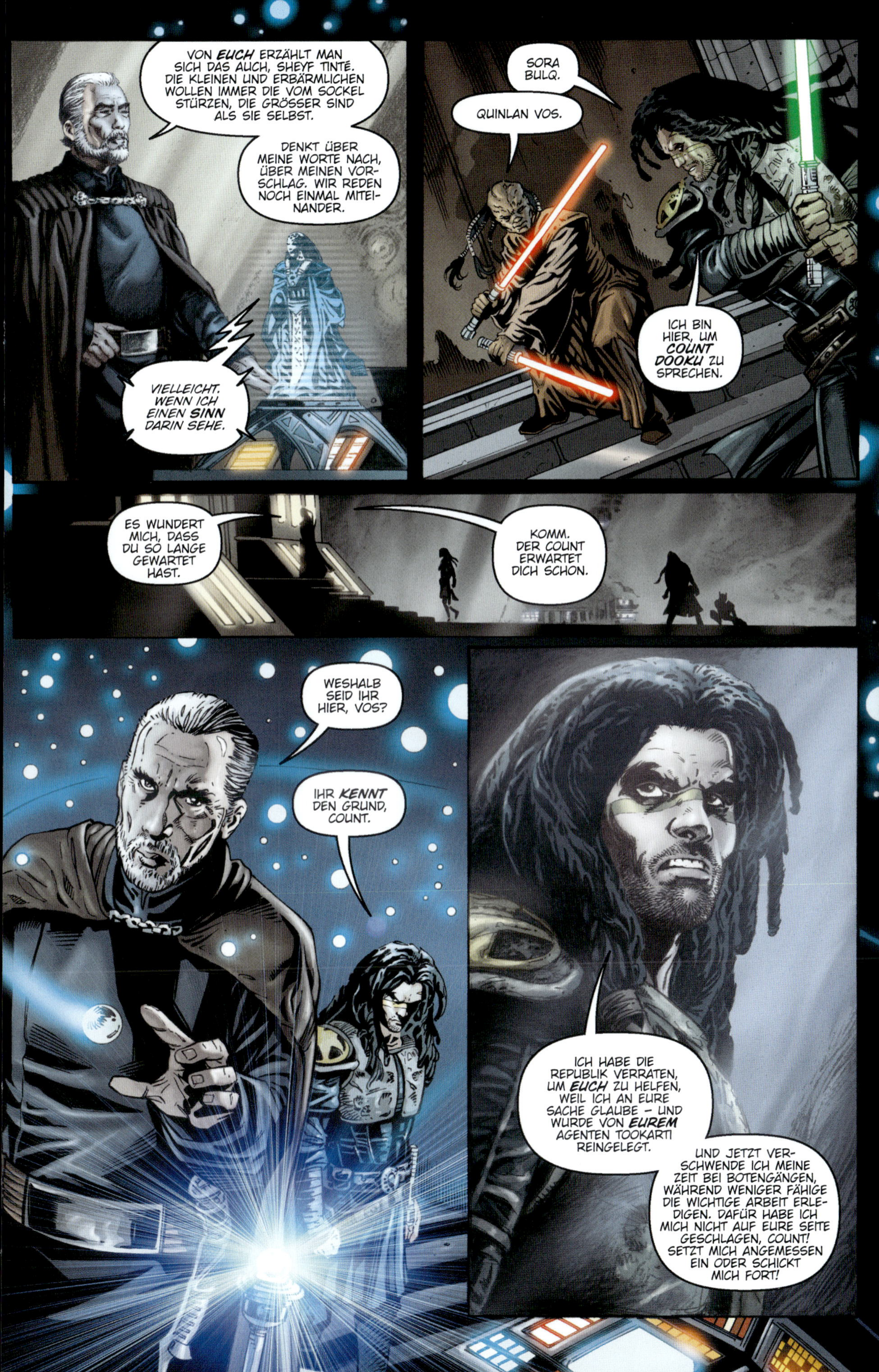
VON EUCH ERZÄHLT MAN SICH DAS AUCH, SHEYF TINTÉ. DIE KLEINEN UND ERBÄRMLICHEN WOLLEN IMMER DIE VOM SOCKEL STÜRZEN, DIE GRÖSSER SIND ALS SIE SELBST.
DENKT ÜBER MEINE WORTE NACH, ÜBER MEINEN VORSCHLAG. WIR REDEN NOCH EINMAL MITEINANDER.
VIELLEICHT. WENN ICH EINEN SINN DARIN SEHE.
SORA BULQ.
QUINLAN VOS.
ICH BIN HIER, UM COUNT DOOKU ZU SPRECHEN.
ES WUNDERT MICH, DASS DU SO LANGE GEWARTET HAST.
KOMM. DER COUNT ERWARTET DICH SCHON.
WESHALB SEID IHR HIER, VOS?
IHR KENNT DEN GRUND, COUNT.
ICH HABE DIE REPUBLIK VERRATEN, UM EUCH ZU HELFEN, WEIL ICH AN EURE SACHE GLAUBE – UND WURDE VON EUREM AGENTEN TOOKARTI REINGELEGT.
UND JETZT VERSCHWENDE ICH MEINE ZEIT BEI BOTENGÄNGEN, WÄHREND WENIGER FÄHIGE DIE WICHTIGE ARBEIT ERLEDIGEN. DAFÜR HABE ICH MICH NICHT AUF EURE SEITE GESCHLAGEN, COUNT! SETZT MICH ANGEMESSEN EIN ODER SCHICKT MICH FORT!

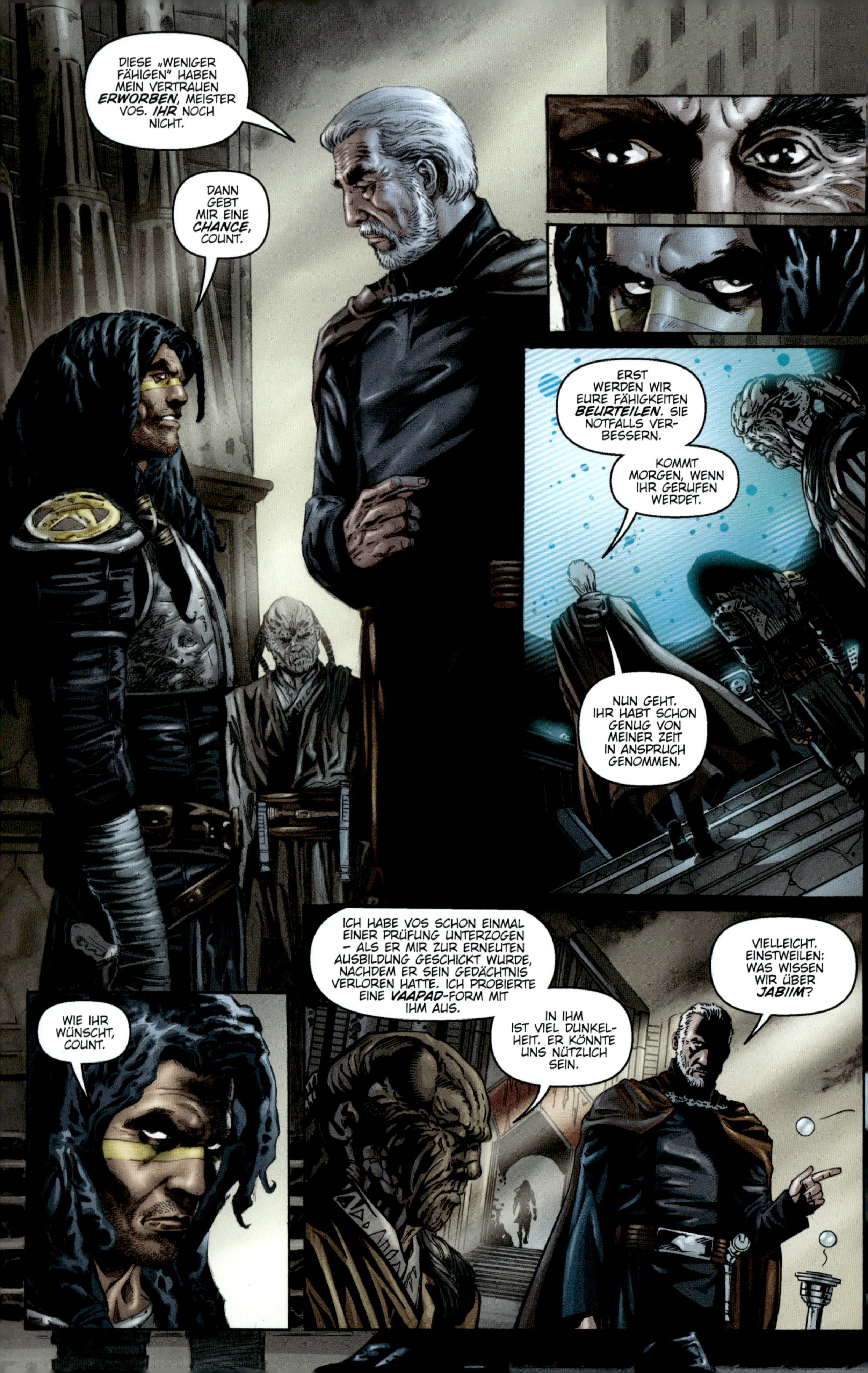
DIESE „WENIGER FÄHIGEN" HABEN MEIN VERTRAUEN ERWORBEN, MEISTER VOS. IHR NOCH NICHT.
DANN GEBT MIR EINE CHANCE, COUNT.
ERST WERDEN WIR EURE FÄHIGKEITEN BEURTEILEN. SIE NOTFALLS VERBESSERN.
KOMMT MORGEN, WENN IHR GERUFEN WERDET.
NUN GEHT. IHR HABT SCHON GENUG VON MEINER ZEIT IN ANSPRUCH GENOMMEN.
WIE IHR WÜNSCHT, COUNT.
ICH HABE VOS SCHON EINMAL EINER PRÜFUNG UNTERZOGEN – ALS ER MIR ZUR ERNEUTEN AUSBILDUNG GESCHICKT WURDE, NACHDEM ER SEIN GEDÄCHTNIS VERLOREN HATTE. ICH PROBIERTE EINE VAAPAD-FORM MIT IHM AUS.
IN IHM IST VIEL DUNKELHEIT. ER KÖNNTE UNS NÜTZLICH SEIN.
VIELLEICHT. EINSTWEILEN: WAS WISSEN WIR ÜBER JABIIM?

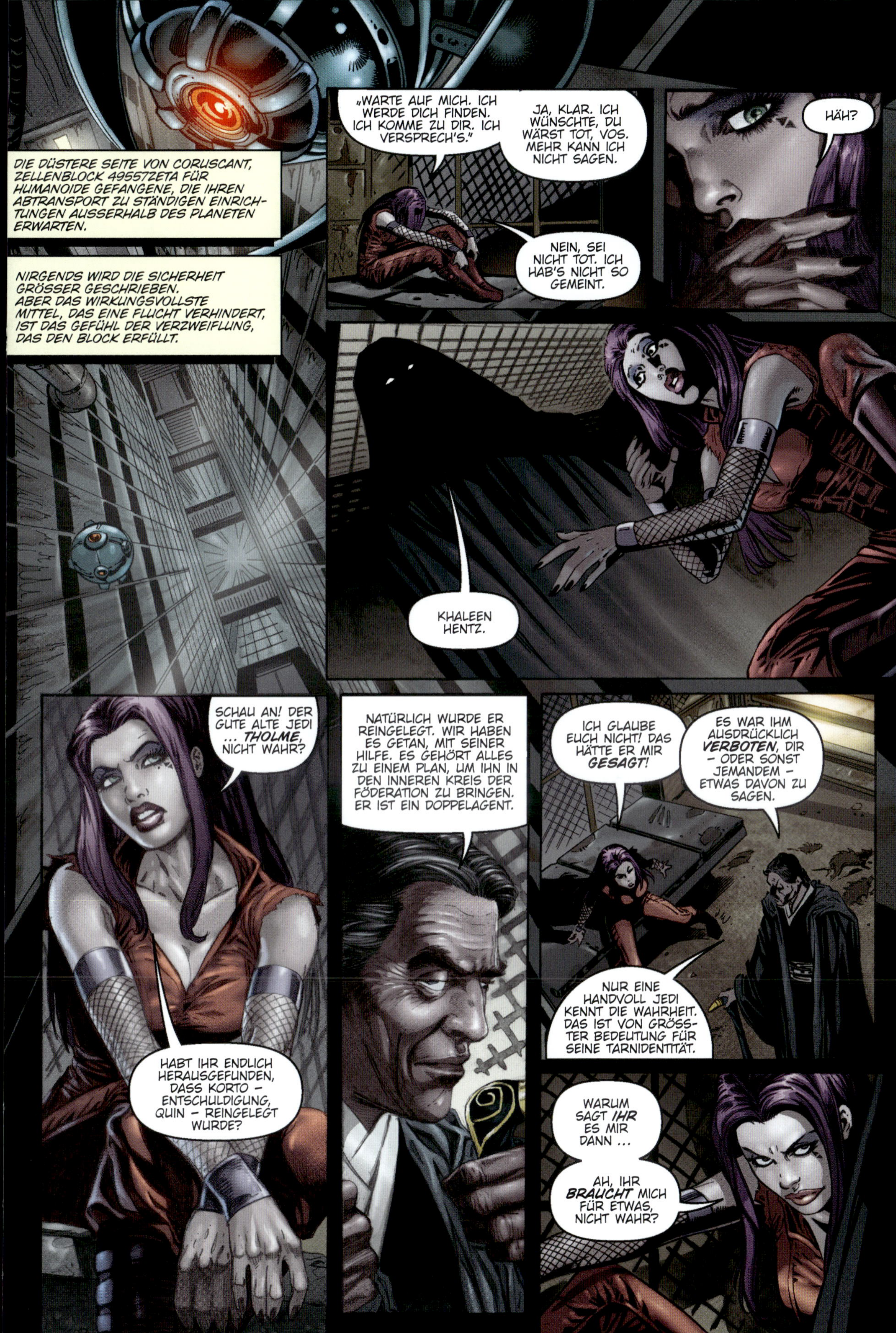
DIE DÜSTERE SEITE VON CORUSCANT, ZELLENBLOCK 49557ZETA FÜR HUMANOIDE GEFANGENE, DIE IHREN ABTRANSPORT ZU STÄNDIGEN EINRICHTUNGEN AUSSERHALB DES PLANETEN ERWARTEN.
NIRGENDS WIRD DIE SICHERHEIT GRÖSSER GESCHRIEBEN. ABER DAS WIRKUNGSVOLLSTE MITTEL, DAS EINE FLUCHT VERHINDERT, IST DAS GEFÜHL DER VERZWEIFLUNG, DAS DEN BLOCK ERFÜLLT.
„WARTE AUF MICH. ICH WERDE DICH FINDEN. ICH KOMME ZU DIR. ICH VERSPRECH'S."
JA, KLAR. ICH WÜNSCHTE, DU WÄRST TOT, VOS. MEHR KANN ICH NICHT SAGEN.
NEIN, SEI NICHT TOT. ICH HAB'S NICHT SO GEMEINT.
HÄH?
KHALEEN HENTZ.
SCHAU AN! DER GUTE ALTE JEDI ... THOLME, NICHT WAHR?
HABT IHR ENDLICH HERAUSGEFUNDEN, DASS KORTO – ENTSCHULDIGUNG, QUIN – REINGELEGT WURDE?
NATÜRLICH WURDE ER REINGELEGT. WIR HABEN ES GETAN, MIT SEINER HILFE. ES GEHÖRT ALLES ZU EINEM PLAN, UM IHN IN DEN INNEREN KREIS DER FÖDERATION ZU BRINGEN. ER IST EIN DOPPELAGENT.
ICH GLAUBE EUCH NICHT! DAS HÄTTE ER MIR GESAGT!
ES WAR IHM AUSDRÜCKLICH VERBOTEN, DIR – ODER SONST JEMANDEM – ETWAS DAVON ZU SAGEN.
NUR EINE HANDVOLL JEDI KENNT DIE WAHRHEIT. DAS IST VON GRÖSSTER BEDEUTUNG FÜR SEINE TARNIDENTITÄT.
WARUM SAGT IHR ES MIR DANN ...
AH, IHR BRAUCHT MICH FÜR ETWAS, NICHT WAHR?

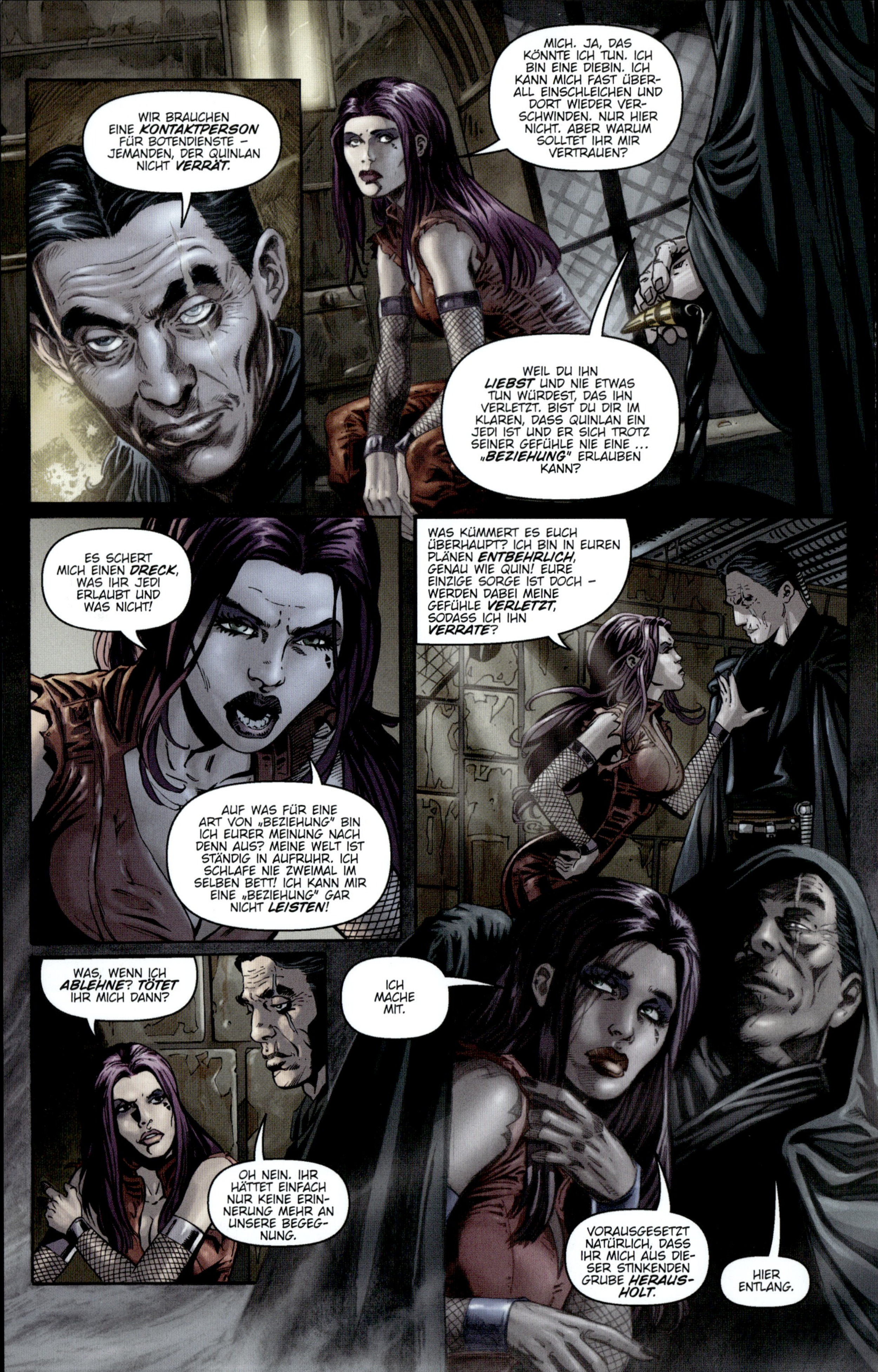

WIR BRAUCHEN EINE KONTAKTPERSON FÜR BOTENDIENSTE – JEMANDEN, DER QUINLAN NICHT VERRÄT.
MICH. JA, DAS KÖNNTE ICH TUN. ICH BIN EINE DIEBIN. ICH KANN MICH FAST ÜBERALL EINSCHLEICHEN UND DORT WIEDER VERSCHWINDEN. NUR HIER NICHT. ABER WARUM SOLLTET IHR MIR VERTRAUEN?
WEIL DU IHN LIEBST UND NIE ETWAS TUN WÜRDEST, DAS IHN VERLETZT. BIST DU DIR IM KLAREN, DASS QUINLAN EIN JEDI IST UND ER SICH TROTZ SEINER GEFÜHLE NIE EINE ... „BEZIEHUNG" ERLAUBEN KANN?
ES SCHERT MICH EINEN DRECK, WAS IHR JEDI ERLAUBT UND WAS NICHT!
AUF WAS FÜR EINE ART VON „BEZIEHUNG" BIN ICH EURER MEINUNG NACH DENN AUS? MEINE WELT IST STÄNDIG IN AUFRUHR. ICH SCHLAFE NIE ZWEIMAL IM SELBEN BETT! ICH KANN MIR EINE „BEZIEHUNG" GAR NICHT LEISTEN!
WAS KÜMMERT ES EUCH ÜBERHAUPT? ICH BIN IN EUREN PLÄNEN ENTBEHRLICH, GENAU WIE QUIN! EURE EINZIGE SORGE IST DOCH – WERDEN DABEI MEINE GEFÜHLE VERLETZT, SODASS ICH IHN VERRATE?
WAS, WENN ICH ABLEHNE? TÖTET IHR MICH DANN?
OH NEIN. IHR HÄTTET EINFACH NUR KEINE ERINNERUNG MEHR AN UNSERE BEGEGNUNG.
ICH MACHE MIT.
VORAUSGESETZT NATÜRLICH, DASS IHR MICH AUS DIESER STINKENDEN GRUBE HERAUSHOLT.
HIER ENTLANG.

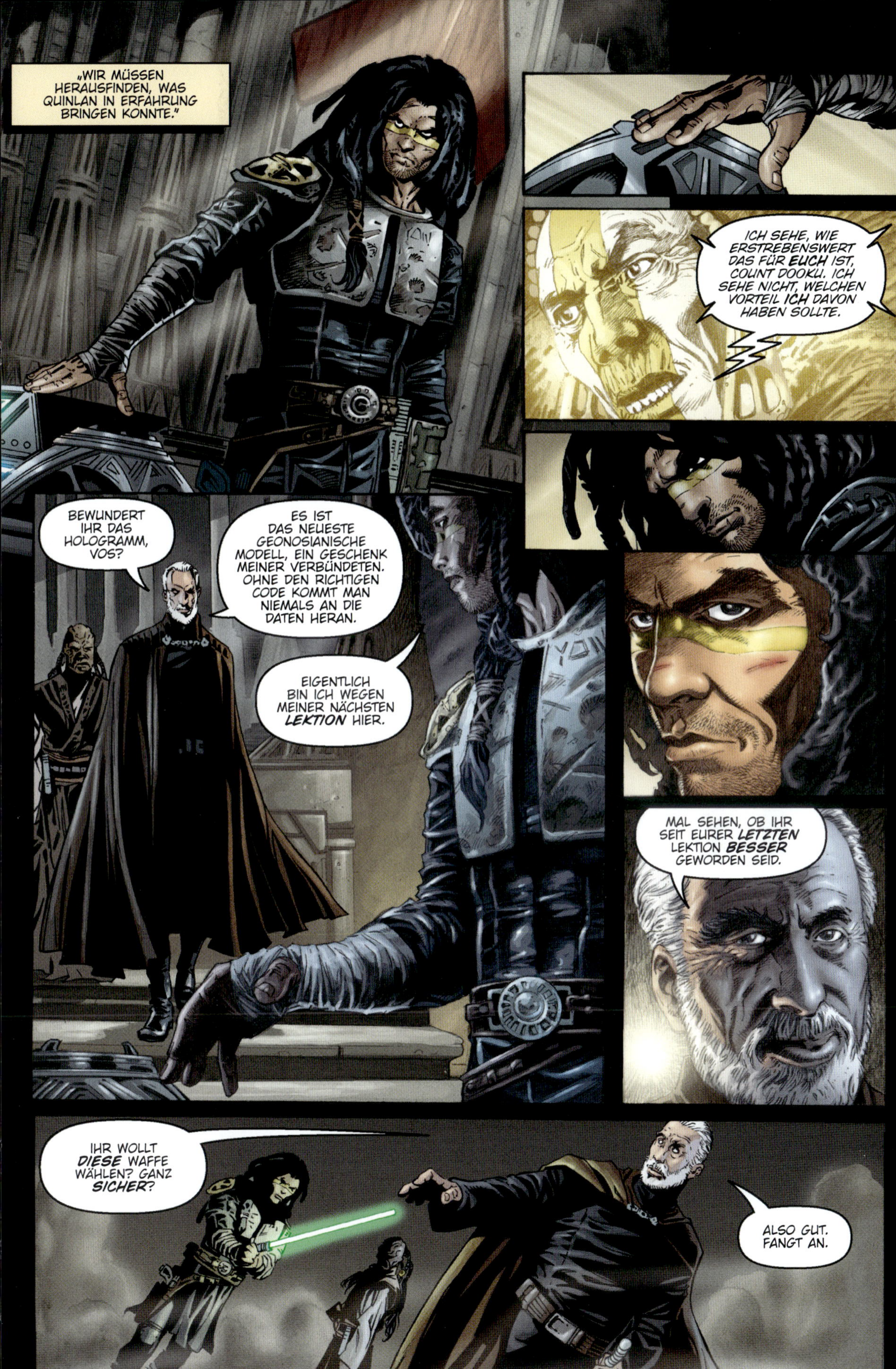
„WIR MÜSSEN HERAUSFINDEN, WAS QUINLAN IN ERFAHRUNG BRINGEN KONNTE."
ICH SEHE, WIE ERSTREBENSWERT DAS FÜR EUCH IST, COUNT DOOKU. ICH SEHE NICHT, WELCHEN VORTEIL ICH DAVON HABEN SOLLTE.
BEWUNDERT IHR DAS HOLOGRAMM, VOS?
ES IST DAS NEUESTE GEONOSIANISCHE MODELL, EIN GESCHENK MEINER VERBÜNDETEN. OHNE DEN RICHTIGEN CODE KOMMT MAN NIEMALS AN DIE DATEN HERAN.
EIGENTLICH BIN ICH WEGEN MEINER NÄCHSTEN LEKTION HIER.
MAL SEHEN, OB IHR SEIT EURER LETZTEN LEKTION BESSER GEWORDEN SEID.
IHR WOLLT DIESE WAFFE WÄHLEN? GANZ SICHER?
ALSO GUT. FANGT AN.

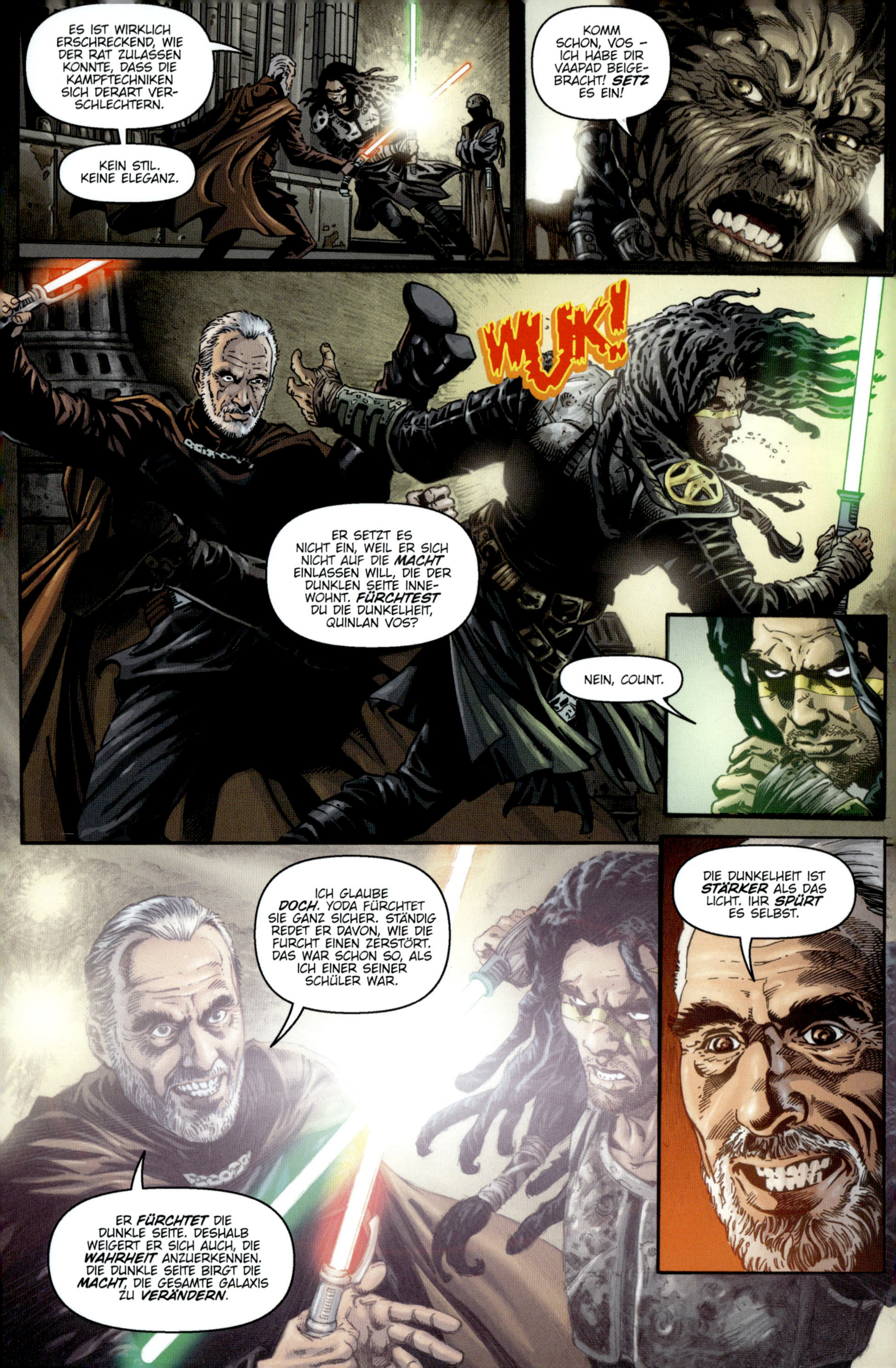
ES IST WIRKLICH ERSCHRECKEND, WIE DER RAT ZULASSEN KONNTE, DASS DIE KAMPFTECHNIKEN SICH DERART VERSCHLECHTERN.
KEIN STIL. KEINE ELEGANZ.
KOMM SCHON, VOS – ICH HABE DIR VAAPAD BEIGEBRACHT! SETZ ES EIN!
WUK!
ER SETZT ES NICHT EIN, WEIL ER SICH NICHT AUF DIE MACHT EINLASSEN WILL, DIE DER DUNKLEN SEITE INNEWOHNT. FÜRCHTEST DU DIE DUNKELHEIT, QUINLAN VOS?
NEIN, COUNT.
ICH GLAUBE DOCH. YODA FÜRCHTET SIE GANZ SICHER. STÄNDIG REDET ER DAVON, WIE DIE FURCHT EINEN ZERSTÖRT. DAS WAR SCHON SO, ALS ICH EINER SEINER SCHÜLER WAR.
ER FÜRCHTET DIE DUNKLE SEITE. DESHALB WEIGERT ER SICH AUCH, DIE WAHRHEIT ANZUERKENNEN. DIE DUNKLE SEITE BIRGT DIE MACHT, DIE GESAMTE GALAXIS ZU VERÄNDERN.
DIE DUNKELHEIT IST STÄRKER ALS DAS LICHT. IHR SPÜRT ES SELBST.

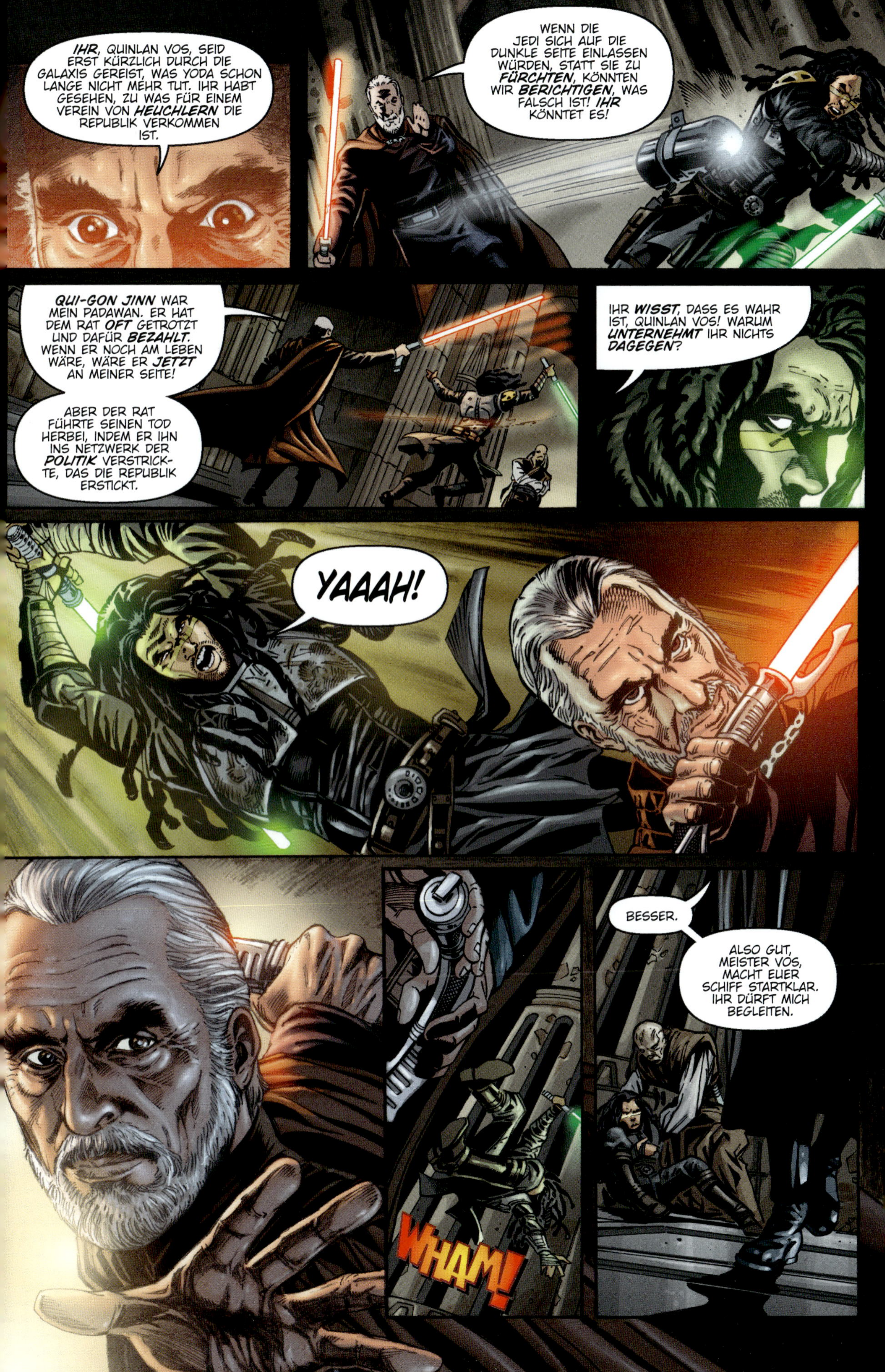
IHR, QUINLAN VOS, SEID ERST KÜRZLICH DURCH DIE GALAXIS GEREIST, WAS YODA SCHON LANGE NICHT MEHR TUT. IHR HABT GESEHEN, ZU WAS FÜR EINEM VEREIN VON HEUCHLERN DIE REPUBLIK VERKOMMEN IST.
WENN DIE JEDI SICH AUF DIE DUNKLE SEITE EINLASSEN WÜRDEN, STATT SIE ZU FÜRCHTEN, KÖNNTEN WIR BERICHTIGEN, WAS FALSCH IST! IHR KÖNNTET ES!
QUI-GON JINN WAR MEIN PADAWAN. ER HAT DEM RAT OFT GETROTZT UND DAFÜR BEZAHLT. WENN ER NOCH AM LEBEN WÄRE, WÄRE ER JETZT AN MEINER SEITE!
ABER DER RAT FÜHRTE SEINEN TOD HERBEI, INDEM ER IHN INS NETZWERK DER POLITIK VERSTRICKTE, DAS DIE REPUBLIK ERSTICKT.
IHR WISST, DASS ES WAHR IST, QUINLAN VOS! WARUM UNTERNEHMT IHR NICHTS DAGEGEN?
YAAAH!
WHAM!
BESSER.
ALSO GUT, MEISTER VOS, MACHT EUER SCHIFF STARTKLAR. IHR DÜRFT MICH BEGLEITEN.

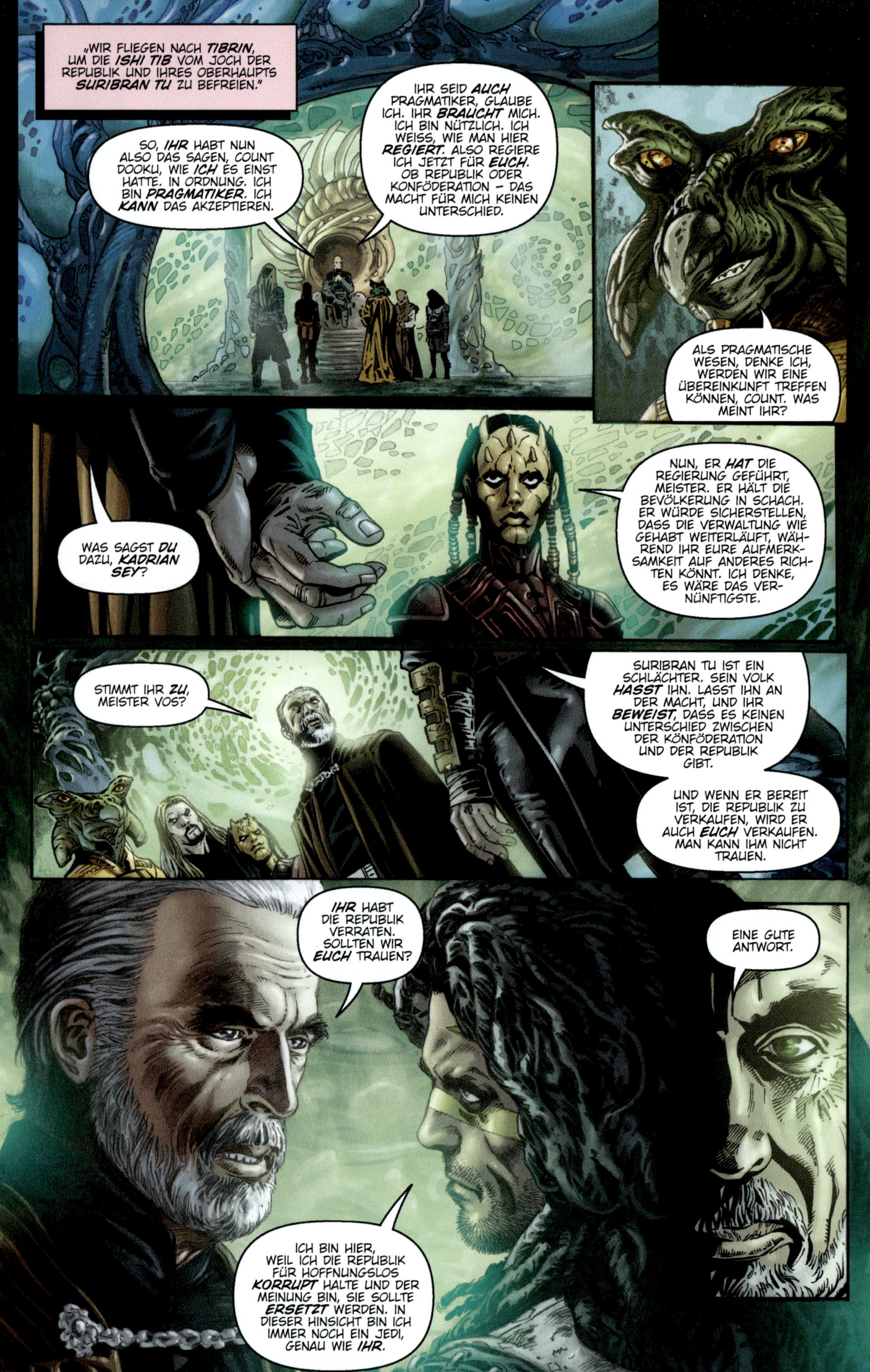
„WIR FLIEGEN NACH TIBRIN, UM DIE ISHI TIB VOM JOCH DER REPUBLIK UND IHRES OBERHAUPTS SURIBRAN TU ZU BEFREIEN."
SO, IHR HABT NUN ALSO DAS SAGEN, COUNT DOOKU, WIE ICH ES EINST HATTE. IN ORDNUNG. ICH BIN PRAGMATIKER. ICH KANN DAS AKZEPTIEREN.
IHR SEID AUCH PRAGMATIKER, GLAUBE ICH. IHR BRAUCHT MICH. ICH BIN NÜTZLICH. ICH WEISS, WIE MAN HIER REGIERT. ALSO REGIERE ICH JETZT FÜR EUCH. OB REPUBLIK ODER KONFÖDERATION – DAS MACHT FÜR MICH KEINEN UNTERSCHIED.
ALS PRAGMATISCHE WESEN, DENKE ICH, WERDEN WIR EINE ÜBEREINKUNFT TREFFEN KÖNNEN, COUNT. WAS MEINT IHR?
WAS SAGST DU DAZU, KADRIAN SEY?
NUN, ER HAT DIE REGIERUNG GEFÜHRT, MEISTER. ER HÄLT DIE BEVÖLKERUNG IN SCHACH. ER WÜRDE SICHERSTELLEN, DASS DIE VERWALTUNG WIE GEHABT WEITERLÄUFT, WÄHREND IHR EURE AUFMERKSAMKEIT AUF ANDERES RICHTEN KÖNNT. ICH DENKE, ES WÄRE DAS VERNÜNFTIGSTE.
STIMMT IHR ZU, MEISTER VOS?
SURIBRAN TU IST EIN SCHLÄCHTER. SEIN VOLK HASST IHN. LASST IHN AN DER MACHT, UND IHR BEWEIST, DASS ES KEINEN UNTERSCHIED ZWISCHEN DER KÖNFÖDERATION UND DER REPUBLIK GIBT.
UND WENN ER BEREIT IST, DIE REPUBLIK ZU VERKAUFEN, WIRD ER AUCH EUCH VERKAUFEN. MAN KANN IHM NICHT TRAUEN.
IHR HABT DIE REPUBLIK VERRATEN. SOLLTEN WIR EUCH TRAUEN?
ICH BIN HIER, WEIL ICH DIE REPUBLIK FÜR HOFFNUNGSLOS KORRUPT HALTE UND DER MEINUNG BIN, SIE SOLLTE ERSETZT WERDEN. IN DIESER HINSICHT BIN ICH IMMER NOCH EIN JEDI, GENAU WIE IHR.
EINE GUTE ANTWORT.

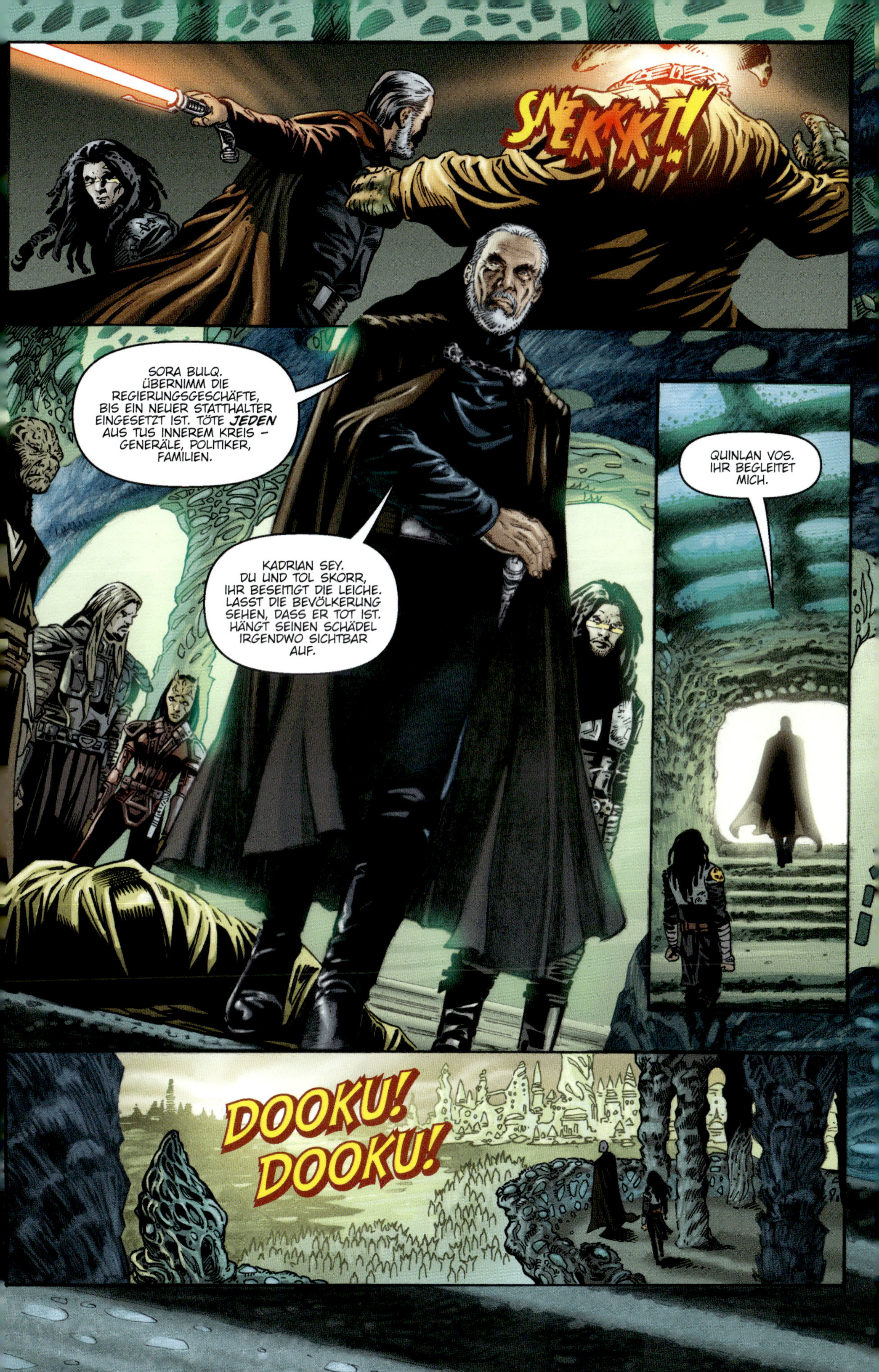
SNEKKKT!
SORA BULQ. ÜBERNIMM DIE REGIERUNGSGESCHÄFTE, BIS EIN NEUER STATTHALTER EINGESETZT IST. TÖTE *JEDEN* AUS TUS INNEREM KREIS – GENERÄLE, POLITIKER, FAMILIEN.
KADRIAN SEY. DU UND TOL SKORR, IHR BESEITIGT DIE LEICHE. LASST DIE BEVÖLKERUNG SEHEN, DASS ER TOT IST. HÄNGT SEINEN SCHÄDEL IRGENDWO SICHTBAR AUF.
QUINLAN VOS. IHR BEGLEITET MICH.
DOOKU! DOOKU!

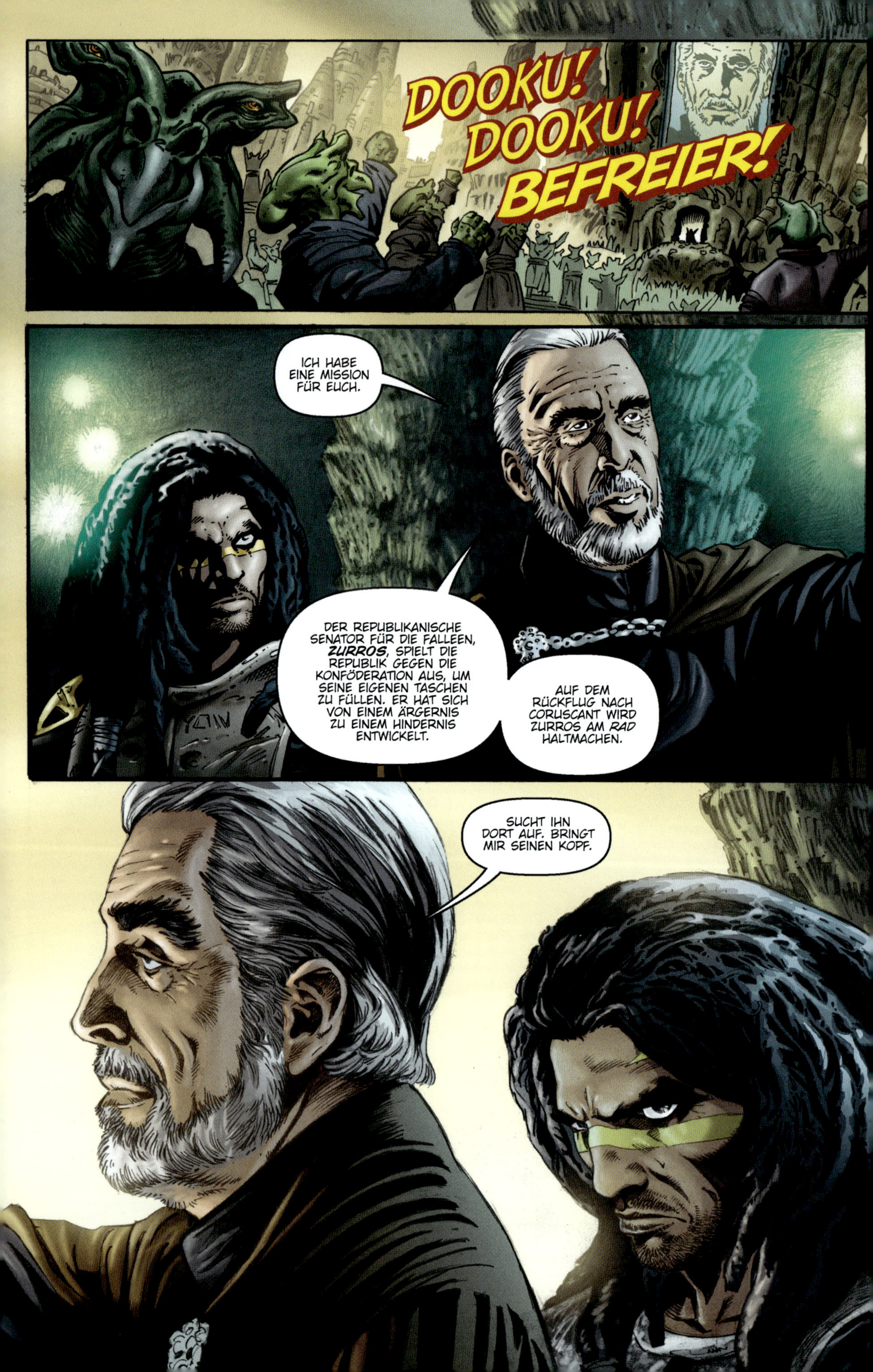
DOOKU! DOOKU! BEFREIER!
ICH HABE EINE MISSION FÜR EUCH.
DER REPUBLIKANISCHE SENATOR FÜR DIE FALLEEN, ZURROS, SPIELT DIE REPUBLIK GEGEN DIE KONFÖDERATION AUS, UM SEINE EIGENEN TASCHEN ZU FÜLLEN. ER HAT SICH VON EINEM ÄRGERNIS ZU EINEM HINDERNIS ENTWICKELT.
AUF DEM RÜCKFLUG NACH CORUSCANT WIRD ZURROS AM RAD HALTMACHEN.
SUCHT IHN DORT AUF. BRINGT MIR SEINEN KOPF.

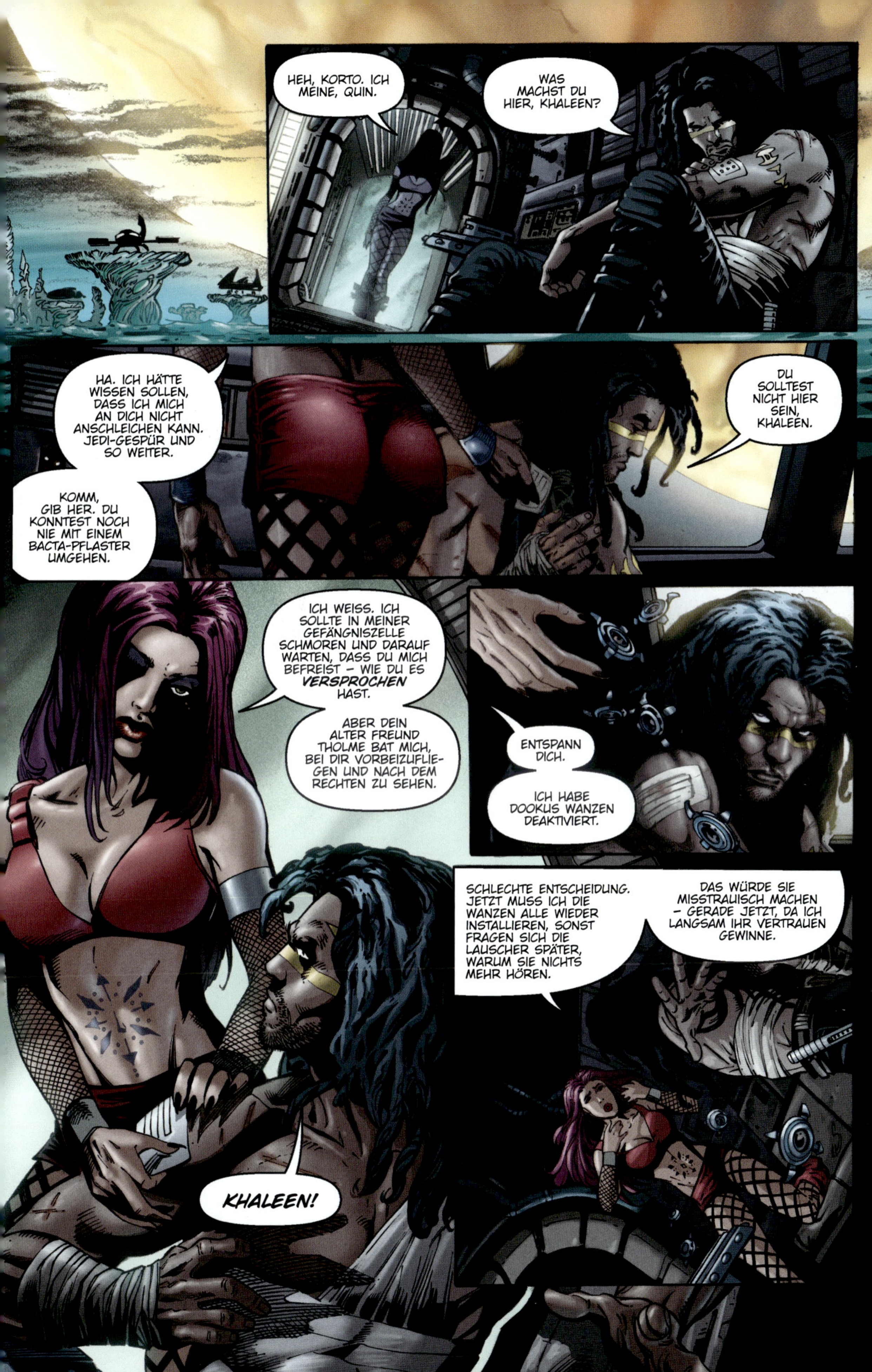
HEH, KORTO. ICH MEINE, QUIN.
WAS MACHST DU HIER, KHALEEN?
HA. ICH HÄTTE WISSEN SOLLEN, DASS ICH MICH AN DICH NICHT ANSCHLEICHEN KANN. JEDI-GESPÜR UND SO WEITER.
KOMM, GIB HER. DU KONNTEST NOCH NIE MIT EINEM BACTA-PFLASTER UMGEHEN.
DU SOLLTEST NICHT HIER SEIN, KHALEEN.
ICH WEISS. ICH SOLLTE IN MEINER GEFÄNGNISZELLE SCHMOREN UND DARAUF WARTEN, DASS DU MICH BEFREIST – WIE DU ES VERSPROCHEN HAST.
ABER DEIN ALTER FREUND THOLME BAT MICH, BEI DIR VORBEIZUFLIEGEN UND NACH DEM RECHTEN ZU SEHEN.
ENTSPANN DICH.
ICH HABE DOOKUS WANZEN DEAKTIVIERT.
SCHLECHTE ENTSCHEIDUNG. JETZT MUSS ICH DIE WANZEN ALLE WIEDER INSTALLIEREN, SONST FRAGEN SICH DIE LAUSCHER SPÄTER, WARUM SIE NICHTS MEHR HÖREN.
DAS WÜRDE SIE MISSTRAUISCH MACHEN – GERADE JETZT, DA ICH LANGSAM IHR VERTRAUEN GEWINNE.
KHALEEN!

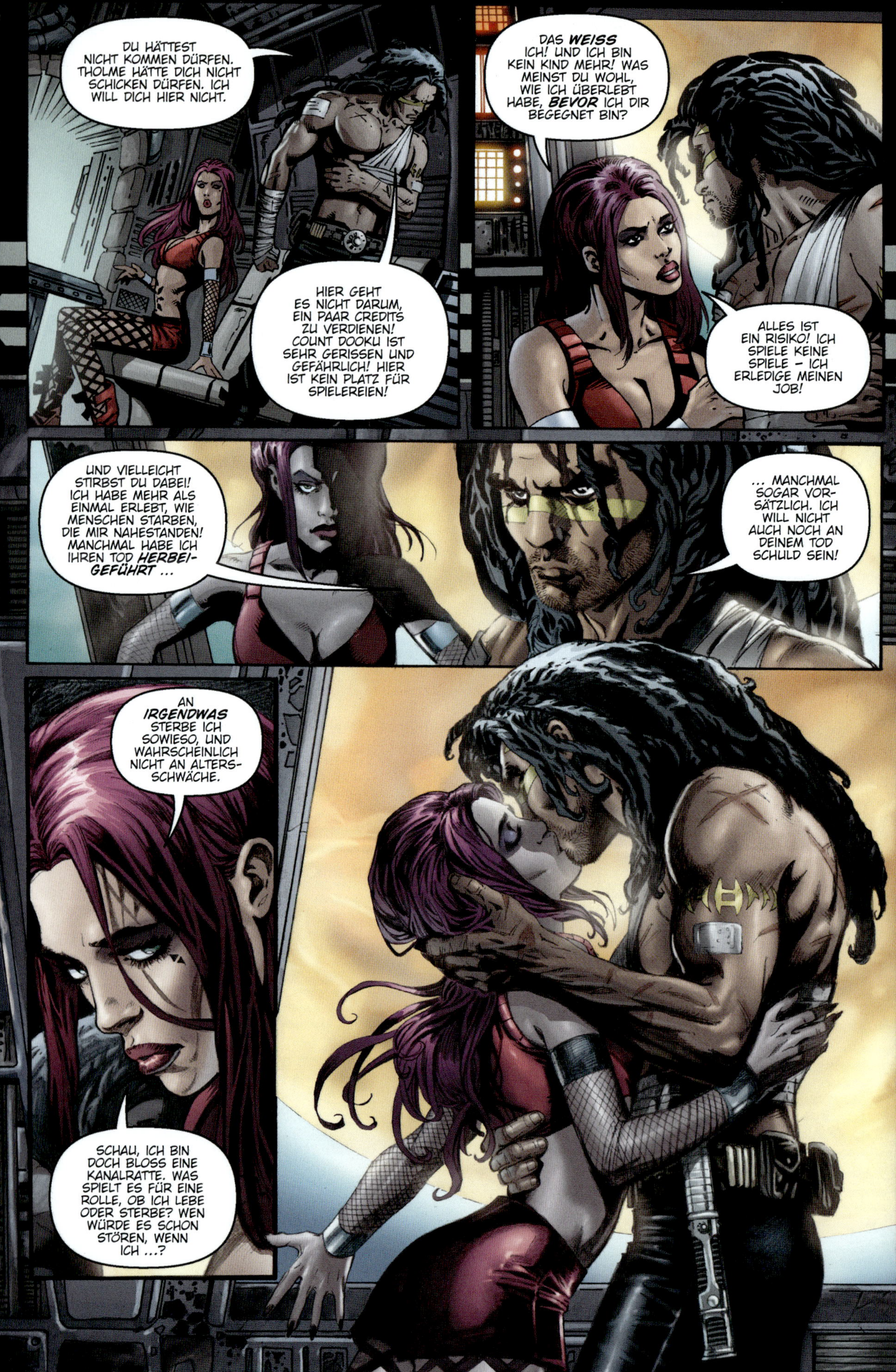
DU HÄTTEST NICHT KOMMEN DÜRFEN. THOLME HÄTTE DICH NICHT SCHICKEN DÜRFEN. ICH WILL DICH HIER NICHT.
HIER GEHT ES NICHT DARUM, EIN PAAR CREDITS ZU VERDIENEN! COUNT DOOKU IST SEHR GERISSEN UND GEFÄHRLICH! HIER IST KEIN PLATZ FÜR SPIELEREIEN!
DAS WEISS ICH! UND ICH BIN KEIN KIND MEHR! WAS MEINST DU WOHL, WIE ICH ÜBERLEBT HABE, BEVOR ICH DIR BEGEGNET BIN?
ALLES IST EIN RISIKO! ICH SPIELE KEINE SPIELE – ICH ERLEDIGE MEINEN JOB!
UND VIELLEICHT STIRBST DU DABEI! ICH HABE MEHR ALS EINMAL ERLEBT, WIE MENSCHEN STARBEN, DIE MIR NAHESTANDEN! MANCHMAL HABE ICH IHREN TOD HERBEIGEFÜHRT ...
... MANCHMAL SOGAR VORSÄTZLICH. ICH WILL NICHT AUCH NOCH AN DEINEM TOD SCHULD SEIN!
AN IRGENDWAS STERBE ICH SOWIESO, UND WAHRSCHEINLICH NICHT AN ALTERSSCHWÄCHE.
SCHAU, ICH BIN DOCH BLOSS EINE KANALRATTE. WAS SPIELT ES FÜR EINE ROLLE, OB ICH LEBE ODER STERBE? WEN WÜRDE ES SCHON STÖREN, WENN ICH ...?

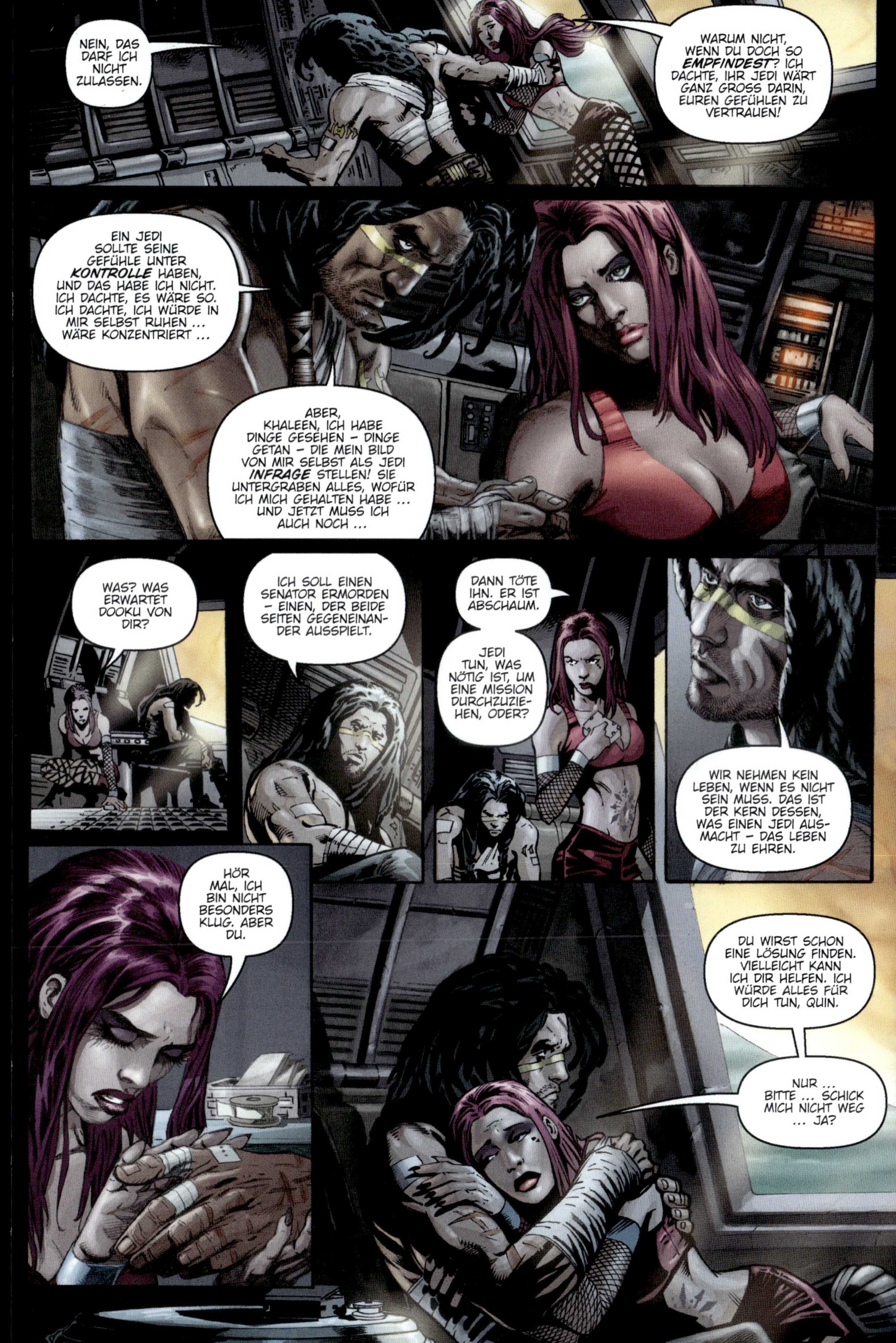
NEIN, DAS DARF ICH NICHT ZULASSEN.
WARUM NICHT, WENN DU DOCH SO **EMPFINDEST**? ICH DACHTE, IHR JEDI WÄRT GANZ GROSS DARIN, EUREN GEFÜHLEN ZU VERTRAUEN!
EIN JEDI SOLLTE SEINE GEFÜHLE UNTER **KONTROLLE** HABEN, UND DAS HABE ICH NICHT. ICH DACHTE, ES WÄRE SO. ICH DACHTE, ICH WÜRDE IN MIR SELBST RUHEN ... WÄRE KONZENTRIERT ...
ABER, KHALEEN, ICH HABE DINGE GESEHEN – DINGE GETAN – DIE MEIN BILD VON MIR SELBST ALS JEDI **INFRAGE** STELLEN! SIE UNTERGRABEN ALLES, WOFÜR ICH MICH GEHALTEN HABE ... UND JETZT MUSS ICH AUCH NOCH ...
WAS? WAS ERWARTET DOOKU VON DIR?
ICH SOLL EINEN SENATOR ERMORDEN – EINEN, DER BEIDE SEITEN GEGENEINANDER AUSSPIELT.
DANN TÖTE IHN. ER IST ABSCHAUM.
JEDI TUN, WAS NÖTIG IST, UM EINE MISSION DURCHZUZIEHEN, ODER?
WIR NEHMEN KEIN LEBEN, WENN ES NICHT SEIN MUSS. DAS IST DER KERN DESSEN, WAS EINEN JEDI AUSMACHT – DAS LEBEN ZU EHREN.
HÖR MAL, ICH BIN NICHT BESONDERS KLUG. ABER DU.
DU WIRST SCHON EINE LÖSUNG FINDEN. VIELLEICHT KANN ICH DIR HELFEN. ICH WÜRDE ALLES FÜR DICH TUN, QUIN.
NUR ... BITTE ... SCHICK MICH NICHT WEG ... JA?

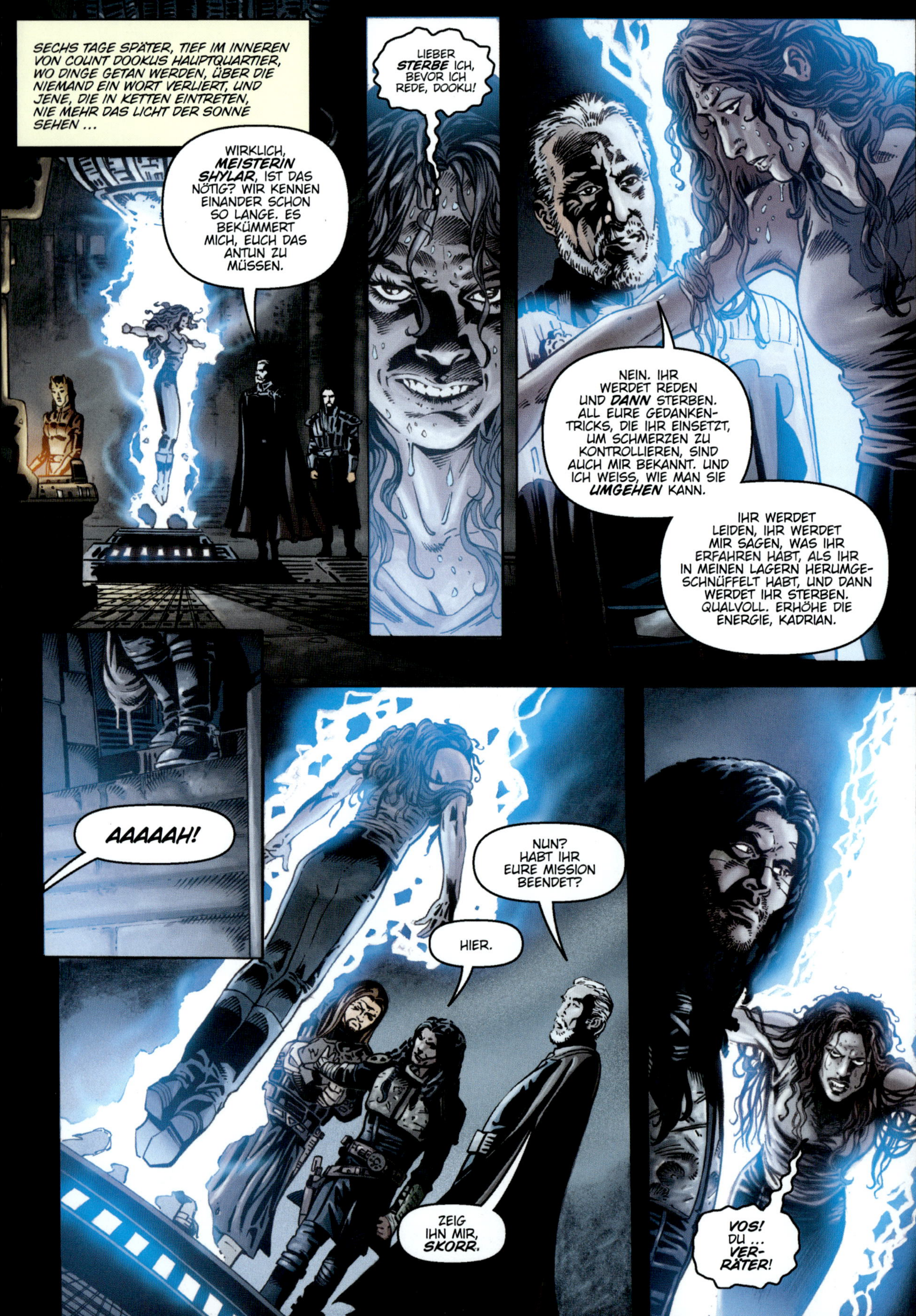
SECHS TAGE SPÄTER, TIEF IM INNEREN VON COUNT DOOKUS HAUPTQUARTIER, WO DINGE GETAN WERDEN, ÜBER DIE NIEMAND EIN WORT VERLIERT, UND JENE, DIE IN KETTEN EINTRETEN, NIE MEHR DAS LICHT DER SONNE SEHEN …
WIRKLICH, MEISTERIN SHYLAR, IST DAS NÖTIG? WIR KENNEN EINANDER SCHON SO LANGE. ES BEKÜMMERT MICH, EUCH DAS ANTUN ZU MÜSSEN.
LIEBER STERBE ICH, BEVOR ICH REDE, DOOKU!
NEIN. IHR WERDET REDEN UND DANN STERBEN. ALL EURE GEDANKEN-TRICKS, DIE IHR EINSETZT, UM SCHMERZEN ZU KONTROLLIEREN, SIND AUCH MIR BEKANNT. UND ICH WEISS, WIE MAN SIE UMGEHEN KANN.
IHR WERDET LEIDEN, IHR WERDET MIR SAGEN, WAS IHR ERFAHREN HABT, ALS IHR IN MEINEN LAGERN HERUMGE-SCHNÜFFELT HABT, UND DANN WERDET IHR STERBEN. QUALVOLL. ERHÖHE DIE ENERGIE, KADRIAN.
AAAAAH!
NUN? HABT IHR EURE MISSION BEENDET?
HIER.
ZEIG IHN MIR, SKORR.
VOS! DU … VER-RÄTER!

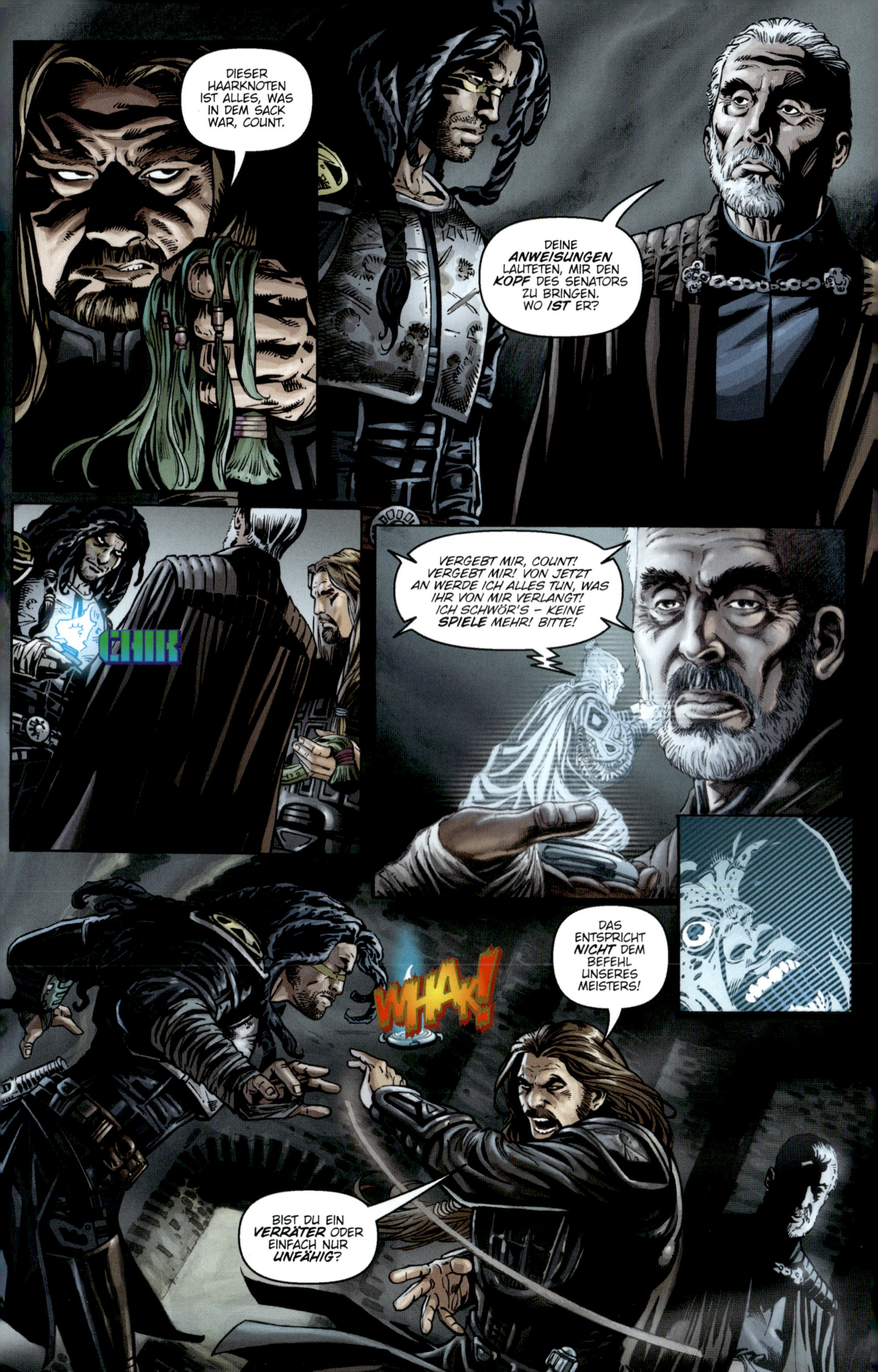
DIESER HAARKNOTEN IST ALLES, WAS IN DEM SACK WAR, COUNT.
DEINE **ANWEISUNGEN** LAUTETEN, MIR DEN **KOPF** DES SENATORS ZU BRINGEN. WO **IST** ER?
CHIK
VERGEBT MIR, COUNT! VERGEBT MIR! VON JETZT AN WERDE ICH ALLES TUN, WAS IHR VON MIR VERLANGT! ICH SCHWÖR'S – KEINE **SPIELE** MEHR! BITTE!
DAS ENTSPRICHT **NICHT** DEM BEFEHL UNSERES MEISTERS!
WHAK!
BIST DU EIN **VERRÄTER** ODER EINFACH NUR **UNFÄHIG**?

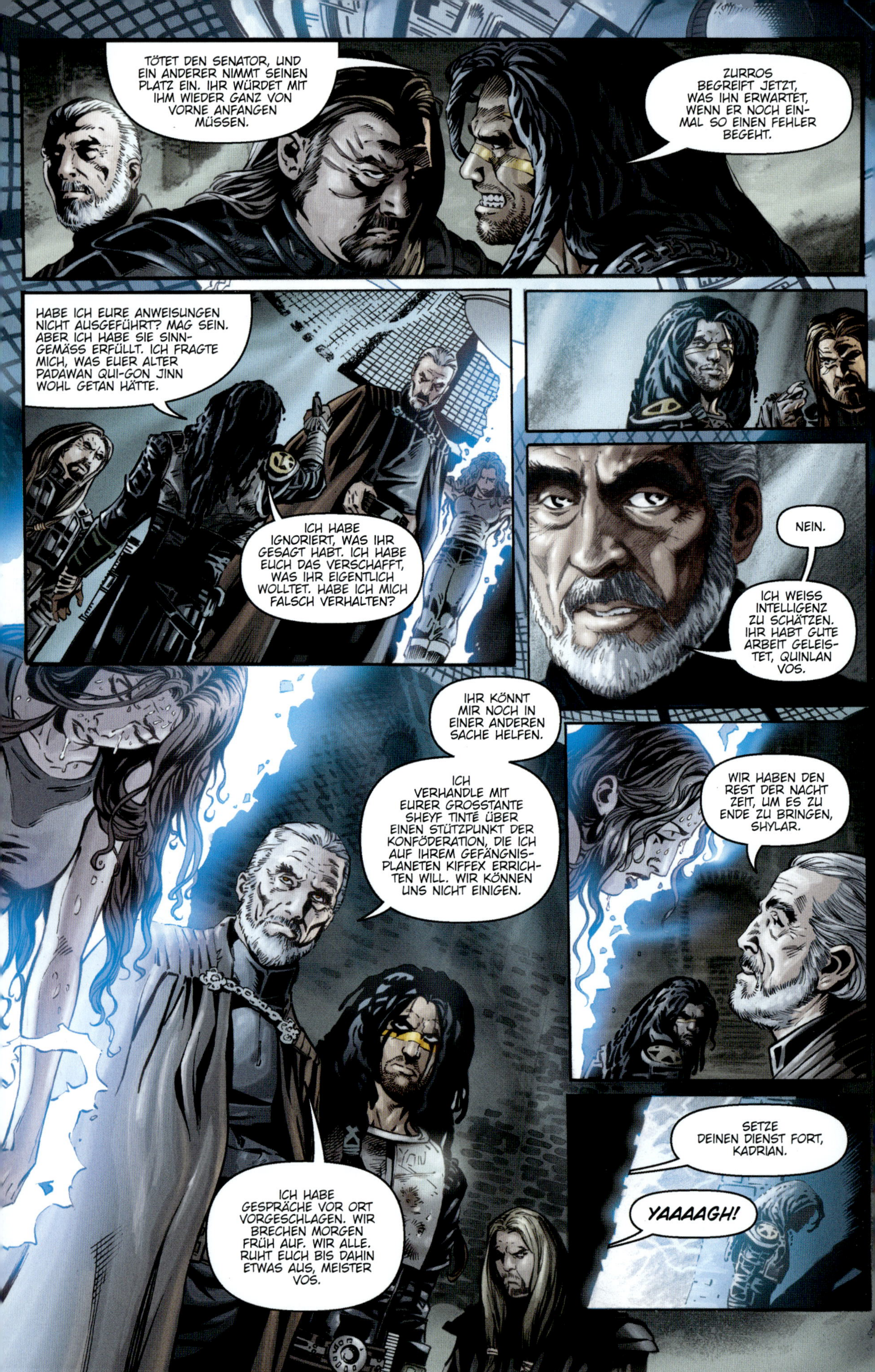
TÖTET DEN SENATOR, UND EIN ANDERER NIMMT SEINEN PLATZ EIN. IHR WÜRDET MIT IHM WIEDER GANZ VON VORNE ANFANGEN MÜSSEN.
ZURROS BEGREIFT JETZT, WAS IHN ERWARTET, WENN ER NOCH EINMAL SO EINEN FEHLER BEGEHT.
HABE ICH EURE ANWEISUNGEN NICHT AUSGEFÜHRT? MAG SEIN. ABER ICH HABE SIE SINNGEMÄSS ERFÜLLT. ICH FRAGTE MICH, WAS EUER ALTER PADAWAN QUI-GON JINN WOHL GETAN HÄTTE.
ICH HABE IGNORIERT, WAS IHR GESAGT HABT. ICH HABE EUCH DAS VERSCHAFFT, WAS IHR EIGENTLICH WOLLTET. HABE ICH MICH FALSCH VERHALTEN?
NEIN.
ICH WEISS INTELLIGENZ ZU SCHÄTZEN. IHR HABT GUTE ARBEIT GELEISTET, QUINLAN VOS.
IHR KÖNNT MIR NOCH IN EINER ANDEREN SACHE HELFEN.
ICH VERHANDLE MIT EURER GROSSTANTE SHEYF TINTÉ ÜBER EINEN STÜTZPUNKT DER KONFÖDERATION, DIE ICH AUF IHREM GEFÄNGNISPLANETEN KIFFEX ERRICHTEN WILL. WIR KÖNNEN UNS NICHT EINIGEN.
ICH HABE GESPRÄCHE VOR ORT VORGESCHLAGEN. WIR BRECHEN MORGEN FRÜH AUF. WIR ALLE. RUHT EUCH BIS DAHIN ETWAS AUS, MEISTER VOS.
WIR HABEN DEN REST DER NACHT ZEIT, UM ES ZU ENDE ZU BRINGEN, SHYLAR.
SETZE DEINEN DIENST FORT, KADRIAN.
YAAAAGH!

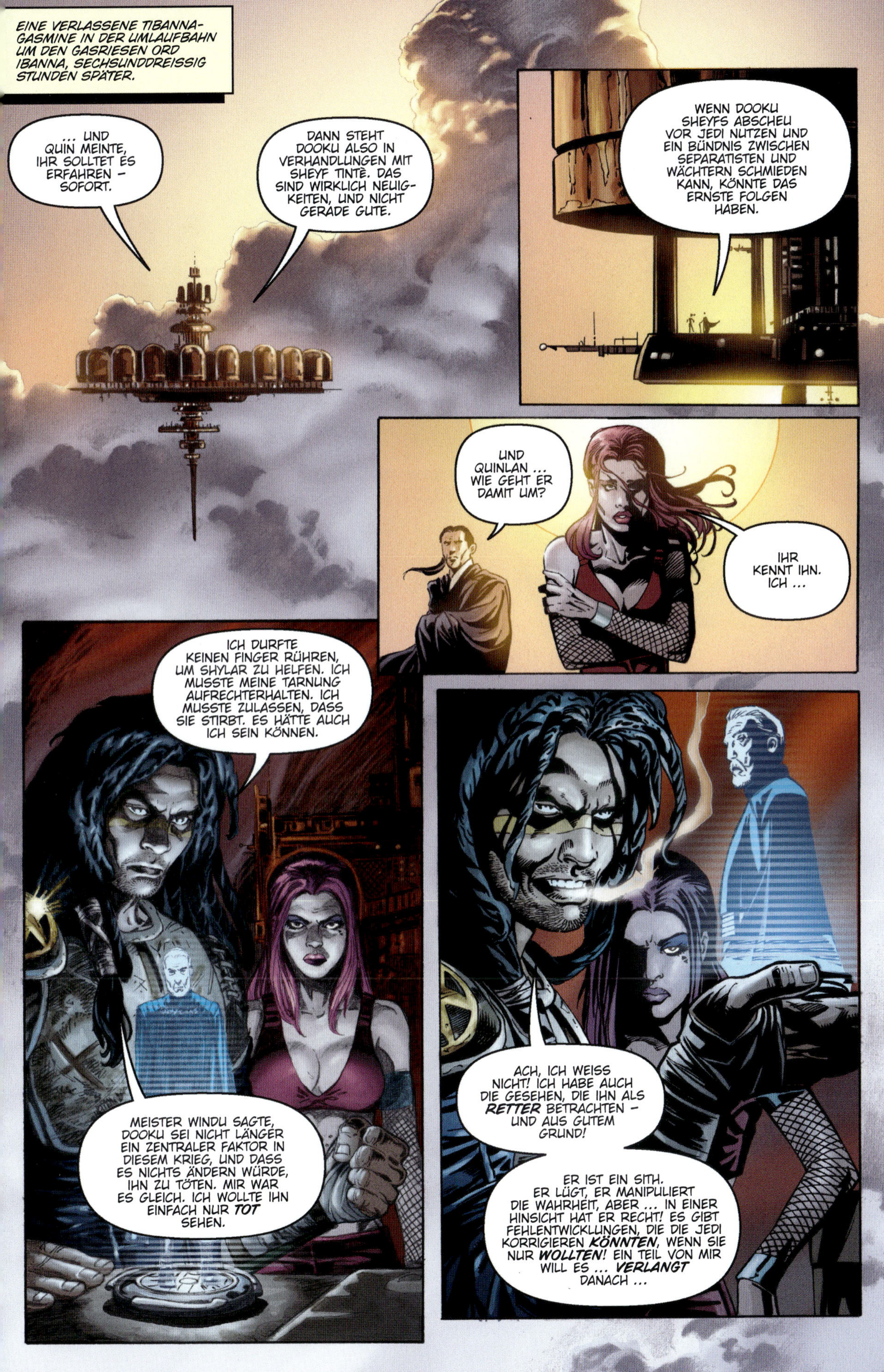
EINE VERLASSENE TIBANNA-GASMINE IN DER UMLAUFBAHN UM DEN GASRIESEN ORD IBANNA, SECHSUNDDREISSIG STUNDEN SPÄTER.
... UND QUIN MEINTE, IHR SOLLTET ES ERFAHREN – SOFORT.
DANN STEHT DOOKU ALSO IN VERHANDLUNGEN MIT SHEYF TINTÉ. DAS SIND WIRKLICH NEUIGKEITEN, UND NICHT GERADE GUTE.
WENN DOOKU SHEYFS ABSCHEU VOR JEDI NUTZEN UND EIN BÜNDNIS ZWISCHEN SEPARATISTEN UND WÄCHTERN SCHMIEDEN KANN, KÖNNTE DAS ERNSTE FOLGEN HABEN.
UND QUINLAN ... WIE GEHT ER DAMIT UM?
IHR KENNT IHN. ICH ...
ICH DURFTE KEINEN FINGER RÜHREN, UM SHYLAR ZU HELFEN. ICH MUSSTE MEINE TARNUNG AUFRECHTERHALTEN. ICH MUSSTE ZULASSEN, DASS SIE STIRBT. ES HÄTTE AUCH ICH SEIN KÖNNEN.
MEISTER WINDU SAGTE, DOOKU SEI NICHT LÄNGER EIN ZENTRALER FAKTOR IN DIESEM KRIEG, UND DASS ES NICHTS ÄNDERN WÜRDE, IHN ZU TÖTEN. MIR WAR ES GLEICH. ICH WOLLTE IHN EINFACH NUR TOT SEHEN.
ACH, ICH WEISS NICHT! ICH HABE AUCH DIE GESEHEN, DIE IHN ALS RETTER BETRACHTEN – UND AUS GUTEM GRUND!
ER IST EIN SITH. ER LÜGT, ER MANIPULIERT DIE WAHRHEIT, ABER ... IN EINER HINSICHT HAT ER RECHT! ES GIBT FEHLENTWICKLUNGEN, DIE DIE JEDI KORRIGIEREN KÖNNTEN, WENN SIE NUR WOLLTEN! EIN TEIL VON MIR WILL ES ... VERLANGT DANACH ...

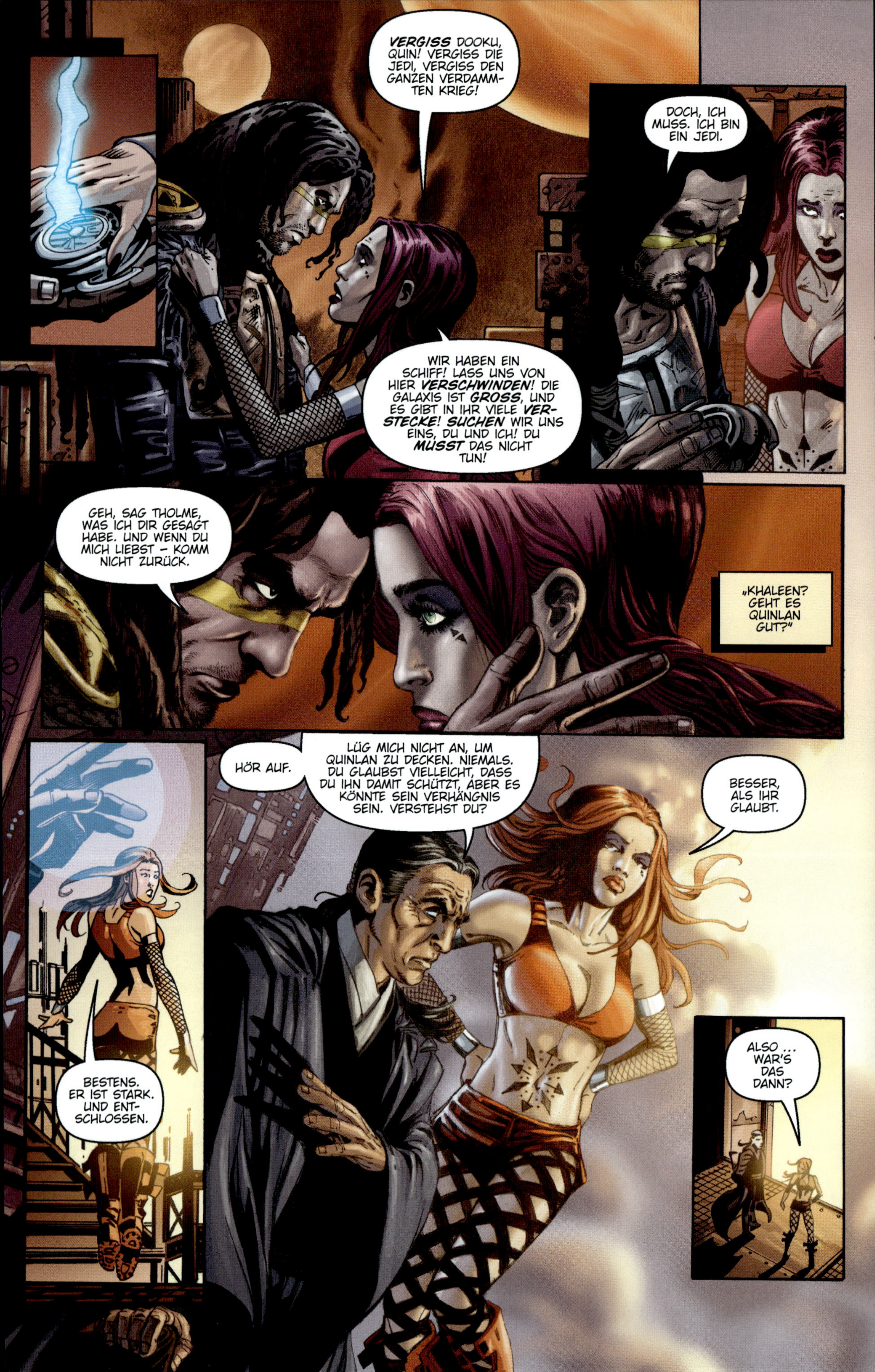
VERGISS DOOKU, QUIN! VERGISS DIE JEDI, VERGISS DEN GANZEN VERDAMMTEN KRIEG!
DOCH, ICH MUSS. ICH BIN EIN JEDI.
WIR HABEN EIN SCHIFF! LASS UNS VON HIER VERSCHWINDEN! DIE GALAXIS IST GROSS, UND ES GIBT IN IHR VIELE VERSTECKE! SUCHEN WIR UNS EINS, DU UND ICH! DU MUSST DAS NICHT TUN!
GEH, SAG THOLME, WAS ICH DIR GESAGT HABE. UND WENN DU MICH LIEBST – KOMM NICHT ZURÜCK.
„KHALEEN? GEHT ES QUINLAN GUT?"
BESTENS. ER IST STARK. UND ENTSCHLOSSEN.
HÖR AUF.
LÜG MICH NICHT AN, UM QUINLAN ZU DECKEN. NIEMALS. DU GLAUBST VIELLEICHT, DASS DU IHN DAMIT SCHÜTZT, ABER ES KÖNNTE SEIN VERHÄNGNIS SEIN. VERSTEHST DU?
BESSER, ALS IHR GLAUBT.
ALSO ... WAR'S DAS DANN?

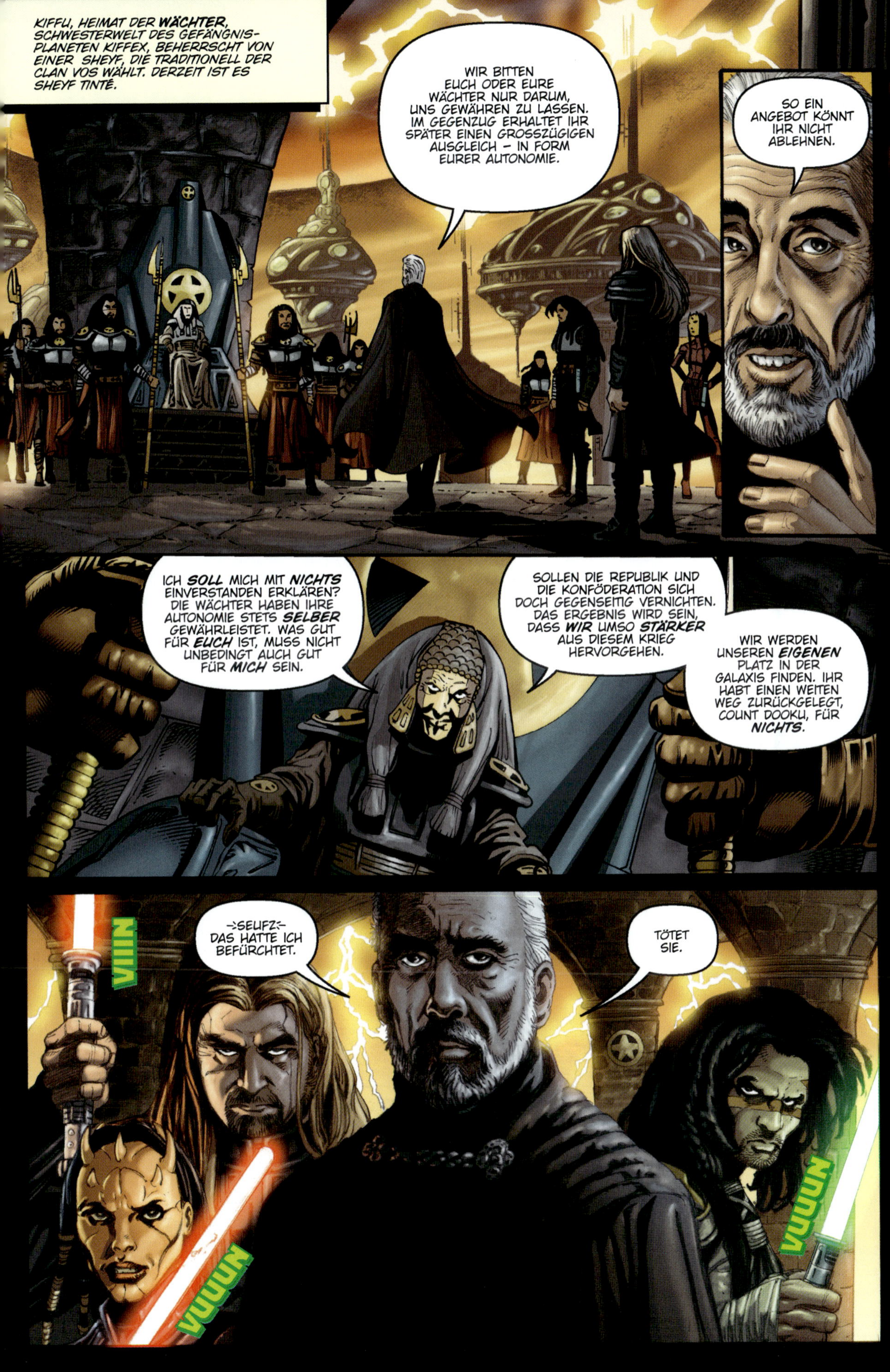
KIFFU, HEIMAT DER WÄCHTER, SCHWESTERWELT DES GEFÄNGNIS-PLANETEN KIFFEX, BEHERRSCHT VON EINER SHEYF, DIE TRADITIONELL DER CLAN VOS WÄHLT. DERZEIT IST ES SHEYF TINTÉ.
WIR BITTEN EUCH ODER EURE WÄCHTER NUR DARUM, UNS GEWÄHREN ZU LASSEN. IM GEGENZUG ERHALTET IHR SPÄTER EINEN GROSSZÜGIGEN AUSGLEICH – IN FORM EURER AUTONOMIE.
SO EIN ANGEBOT KÖNNT IHR NICHT ABLEHNEN.
ICH SOLL MICH MIT NICHTS EINVERSTANDEN ERKLÄREN? DIE WÄCHTER HABEN IHRE AUTONOMIE STETS SELBER GEWÄHRLEISTET. WAS GUT FÜR EUCH IST, MUSS NICHT UNBEDINGT AUCH GUT FÜR MICH SEIN.
SOLLEN DIE REPUBLIK UND DIE KONFÖDERATION SICH DOCH GEGENSEITIG VERNICHTEN. DAS ERGEBNIS WIRD SEIN, DASS WIR UMSO STÄRKER AUS DIESEM KRIEG HERVORGEHEN.
WIR WERDEN UNSEREN EIGENEN PLATZ IN DER GALAXIS FINDEN. IHR HABT EINEN WEITEN WEG ZURÜCKGELEGT, COUNT DOOKU, FÜR NICHTS.
VIIIN
-SEUFZ- DAS HATTE ICH BEFÜRCHTET.
TÖTET SIE.
VUUUN
VUUUN

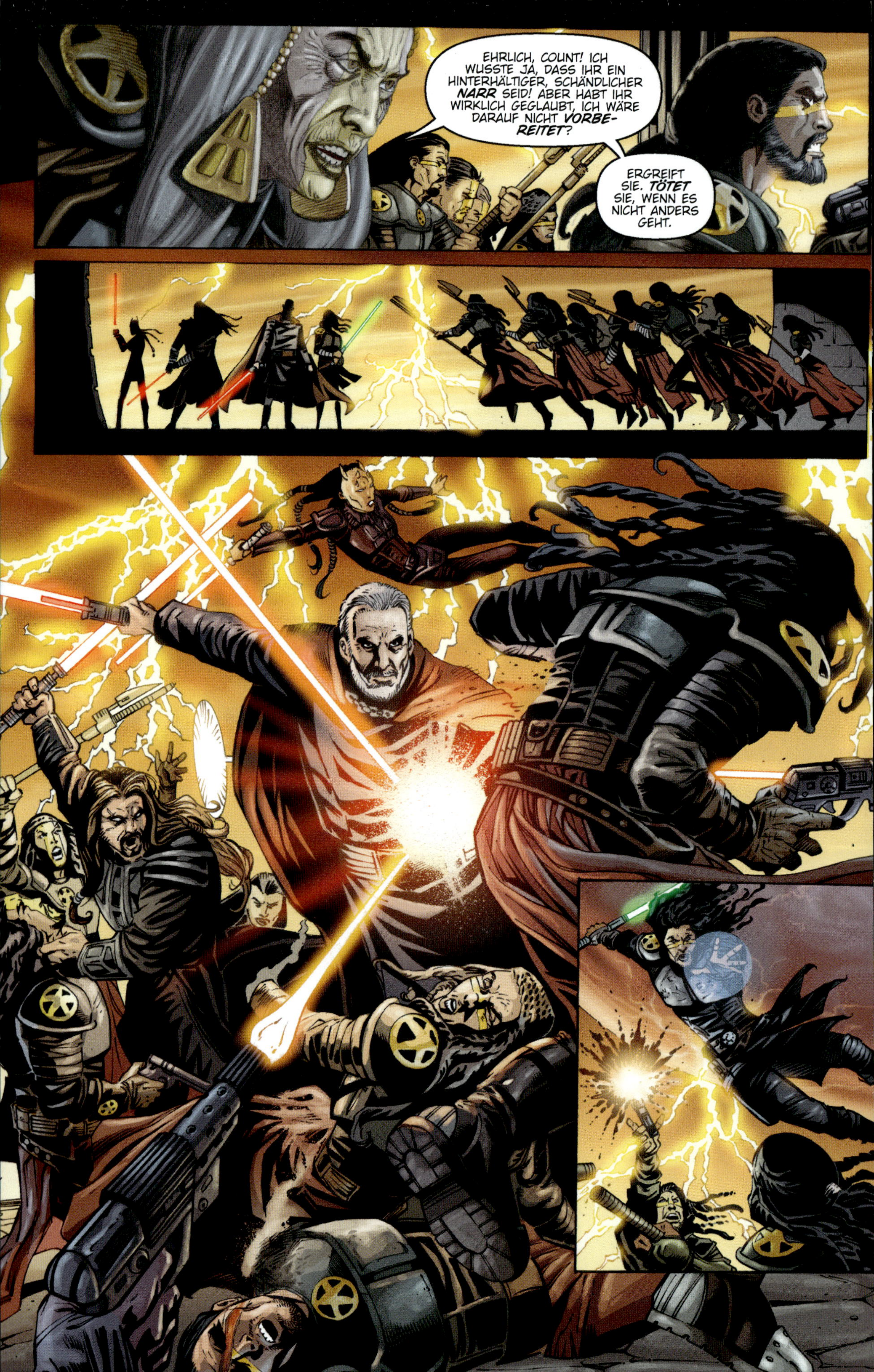
EHRLICH, COUNT! ICH WUSSTE JA, DASS IHR EIN HINTERHÄLTIGER, SCHÄNDLICHER **NARR** SEID! ABER HABT IHR WIRKLICH GEGLAUBT, ICH WÄRE DARAUF NICHT **VORBE-REITET**?
ERGREIFT SIE. **TÖTET** SIE, WENN ES NICHT ANDERS GEHT.

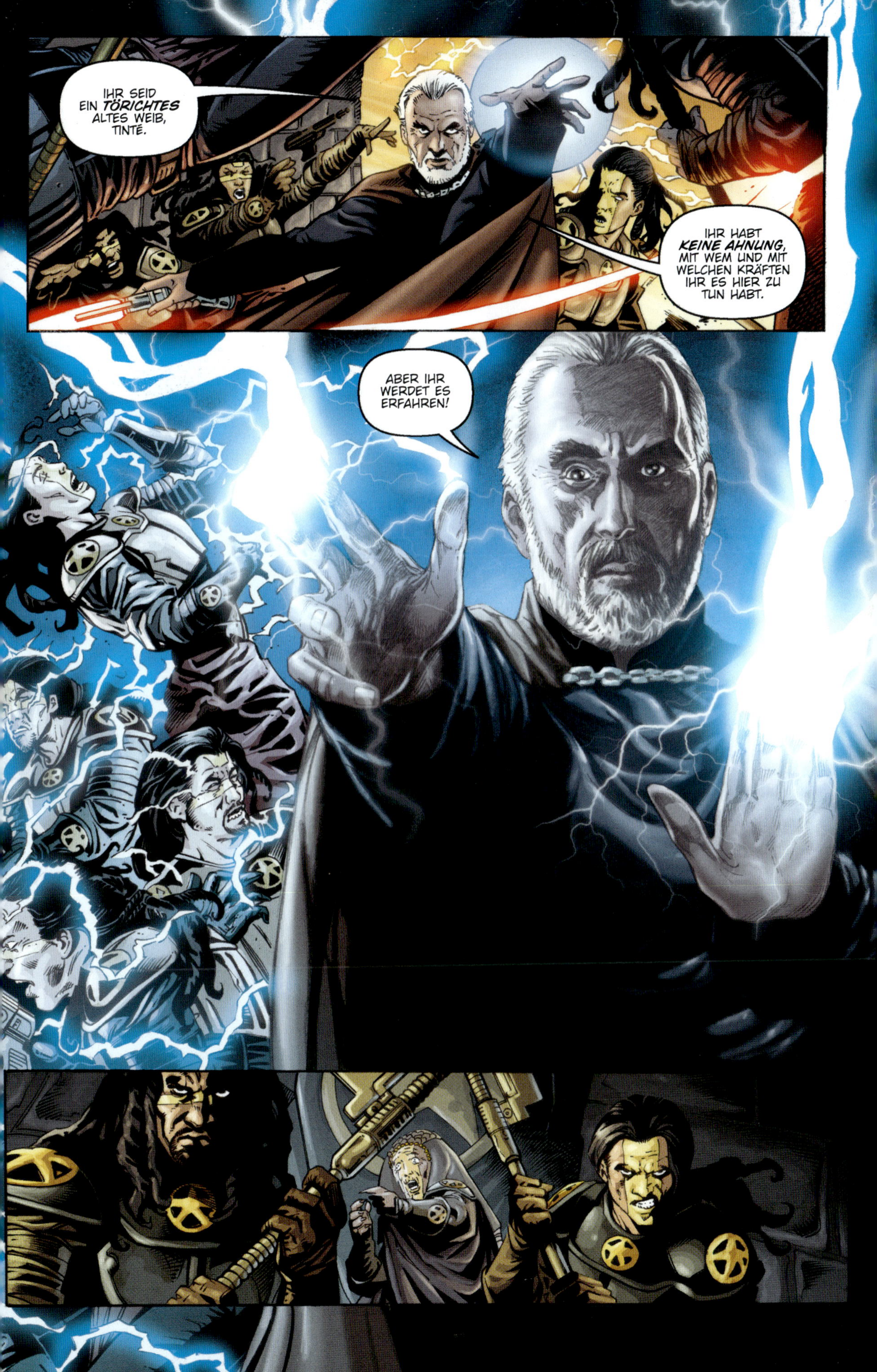
IHR SEID EIN TÖRICHTES ALTES WEIB, TINTÉ.
IHR HABT KEINE AHNUNG, MIT WEM UND MIT WELCHEN KRÄFTEN IHR ES HIER ZU TUN HABT.
ABER IHR WERDET ES ERFAHREN!

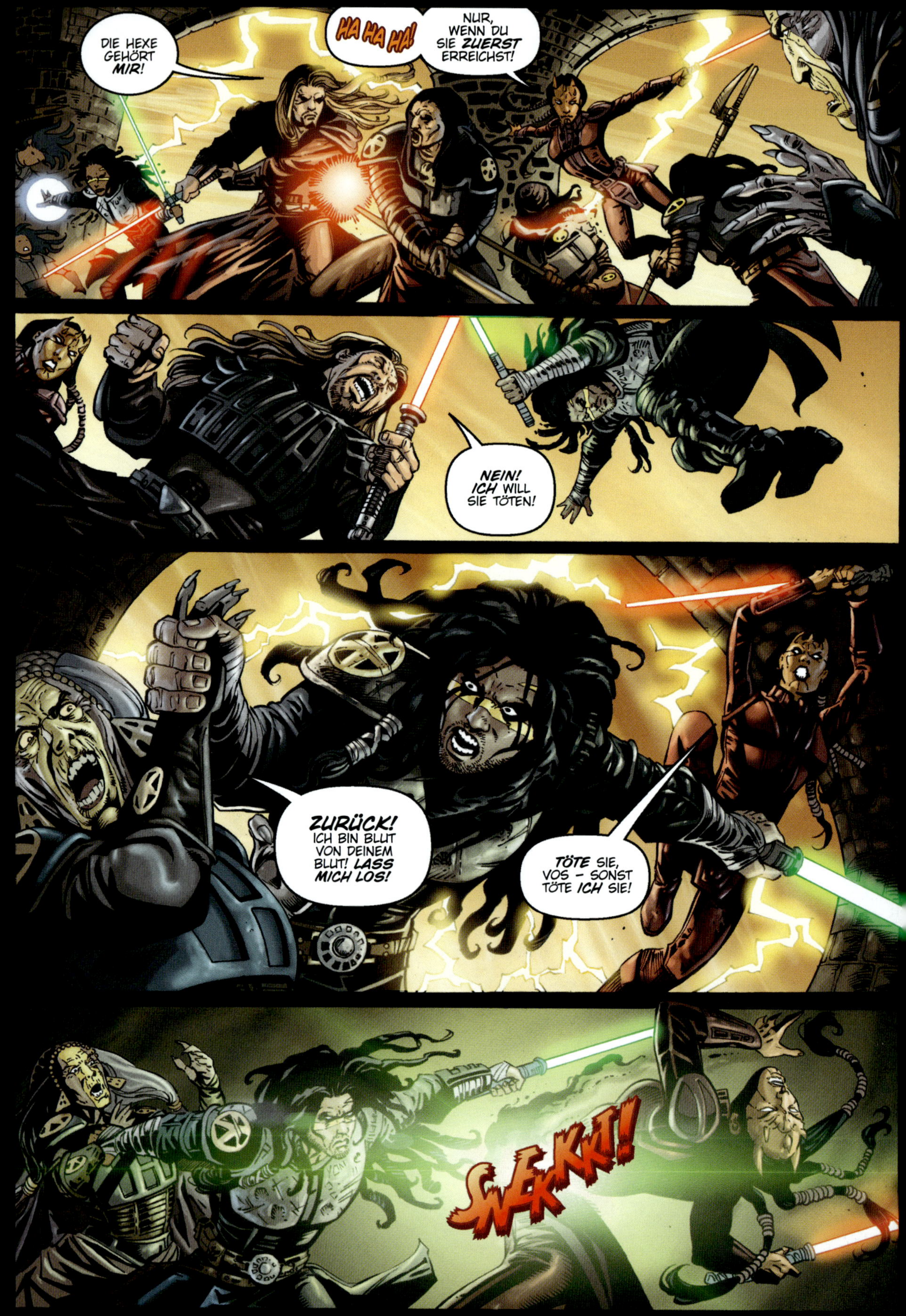
DIE HEXE GEHÖRT MIR!
HA HA HA!
NUR, WENN DU SIE ZUERST ERREICHST!
NEIN! ICH WILL SIE TÖTEN!
ZURÜCK! ICH BIN BLUT VON DEINEM BLUT! LASS MICH LOS!
TÖTE SIE, VOS – SONST TÖTE ICH SIE!
SNEKKKT!

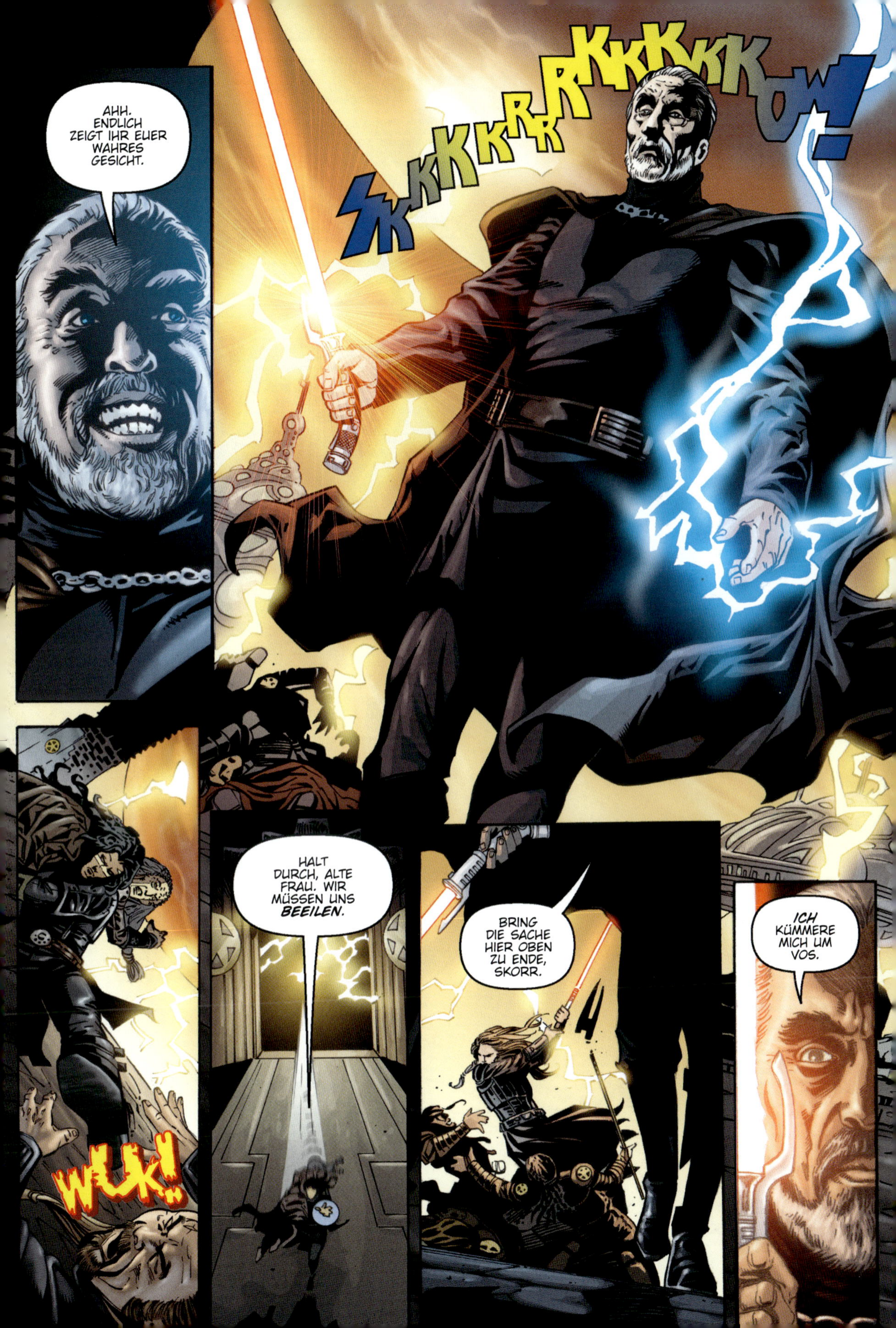
AHH. ENDLICH ZEIGT IHR EUER WAHRES GESICHT.
SKKKKRRRRKKKKKOW!
WUK!
HALT DURCH, ALTE FRAU. WIR MÜSSEN UNS *BEEILEN*.
BRING DIE SACHE HIER OBEN ZU ENDE, SKORR.
ICH KÜMMERE MICH UM VOS.

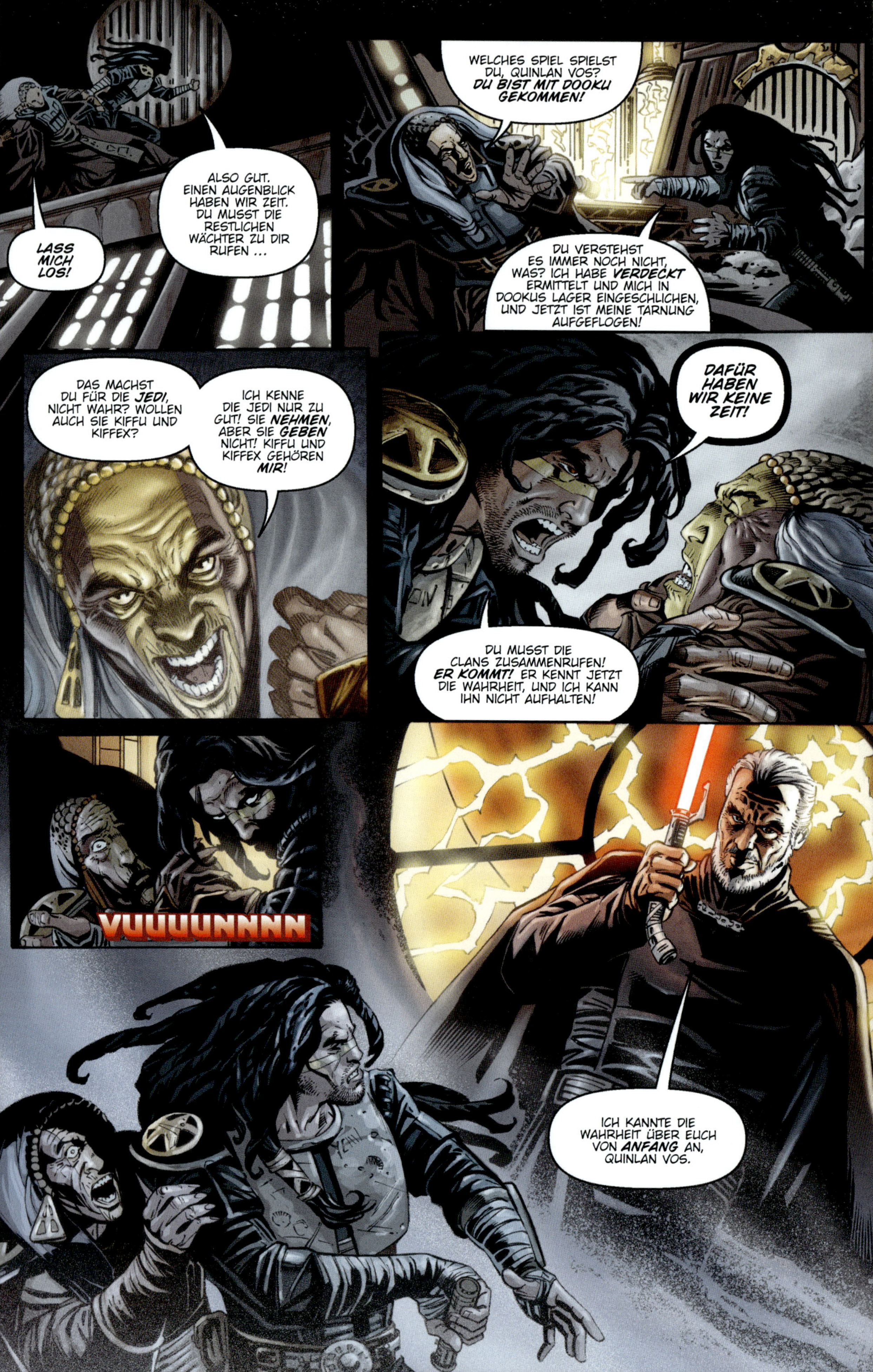
LASS MICH LOS!
ALSO GUT. EINEN AUGENBLICK HABEN WIR ZEIT. DU MUSST DIE RESTLICHEN WÄCHTER ZU DIR RUFEN ...
WELCHES SPIEL SPIELST DU, QUINLAN VOS? DU BIST MIT DOOKU GEKOMMEN!
DU VERSTEHST ES IMMER NOCH NICHT, WAS? ICH HABE VERDECKT ERMITTELT UND MICH IN DOOKUS LAGER EINGESCHLICHEN, UND JETZT IST MEINE TARNUNG AUFGEFLOGEN!
DAS MACHST DU FÜR DIE JEDI, NICHT WAHR? WOLLEN AUCH SIE KIFFU UND KIFFEX?
ICH KENNE DIE JEDI NUR ZU GUT! SIE NEHMEN, ABER SIE GEBEN NICHT! KIFFU UND KIFFEX GEHÖREN MIR!
DAFÜR HABEN WIR KEINE ZEIT!
DU MUSST DIE CLANS ZUSAMMENRUFEN! ER KOMMT! ER KENNT JETZT DIE WAHRHEIT, UND ICH KANN IHN NICHT AUFHALTEN!
VUUUUNNNN
ICH KANNTE DIE WAHRHEIT ÜBER EUCH VON ANFANG AN, QUINLAN VOS.

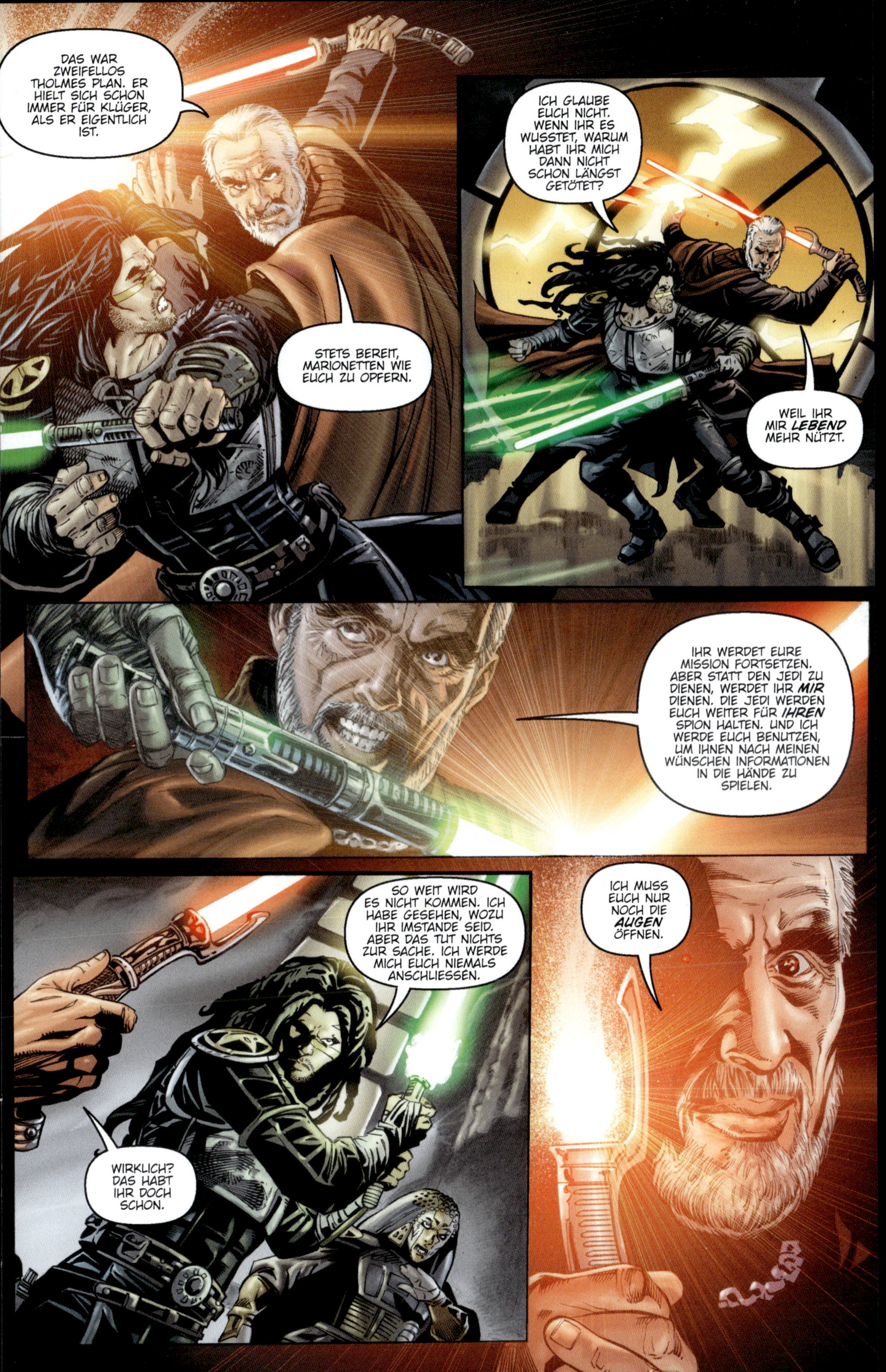

DAS WAR ZWEIFELLOS THOLMES PLAN. ER HIELT SICH SCHON IMMER FÜR KLÜGER, ALS ER EIGENTLICH IST.
STETS BEREIT, MARIONETTEN WIE EUCH ZU OPFERN.
ICH GLAUBE EUCH NICHT. WENN IHR ES WUSSTET, WARUM HABT IHR MICH DANN NICHT SCHON LÄNGST GETÖTET?
WEIL IHR MIR *LEBEND* MEHR NÜTZT.
IHR WERDET EURE MISSION FORTSETZEN. ABER STATT DEN JEDI ZU DIENEN, WERDET IHR *MIR* DIENEN. DIE JEDI WERDEN EUCH WEITER FÜR *IHREN* SPION HALTEN. UND ICH WERDE EUCH BENUTZEN, UM IHNEN NACH MEINEN WÜNSCHEN INFORMATIONEN IN DIE HÄNDE ZU SPIELEN.
SO WEIT WIRD ES NICHT KOMMEN. ICH HABE GESEHEN, WOZU IHR IMSTANDE SEID. ABER DAS TUT NICHTS ZUR SACHE. ICH WERDE MICH EUCH NIEMALS ANSCHLIESSEN.
WIRKLICH? DAS HABT IHR DOCH SCHON.
ICH MUSS EUCH NUR NOCH DIE *AUGEN* ÖFFNEN.

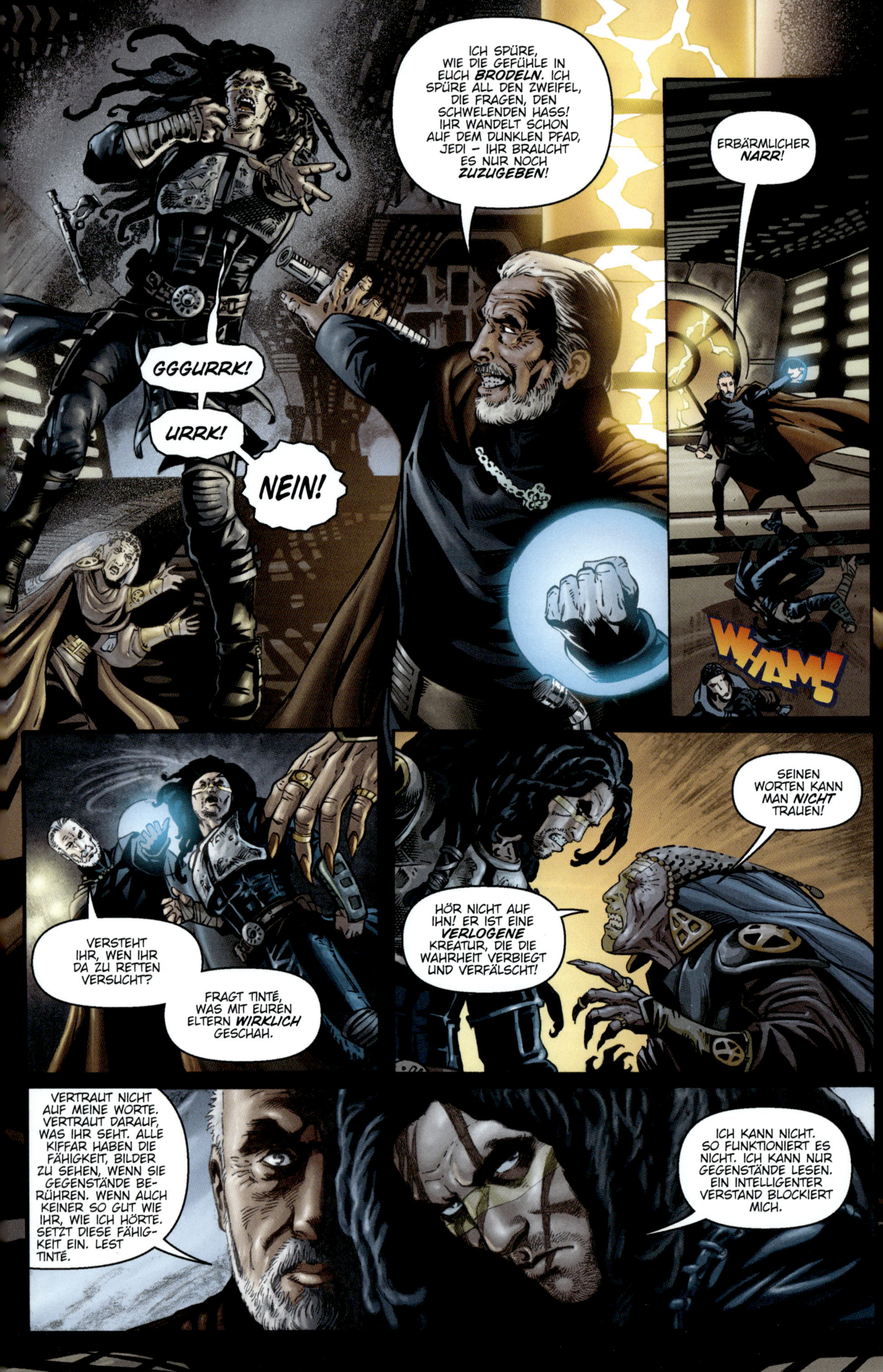
ICH SPÜRE, WIE DIE GEFÜHLE IN EUCH BRODELN. ICH SPÜRE ALL DEN ZWEIFEL, DIE FRAGEN, DEN SCHWELENDEN HASS! IHR WANDELT SCHON AUF DEM DUNKLEN PFAD, JEDI – IHR BRAUCHT ES NUR NOCH ZUZUGEBEN!
GGGURRK!
URRK!
NEIN!
ERBÄRMLICHER NARR!
WHAM!
VERSTEHT IHR, WEN IHR DA ZU RETTEN VERSUCHT?
FRAGT TINTÉ, WAS MIT EUREN ELTERN WIRKLICH GESCHAH.
SEINEN WORTEN KANN MAN NICHT TRAUEN!
HÖR NICHT AUF IHN! ER IST EINE VERLOGENE KREATUR, DIE DIE WAHRHEIT VERBIEGT UND VERFÄLSCHT!
VERTRAUT NICHT AUF MEINE WORTE. VERTRAUT DARAUF, WAS IHR SEHT. ALLE KIFFAR HABEN DIE FÄHIGKEIT, BILDER ZU SEHEN, WENN SIE GEGENSTÄNDE BERÜHREN. WENN AUCH KEINER SO GUT WIE IHR, WIE ICH HÖRTE. SETZT DIESE FÄHIGKEIT EIN. LEST TINTÉ.
ICH KANN NICHT. SO FUNKTIONIERT ES NICHT. ICH KANN NUR GEGENSTÄNDE LESEN. EIN INTELLIGENTER VERSTAND BLOCKIERT MICH.

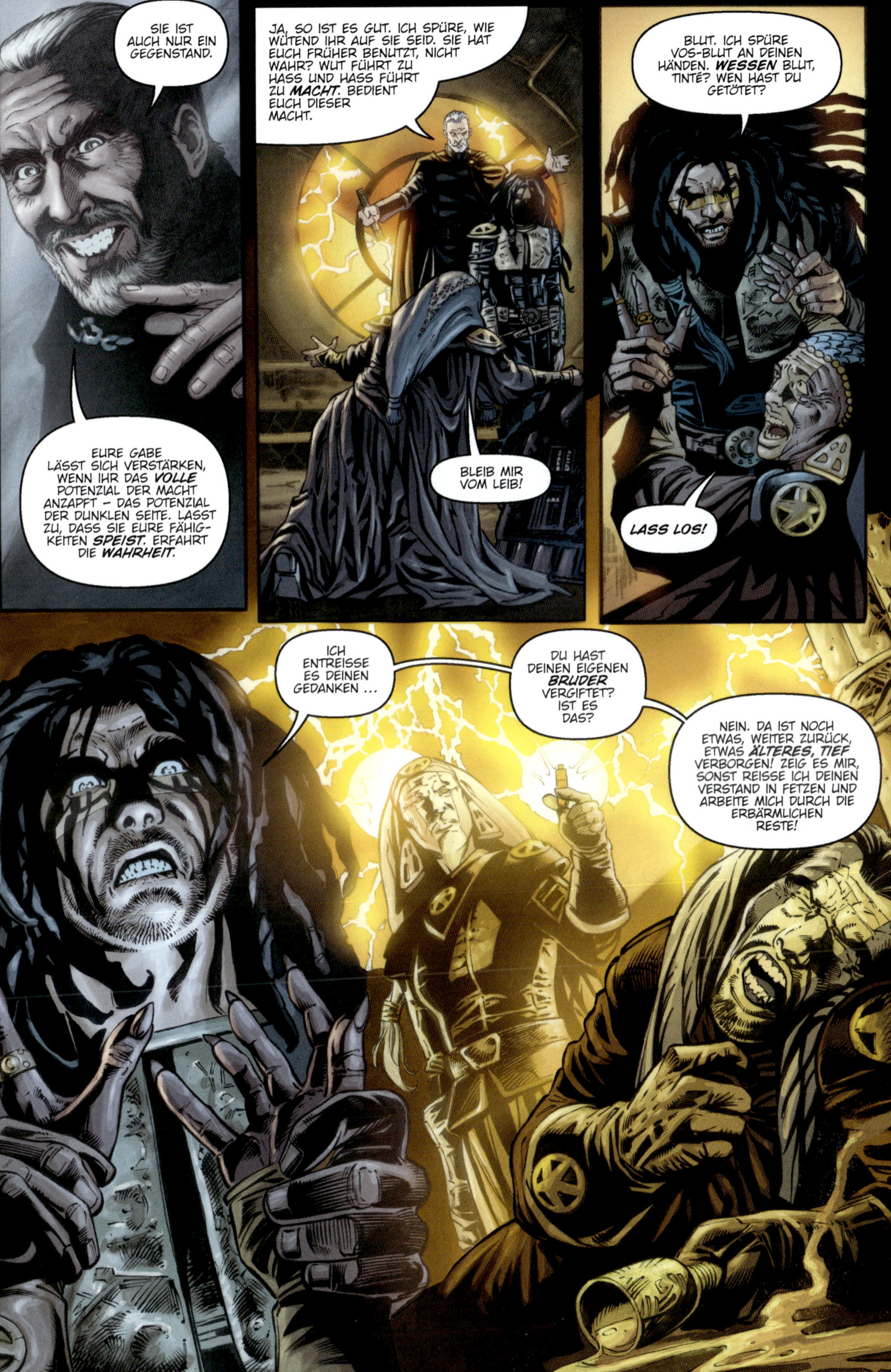

SIE IST AUCH NUR EIN GEGENSTAND.
EURE GABE LÄSST SICH VERSTÄRKEN, WENN IHR DAS VOLLE POTENZIAL DER MACHT ANZAPFT – DAS POTENZIAL DER DUNKLEN SEITE. LASST ZU, DASS SIE EURE FÄHIG-KEITEN SPEIST. ERFAHRT DIE WAHRHEIT.
JA, SO IST ES GUT. ICH SPÜRE, WIE WÜTEND IHR AUF SIE SEID. SIE HAT EUCH FRÜHER BENUTZT, NICHT WAHR? WUT FÜHRT ZU HASS UND HASS FÜHRT ZU MACHT. BEDIENT EUCH DIESER MACHT.
BLEIB MIR VOM LEIB!
BLUT. ICH SPÜRE VOS-BLUT AN DEINEN HÄNDEN. WESSEN BLUT, TINTÉ? WEN HAST DU GETÖTET?
LASS LOS!
ICH ENTREISSE ES DEINEN GEDANKEN ...
DU HAST DEINEN EIGENEN BRUDER VERGIFTET? IST ES DAS?
NEIN. DA IST NOCH ETWAS, WEITER ZURÜCK, ETWAS ÄLTERES, TIEF VERBORGEN! ZEIG ES MIR, SONST REISSE ICH DEINEN VERSTAND IN FETZEN UND ARBEITE MICH DURCH DIE ERBÄRMLICHEN RESTE!

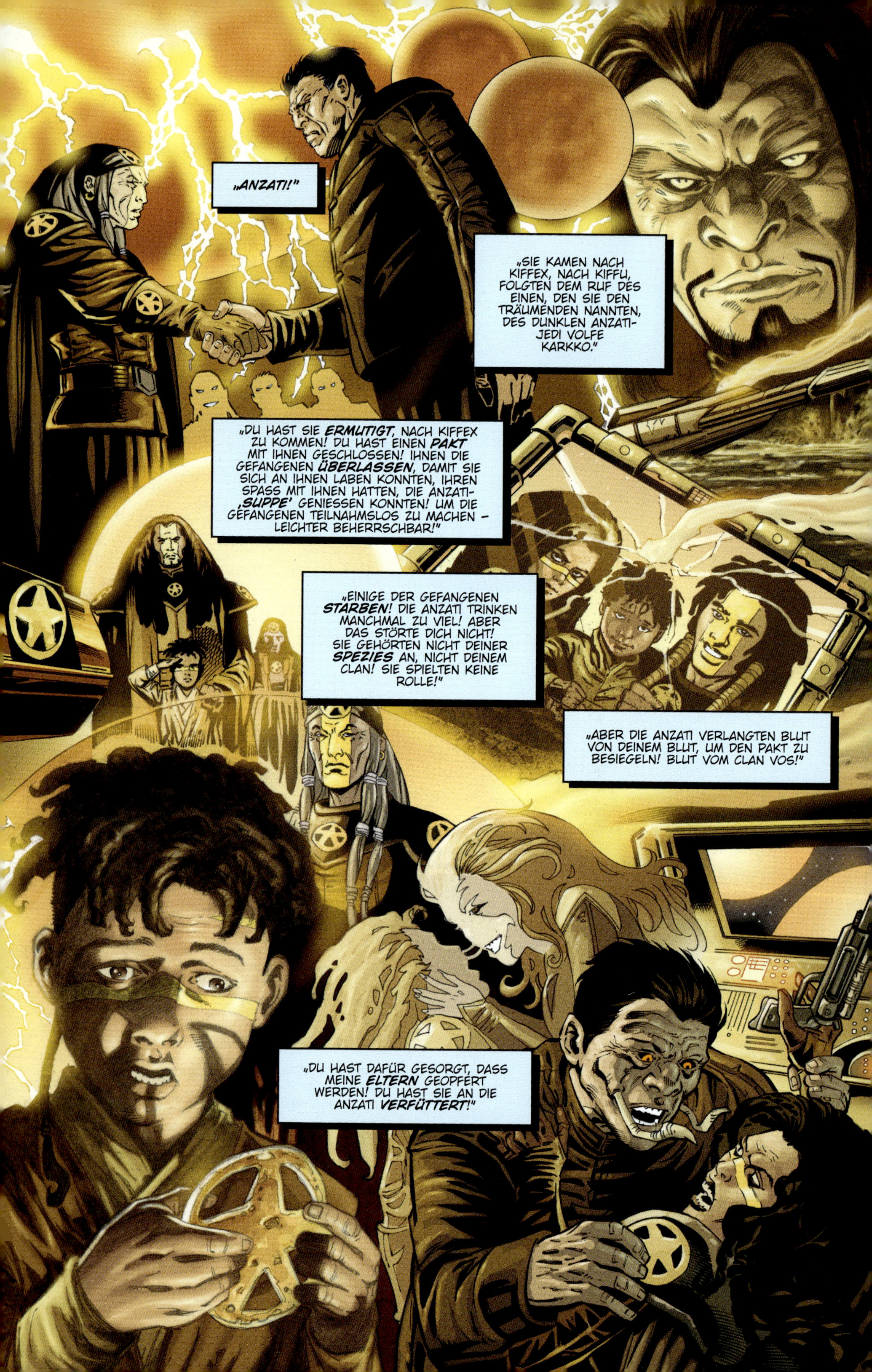
„ANZATI!"
„SIE KAMEN NACH KIFFEX, NACH KIFFU, FOLGTEN DEM RUF DES EINEN, DEN SIE DEN TRÄUMENDEN NANNTEN, DES DUNKLEN ANZATI-JEDI VOLFE KARKKO."
„DU HAST SIE ERMUTIGT, NACH KIFFEX ZU KOMMEN! DU HAST EINEN PAKT MIT IHNEN GESCHLOSSEN! IHNEN DIE GEFANGENEN ÜBERLASSEN, DAMIT SIE SICH AN IHNEN LABEN KONNTEN, IHREN SPASS MIT IHNEN HATTEN, DIE ANZATI-‚SUPPE' GENIESSEN KONNTEN! UM DIE GEFANGENEN TEILNAHMSLOS ZU MACHEN – LEICHTER BEHERRSCHBAR!"
„EINIGE DER GEFANGENEN STARBEN! DIE ANZATI TRINKEN MANCHMAL ZU VIEL! ABER DAS STÖRTE DICH NICHT! SIE GEHÖRTEN NICHT DEINER SPEZIES AN, NICHT DEINEM CLAN! SIE SPIELTEN KEINE ROLLE!"
„ABER DIE ANZATI VERLANGTEN BLUT VON DEINEM BLUT, UM DEN PAKT ZU BESIEGELN! BLUT VOM CLAN VOS!"
„DU HAST DAFÜR GESORGT, DASS MEINE ELTERN GEOPFERT WERDEN! DU HAST SIE AN DIE ANZATI VERFÜTTERT!"

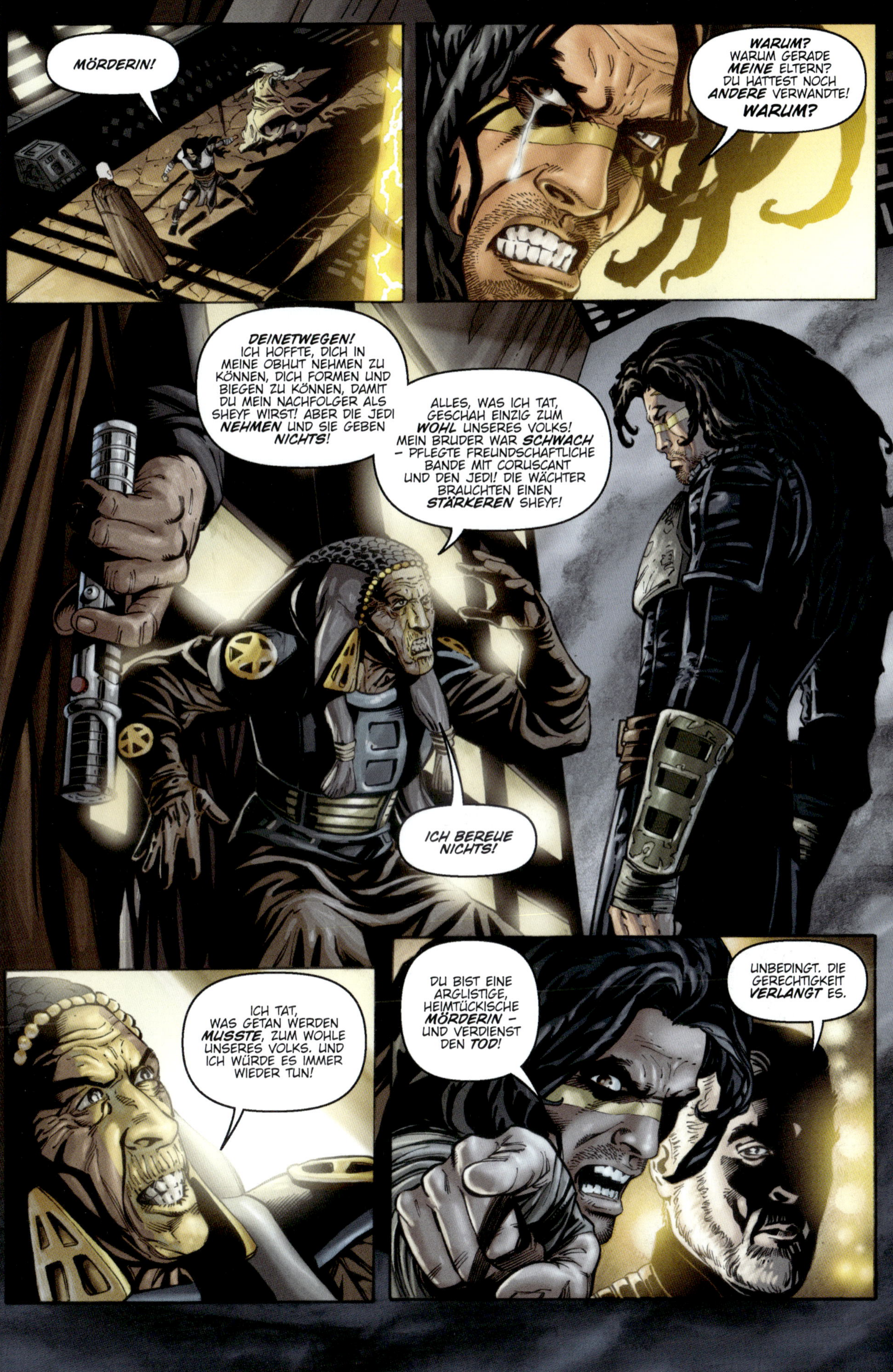
MÖRDERIN!
WARUM? WARUM GERADE MEINE ELTERN? DU HATTEST NOCH ANDERE VERWANDTE! WARUM?
DEINETWEGEN! ICH HOFFTE, DICH IN MEINE OBHUT NEHMEN ZU KÖNNEN, DICH FORMEN UND BIEGEN ZU KÖNNEN, DAMIT DU MEIN NACHFOLGER ALS SHEYF WIRST! ABER DIE JEDI NEHMEN UND SIE GEBEN NICHTS!
ALLES, WAS ICH TAT, GESCHAH EINZIG ZUM WOHL UNSERES VOLKS! MEIN BRUDER WAR SCHWACH – PFLEGTE FREUNDSCHAFTLICHE BANDE MIT CORUSCANT UND DEN JEDI! DIE WÄCHTER BRAUCHTEN EINEN STÄRKEREN SHEYF!
ICH BEREUE NICHTS!
ICH TAT, WAS GETAN WERDEN MUSSTE, ZUM WOHLE UNSERES VOLKS. UND ICH WÜRDE ES IMMER WIEDER TUN!
DU BIST EINE ARGLISTIGE, HEIMTÜCKISCHE MÖRDERIN – UND VERDIENST DEN TOD!
UNBEDINGT. DIE GERECHTIGKEIT VERLANGT ES.

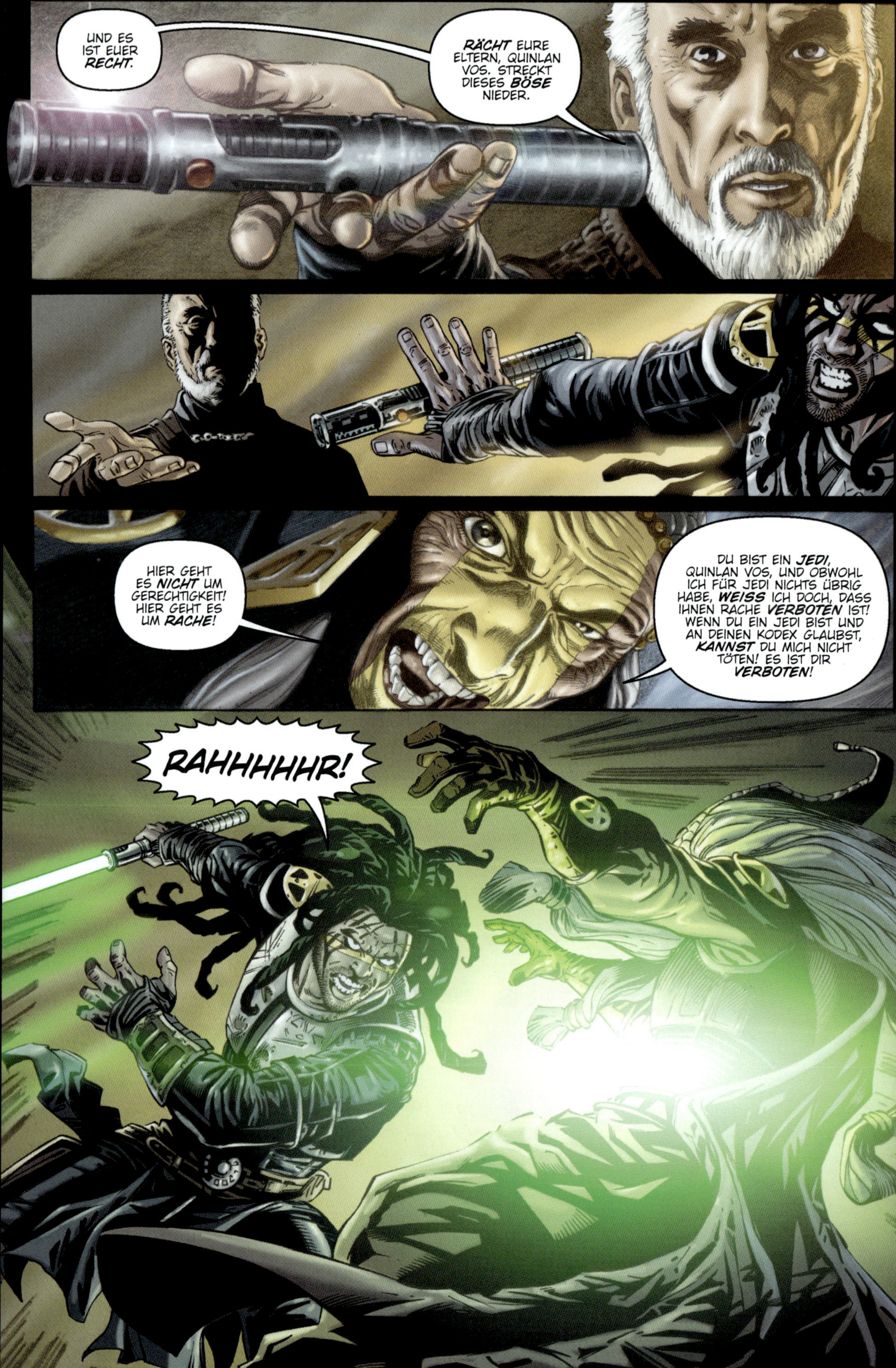
RÄCHT EURE ELTERN, QUINLAN VOS. STRECKT DIESES BÖSE NIEDER.
UND ES IST EUER RECHT.
HIER GEHT ES NICHT UM GERECHTIGKEIT! HIER GEHT ES UM RACHE!
DU BIST EIN JEDI, QUINLAN VOS, UND OBWOHL ICH FÜR JEDI NICHTS ÜBRIG HABE, WEISS ICH DOCH, DASS IHNEN RACHE VERBOTEN IST! WENN DU EIN JEDI BIST UND AN DEINEN KODEX GLAUBST, KANNST DU MICH NICHT TÖTEN! ES IST DIR VERBOTEN!
RAHHHHHR!

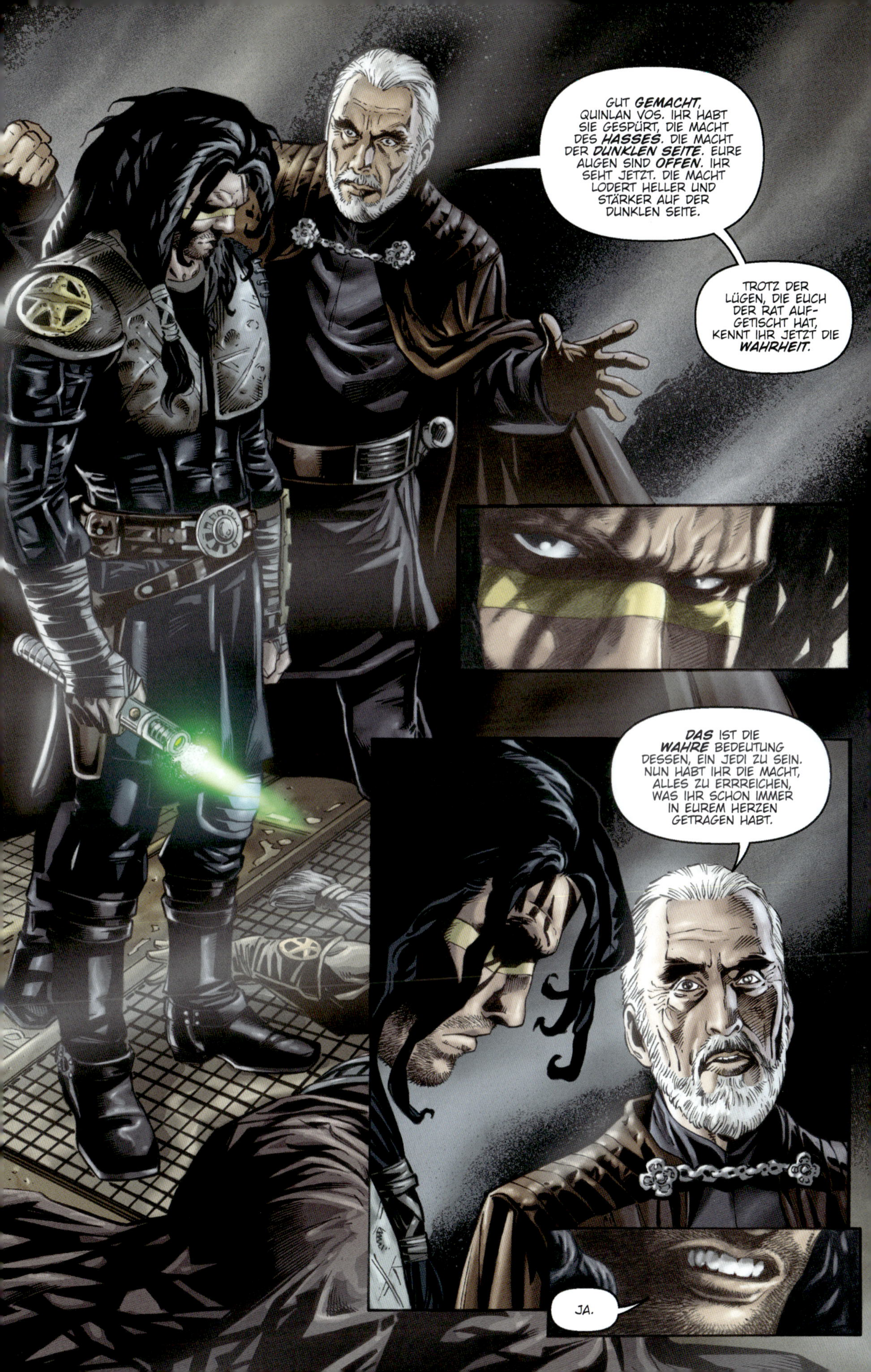
GUT **GEMACHT**, QUINLAN VOS. IHR HABT SIE GESPÜRT, DIE MACHT DES **HASSES**. DIE MACHT DER **DUNKLEN SEITE**. EURE AUGEN SIND **OFFEN**. IHR SEHT JETZT. DIE MACHT LODERT HELLER UND STÄRKER AUF DER DUNKLEN SEITE.
TROTZ DER LÜGEN, DIE EUCH DER RAT AUFGETISCHT HAT, KENNT IHR JETZT DIE **WAHRHEIT**.
DAS IST DIE **WAHRE** BEDEUTUNG DESSEN, EIN JEDI ZU SEIN. NUN HABT IHR DIE MACHT, ALLES ZU ERRREICHEN, WAS IHR SCHON IMMER IN EUREM HERZEN GETRAGEN HABT.
JA.

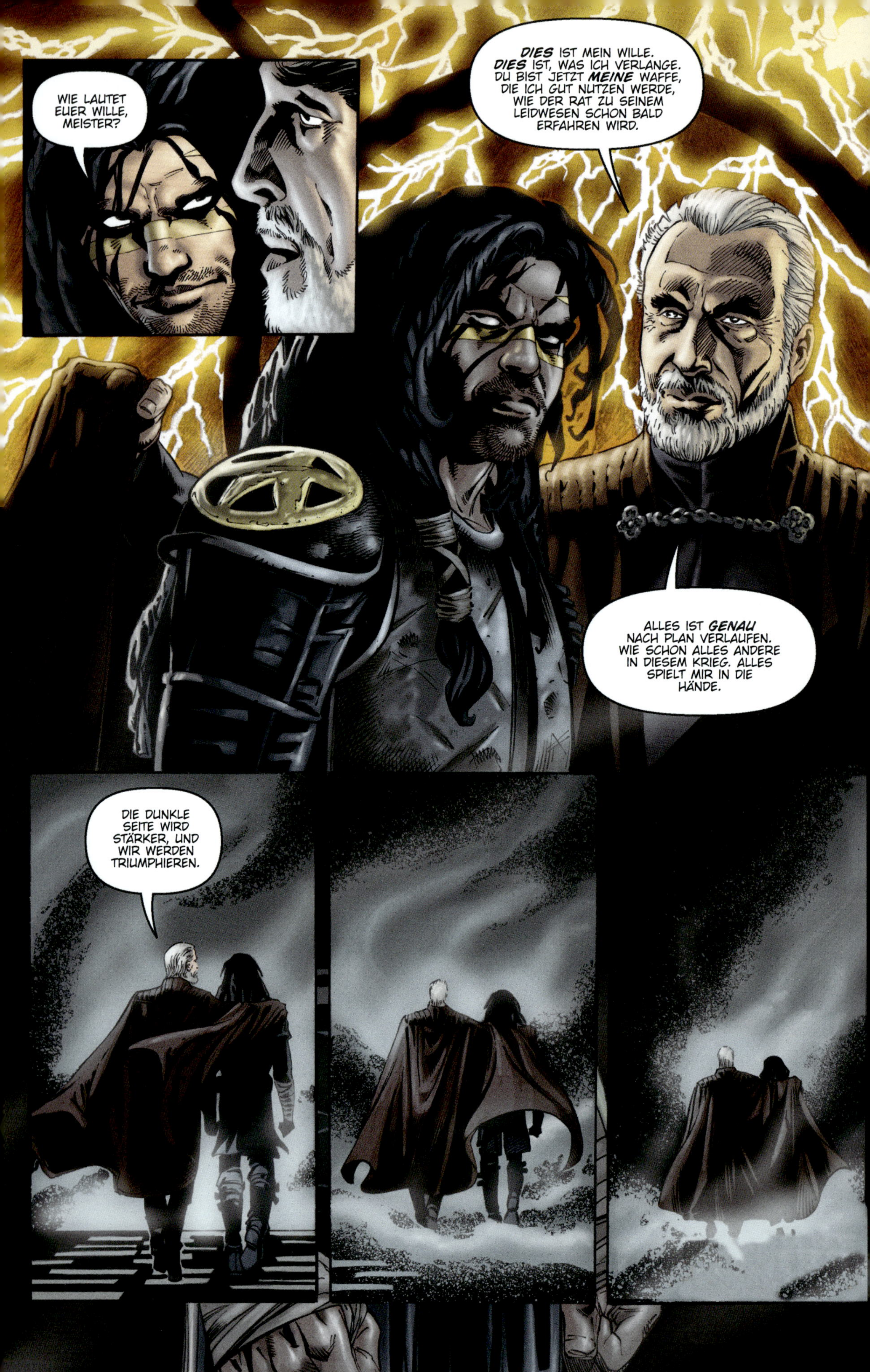
WIE LAUTET EUER WILLE, MEISTER?
DIES IST MEIN WILLE. DIES IST, WAS ICH VERLANGE. DU BIST JETZT MEINE WAFFE, DIE ICH GUT NUTZEN WERDE, WIE DER RAT ZU SEINEM LEIDWESEN SCHON BALD ERFAHREN WIRD.
ALLES IST GENAU NACH PLAN VERLAUFEN. WIE SCHON ALLES ANDERE IN DIESEM KRIEG. ALLES SPIELT MIR IN DIE HÄNDE.
DIE DUNKLE SEITE WIRD STÄRKER, UND WIR WERDEN TRIUMPHIEREN.

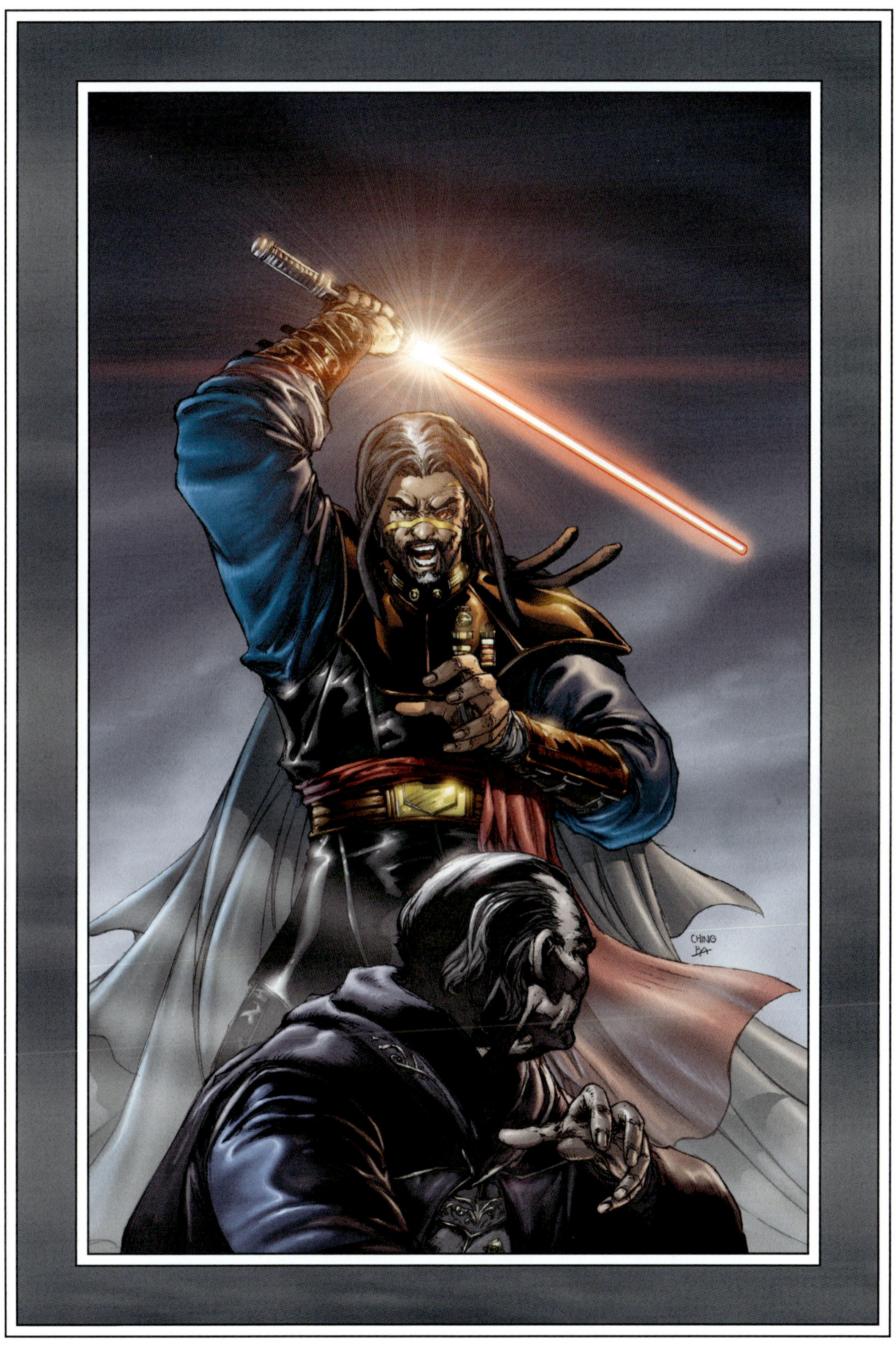

Angriff aus den Schatten

16 Monate nach der Schlacht von Geonosis …

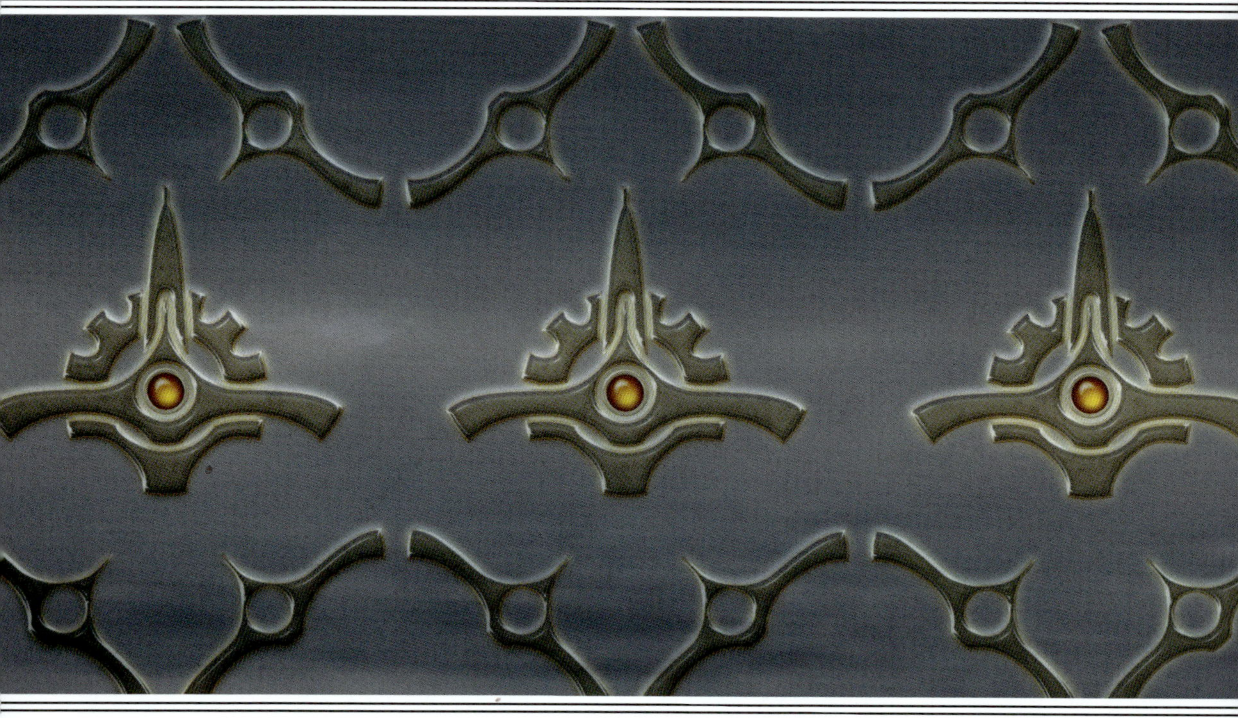

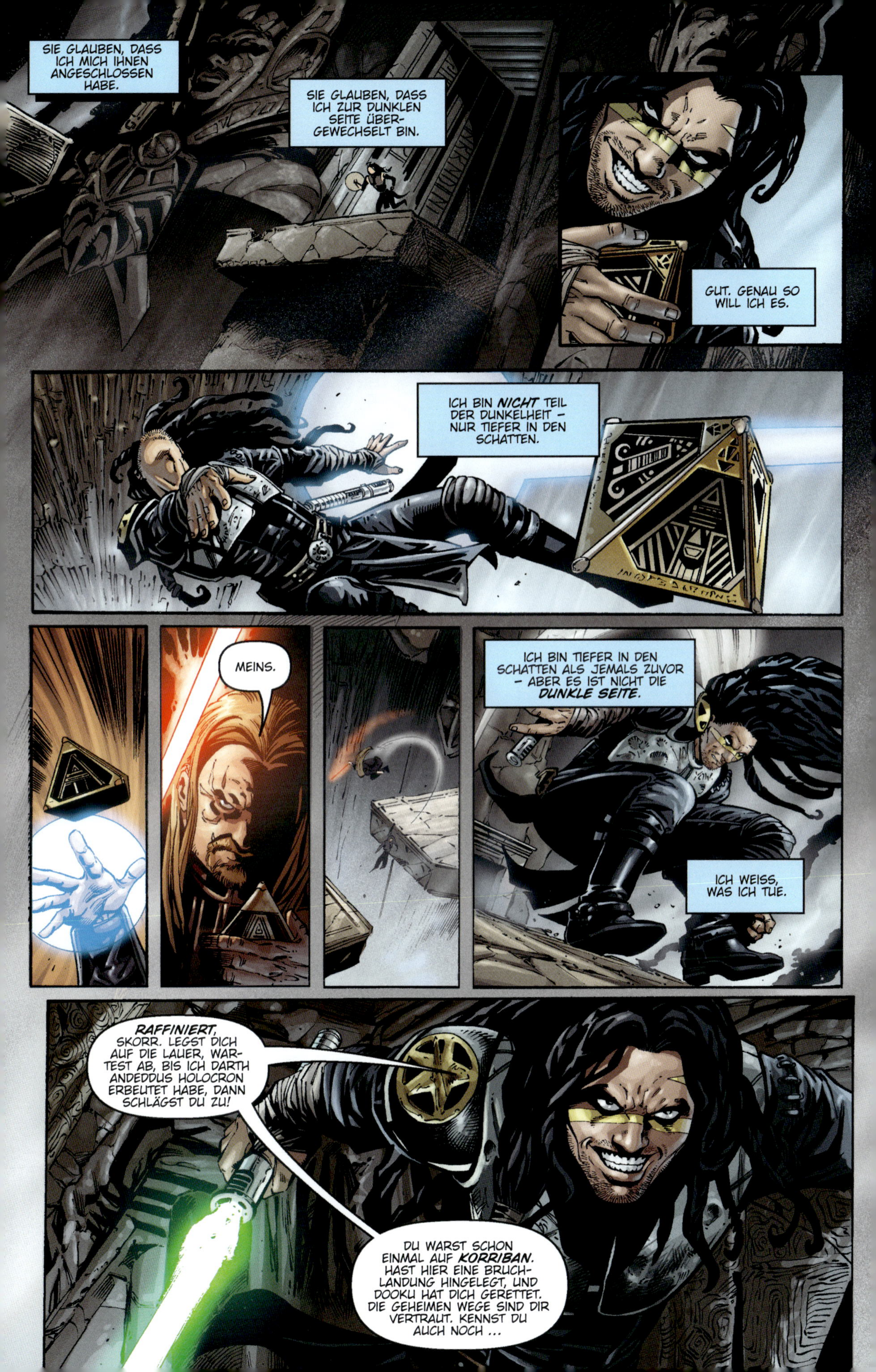

SIE GLAUBEN, DASS ICH MICH IHNEN ANGESCHLOSSEN HABE.

SIE GLAUBEN, DASS ICH ZUR DUNKLEN SEITE ÜBERGEWECHSELT BIN.

GUT. GENAU SO WILL ICH ES.

ICH BIN ***NICHT*** TEIL DER DUNKELHEIT – NUR TIEFER IN DEN SCHATTEN.

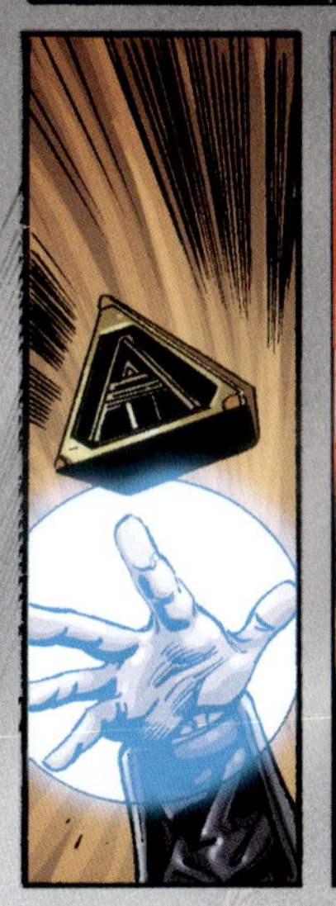

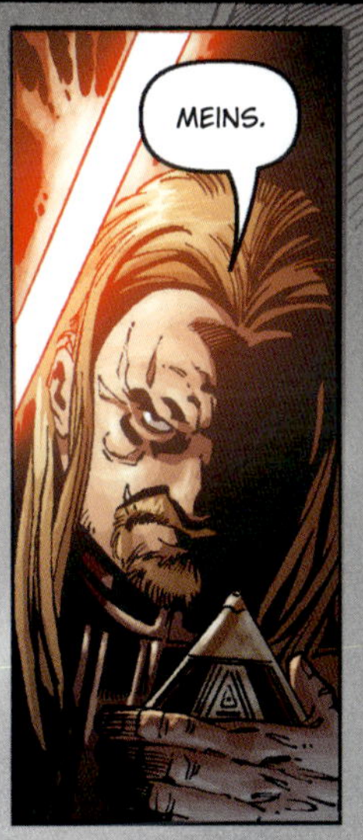

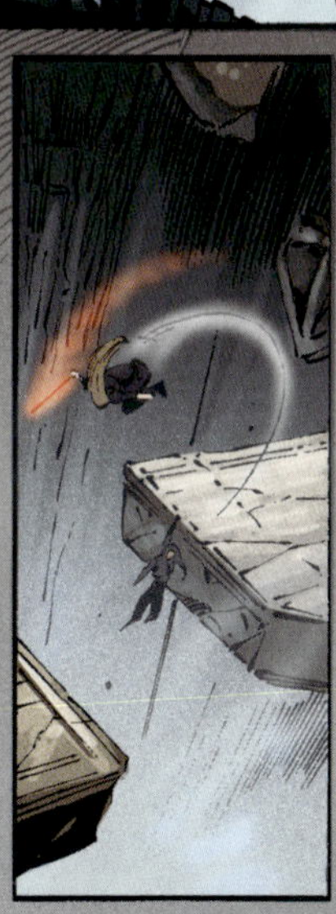

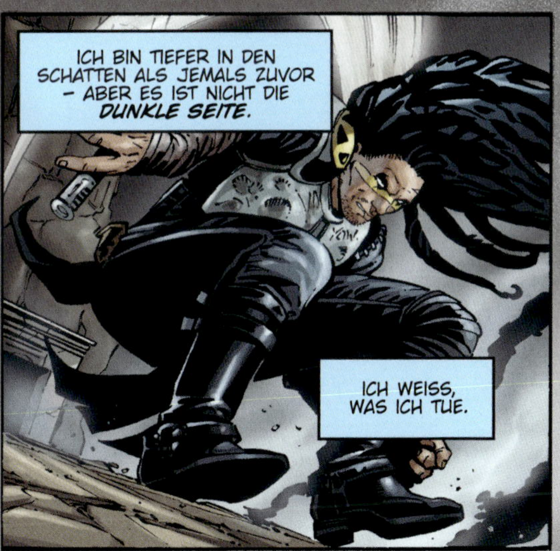

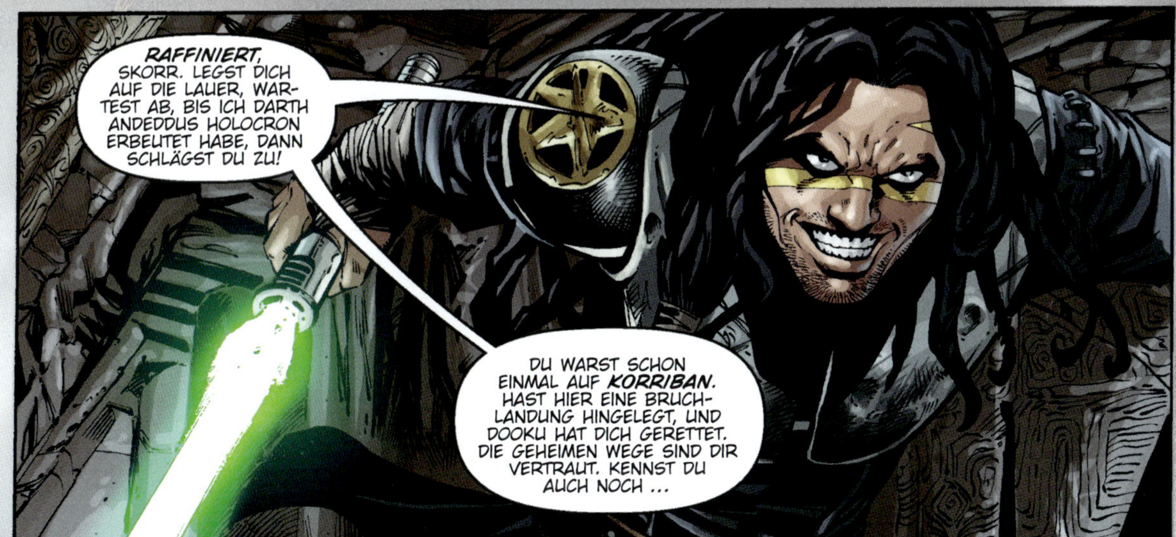

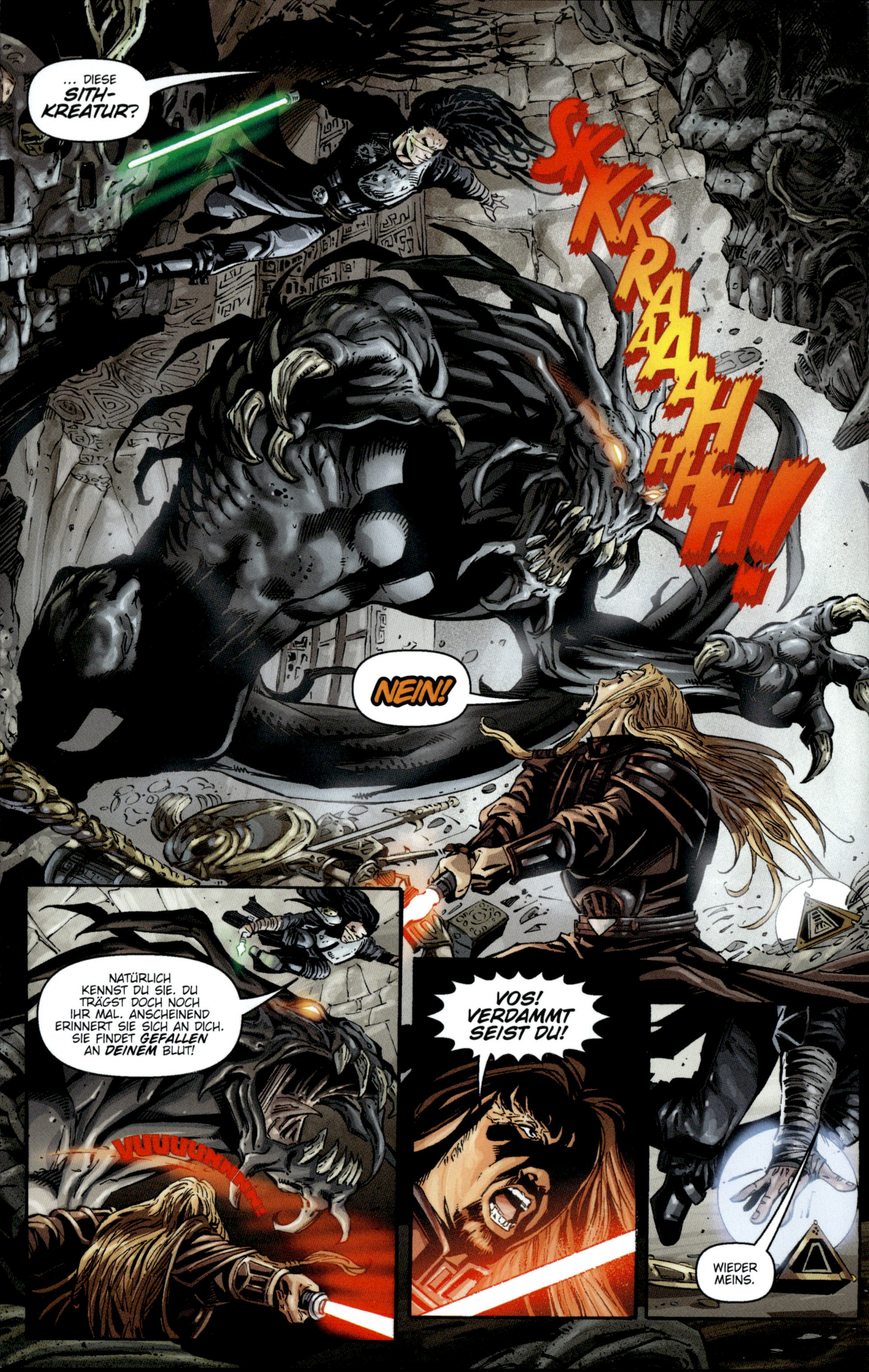
... DIESE SITH-KREATUR?
SKKRAAHHHH!
NEIN!
NATÜRLICH KENNST DU SIE. DU TRÄGST DOCH NOCH IHR MAL. ANSCHEINEND ERINNERT SIE SICH AN DICH. SIE FINDET GEFALLEN AN DEINEM BLUT!
VUUUUNNMM!
VOS! VERDAMMT SEIST DU!
WIEDER MEINS.

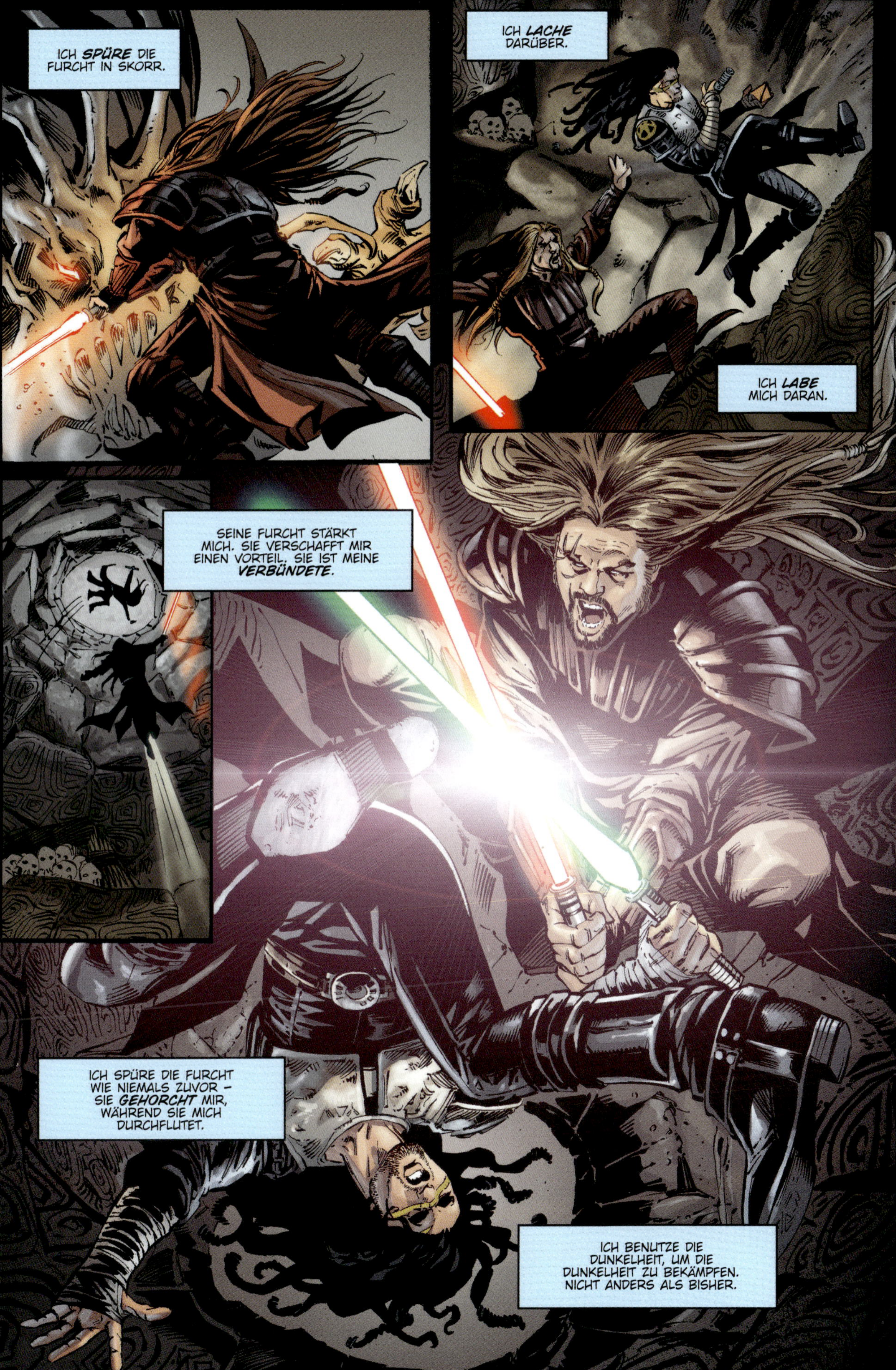
ICH SPÜRE DIE FURCHT IN SKORR.
ICH LACHE DARÜBER.
ICH LABE MICH DARAN.
SEINE FURCHT STÄRKT MICH. SIE VERSCHAFFT MIR EINEN VORTEIL. SIE IST MEINE VERBÜNDETE.
ICH SPÜRE DIE FURCHT WIE NIEMALS ZUVOR – SIE GEHORCHT MIR, WÄHREND SIE MICH DURCHFLUTET.
ICH BENUTZE DIE DUNKELHEIT, UM DIE DUNKELHEIT ZU BEKÄMPFEN. NICHT ANDERS ALS BISHER.

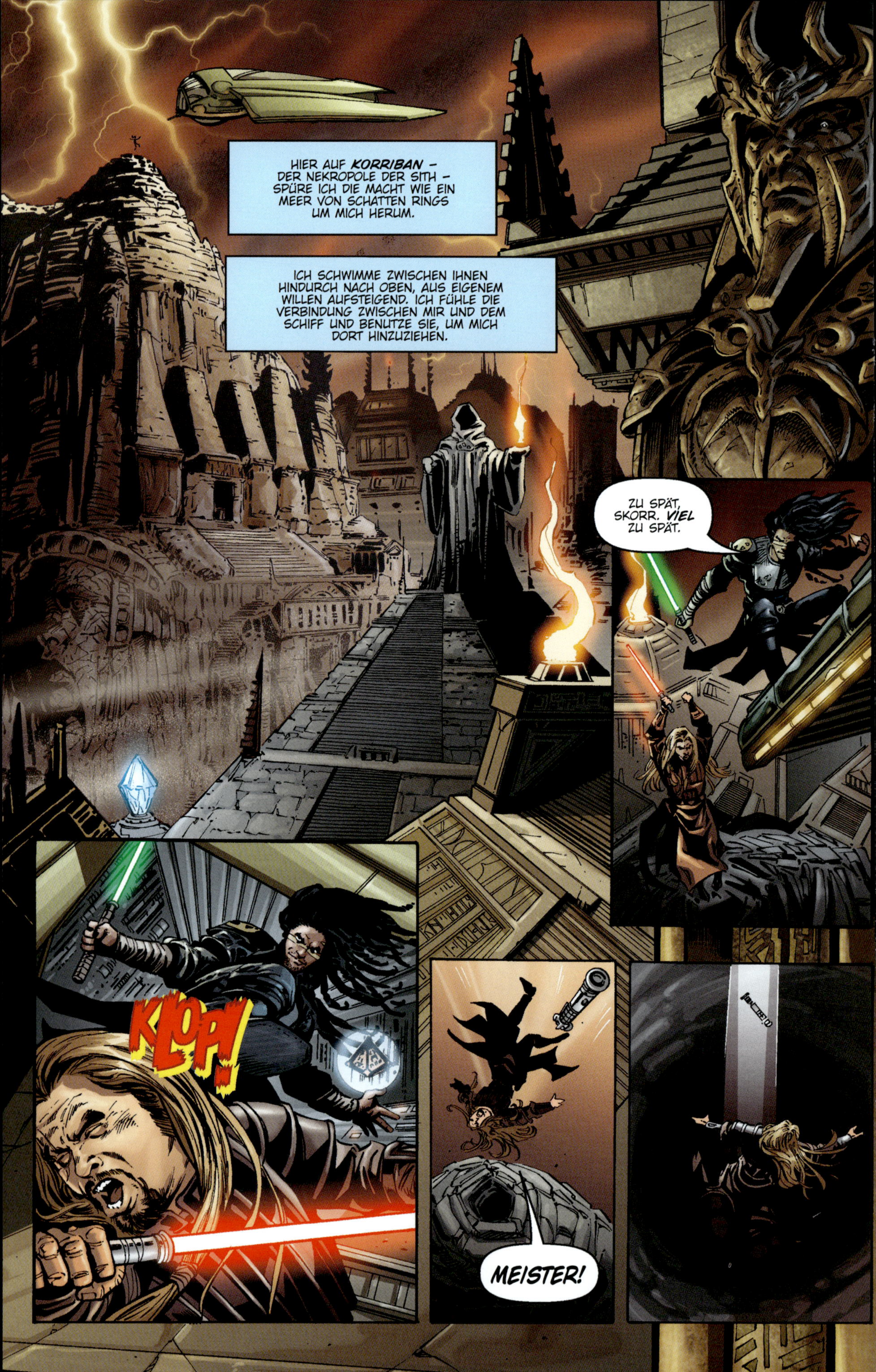
HIER AUF KORRIBAN – DER NEKROPOLE DER SITH – SPÜRE ICH DIE MACHT WIE EIN MEER VON SCHATTEN RINGS UM MICH HERUM.
ICH SCHWIMME ZWISCHEN IHNEN HINDURCH NACH OBEN, AUS EIGENEM WILLEN AUFSTEIGEND. ICH FÜHLE DIE VERBINDUNG ZWISCHEN MIR UND DEM SCHIFF UND BENUTZE SIE, UM MICH DORT HINZUZIEHEN.
ZU SPÄT, SKORR. VIEL ZU SPÄT.
KLOP!
MEISTER!

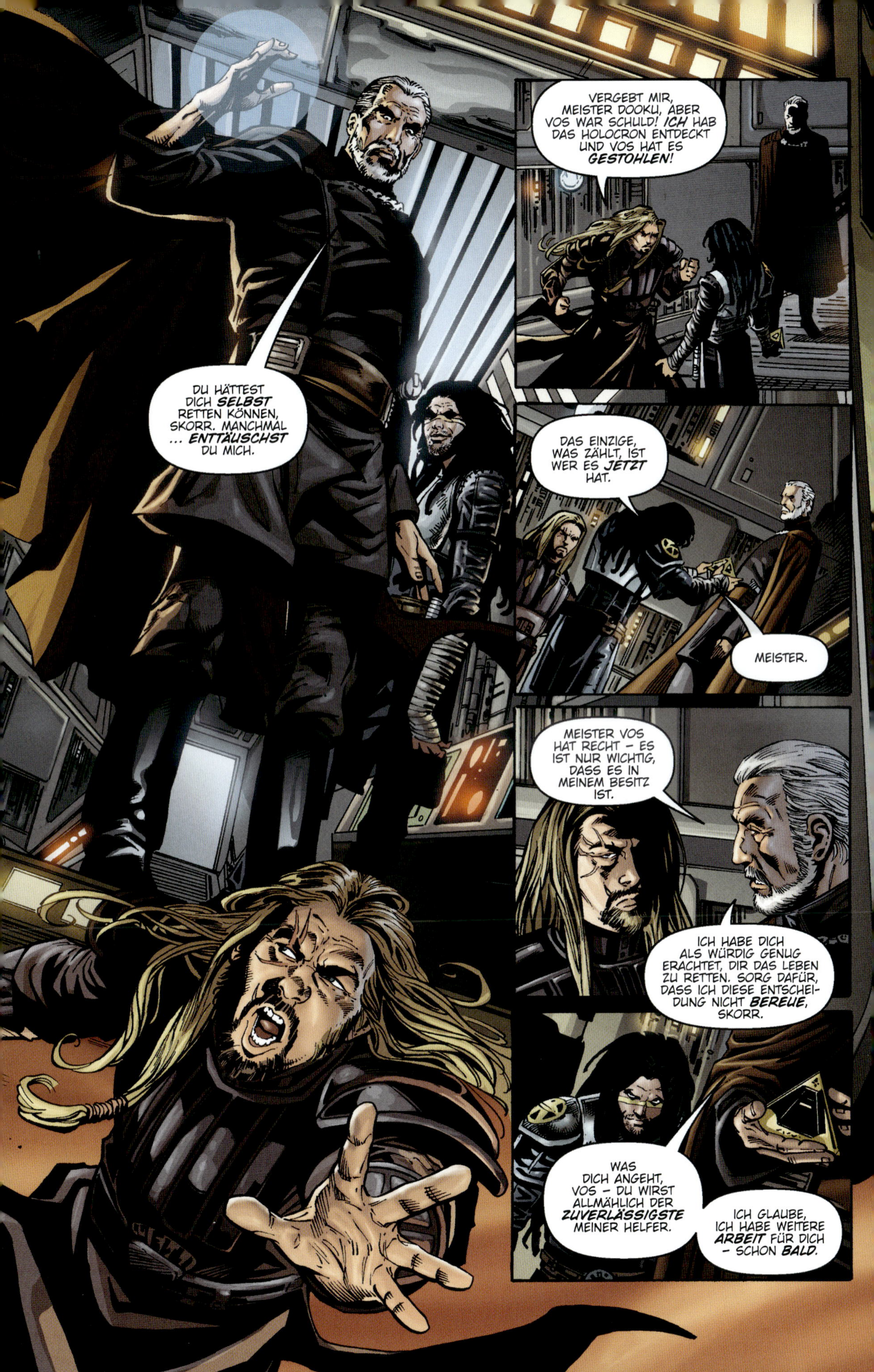
DU HÄTTEST DICH SELBST RETTEN KÖNNEN, SKORR. MANCHMAL ... ENTTÄUSCHST DU MICH.
VERGEBT MIR, MEISTER DOOKU, ABER VOS WAR SCHULD! ICH HAB DAS HOLOCRON ENTDECKT UND VOS HAT ES GESTOHLEN!
DAS EINZIGE, WAS ZÄHLT, IST WER ES JETZT HAT.
MEISTER.
MEISTER VOS HAT RECHT – ES IST NUR WICHTIG, DASS ES IN MEINEM BESITZ IST.
ICH HABE DICH ALS WÜRDIG GENUG ERACHTET, DIR DAS LEBEN ZU RETTEN. SORG DAFÜR, DASS ICH DIESE ENTSCHEIDUNG NICHT BEREUE, SKORR.
WAS DICH ANGEHT, VOS – DU WIRST ALLMÄHLICH DER ZUVERLÄSSIGSTE MEINER HELFER.
ICH GLAUBE, ICH HABE WEITERE ARBEIT FÜR DICH – SCHON BALD.

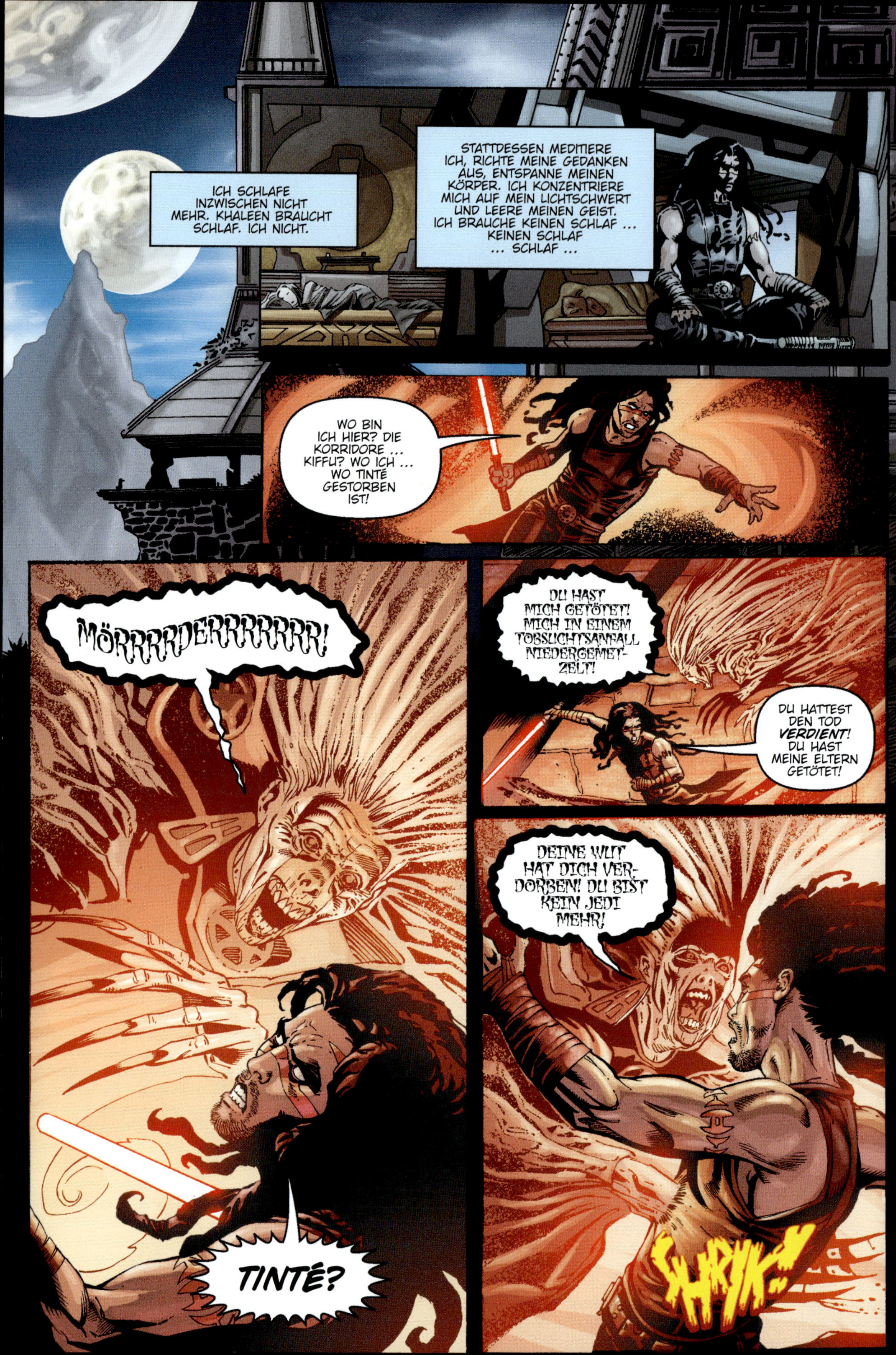

ICH SCHLAFE INZWISCHEN NICHT MEHR. KHALEEN BRAUCHT SCHLAF. ICH NICHT.
STATTDESSEN MEDITIERE ICH, RICHTE MEINE GEDANKEN AUS, ENTSPANNE MEINEN KÖRPER. ICH KONZENTRIERE MICH AUF MEIN LICHTSCHWERT UND LEERE MEINEN GEIST. ICH BRAUCHE KEINEN SCHLAF ... KEINEN SCHLAF ... SCHLAF ...
WO BIN ICH HIER? DIE KORRIDORE ... KIFFU? WO ICH ... WO TINTÉ GESTORBEN IST!
MÖRRRRDERRRRRRR!
TINTÉ?
DU HAST MICH GETÖTET! MICH IN EINEM TOBSUCHTSANFALL NIEDERGEMETZELT!
DU HATTEST DEN TOD VERDIENT! DU HAST MEINE ELTERN GETÖTET!
DEINE WUT HAT DICH VERDORBEN! DU BIST KEIN JEDI MEHR!
SHRAK!

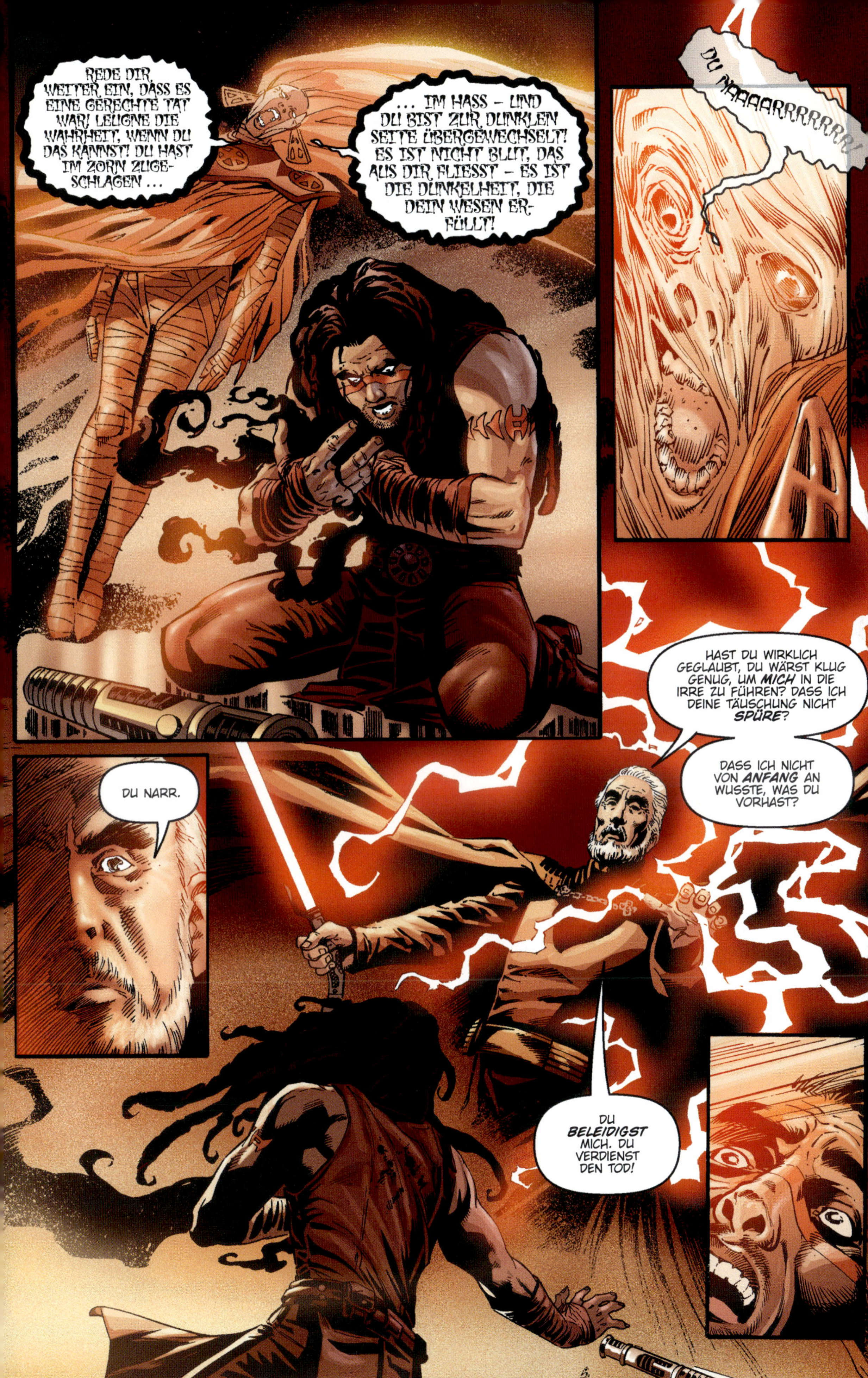
REDE DIR WEITER EIN, DASS ES EINE GERECHTE TAT WAR! LEUGNE DIE WAHRHEIT, WENN DU DAS KANNST! DU HAST IM ZORN ZUGESCHLAGEN ...
... IM HASS – UND DU BIST ZUR DUNKLEN SEITE ÜBERGEWECHSELT! ES IST NICHT BLUT, DAS AUS DIR FLIESST – ES IST DIE DUNKELHEIT, DIE DEIN WESEN ERFÜLLT!
DU NAAAAARRRRRRR!
HAST DU WIRKLICH GEGLAUBT, DU WÄRST KLUG GENUG, UM MICH IN DIE IRRE ZU FÜHREN? DASS ICH DEINE TÄUSCHUNG NICHT SPÜRE?
DASS ICH NICHT VON ANFANG AN WUSSTE, WAS DU VORHAST?
DU NARR.
DU BELEIDIGST MICH. DU VERDIENST DEN TOD!

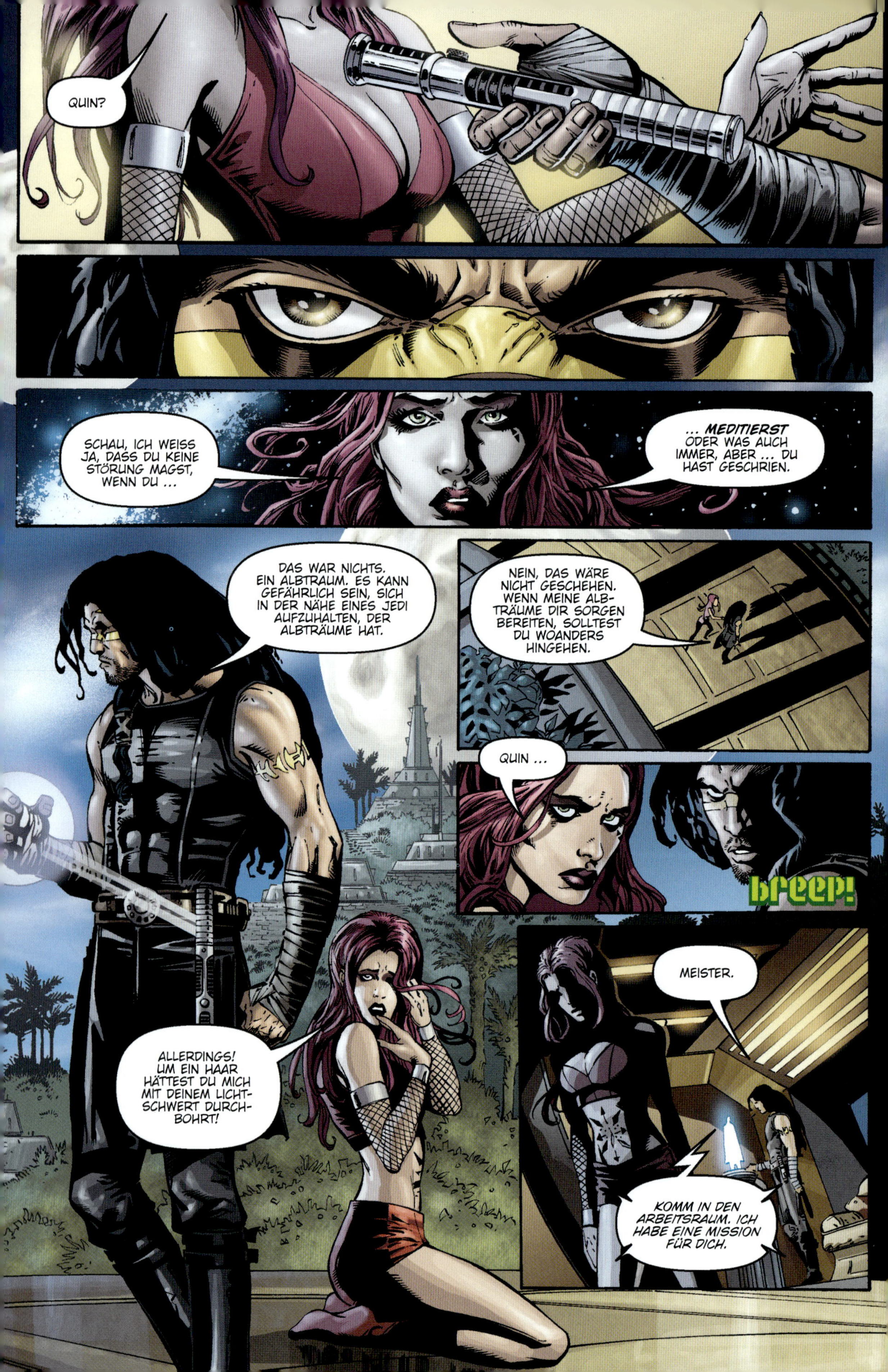
QUIN?
SCHAU, ICH WEISS JA, DASS DU KEINE STÖRUNG MAGST, WENN DU ...
... MEDITIERST ODER WAS AUCH IMMER, ABER ... DU HAST GESCHRIEN.
DAS WAR NICHTS. EIN ALBTRAUM. ES KANN GEFÄHRLICH SEIN, SICH IN DER NÄHE EINES JEDI AUFZUHALTEN, DER ALBTRÄUME HAT.
ALLERDINGS! UM EIN HAAR HÄTTEST DU MICH MIT DEINEM LICHT-SCHWERT DURCH-BOHRT!
NEIN, DAS WÄRE NICHT GESCHEHEN. WENN MEINE ALB-TRÄUME DIR SORGEN BEREITEN, SOLLTEST DU WOANDERS HINGEHEN.
QUIN ...
breep!
MEISTER.
KOMM IN DEN ARBEITSRAUM. ICH HABE EINE MISSION FÜR DICH.

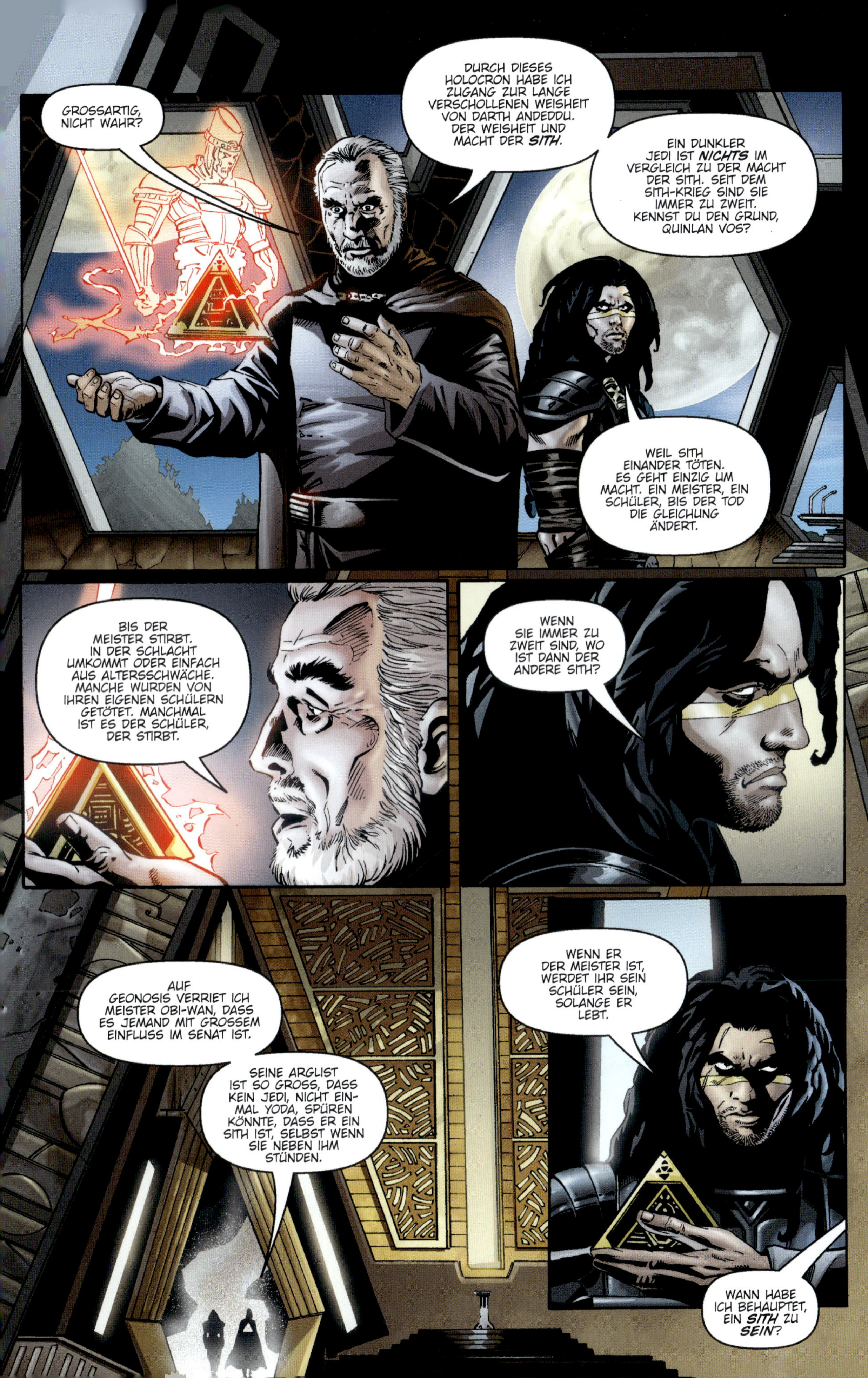
GROSSARTIG, NICHT WAHR?
DURCH DIESES HOLOCRON HABE ICH ZUGANG ZUR LANGE VERSCHOLLENEN WEISHEIT VON DARTH ANDEDDU. DER WEISHEIT UND MACHT DER SITH.
EIN DUNKLER JEDI IST NICHTS IM VERGLEICH ZU DER MACHT DER SITH. SEIT DEM SITH-KRIEG SIND SIE IMMER ZU ZWEIT. KENNST DU DEN GRUND, QUINLAN VOS?
WEIL SITH EINANDER TÖTEN. ES GEHT EINZIG UM MACHT. EIN MEISTER, EIN SCHÜLER, BIS DER TOD DIE GLEICHUNG ÄNDERT.
BIS DER MEISTER STIRBT. IN DER SCHLACHT UMKOMMT ODER EINFACH AUS ALTERSSCHWÄCHE. MANCHE WURDEN VON IHREN EIGENEN SCHÜLERN GETÖTET. MANCHMAL IST ES DER SCHÜLER, DER STIRBT.
WENN SIE IMMER ZU ZWEIT SIND, WO IST DANN DER ANDERE SITH?
AUF GEONOSIS VERRIET ICH MEISTER OBI-WAN, DASS ES JEMAND MIT GROSSEM EINFLUSS IM SENAT IST.
SEINE ARGLIST IST SO GROSS, DASS KEIN JEDI, NICHT EINMAL YODA, SPÜREN KÖNNTE, DASS ER EIN SITH IST, SELBST WENN SIE NEBEN IHM STÜNDEN.
WENN ER DER MEISTER IST, WERDET IHR SEIN SCHÜLER SEIN, SOLANGE ER LEBT.
WANN HABE ICH BEHAUPTET, EIN SITH ZU SEIN?

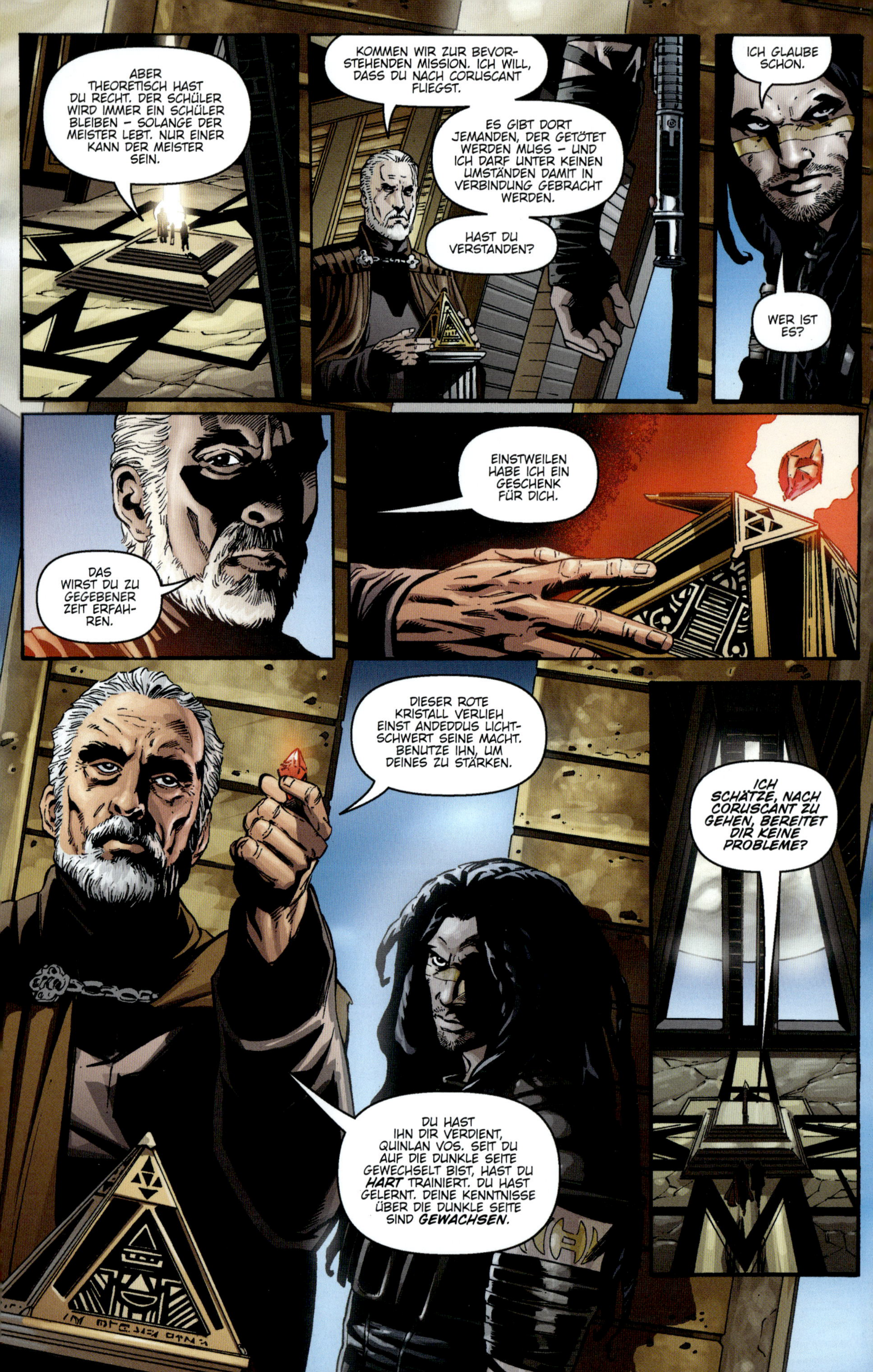
ABER THEORETISCH HAST DU RECHT. DER SCHÜLER WIRD IMMER EIN SCHÜLER BLEIBEN – SOLANGE DER MEISTER LEBT. NUR EINER KANN DER MEISTER SEIN.
KOMMEN WIR ZUR BEVORSTEHENDEN MISSION. ICH WILL, DASS DU NACH CORUSCANT FLIEGST.
ES GIBT DORT JEMANDEN, DER GETÖTET WERDEN MUSS – UND ICH DARF UNTER KEINEN UMSTÄNDEN DAMIT IN VERBINDUNG GEBRACHT WERDEN.
HAST DU VERSTANDEN?
ICH GLAUBE SCHON.
WER IST ES?
DAS WIRST DU ZU GEGEBENER ZEIT ERFAHREN.
EINSTWEILEN HABE ICH EIN GESCHENK FÜR DICH.
DIESER ROTE KRISTALL VERLIEH EINST ANDEDDUS LICHTSCHWERT SEINE MACHT. BENUTZE IHN, UM DEINES ZU STÄRKEN.
DU HAST IHN DIR VERDIENT, QUINLAN VOS. SEIT DU AUF DIE DUNKLE SEITE GEWECHSELT BIST, HAST DU *HART* TRAINIERT. DU HAST GELERNT. DEINE KENNTNISSE ÜBER DIE DUNKLE SEITE SIND *GEWACHSEN*.
ICH SCHÄTZE, NACH CORUSCANT ZU GEHEN, BEREITET DIR KEINE PROBLEME?

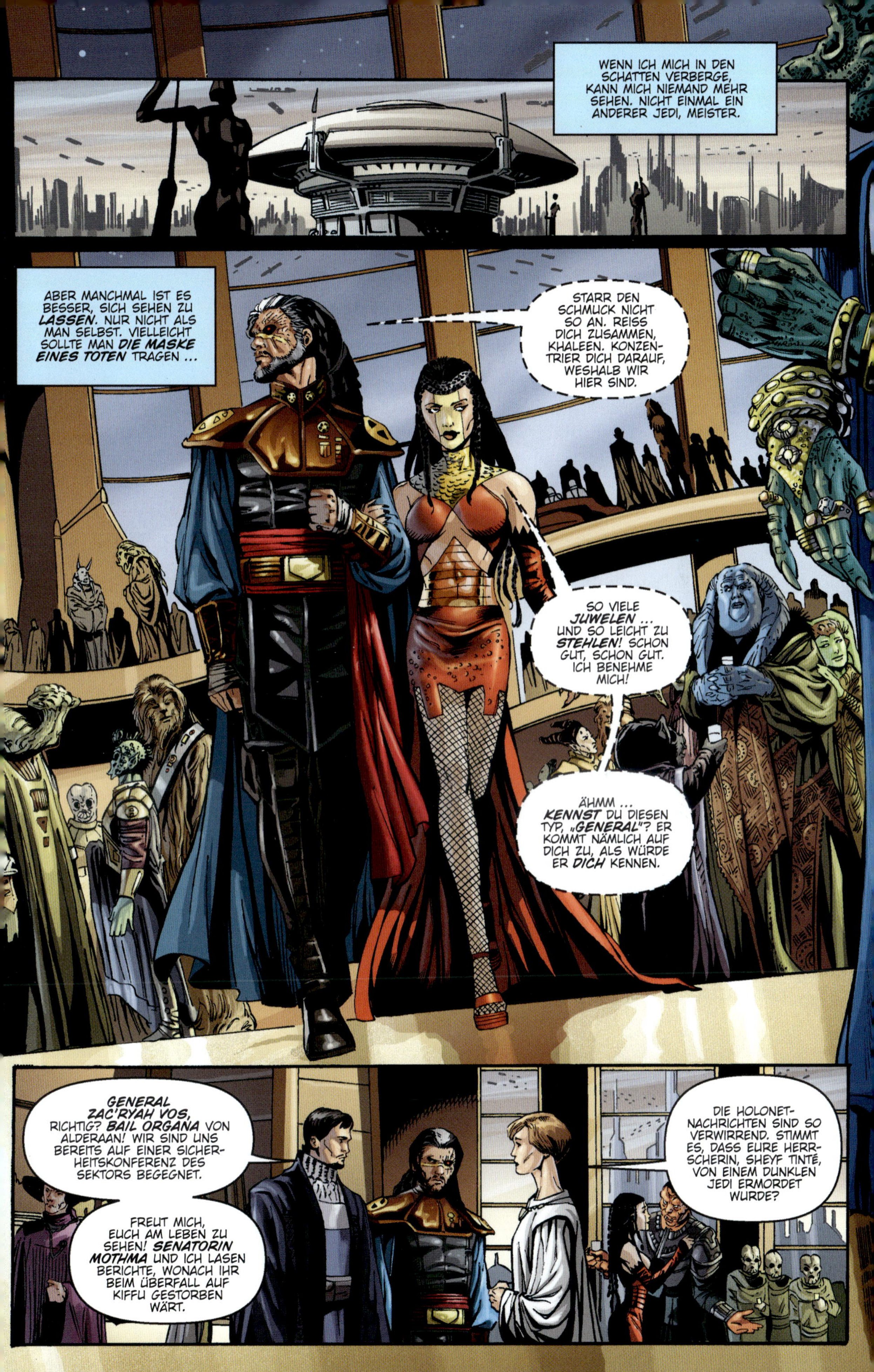
WENN ICH MICH IN DEN SCHATTEN VERBERGE, KANN MICH NIEMAND MEHR SEHEN. NICHT EINMAL EIN ANDERER JEDI, MEISTER.
ABER MANCHMAL IST ES BESSER, SICH SEHEN ZU LASSEN. NUR NICHT ALS MAN SELBST. VIELLEICHT SOLLTE MAN DIE MASKE EINES TOTEN TRAGEN ...
STARR DEN SCHMUCK NICHT SO AN. REISS DICH ZUSAMMEN, KHALEEN. KONZENTRIER DICH DARAUF, WESHALB WIR HIER SIND.
SO VIELE JUWELEN ... UND SO LEICHT ZU STEHLEN! SCHON GUT, SCHON GUT. ICH BENEHME MICH!
ÄHMM ... KENNST DU DIESEN TYP, „GENERAL“? ER KOMMT NÄMLICH AUF DICH ZU, ALS WÜRDE ER DICH KENNEN.
GENERAL ZAC'RYAH VOS, RICHTIG? BAIL ORGANA VON ALDERAAN! WIR SIND UNS BEREITS AUF EINER SICHERHEITSKONFERENZ DES SEKTORS BEGEGNET.
FREUT MICH, EUCH AM LEBEN ZU SEHEN! SENATORIN MOTHMA UND ICH LASEN BERICHTE, WONACH IHR BEIM ÜBERFALL AUF KIFFU GESTORBEN WÄRT.
DIE HOLONET-NACHRICHTEN SIND SO VERWIRREND. STIMMT ES, DASS EURE HERRSCHERIN, SHEYF TINTÉ, VON EINEM DUNKLEN JEDI ERMORDET WURDE?

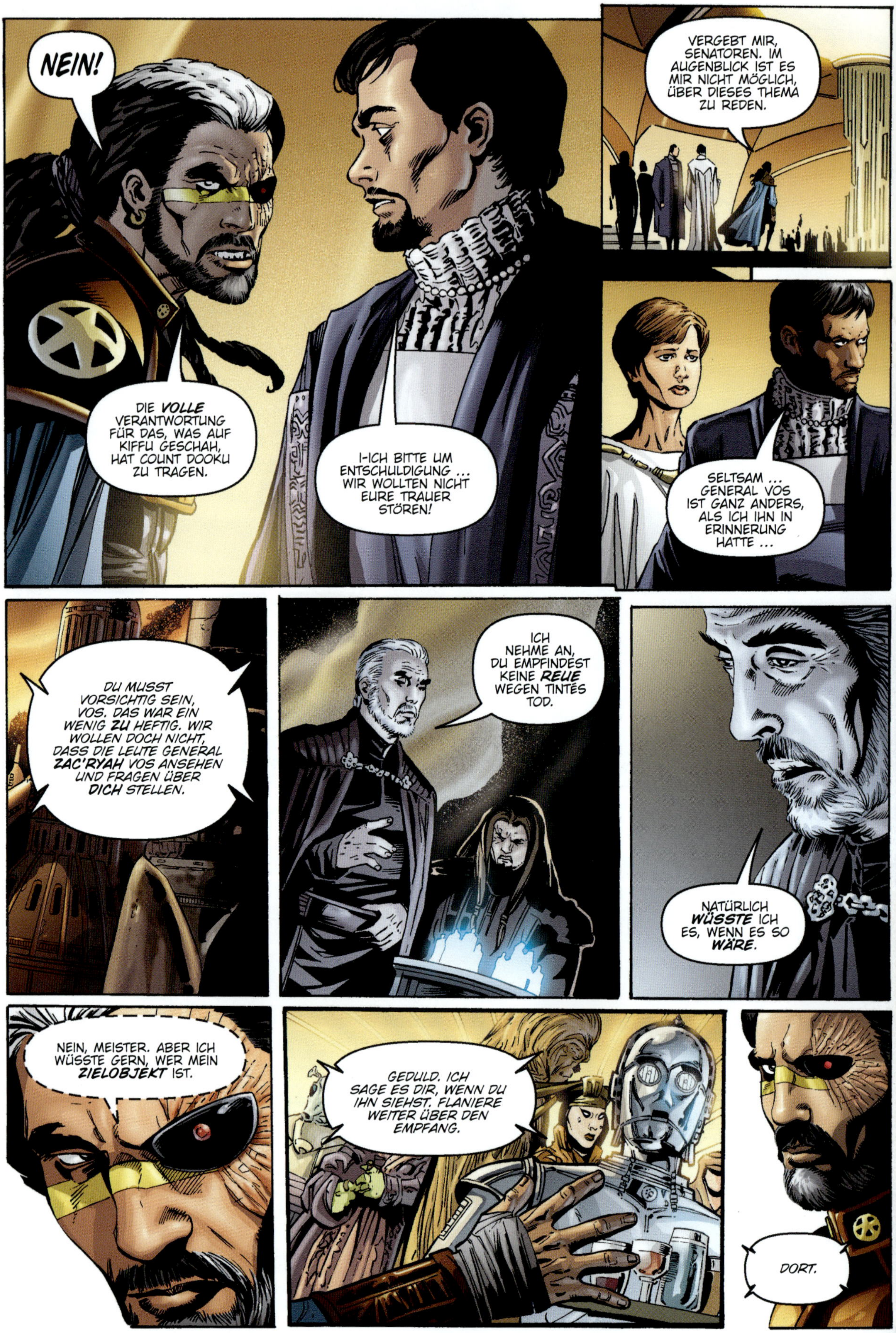

NEIN!

DIE **VOLLE** VERANTWORTUNG FÜR DAS, WAS AUF KIFFU GESCHAH, HAT COUNT DOOKU ZU TRAGEN.

I-ICH BITTE UM ENTSCHULDIGUNG ... WIR WOLLTEN NICHT EURE TRAUER STÖREN!

VERGEBT MIR, SENATOREN. IM AUGENBLICK IST ES MIR NICHT MÖGLICH, ÜBER DIESES THEMA ZU REDEN.

SELTSAM ... GENERAL VOS IST GANZ ANDERS, ALS ICH IHN IN ERINNERUNG HATTE ...

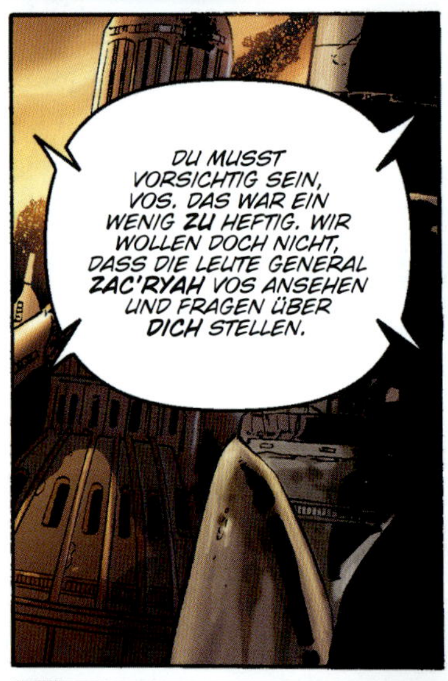

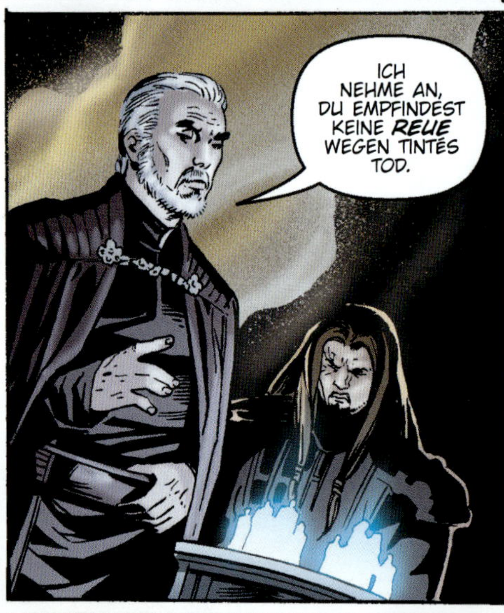

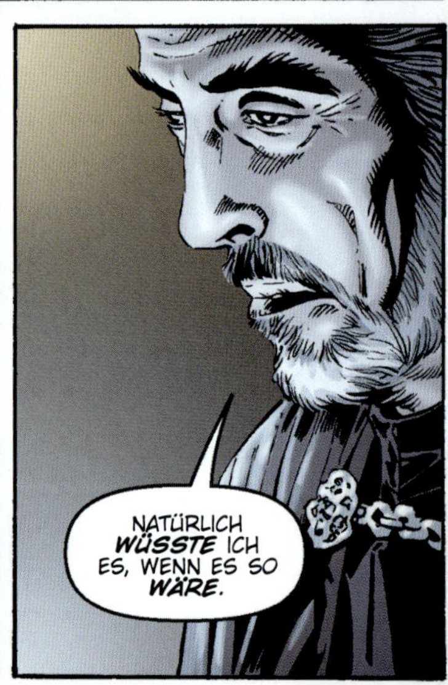

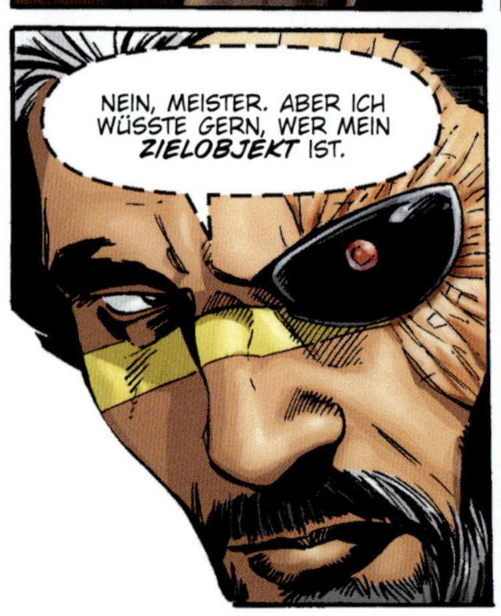

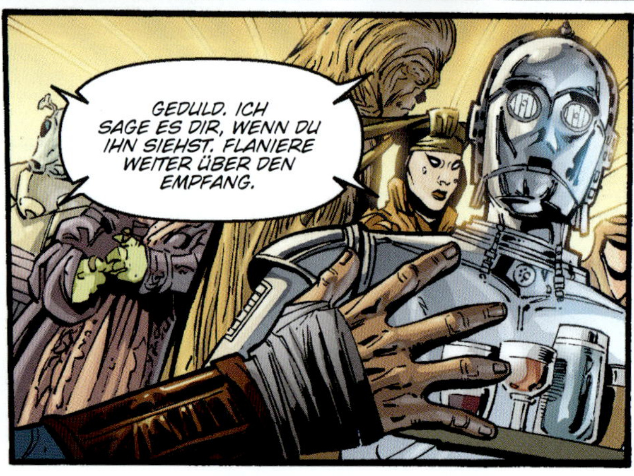

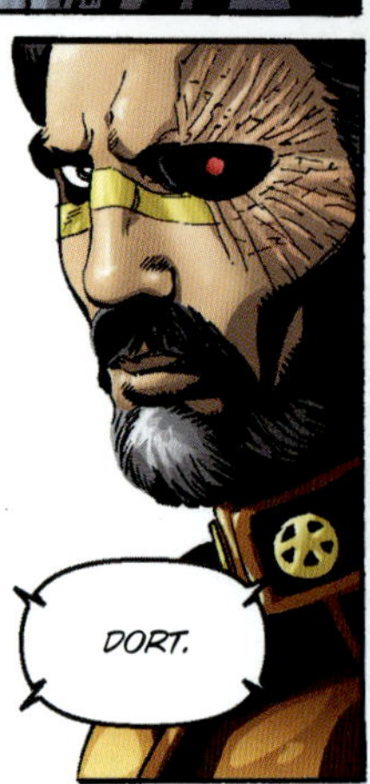

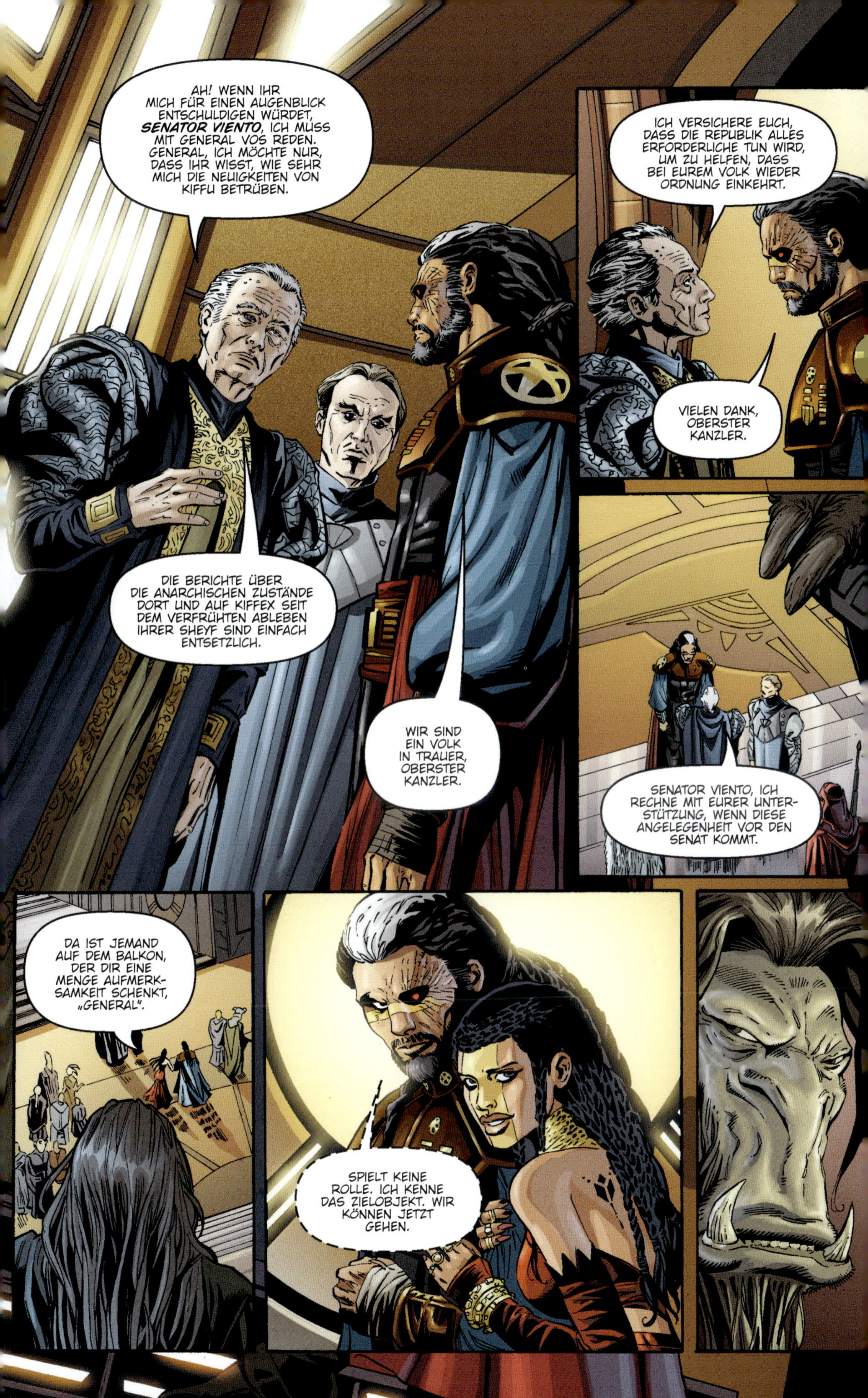
AH! WENN IHR MICH FÜR EINEN AUGENBLICK ENTSCHULDIGEN WÜRDET, **SENATOR VIENTO**, ICH MUSS MIT GENERAL VOS REDEN. GENERAL, ICH MÖCHTE NUR, DASS IHR WISST, WIE SEHR MICH DIE NEUIGKEITEN VON KIFFU BETRÜBEN.
DIE BERICHTE ÜBER DIE ANARCHISCHEN ZUSTÄNDE DORT UND AUF KIFFEX SEIT DEM VERFRÜHTEN ABLEBEN IHRER SHEYF SIND EINFACH ENTSETZLICH.
WIR SIND EIN VOLK IN TRAUER, OBERSTER KANZLER.
ICH VERSICHERE EUCH, DASS DIE REPUBLIK ALLES ERFORDERLICHE TUN WIRD, UM ZU HELFEN, DASS BEI EUREM VOLK WIEDER ORDNUNG EINKEHRT.
VIELEN DANK, OBERSTER KANZLER.
SENATOR VIENTO, ICH RECHNE MIT EURER UNTERSTÜTZUNG, WENN DIESE ANGELEGENHEIT VOR DEN SENAT KOMMT.
DA IST JEMAND AUF DEM BALKON, DER DIR EINE MENGE AUFMERKSAMKEIT SCHENKT, „GENERAL".
SPIELT KEINE ROLLE. ICH KENNE DAS ZIELOBJEKT. WIR KÖNNEN JETZT GEHEN.

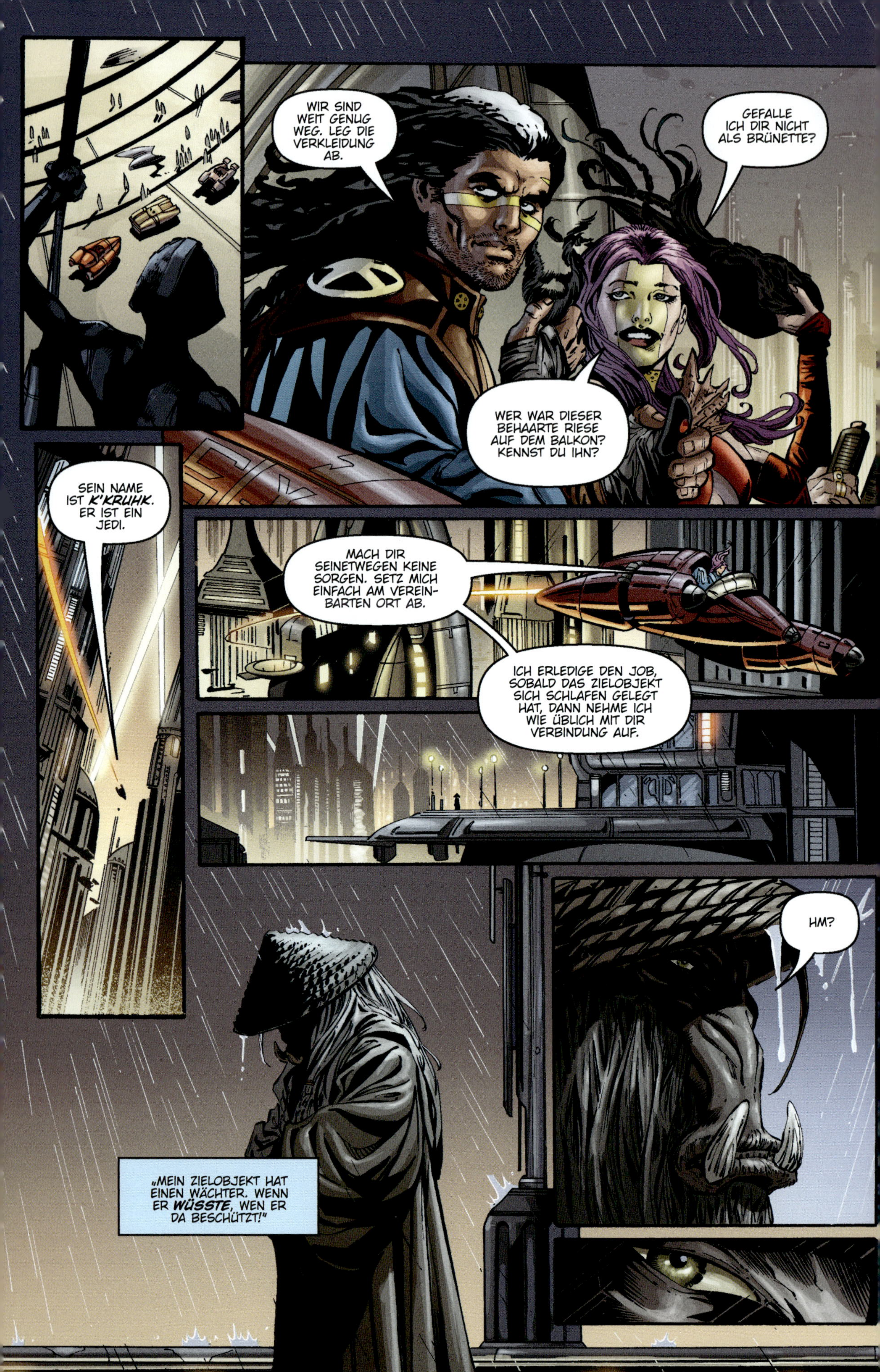
WIR SIND WEIT GENUG WEG. LEG DIE VERKLEIDUNG AB.
GEFALLE ICH DIR NICHT ALS BRÜNETTE?
WER WAR DIESER BEHAARTE RIESE AUF DEM BALKON? KENNST DU IHN?
SEIN NAME IST K'KRUHK. ER IST EIN JEDI.
MACH DIR SEINETWEGEN KEINE SORGEN. SETZ MICH EINFACH AM VEREIN-BARTEN ORT AB.
ICH ERLEDIGE DEN JOB, SOBALD DAS ZIELOBJEKT SICH SCHLAFEN GELEGT HAT, DANN NEHME ICH WIE ÜBLICH MIT DIR VERBINDUNG AUF.
HM?
„MEIN ZIELOBJEKT HAT EINEN WÄCHTER. WENN ER WÜSSTE, WEN ER DA BESCHÜTZT!"

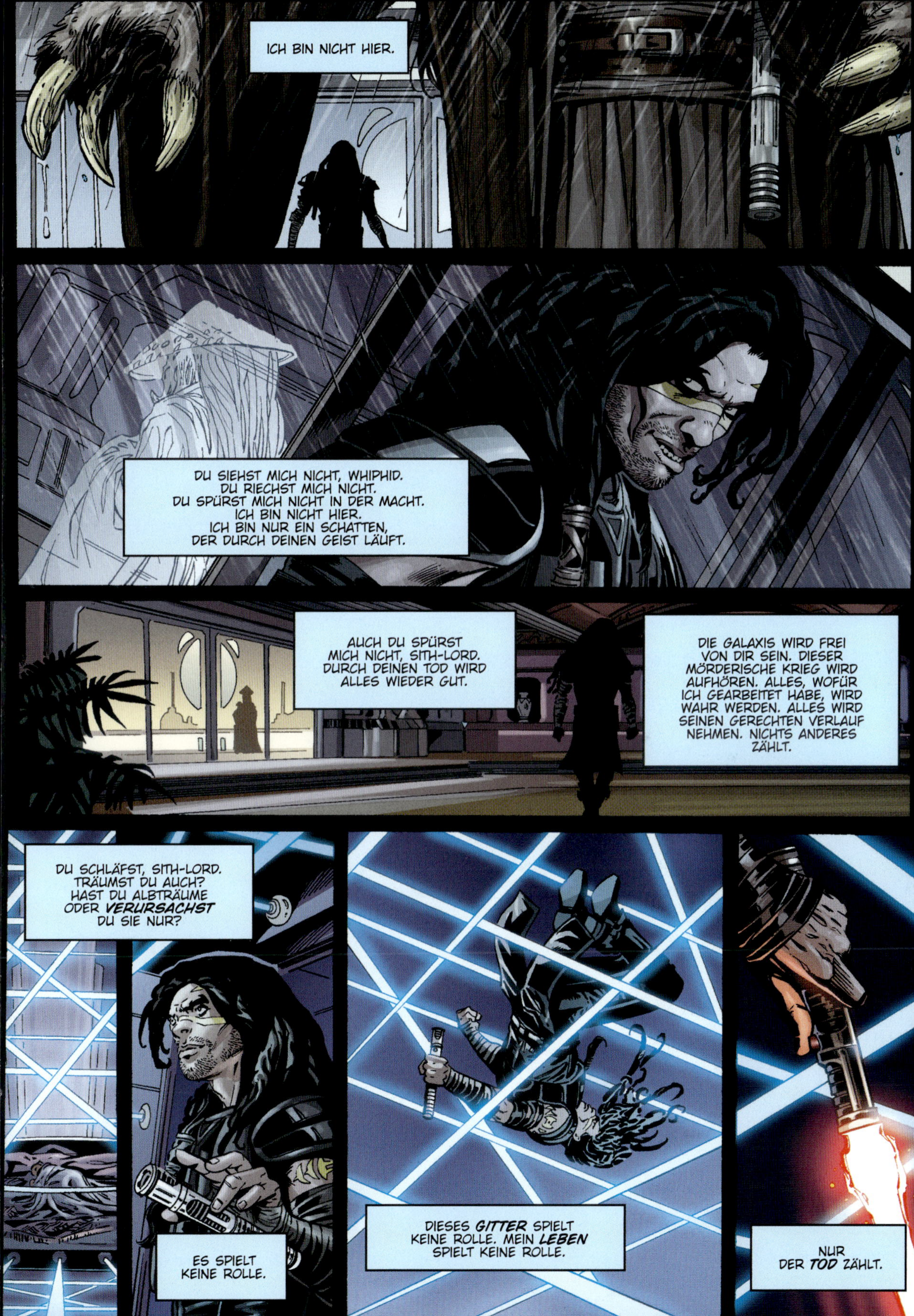
ICH BIN NICHT HIER.
DU SIEHST MICH NICHT, WHIPHID. DU RIECHST MICH NICHT. DU SPÜRST MICH NICHT IN DER MACHT. ICH BIN NICHT HIER. ICH BIN NUR EIN SCHATTEN, DER DURCH DEINEN GEIST LÄUFT.
AUCH DU SPÜRST MICH NICHT, SITH-LORD. DURCH DEINEN TOD WIRD ALLES WIEDER GUT.
DIE GALAXIS WIRD FREI VON DIR SEIN. DIESER MÖRDERISCHE KRIEG WIRD AUFHÖREN. ALLES, WOFÜR ICH GEARBEITET HABE, WIRD WAHR WERDEN. ALLES WIRD SEINEN GERECHTEN VERLAUF NEHMEN. NICHTS ANDERES ZÄHLT.
DU SCHLÄFST, SITH-LORD. TRÄUMST DU AUCH? HAST DU ALBTRÄUME ODER *VERURSACHST* DU SIE NUR?
ES SPIELT KEINE ROLLE.
DIESES *GITTER* SPIELT KEINE ROLLE. MEIN *LEBEN* SPIELT KEINE ROLLE.
NUR DER *TOD* ZÄHLT.

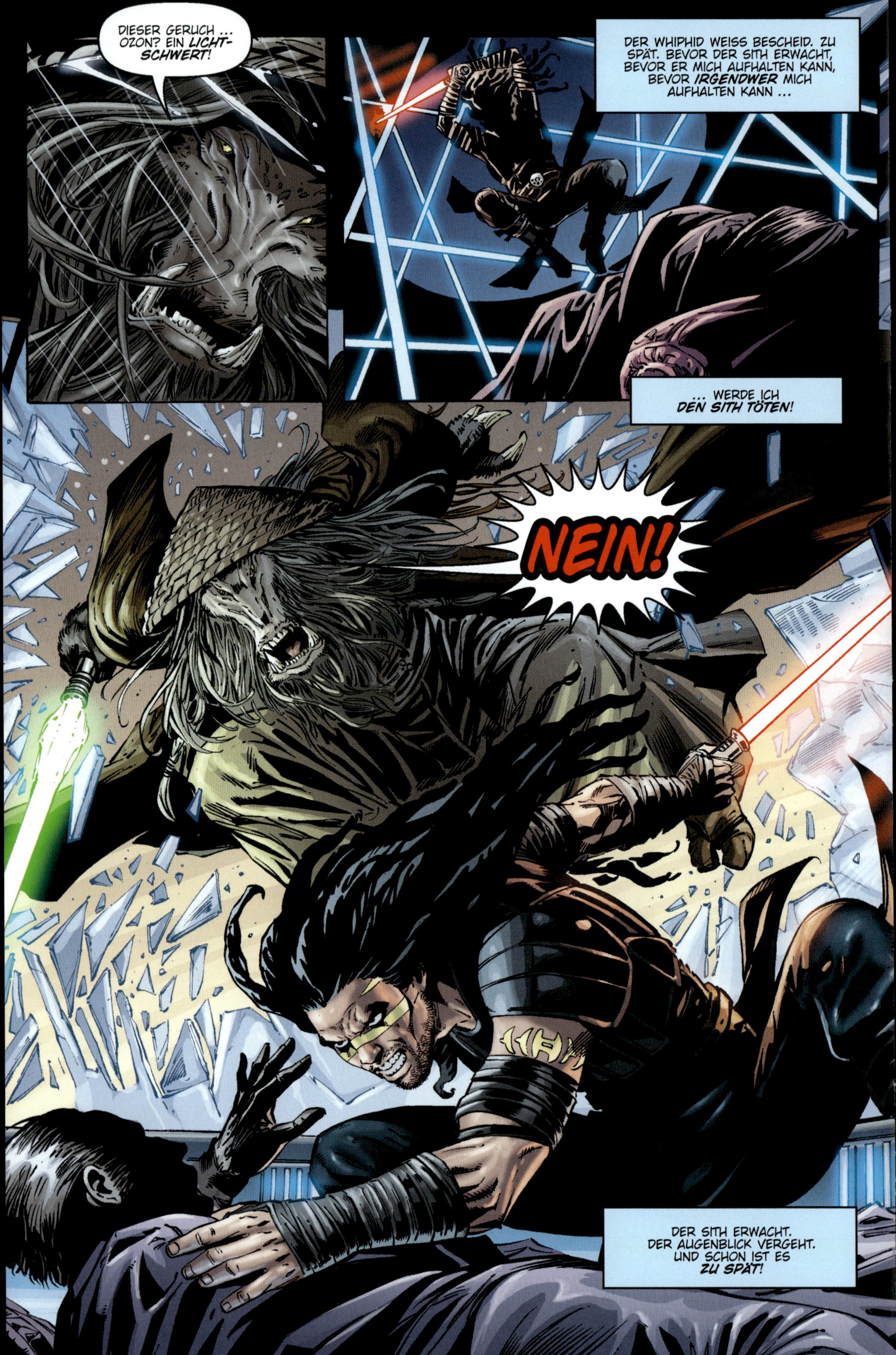
DIESER GERUCH ... OZON? EIN LICHT-SCHWERT!
DER WHIPHID WEISS BESCHEID. ZU SPÄT. BEVOR DER SITH ERWACHT, BEVOR ER MICH AUFHALTEN KANN, BEVOR IRGENDWER MICH AUFHALTEN KANN ...
... WERDE ICH DEN SITH TÖTEN!
NEIN!
DER SITH ERWACHT. DER AUGENBLICK VERGEHT. UND SCHON IST ES ZU SPÄT!

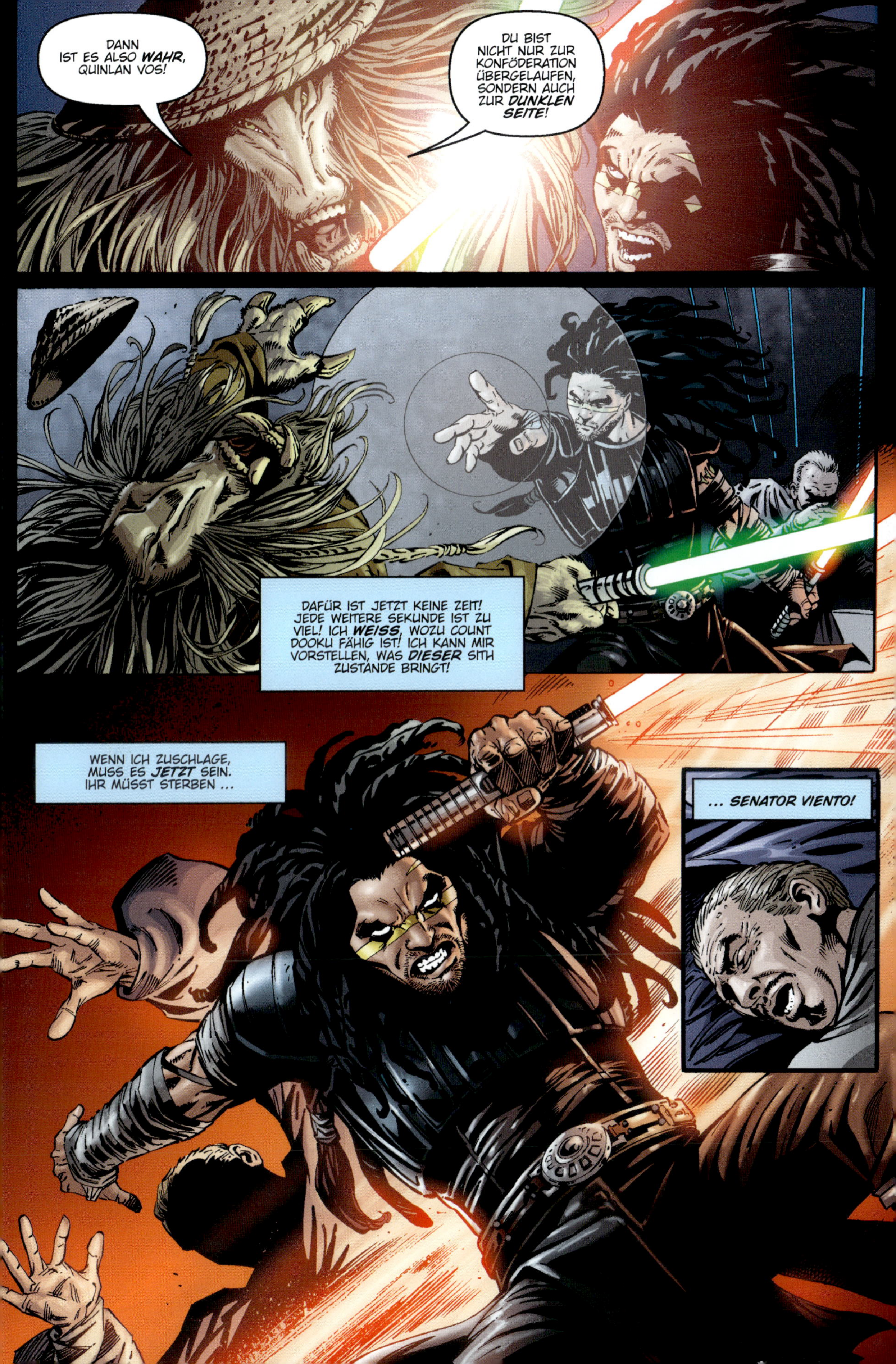
DANN IST ES ALSO **WAHR**, QUINLAN VOS!
DU BIST NICHT NUR ZUR KONFÖDERATION ÜBERGELAUFEN, SONDERN AUCH ZUR **DUNKLEN SEITE**!
DAFÜR IST JETZT KEINE ZEIT! JEDE WEITERE SEKUNDE IST ZU VIEL! ICH **WEISS**, WOZU COUNT DOOKU FÄHIG IST! ICH KANN MIR VORSTELLEN, WAS **DIESER** SITH ZUSTANDE BRINGT!
WENN ICH ZUSCHLAGE, MUSS ES **JETZT** SEIN. IHR MÜSST STERBEN ...
... SENATOR VIENTO!

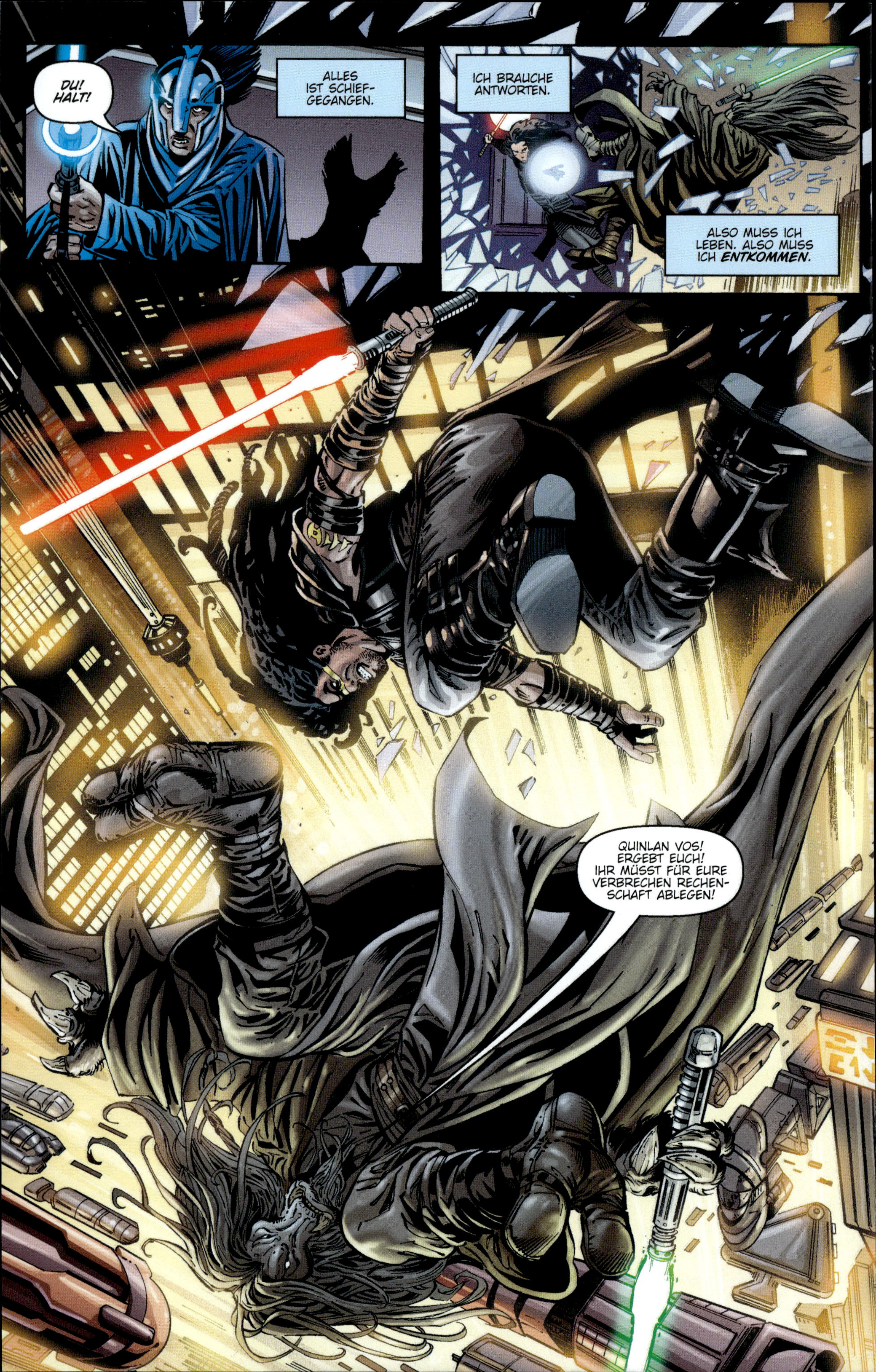
DU! HALT!
ALLES IST SCHIEF-GEGANGEN.
ICH BRAUCHE ANTWORTEN.
ALSO MUSS ICH LEBEN. ALSO MUSS ICH *ENTKOMMEN.*
QUINLAN VOS! ERGEBT EUCH! IHR MÜSST FÜR EURE VERBRECHEN RECHEN-SCHAFT ABLEGEN!

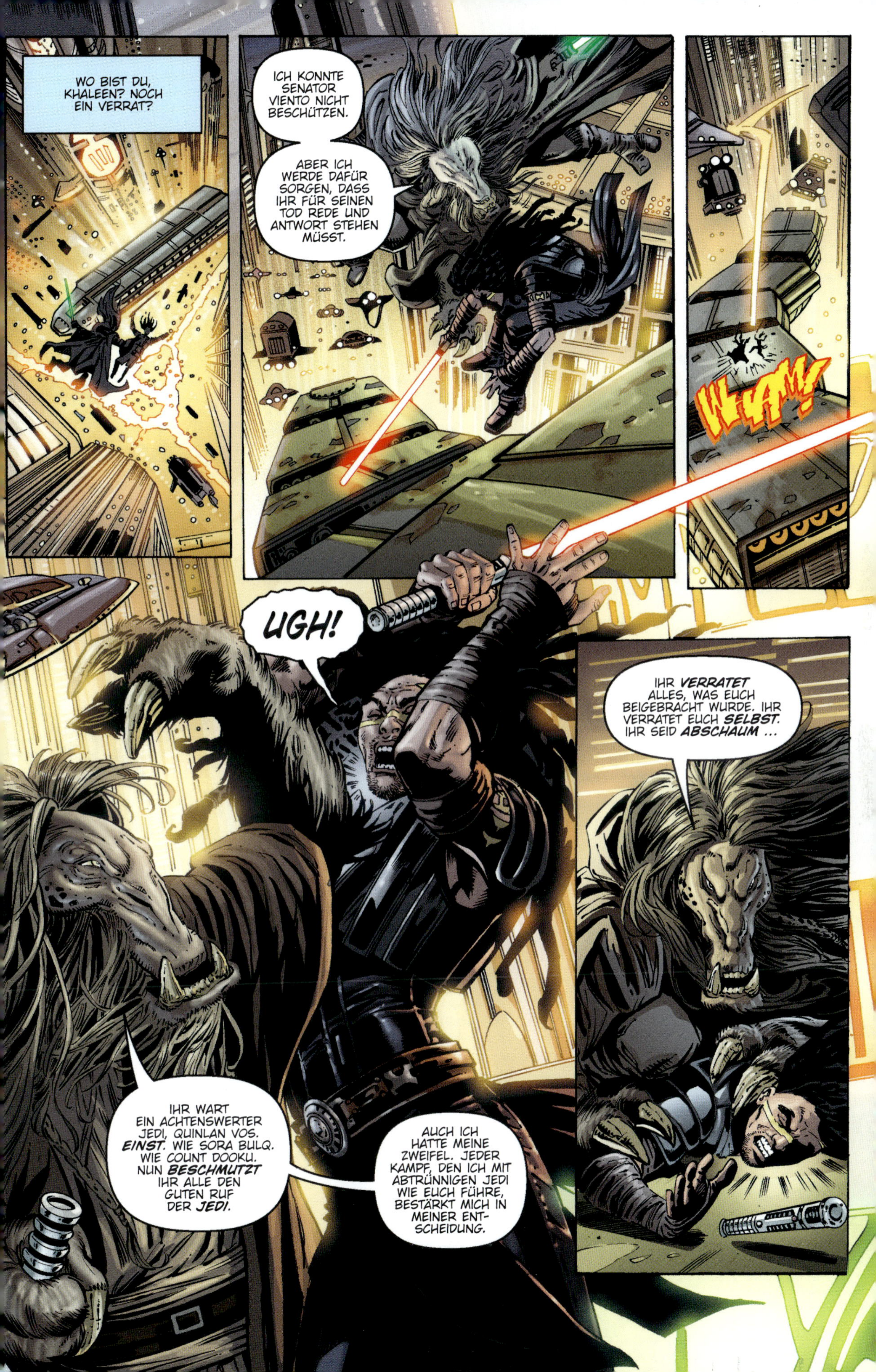
WO BIST DU, KHALEEN? NOCH EIN VERRAT?
ICH KONNTE SENATOR VIENTO NICHT BESCHÜTZEN.
ABER ICH WERDE DAFÜR SORGEN, DASS IHR FÜR SEINEN TOD REDE UND ANTWORT STEHEN MÜSST.
WHAM!
UGH!
IHR VERRATET ALLES, WAS EUCH BEIGEBRACHT WURDE. IHR VERRATET EUCH SELBST. IHR SEID ABSCHAUM ...
IHR WART EIN ACHTENSWERTER JEDI, QUINLAN VOS. EINST. WIE SORA BULQ. WIE COUNT DOOKU. NUN BESCHMUTZT IHR ALLE DEN GUTEN RUF DER JEDI.
AUCH ICH HATTE MEINE ZWEIFEL. JEDER KAMPF, DEN ICH MIT ABTRÜNNIGEN JEDI WIE EUCH FÜHRE, BESTÄRKT MICH IN MEINER ENTSCHEIDUNG.

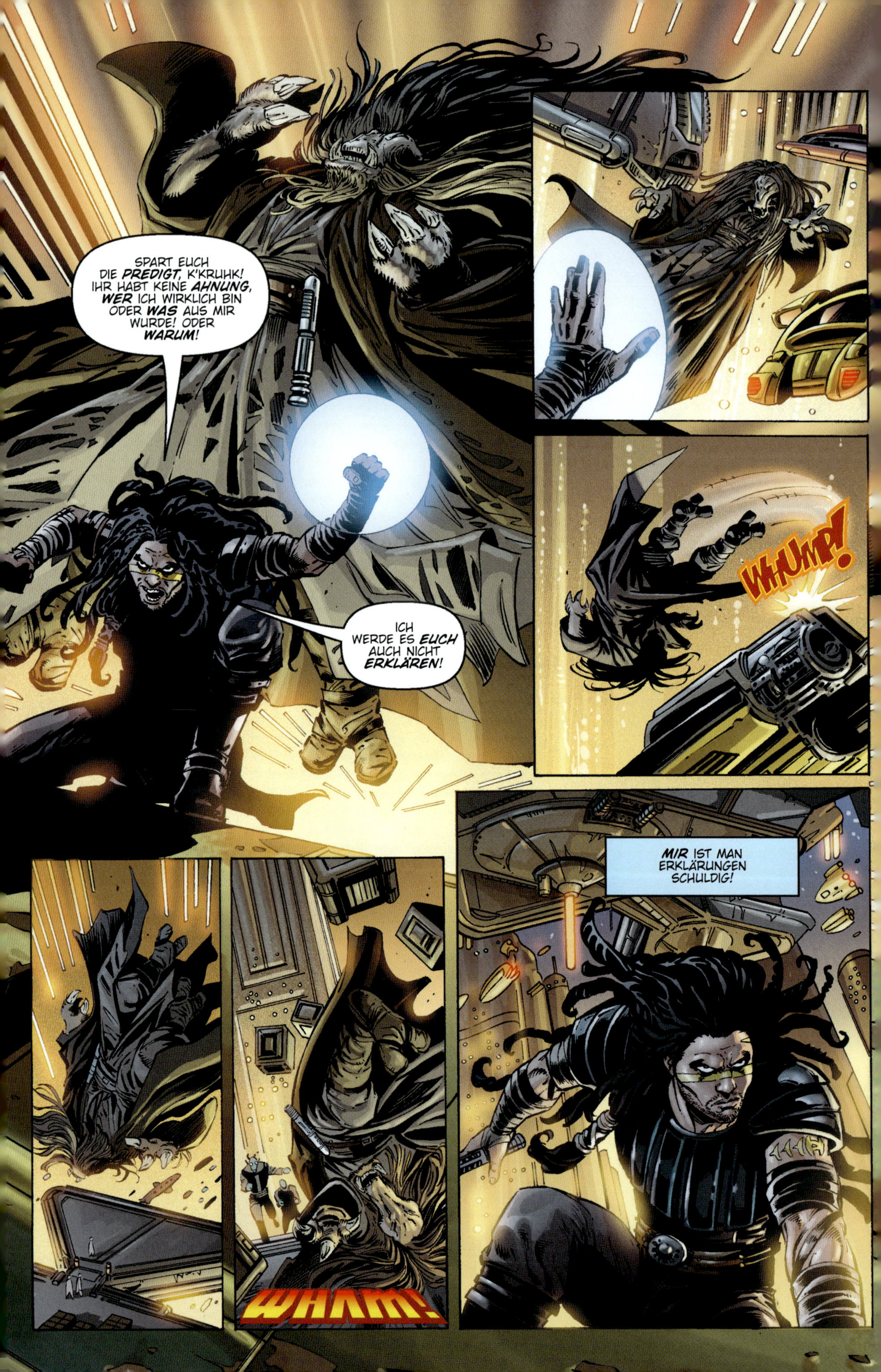
SPART EUCH DIE PREDIGT, K'KRUHK! IHR HABT KEINE AHNUNG, WER ICH WIRKLICH BIN ODER WAS AUS MIR WURDE! ODER WARUM!
ICH WERDE ES EUCH AUCH NICHT ERKLÄREN!
WHUMP!
MIR IST MAN ERKLÄRUNGEN SCHULDIG!
WHAM!

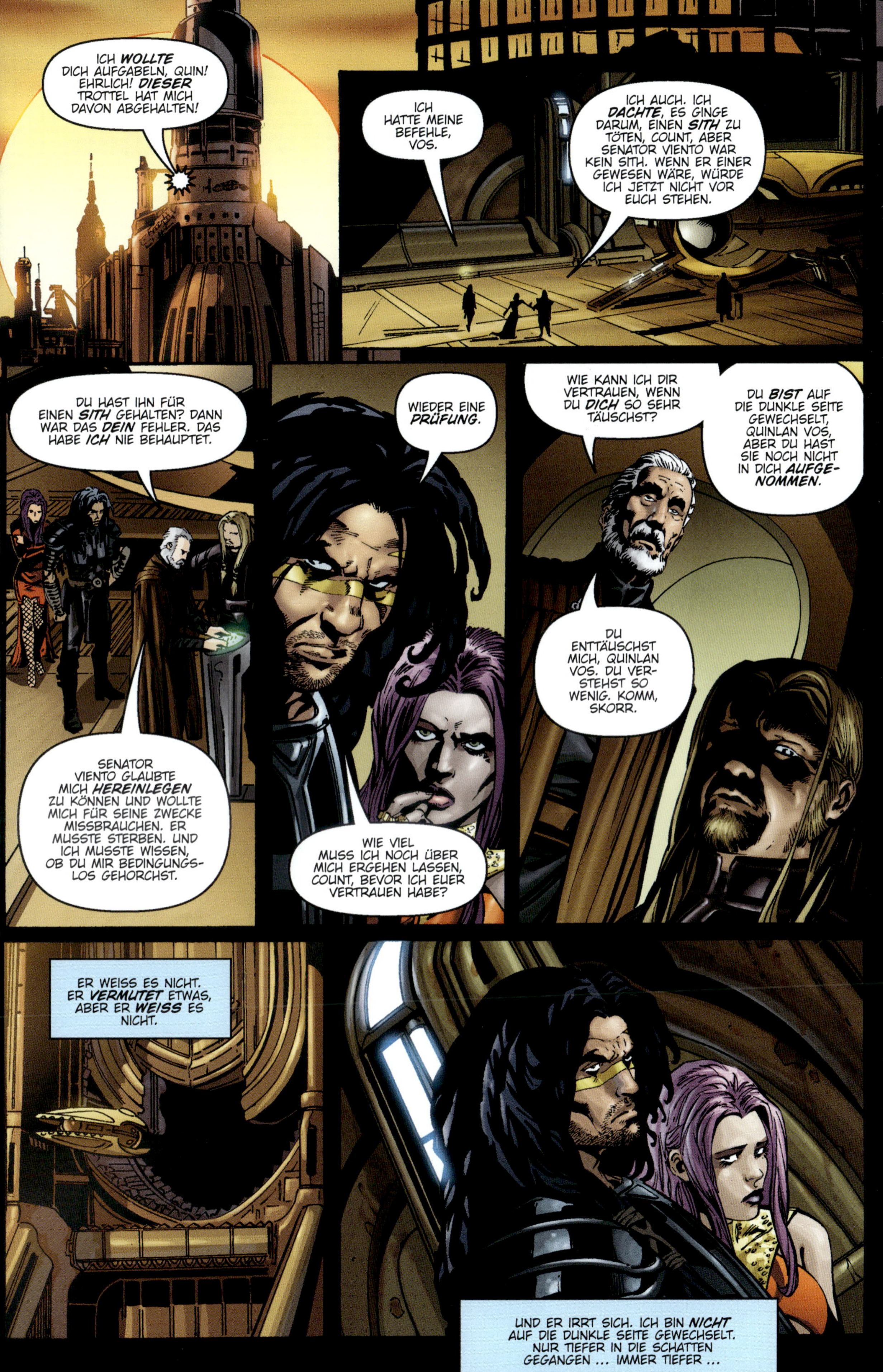
ICH WOLLTE DICH AUFGABELN, QUIN! EHRLICH! DIESER TROTTEL HAT MICH DAVON ABGEHALTEN!
ICH HATTE MEINE BEFEHLE, VOS.
ICH AUCH. ICH DACHTE, ES GINGE DARUM, EINEN SITH ZU TÖTEN, COUNT, ABER SENATOR VIENTO WAR KEIN SITH. WENN ER EINER GEWESEN WÄRE, WÜRDE ICH JETZT NICHT VOR EUCH STEHEN.
DU HAST IHN FÜR EINEN SITH GEHALTEN? DANN WAR DAS DEIN FEHLER. DAS HABE ICH NIE BEHAUPTET.
SENATOR VIENTO GLAUBTE MICH HEREINLEGEN ZU KÖNNEN UND WOLLTE MICH FÜR SEINE ZWECKE MISSBRAUCHEN. ER MUSSTE STERBEN. UND ICH MUSSTE WISSEN, OB DU MIR BEDINGUNGS-LOS GEHORCHST.
WIEDER EINE PRÜFUNG.
WIE VIEL MUSS ICH NOCH ÜBER MICH ERGEHEN LASSEN, COUNT, BEVOR ICH EUER VERTRAUEN HABE?
WIE KANN ICH DIR VERTRAUEN, WENN DU DICH SO SEHR TÄUSCHST?
DU BIST AUF DIE DUNKLE SEITE GEWECHSELT, QUINLAN VOS, ABER DU HAST SIE NOCH NICHT IN DICH AUFGE-NOMMEN.
DU ENTTÄUSCHST MICH, QUINLAN VOS. DU VER-STEHST SO WENIG. KOMM, SKORR.
ER WEISS ES NICHT. ER VERMUTET ETWAS, ABER ER WEISS ES NICHT.
UND ER IRRT SICH. ICH BIN NICHT AUF DIE DUNKLE SEITE GEWECHSELT. NUR TIEFER IN DIE SCHATTEN GEGANGEN ... IMMER TIEFER ...

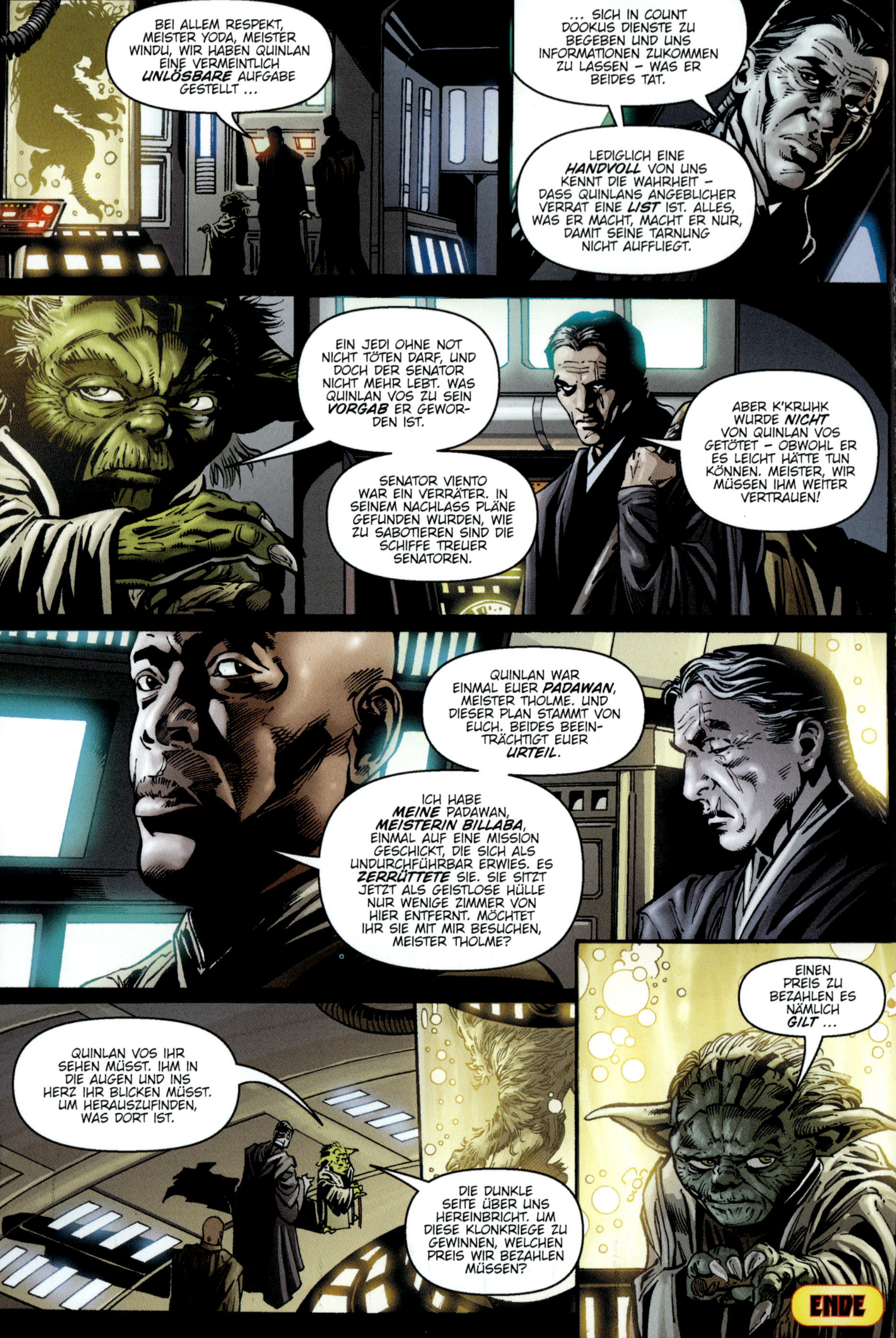
BEI ALLEM RESPEKT, MEISTER YODA, MEISTER WINDU, WIR HABEN QUINLAN EINE VERMEINTLICH UNLÖSBARE AUFGABE GESTELLT ...
... SICH IN COUNT DOOKUS DIENSTE ZU BEGEBEN UND UNS INFORMATIONEN ZUKOMMEN ZU LASSEN – WAS ER BEIDES TAT.
LEDIGLICH EINE HANDVOLL VON UNS KENNT DIE WAHRHEIT – DASS QUINLANS ANGEBLICHER VERRAT EINE LIST IST. ALLES, WAS ER MACHT, MACHT ER NUR, DAMIT SEINE TARNUNG NICHT AUFFLIEGT.
EIN JEDI OHNE NOT NICHT TÖTEN DARF, UND DOCH DER SENATOR NICHT MEHR LEBT. WAS QUINLAN VOS ZU SEIN VORGAB ER GEWORDEN IST.
SENATOR VIENTO WAR EIN VERRÄTER. IN SEINEM NACHLASS PLÄNE GEFUNDEN WURDEN, WIE ZU SABOTIEREN SIND DIE SCHIFFE TREUER SENATOREN.
ABER K'KRUHK WURDE NICHT VON QUINLAN VOS GETÖTET – OBWOHL ER ES LEICHT HÄTTE TUN KÖNNEN. MEISTER, WIR MÜSSEN IHM WEITER VERTRAUEN!
QUINLAN WAR EINMAL EUER PADAWAN, MEISTER THOLME. UND DIESER PLAN STAMMT VON EUCH. BEIDES BEEINTRÄCHTIGT EUER URTEIL.
ICH HABE MEINE PADAWAN, MEISTERIN BILLABA, EINMAL AUF EINE MISSION GESCHICKT, DIE SICH ALS UNDURCHFÜHRBAR ERWIES. ES ZERRÜTTETE SIE. SIE SITZT JETZT ALS GEISTLOSE HÜLLE NUR WENIGE ZIMMER VON HIER ENTFERNT. MÖCHTET IHR SIE MIT MIR BESUCHEN, MEISTER THOLME?
QUINLAN VOS IHR SEHEN MÜSST. IHM IN DIE AUGEN UND INS HERZ IHR BLICKEN MÜSST. UM HERAUSZUFINDEN, WAS DORT IST.
DIE DUNKLE SEITE ÜBER UNS HEREINBRICHT. UM DIESE KLONKRIEGE ZU GEWINNEN, WELCHEN PREIS WIR BEZAHLEN MÜSSEN?
EINEN PREIS ZU BEZAHLEN ES NÄMLICH GILT ...
ENDE

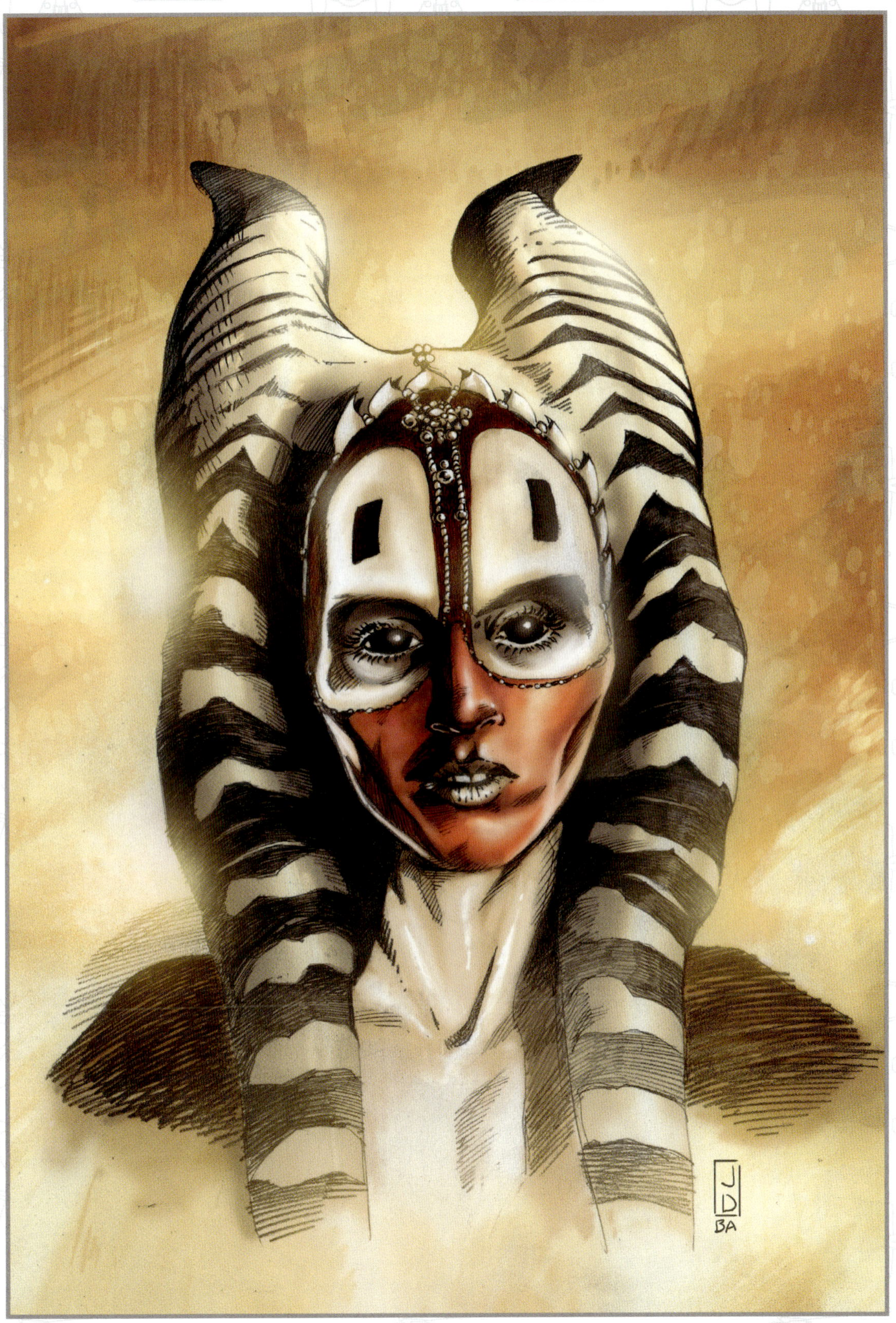

Cover von Jan Duursema für ***Star Wars: Jedi: Shaak Ti***

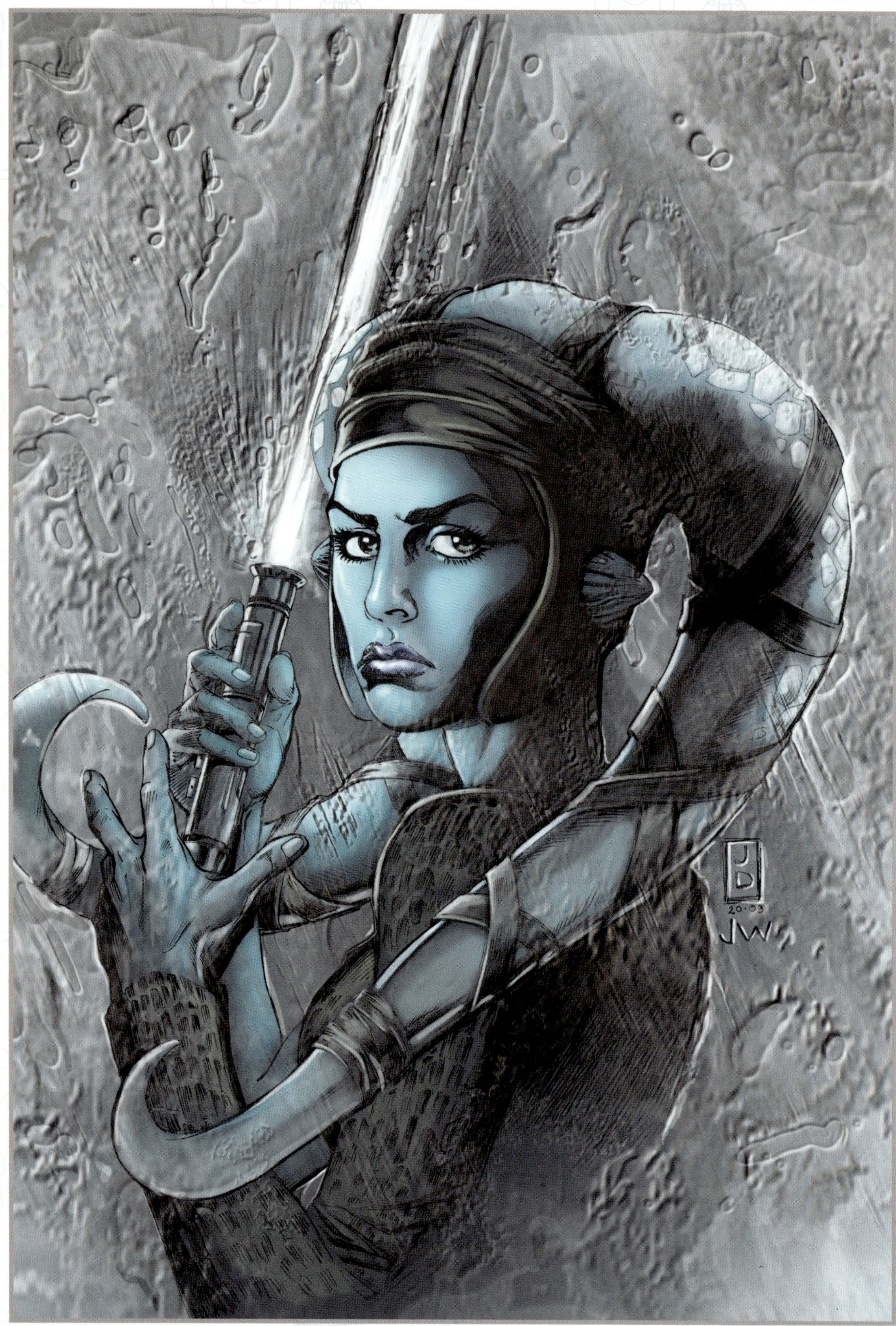

Cover von Jan Duursema für ***Star Wars: Jedi: Aayla Secura***

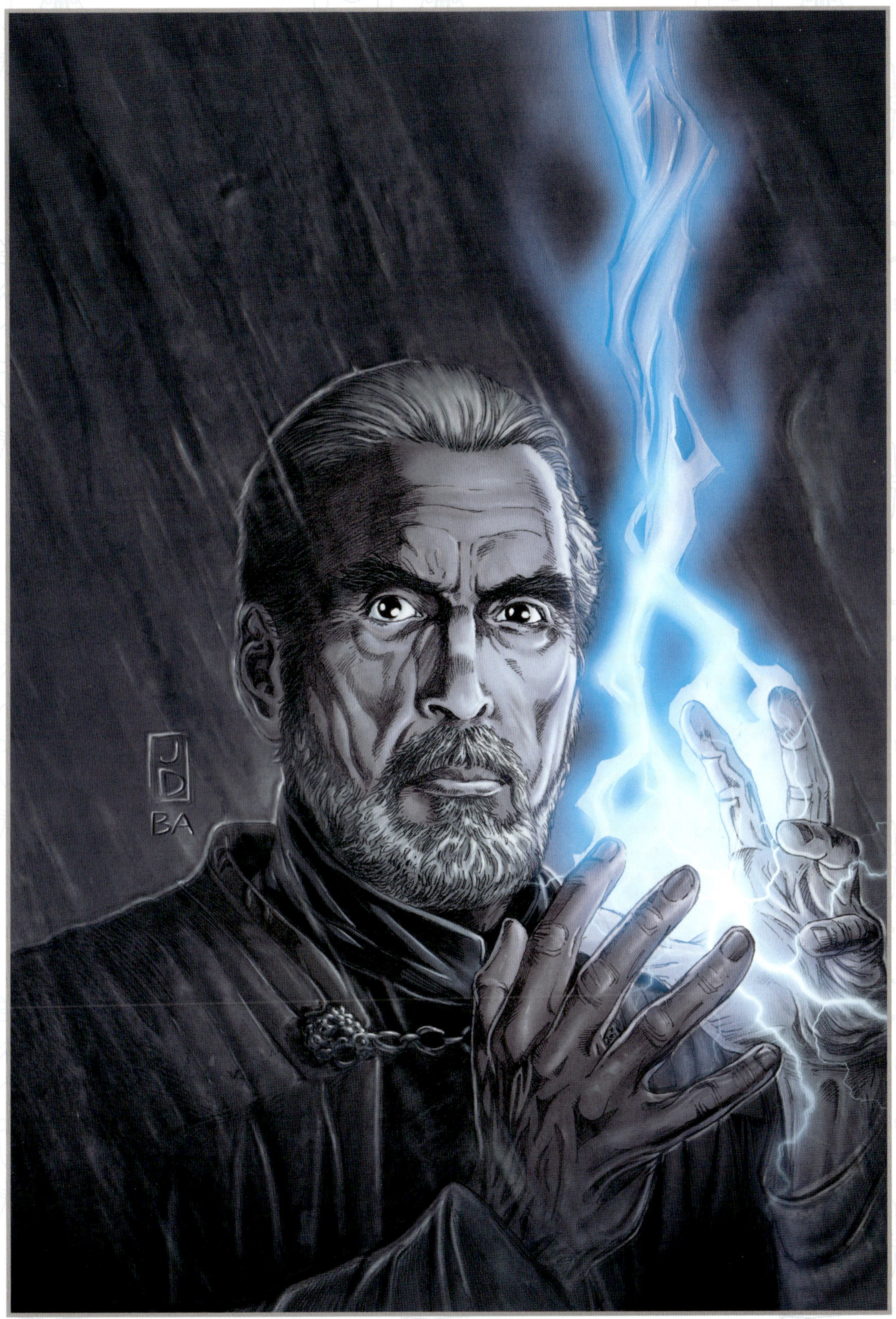

Cover von Jan Duursema und Brad Anderson für ***Star Wars: Jedi: Count Dooku***

ÜBERSICHT

BEREITS ERSCHIENEN:
1. IM SCHATTEN YAVINS
2. EINE NEUE HOFFNUNG
3. DARTH VADER UND DAS GEISTERGEFÄNGNIS
4. MEIN BRUDER, MEIN FEIND!
5. SÄUBERUNG
6. DARK TIMES
7. DAS IMPERIUM SCHLÄGT ZURÜCK
8. OBI-WAN UND ANAKIN: DAS LETZTE GEFECHT UM JABIIM
9. DARTH VADER UND DAS VERLORENE KOMMANDO
10. DARK TIMES: BLUTIGE ERNTE
11. DARTH MAUL: TODESURTEIL
12. BOBA FETT: FEIND DES IMPERIUMS
13. DIE RÜCKKEHR DER JEDI-RITTER
14. CHEWBACCA
15. IMPERIUM: DARKLIGHTER
16. IMPERIUM: DAS HERZ DER REBELLION
17. THE STAR WARS
18. DARTH MAUL: SOHN DATHOMIRS
19. IMPERIUM: IM SCHATTEN DES VATERS
20. DIE DUNKLE BEDROHUNG
21. DIE REBELLENBRAUT
22. HOCHVERRAT
23. GENERAL GRIEVOUS
24. BLUTSBANDE: JANGO UND BOBA FETT
25. ANGRIFF DER KLONKRIEGER
26. DARTH VADER UND DER NEUNTE ATTENTÄTER
27. AUS DEN TRÜMMERN ALDERAANS
28. BLUTSBANDE II: BOBA FETT IST TOT
29. IM VISIER DES BÖSEN
30. IMPERIUM: AUF DER FALSCHEN SEITE DES KRIEGES
31. JABBA DER HUTT
32. DIE RACHE DER SITH
33. CRIMSON EMPIRE
34. JEDI: DIE DUNKLE SEITE
35. CRIMSON EMPIRE II: DAS BLUTSGERICHT
36. LEGACY: SKYWALKERS ERBE
37. MARA JADE: DIE HAND DES IMPERATORS
38. BOBA FETT: TOD, LÜGEN UND VERRAT
39. LEGACY: NEUE ALLIANZEN
40. SCHATTEN DES IMPERIUMS
41. SCHLACHTFELDER
42. LEGACY: DIE KLAUEN DES DRACHEN
43. SCHATTEN DES IMPERIUMS: EVOLUTION
44. DIE ERBEN DES IMPERIUMS
45. LEGACY: UNBEZWINGBAR
46. BESESSEN
47. DIE DUNKLE SEITE DER MACHT
48. DARTH VADER UND DER SCHREI DER SCHATTEN
49. INFINITIES: EINE NEUE HOFFNUNG
50. DARK TIMES: PARALLELEN
51. VECTOR I: DER MUUR-TALISMAN
52. VECTOR II: PLAGE DER VERGANGENHEIT
53. DIE DROIDEN
54. DAS LETZTE KOMMANDO
55. LEGACY: VISIONEN DER DUNKLEN SEITE
56. INFINITIES: DAS IMPERIUM SCHLÄGT ZURÜCK
57. CRIMSON EMPIRE III: DAS VERLORENE IMPERIUM
58. LEGACY: TATOOINE
59. INFINITIES: DIE RÜCKKEHR DER JEDI-RITTER
60. UNTERWELT: DIE YAVIN-VASSILIKA
61. DIE JAGD NACH AURRA SING
62. LEGACY: MONSTER
63. DAS DUNKLE IMPERIUM I
64. WAFFENBRÜDER
65. LEGACY: CADE SKYWALKER, SITH-JÄGER
66. KNIGHTS OF THE OLD REPUBLIC I: DER VERRAT
67. REBELLION: DAS BAUERNOPFER
68. DARK TIMES: AUS DEN SCHATTEN
69. JEDI-AKADEMIE: LEVIATHAN
70. KNIGHTS OF THE OLD REPUBLIC II: STUNDE DER WAHRHEIT
71. REBELLION: NADELSTICHE
72. DARK TIMES: FEUERTRÄGER
73. THE FORCE UNLEASHED
74. DAS DUNKLE IMPERIUM II
75. LEGACY: KRIEG
76. JEDI-CHRONIKEN: DAS GOLDENE ZEITALTER DER SITH
77. JEDI VS. SITH
78. X-FLÜGLER – RENEGATEN-STAFFEL: INTRIGEN AUF CILPAR
79. STARFIGHTER: FREIBEUTER
80. THE FORCE UNLEASHED II
81. KNIGHTS OF THE OLD REPUBLIC III: TAGE DER FURCHT
82. DER VERGESSENE STAMM DER SITH: TEUFELSSPIRALE
83. JEDI-CHRONIKEN: DER UNTERGANG DER SITH
84. INVASION I: ANGRIFF DER YUUZHAN VONG
85. DARK TIMES: EIN FUNKE BLEIBT
86. X-FLÜGLER – RENEGATEN-STAFFEL: SCHLACHTFELD TATOOINE
87. KNIGHTS OF THE OLD REPUBLIC IV: TAGE DES HASSES
88. JEDI-CHRONIKEN: DAS GEHEIMNIS DER JEDI-RITTER
89. INVASION II: DIE RETTUNG
90. ZEICHEN DER REBELLION
91. X-FLÜGLER – RENEGATEN-STAFFEL: DIE THRONERBIN
92. LEGACY II: ZWISCHEN DEN WELTEN
93. DER OUTLANDER
94. JEDI-CHRONIKEN – DIE LORDS DER SITH
95. RAT DER JEDI: AUFSTAND DER YINCHORRI
96. KNIGHTS OF THE OLD REPUBLIC V: WIEDERGUTMACHUNG
97. DIE MALASTARE-MISSION
98. INVASION III: OFFENBARUNGEN
99. LEGACY II: PLANET DES TODES
100. KOPFGELDJÄGER
101. DAS DUNKLE PORTAL
102. JEDI-CHRONIKEN: DER SITH-KRIEG
103. AGENT DES IMPERIUMS: EISERNE FINSTERNIS
104. KNIGHTS OF THE OLD REPUBLIC VI: EIN NEUER FEIND
105. AUF DIE HARTE TOUR
106. VISIONÄRE
107. LEGACY II: GESUCHT: ANIA SOLO
108. X-FLÜGLER – RENEGATEN-STAFFEL: REQUIEM FÜR EINEN RENEGATEN
109. KNIGHTS OF THE OLD REPUBLIC VII: GEHEIMNIS VERGANGENER TAGE
110. DIE NEUEN ABENTEUER DES LUKE SKYWALKER
111. DARTH MAUL
112. DER STARK-HYPERRAUM-KRIEG
113. QUI-GON UND OBI-WAN
114. KNIGHTS OF THE OLD REPUBLIC VIII: DÄMON
115. JEDI-CHRONIKEN: DIE ERLÖSUNG
116. KLONKRIEGE: LICHT UND SCHATTEN

IN KÜRZE ERHÄLTLICH:
117. DAS JEDI-RITUAL
118. DER FLUSS DES CHAOS
119. KNIGHTS OF THE OLD REPUBLIC IX: KRIEG
120. AGENT DES IMPERIUMS: DOPPELTES SPIEL (LETZTE AUSGABE)